Англо-русский новый словарь-справочник пользователя ПК персонального компьютера

- Windows
- Internet
- Microsoft Office
- Access
- Excel
- Word
- 3D Studio MAX
- Adobe Illustrator
- AutoCAD
- CorelDraw
- FoxPro
- MS DOS
- Norton Utilities
- PageMaker
- Photoshop
- QuarkXpress

4-е изд. Исправленное и дополненное

Москва
Бином-Пресс
Санкт-Петербург • Москва • Киев
КОРОНА-Век
2006

УДК 519(038)
ББК 81.2Англ.-У
Н76

Новый англо-русский словарь-справочник пользователя ПК / Сост. А. О. Гавриленко, О. А. Гавриленко. — 4-е изд. — М.: Бином-Пресс; СПб.; М.; Киев: КОРОНА-Век, 2006. — 384 с.

ISBN 5-7931-0345-7

Словарь-справочник включает в себя основные термины, применяемые в информатике и вычислительной технике, понятия и выражения, необходимые для освоения современного компьютерного оборудования и новейшего программного обеспечения ПК, перевод английских слов для чтения сообщений, которые выдает компьютер в процессе работы, а также выражения и терминологию глобальной сети Internet.

Рассчитан на широкий круг пользователей ПК от начинающих до профессионалов, программистов, специалистов различного профиля, переводчиков, студентов и учащихся средних школ.

ISBN 5-7931-0345-7

© КОРОНА-Век, 2006
© Гавриленко А. О., Гавриленко О. А.
Составление, оригинал-макет, 2004

Предисловие

ПРЕДИСЛОВИЕ

Словарь-справочник включает в себя большинство терминов, применяемых в информатике и вычислительной технике, перевод английских слов, необходимых для чтения сообщений, которые выдает компьютер в процессе работы, многочисленные выражения и терминологию глобальной сети Internet. Дополнительно к переводу для многих терминов и понятий дается толкование либо справочная информация.

Кроме того, словарь-справочник содержит наиболее употребительные термины и понятия, связанные:
- с операционными системами **Windows 98/МЕ/2000/ХР**;
- с многочисленными прикладными текстовыми и графическими программами (**Word, Excel, CorelDraw, Photoshop** и многие другие).

В словарь включены:
1. Команды **MS DOS, Novell NetWare, Windows** с краткими пояснениями и рекомендациями по использованию.
2. Сообщения операционных систем **Windows 98/МЕ/2000/ХР** с описанием возможной реакции пользователя.
3. Специфические термины и названия прикладных пакетов, работающих под управлением **MS DOS и Windows**:
- графические пакеты **CorelDraw, Photoshop** и др.
- пакеты настольных издательских систем **PageMaker, Ventura Publisher, QuarkXpress** и др.
- текстовые редакторы **WORD, WinWORD** и др.
- электронные таблицы **EXCEL** и др.
- системы управления базами данных **FoxPro, Access** и др.

Большое внимание уделено терминам вычислительных сетей. В книгу включены команды сетевой операционной системы **Novell - Ware** и системные сообщения, которые могут возникнуть при работе сети **NetWare**.

В словарь включены связанные с сетевыми технологиями термины и сокращения.

Словарь-справочник содержит также перевод и краткую расшифровку понятий, встречающихся в бурно развивающемся современном направлении компьютерных технологий - мультимедиа, поз-

& Предисловие

воляющем объединять в компьютерной системе текст, звук, мультипликацию, а также видео- и графические изображения.
Словарь-справочник предназначен для использования широким кругом пользователей от «чайников» до грамотных программистов и самых искушенных специалистов компьютерного бизнеса.

Английский алфавит

Aa	Hh	Oo	Vv
Bb	Ii	Pp	Ww
Cc	Jj	Qq	Xx
Dd	Kk	Rr	Yy
Ee	Ll	Ss	Zz
Ff	Mm	Tt	
G	Nn	Uu	

ВВЕДЕНИЕ

При пользовании словарем-справочником следует иметь ввиду следующее:
- в начале словаря-справочника помещен подраздел, содержащий сообщения и термины персонального компьютера, начинающиеся с числовой информации;
- наиболее часто встречающиеся сообщения персонального компьютера даны в виде типичных выражений и фраз;
- английские фразы часто не имеют дословного русского перевода - передано ситуативное соответствие;
- в круглых скобках даны возможные варианты предшествующего слова или словосочетания;
- в квадратных скобках заключена необязательная или возможная часть фразы;
- синонимы даны через запятую;
- точка с запятой и знак - разделяет различные значения переводимого выражения;
- краткие пояснения для терминов и выражений помещаются после соответствующего слова и выделяются курсивом;
- « ... » (три точки) в тексте сообщения могут обозначать:
  - имя диска;
  - конкретное значение параметра;
  - имя каталога или программы;
  - количество;
  - наименование клавиши

  и т.д. - по контексту сообщения.
- словосочетания file_name, directory_name, disk_name, server_name и соответственно словосочетания имя_ файла, имя_диска , имя_сервера , имя_каталога обозначают конкретное имя файла, диска, сервера, каталога;
- выражение вида 10h обозначает шестнадцатиричное число 10 (соответствует десятичному 16).

УСЛОВНЫЕ СОКРАЩЕНИЯ

БД - база данных;
ВС - вычислительная система;
ЗУ - запоминающее устройство;
ИП - интегрированный пакет прикладных программ;
ЛВС - локальная вычислительная сеть;
НИС - настольные издательские системы и текстовые редакторы;
ОЗУ - оперативное запоминающее устройство;
ОП - оперативная память;
ОС - операционная система;
ПЗУ - постоянное запоминающее устройство;
ПК - персональный компьютер;
ППЗУ - перепрограммируемое (перезапоминаемое) ПЗУ;
САПР - ситема автоматизированного проектирования;
СУБД - ситема управления базами данных;
ЭТ - электронные таблицы;
ЦП - центральный процессор.

1...0

1.2M ♦ дисковод для дискет размером 5,25" емкостью 1,2 Мбайта.
1.44M ♦ дисковод для дискет размером 3,5" емкостью 1,44 Мбайта.
1 file copied ♦ один файл скопирован.
1st ♦ первый.
1S/1P ♦ сокращение, обозначающее наличие в компьютере одного последовательного и одного параллельного порта.
2nd ♦ второй.
2S/1P ♦ сокращение, обозначающее наличие в компьютере двух последовательных и одного параллельного порта.
3-D Graphic ♦ трехмерная графика.
Графическое изображение, представляющее один или несколько объектов в трех измерениях - абсцисса, ордината, высота.
10base2 ♦ Стандарт этернет для кабеля. 10 означает ширину полосы пропускания 10 мегабит в секунду; base - полоса пропускания одного канала; и 2 - длину кабеля 200 метров. Используется тонкий коаксиальный кабель.
10base5 ♦ Первоначальный вариант «полной спецификации» кабеля; используется жесткий, большого диаметра коаксиальный кабель с полным сопротивлением 50 ом с множественной защитой. Внешняя оболочка кабеля обычно желтая, так что его часто называют «желтый кабель». «10» означает 10 мегабит в секунду; «base» - «полосу модулирующих частот» в противоположность высокой частоте и «5» - максимальную длину сегмента 500 метров.
10baseT ♦ Стандарт локальной сети для кабеля. «10» означает 10 мегабит в секунду; «base» - полосу модулирующих частот и «T» - скрученную пару. Кабель представляет собой две пары неэкранированных скрученных проводов.
24-pin ♦ 24-точечный матричный принтер.
Такие принтеры дороже, но обеспечивают более качественную печать, по сравнению с 9-точечным принтером, и выполняют ее быстрее.
32-bit ♦ (32-битный) Означает количество бит, которое можно обработать или передать параллельно, либо количество бит, используемое единичным элементом в определенном формате данных. Что означает этот термин в конкретных случаях:
 ♦ Микропроцессор: указывает емкость (ширину) регистров микропроцессора. 32-битный микропроцессор может обрабатывать данные и адреса памяти, представленные 32 битами.
 ♦ Шина: указывает количество проводников в шине. 32-битная шина передает параллельно 32 бита.
 ♦ Графическое устройство, такое как сканер или цифровая камера : указывает количество бит, используемых для представления одного пиксела. Типичные устройства используют 24 бита для цвета, а оставшиеся 8 бит - для управляющей информации.

♦ Операционная система: указывает прежде всего число битов, используемых для представления адреса памяти. **32-bit Shareware** ♦ Ссылки на 32-битные программы, утилиты, инструменты, игры.

4.3BSD (Berkley Software Distribution) ♦ версия 4.3 протоколов UNIX.

4201.cpi (4208.cpi; 5202.CPI) ♦ файлы ОС, содержащие наборы символов, обеспечивающих поддержку национальных алфавитов на принтерах фирмы IBM моделей 4201, 4208 и Quietwrite III модели 5202 (MS DOS и PC DOS версий 3.3 и более поздних).

64-bit machine ♦ 64-разрядная машина.

286, 287, 386, 387, 486 ♦ см. 80286, 80287, 80386, 80486.

100BaseT ♦ В стандарте Ethernet 100 мегабит в секунду (так называемый быстрый, Fast Ethernet), определяются три типа физического соединения для передачи сигнала.

* **100BASE-T4** ♦ (четыре телефонных скрученных пары).
* **100BASE-TX** ♦ (две градуированных витых пары).
* **100BASE-FX** ♦ (двухволоконный оптический кабель).

Это стенографическое обозначение. «100» означает скорость передачи 100 мегабит в секунду. «Base» означает, что в среде передаются только сигналы Ethernet. «T4», «TX» и «FX» относятся к физической среде распространения сигнала. (При использовании повторителей система может состоять из сегментов различного физического типа.)

101-key keyboard ♦ 101-клавишная клавиатура.

Используется в большинстве современных компьютеров.

586 ♦ неофициальное наименование, которым называли преемника микропроцессора i486 корпорации INTEL в период, предшествовавший его выпуску. По соображениям, связанным с авторским правом (в целях упрощения защиты), INTEL в итоге выбрала для микропроцессора название Pentium.

802.x ♦ Комитет IEEE по стандартизации локальных сетей. Образован в 1980 году. Состоит из 9 подкомитетов.

* **802.1** ♦ Разрабатывает методы объединения и архитектуру системы управления конфигурацией, обработку сообщений об отказах оборудования, управление пропускной способностью, доступом к ресурсам и т.п.

* **802.2** ♦ Разрабатывает протоколы LLC.

* **802.3** ♦ Разрабатывает стандарты доступа CSMA/CD (Ethernet) и спецификацию физического уровня.

* **802.4** ♦ Разрабатывает стандарты по методу доступа «эстафетное (маркерное) кольцо» и спецификации физического уровня.

* **802.5** ♦ Разрабатывает стандарты на метод доступа с передачей полномочий по физическому кольцу («cambridge ring»).

* **802.6** ♦ Стандартизация городских сетей передачи данных (MAN).

* **802.7** ♦ Передача данных в широкополосных сетях.

* **802.8** ♦ Применение оптико-волоконных кабелей.

* **802.9** ♦ Стандарты для интегральных сетей, обеспечивающих передачу речи и данных.

A ♦ шестнадцатеричная цифра с десятичным значением 10.

a2b ♦ (кратко; сайт в действительности называется **«a2b music»** (a2b-музыка)) ♦ это сайт, который позволяет загружать и проигрывать отрывки или полные песни из популярных записей, используя плеер, разработанный компанией **AT&T**.

AACDI (Asynchronous communications Device Interface) ♦ асинхронный коммуникационный интерфейс.

AAL (ATM Adaptive Layer) ♦ адаптивный уровень **ATM**.

AARP (AppleTalk Address Resolution Protocol) ♦ (Протокол Разрешения Адреса **AppleTalk**). ♦ **AARP** также организация для граждан США, чей возраст 50 и старше.

AARP ♦ способ отображения аппаратных адресов компьютеров, таких, как **Ethernet** или локальной вычислительной сети маркерного (эстафетного) кольца, на их временно назначенные сетевые адреса в сети **AppleTalk**.

AAUI (Apple attachment unit interface) ♦ Интерфейс присоединения устройства для **Apple**. **AAUI** ♦ 14-ти или 15-ти штырьковый порт или интерфейс подсоединения на ранних моделях компьютеров **Macintosh**, которые допускали подсоединение коротким интерфейсным кабелем («приемопередатчиком») на кабель **Ethernet**. Более поздние модели обеспечивают соединение к кабелю по стандарту **RJ-45 (10Base-T)**.

Abacus (абак, счеты). ♦ Приспособление для вычислений.

abandon ♦ аннулирование; ♦ уничтожение; ♦ удаление. См. также **erase**.

Abandon current document? ♦ Удалить текущий документ?.

abandonment ♦ отмена, отказ.

Abandonware ♦ программное обеспечение (операционная система, текстовый процессор, интерактивная игрушка или звуковой файл), которое больше не выставляется на продажу компанией-производителем, но доступна из некоторого другого источника.

ABCD data switch (переключатель данных) ♦ **ABCD** переключатель ♦ маленький ящичек, позволяющий подключать до четырех устройств к одному последовательному или параллельному порту на компьютере.

abate ♦ уменьшать.

abatement ♦ уменьшение.

abbreviate ♦ сокращать.

abbreviation ♦ аббревиатура, сокращение.

A abend

abend (abnormal end) ♦ аварийное завершение.
Непредусмотренное (аварийное) окончание выполнения программы, задачи, процесса в результате ошибки, обнаруженной операционной системой.

abend dump ♦ распечатка результатов аварийного завершения задачи.

abend recovery program ♦ аварийный выход из программы с возможностью восстановления функционирования.

ability ♦ способность, умение.

able ♦ название шестнадцатеричной цифры «**A**» (десятичное значение **10**).

abnormal ♦ аварийный

abnormal ending ♦ см. **abend**.

abort ♦ прекратить, прервать выполнение; ♦ аварийно завершаться.
Прерывать выполнение программы в связи с ошибкой. Это может сделать пользователь, ОС или сама программа.

abort edit (editing)? ♦ прервать редактирование (компоновку)?.

about ♦ кругом; ♦ около; ♦ приблизительно.

About to backup changes with autosave. Enter Y to backup or ESC to cancel ♦ Необходимо записать рабочую копию внесенных изменений. Нажмите клавиши: **Y** ♦ для выполнения, **Esc** ♦ для отмены.

About to generate .EXE file. Change diskette in Drive «...» and press ENTER ♦ Готов сгенерировать .**EXE** файл. Замените дискету в дисководе «...» и нажмите клавишу **ENTER**.

above ♦ сверху.

above board ♦ плата-расширитель.

absolute (abs) ♦ абсолютный.

absolute ♦ абсолютный адрес.
Число, однозначно определяющее положение данных в ОП или внешнее устройство. ♦ *Машинный адрес.* ♦ *Физический адрес.*

absolute assembler ♦ абсолютный ассемблер.
Транслятор с языка ассемблера, в результате работы которого получается программа в абсолютных адресах. Эта программа может выполняться без настройки адресов загрузчиком.

absolute code ♦ машинный код.

absolute error ♦ абсолютная ошибка; ♦ абсолютная погрешность.

absolute expression ♦ абсолютное выражение.
Выражение в программе на языке ассемблера, значение которого не зависит от положения программы в памяти.

absolute loader ♦ абсолютный загрузчик.
Загрузчик, не выполняющий настройку адресов.

absolute pathname ♦ полное составное (путевое) имя. См. также **path, pathname**.
Полное составное имя состоит из имени дисковода, имени каталога (имен каталогов) и имени файла.

absolute program ♦ программа в абсолютных адресах. **ASN.1 (Abstract Syntax Notation One).** Формальный язык абстрактного описания синтаксиса 1.
*Это язык, определяющий способ передачи данных по различающимся коммуникационным системам. **ASN.1** гарантирует, что полученные данные есть именно те данные, которые были посланы.*

a buffer error has occurred ♦ ошибка буфера.

abuse ♦ неправильное обращение; ♦ неправильно обращаться.

accelerator ♦ акселератор.
*Буква в названии пункта меню, выделенная каким-либо образом. При нажатии соответствующей ей клавиши происходит действие, аналогичное данному пункту меню и нажатию клавиши **ENTER**.*

Accelerated Graphics Port (AGP) ♦ Ускоренный Графический Порт.

AC (Accumulator) ♦ аккумулятор.

AC (Alternatin Current) ♦ переменный ток.

accentuation ♦ выделение [текста].

accept ♦ ввод [с клавиатуры]; ♦ согласие в сетевых протоколах; ♦ принять.

Acceptable use policy (AUP) ♦ Допустимая стратегия использования.
Набор правил, определяющий, как сеть (сайт) может использоваться.

acceptor ♦ акцептор. Получатель сообщения.

access ♦ доступ, обращение.
*Операция чтения, записи или модификации элемента данных, ячейки памяти, записи файла или базы данных. ♦ Возможность работы с файлами в сети. Пользователю предоставлены различные права доступа к файлам сети. См. **access rights**.*

ACCESS ♦ пакет управления базами данных.

access address ♦ указатель, ссылка.

access control ♦ контроль доступа; ♦ управление доступом.
*Определение и ограничение доступа пользователей, программ или процессов к данным, программам и устройствам **ПК**.*

access counter ♦ Счётчик доступа.
*Небольшая программа, вставляемая в **Web**-страницу, которая отслеживает количество нажатий на страницу. (Сколько раз к странице обратились.)*

access cycle ♦ цикл обращения.
Минимальный интервал времени между последовательными доступами к данным запоминающего устройства.

access denied ♦ доступ невозможен.
*Попытка изменить файл, имеющий один из следующих атрибутов: **write-protected** (защищен от записи); **read-only** (только для чтения) или **locked** (блокированный). ♦ вход в систему невозможен (для сети).*

accessibility options (properties) ♦ специальные возможности.

access key ♦ клавиша доступа.

access keys ♦ комбинации клавиш, служащие для быстрого доступа к пункту меню (обычно **Alt**+подчёркнутая в меню буква).

A access method

access method ♦ метод доступа.
> Метод поиска записи в файле, предоставления программе возможности произвести ее обработку и помещения ее в файл. Метод доступа поддерживается программами файловой системы. ♦ Системная программа, реализующая метод доступа.

Access number ♦ телефон доступа.
> Номер телефона, используемый для доступа к Поставщику Услуг Интернет.

access provider ♦ поставщик доступа.
> Любая организация, предоставляющая частным лицам или организациям выход в Интернет. Поставщики Доступа вообще разделяются на два класса: поставщики доступа Интернет **(Internet access providers – ISP)** и поставщики интерактивных услуг **(online service providers – OSP)**.

accessory program ♦ подручные программы.

access path ♦ путь доступа.
> Последовательность каталогов, начиная от корневого или текущего каталога, которую нужно пройти для доступа к требуемому каталогу (файлу).

access restriction ♦ ограничение доступа.
> Предоставляемое пользователю право иметь доступ к определенным данным или программам и заниматься эксплуатацией этих объектов в установленном порядке.

access rights ♦ права доступа.
> Привилегии пользователя, разрешающие ему определенный вид доступа к сетевым файлам в заданных каталогах. См. **rights, directory rights**.

access time ♦ время доступа.
> Время между моментом выдачи команды на ввод-вывод данных и моментом начала выполнения.

Access to server «server_name» denied ♦ Вход в систему на файловом сервере **«имя_сервера»** невозможен.

Access to the network device is denied ♦ Доступ к сетевому устройству невозможен.

Access to this file required. Enter Y to retry or Q to quit Word and lose changes ♦ требуется доступ к файлу. Нажмите клавишу **Y** для повторения попытки доступа или клавишу **Q** для окончания работы **Word** и потери внесенных изменений.

access type ♦ тип доступа.

accessibility ♦ доступность.

account ♦ счет, расчет, отчет.

account balance ♦ баланс на пользовательском счету (в сети).
> Средства, которые пользователь в настоящее время имеет на своем счету для оплаты использованных сетевых ресурсов. Каждый раз, когда пользователь использует сетевые ресурсы, система оценивает стоимость услуг и соответственно уменьшает значение баланса.

account restriction ♦ ограничения на счет (ресурс) пользователя (в сети).

accounting

Относятся к ограничениям на вход в файловый сервер для определенного пользователя. Супервизор системы может закрыть счет пользователя, сделать его временным (действительным до определенной даты); может быть ограничено число станций, с которых пользователю можно одновременно входить в сеть, или дисковое пространство, используемое пользователем.

accounting ♦ учет системных ресурсов; ♦ система расчетов.

В сети — автоматическая оценка использования пользователем сетевых ресурсов.

accounting/billing ♦ учет расходов/оформление счетов.

accuracy ♦ точность.

ACF (Access Control Field) ♦ поле управления доступом.

ACK (acknowledgment) ♦ подтверждение.

acknowledge ♦ подтверждать прием, квитировать. См. также **acknowledgement**.

acknowledged connectionless operation ♦ квитируемая связь; ♦ связь без установления логического соединения.

В сетях передачи данных — организация взаимодействия, при которой канальный уровень обеспечивает только посылку кадра одной или нескольким станциям сети и квитирование приема. Обеспечение целостности информации (например, повторная передача неправильно переданных кадров) осуществляется на более высоком уровне.

acknowledgement ♦ квитирование; ♦ подтверждать приём; ♦ квитировать ♦ подтверждение (приёма).

Подтверждение приема, т. е. передача принимающим устройством управляющих символов в ответ на принятые сообщения. ♦ квитанция. Сообщение, описывающее состояние одного или более сообщений, переданных в противоположных направлениях. ♦ Сообщение, отсылаемое в ответ на принятое сообщение; см. **confirmation**

ACL (Access Control List) ♦ список управления доступом.

ACM ♦ Аббревиатура от английского наименования **Association for Computing Machinery** ♦ Ассоциация вычислительной техники.

Основанная в 1947 г., **ACM** публикует информацию, касающуюся информатики, проводит семинары, создает и предлагает компьютерные стандарты.

acoustic coupler ♦ устройство сопряжения на базе акустического модема.

acoustic modem ♦ акустический модем, преобразующий цифровые сигналы в звуковые сигналы речевого диапазона и обратно.

ACP ♦ см. **ancillary control processor**.

acquire ♦ получить.

ACS (Access Control System) ♦ система управления доступом;.

Acronym (Акроним). ♦ Акроним (от греческих слов **«acro»** ♦ намёк, и **«onyma»** ♦ имя) ♦ сокращение отдельных слов таким способом, что сокращение само образует слово.

action ♦ выполнение. См. также **execution**.

A action bar

action bar ♦ полоса действий.
action media ♦ другое название плат цифрового видеоинтерфейса (видеоплат).
activate ♦ активизировать; ♦ вызывать.
activation ♦ активация; ♦ вызов.
activation frame ♦ кадр (фрейм, запись) активации.
Структура данных, формируемая (обычно на стеке) при вызове процедуры или активизации процесса и содержащая информацию о параметрах, локальных переменных и точке возврата.
activation record ♦ запись активации. См. **activation frame.**
active ♦ активный.
Выполняемый или используемый в данный момент.
active code page «...» ♦ активная кодовая страница «...».
active code page for device «...» **is** «...» ♦ активная кодовая страница «...» внешнего устройства «...».
Active code page not available from con device ♦ Активная кодовая страница во внешнем устройстве недоступна.
active file ♦ открытый файл; ♦ активный файл.
Файл, выполняемый или используемый в данный момент.
active hub ♦ активный концентратор **(хаб)**.
*Сетевое устройство, используемое для усиления передаваемых сигналов в кабельной сети для определенных сетевых топологий. Его можно использовать либо для подключения дополнительных рабочих станций к сети, либо для удлинения расстояния по кабелю между рабочими станциями и файловым сервером. См. **passive hub.***
active job ♦ текущее задание; см. **active task**
active memory ♦ активная память.
active task ♦ активная задача.
В многозадачной системе ♦ программа (задача), занимающая процессор в данный момент.
active window ♦ активное окно; ♦ рабочее окно.
Окно программы, в котором в данный момент работает пользователь.
ActiveX ♦ название, данное фирмой **Microsoft** набору «стратегических» объектно-ориентированных программных технологий и инструментальных средств, которые служат главным образом для создания Internet-совместимых настраиваемых элементов управления **OLE (OCX)**, позволяющих выполнять интерактивные просмотр и редактирование по месту.
ActiveX control ♦ Управляющий модуль системы **ActiveX.**
ActiveX control** приблизительно соответствует **Java-апплету**. Модуль **ActiveX** control может быть загружен как маленькая программа (апплет) для страницы сети, но он может также использоваться любой прикладной программой в средах **Windows** и **Macintosh.
activities planner ♦ план деятельности.
activity ♦ транзакция, обработка запроса. См. **transaction;** ♦ коэффициент активности файла.

actual

Мера интенсивности обращений к файлу, равная отношению числа транзакций к длине файла; ♦ процесс.
actual ♦ фактический
actual address ♦ исполнительный адрес. ♦ абсолютный адрес.
actual parameter ♦ фактический параметр.
Выражение, задающее объект или значение при обращении к процедуре, функции или макрокоманде.
actual size ♦ действительный (настоящий, реальный) размер [страницы].
actual storage ♦ физическая память.
A-D Conversion ♦ аналого-цифровое преобразование; ♦ преобразование, известное также как модуляция, использующее специальные микросхемы для преобразования цифрового сигнала в аналоговый и наоборот.
adapt ♦ приспосабливать; ♦ настраивать; ♦ адаптировать.
adaptation ♦ адаптация.
Приспособление программных средств к условиям функционирования, не предусмотренным при разработке.
adapter ♦ адаптер; переходное устройство; сопрягающее устройство.
Устройство, осуществляющее согласованный обмен информацией между устройствами с различным способом представления данных либо использующих различные виды сопряжений. Адаптер обеспечивает: обмен информацией в персональных компьютерах между оперативным запоминающим устройством, внешним запоминающим устройством и устройствами ввода-вывода; прием и обработку сигналов прерывания; защиту памяти; контроль передачи информации и т.д. Адаптер входит в состав средств автоматической передачи данных в вычислительных системах коллективного пользования.
adapter error ♦ ошибка адаптера.
Adaptive Data Compression (protocol; Hayes) ♦ адаптивный протокол сжатия данных.
ADC (analog digital converter) ♦ АЦП (аналогово-цифровой преобразователь). Преобразователь информации из аналоговой формы в цифровую.
ADCCP (Advanced Data Communication Control Protocol) ♦ улучшенный протокол управления передачей данных.
add ♦ см. **addition**.
add a row ♦ добавить строку.
add cluster to file ♦ добавить кластер к файлу.
addenda ♦ приложение.
Add «file_name»? ♦ Добавить файл «имя_файла»?.
add in ♦ расширение; ♦ дополнительный встроенный ресурс.
add in above ♦ добавить сверху.
add in memory ♦ дополнительная память.
Плата расширения, подключаемая к ПК с целью увеличения памяти.
Addin «file_name» ♦ Добавляю файл «имя_файла».

A addition

addition (add) ♦ сложение; ♦ суммирование; ♦ прибавление; ♦ складывать; ♦ прибавлять; ♦ добавлять.

addition record ♦ добавляемая запись.

add line feeds ♦ добавлять символы перевода строк.
*Режим работы редактора в **СУБД FoxPro**, позволяющий сохранить файлы, в которых конец всех строк обозначается символами «возврат каретки» и «перевод строки». Если режим не задан, то файлы сохраняются без символов «возврат каретки» и «перевод строки», что позволяет использовать эти файлы на компьютерах архитектуры **Macintosh**.*

Add line feed to carriage return ♦ добавить расстояние между строками документа (при печати из **DOS**).

add new frame ♦ открыть новый кадр (новое окно в **Windows**).

add new hardware ♦ установка оборудования.

add noise ♦ добавить шум.

add on ♦ дополнение; ♦ добавляемый для расширения.

add on board ♦ дополнительная плата; ♦ плата расширения.

add printer ♦ установка принтера.

add/remove layer mask ♦ добавить/удалить слой-маску. Команда меню палитры layers (слои).

address ♦ адрес; ♦ *адресовать*.
Номер, идентифицирующий ячейку компьютера. ♦ *Уникальный номер, который идентифицирует определенную сеть или сетевую станцию.*

Address Resolution Protocol (ARP) ♦ протокол отображения **IP**-адреса в физический адрес машины в локальной сети.
*Например, в протоколе Интернет 4-й версии (**IP** или **IPv4**), который применяется сегодня, адрес имеет длину 32 бита. В локальной сети **Ethernet** адреса устройств имеют длину 48 бит. (Физические адреса машин называются также **MAC**-адресами).*

addressable point ♦ адресуемая точка.
В машинной графике — любая точка пространства, которая может быть задана координатами.

address book ♦ адресная книга.

address bus ♦ шина адреса, адресная шина.

address space ♦ адресное пространство.
Например, диапазон адресов, относящийся к той или иной программе.

addressee ♦ адресат; ♦ получатель [сообщения в сети].

Addresses ♦ Адреса.
В сети наиболее часто используемые адреса ♦ *адрес электронной почты (**e-mail**), **IP**-адрес и **URL**.*

address field ♦ поле адреса.
Часть машинной команды или сообщения, содержащая адрес.

address mapping ♦ отображение адресов.

address mark

Вычисление физического адреса по виртуальному (логическому) адресу на основе соответствия между адресным пространством программы и физической памятью **ПК**.

address mark ♦ метка адреса, маркер адреса.

Специальный код или физическая метка на дорожке диска, указывающая начало записи адреса сектора.

address mask ♦ битовая маска, используемая для выделения части адреса; показывает какая часть относится к сети, какая к подсети.

add revision marks ♦ добавить редакторские пометки.

add to existing graph ♦ добавить график к существующему.

add unlisted printer ♦ добавляемого принтера нет в списке.

agenda ♦ повестка дня.

ADI (Autodesk Device Interface) ♦ средство сопряжения устройств фирмы **Autodesk**.

Позволяет решить проблемы, возникающие при подключении к **ПК** *нестандартных внешних устройств. Другое название* **ADI***-драйвер.*

adjust ♦ регулировать; ♦ устанавливать; ♦ настраивать; ♦ выравнивать [масштаб]; ♦ модифицировать; ♦ коррекция.

adjusted data ♦ отредактированные данные.

ADMD (Administration Management Domain name [X.400] ♦ административное управление именами доменов.

ADSL (Asymmetric Digital Subscriber Line) ♦ Асимметричная цифровая абонентская линия.

Цифровая линия, которая по витой паре телефонной сети достигает скоростей 6 мегабит на 3.8 км, или 1.5 мегабит на 5.6 км.

Adobe Acrobat ♦ технология, разработанная фирмой **Adobe systems**, которая позволяет документы, созданные на одной компьютерной системе, читать и печатать на других системах с поддержкой шрифтов, форматированием, текстовыми атрибутами и графическими элементами.

Adobe Type 1 ♦ формат шрифтов фирмы **Adobe** (другое название **PostScript Type1** или просто **Type1**).

Появился в 1985 году одновременно с языком описания страниц **PostScript***. Содержит открытую часть, доступную для любого текстового редактора, и закрытую часть, содержащую описания символов и информацию об их разметке.*

Adobe Type Align ♦ программа преобразования шрифтов.

Использует установленные шрифты для создания декоративных надписей и иллюстраций и экспортирует их в графические файлы, обычно в форматах **EPS** *или* **TIF**. *Программа не создает новых шрифтов, а, скорее, приближается к универсальным графическим пакетам.*

Adobe Type Manager (ATM) ♦ менеджер шрифтов фирмы **Adobe**.

Позволяет установить, включить и удалить шрифты в таких программах среды **Windows,** *как* **PageMaker, Microsoft Word, Microsoft Excel. ATM**

ADU

*поддерживает выполнение вывода на печать не только для принтеров, работающих на языке **PostScript**, но и для других принтеров, поддерживаемых **Windows** (**HP LaserJet**, лазерный **IBM**, **IBM Proprinter**, **Epson** и др.). **ATM** позволяет осуществлять масштабирование изображений, ориентированных на битовое представление, а также работать со всеми шрифтами формата <**Adobe Type1**>, включая форматы из библиотек шрифтов и пакетов шрифтов <**Type1**> фирм **Linotype**, **Aqua**, **Compugraphik**, **Varitype**, **Monotype**, **Autologic** и **Fontcompany**.*

ADU (Automatic Dialin Unit) ♦ автоматический блок набора телефонного номера.

advanced ♦ расширенные [характеристики].

advanced feature ♦ средства расширения.

advanced settings ♦ дополнительные настройки.

AFP (AppleTalk Filing Protocol) ♦ протокол взаимодействия сети **NetWare** с компьютерами типа **Macintosh**. **NetWare286**. Обеспечивает поддержку этого протокола в виде дополнительного **VAP**-процесса, а **NetWare386** — **NLM**—процесса.

AFS (Andrew File System) ♦ файловая система Эндрю.

*Система, позволяющая работать с файлами на удаленном хост-компьютере так, как будто вы работаете на своем компьютере. Например, не требуется прибегать к **FTP** для получения файла, так как файл можно скопировать в свой начальный каталог.*

after ♦ после, потом, затем; ♦ сзади, позади; ♦ последующий.

after frame contents (endnotes) ♦ примечания (сноски) в конце фрейма.

A general network errors has occurred. Retry the operation ♦ Ошибка в сети. Повторите.

Agent (Агент) ♦ Программа, действующая от лица пользователя.

В Интернет, «агент» — это программа, которая накапливает информацию или выполняет некоторое другое действие без вашего непосредственного присутствия и по определённому заданному графику.

aggregation ♦ обобщение.

a handle error has occurred ♦ ошибка пользователя.

.aiff (Audio Interchange File Format). ♦ Формат файла для обмена звуковой информацией.

*Первоначально разработан для систем **Macintosh**, но используется и в других системах.*

airbrush ♦ пульверизатор, аэрограф.

Шаблон определенного цвета и насыщенности, используемый для закрашивания поверхностей.

AIX ♦ Многопользовательская **ОС**, попытка фирмы **IBM** скопировать **UNIX**- (**Advanced Interactive eXecutive**) [RFC 1177, IBM UNIX]; ♦ **UNIX** операционная система **RISC-6000** и др.

AI (Adobe Illustrator) ♦ формат графического файла, выполненного в графическом редакторе **Adobe Illustrator**.

.AI ♦ расширение графического файла, выполненного в графическом редакторе **Adobe Illustrator**.

algorithm ♦ алгоритм ♦ метод, правило.
Набор правил или описание последовательности операций для решения определенной задачи.

Alias ♦ псевдоним, альтернативное имя.
Имя, которое подставляется вместо более сложного имени. Например, вместо сложного почтового адреса или списка адресов можно воспользоваться простым псевдонимом.

aliasing, anti-aliasing ♦ диагональная или кривая линия.
*Изображения на мониторе сделаны из квадратных кусочков. Когда край в изображении GIF , и рядом контрастный цвет, грани получаются зубчатые, похожие на ступеньки. Это называется **aliasing**. Зубцы можно смягчить, внося смежные пиксели с промежуточными цветами между изображением и фоном. Это смягчение граней называется сглаживанием **(anti-aliasing)**.*

align ♦ выравнивать.

Align cartridges ♦ юстировка картриджей.

alignment ♦ выравнивание; ♦ расположение. См. также **justification**.

alignment to baseline ♦ выравнивание по базовой линии.

all ♦ весь, все.

All available space in the extended DOS partition is assigned to logical drives ♦ Все доступное пространство расширенного раздела **DOS** распределено между логическими дисководами.

All clusters automatically ♦ Все кластеры автоматические.

All constraints satisfied ♦ Все ограничения выполнены.

All files canceled by operator ♦ Все файлы удалены пользователем.

All file in directory will be deleted! Are You sure? ♦ Все файлы в каталоге будут удалены! Вы согласны?

All fonts resident ♦ Все шрифты резидентные.

All logical drives deleted in the extended DOS partition ♦ Все логические дисководы в расширенном разделе **DOS** будут удалены.

allocate ♦ размещать; ♦ распределять (ресурсы); ♦ выделять (ресурсы).

allocated ♦ распределенный.

allocated cluster ♦ распределенные (занятые) кластеры.

allocation ♦ распределение (ресурсов); ♦ размещение; ♦ выделение (ресурса процессу). См. также **extraction, highlighting**.

Allocation error for file ♦ Ошибка распределения для файла.
*Воспользуйтесь командой **CHKDSK** с параметром **/F**.*

Allocation error, size adjusted ♦ ошибка распределения, размер откорректирован.

allocation map ♦ таблица распределения.
*Структура данных, описывающая ресурсы **ВС** и их текущее распределение между процессами или программами.*

A allocation unit

allocation unit ♦ единица распределения. См. **cluster**.
All of DOS disk ♦ Весь диск **DOS**.
allow ♦ разрешать; ♦ допускать; ♦ выдавать.
allow editing ♦ разрешать редактирование.
allow free dragging ♦ буксировка разрешена.
allow print spooling ♦ печать через буфер разрешена.
allow within ♦ разрешить разрыв.
A(ll), p(artition) or c(onsolidate)? ♦ (Все), (частично) или (объединить)?.
All specified files are contiguous ♦ Все указанные файлы являются непрерывными.
A(ll), v(alues) or p(artition)? ♦ (Все) (значение) или (частично)?.
Aloha ♦ Протокол для спутниковой и наземной радио передачи.
alpha channel ♦ альфа-канал, канал прозрачности.
> Старшие 8 бит из 32-битового слова, используемые в некоторых графических адаптерах. Некоторые программы через альфа-канал управляют информацией, содержащейся в младших 24 битах.

alphabet ♦ алфавит.
> Совокупность символов, используемых в языке или системе кодирования.

alphabet string ♦ текстовая строка.
> Строка символов, принадлежащих данному алфавиту.

alphabetical rubricating ♦ литерация.
> Обозначение рубрик и любых других последовательно расположенных элементов издания с помощью букв (литер).

alphanumeric character set ♦ набор буквенно-цифровых знаков.
alphanumeric display ♦ алфавитно-цифровой дисплей.
> Дисплейное устройство, предназначенное для работы с цифровой и сопутствующей символьной информацией.

alphanumeric sort ♦ сортировка по алфавиту.
already ♦ уже.
already connected ♦ соединение произведено.
already exist ♦ уже существует.
Already installed ♦ [Программа, функция] уже установлена.
Already running clipboard ♦ Буфер (клипборд) уже запущен.
already running Control Panel ♦ Контрольная Панель уже загружена.
also ♦ также; ♦ тоже (в компьютерах типа **IBM PC**).
Alt ♦ клавиша **Alt** (в компьютерах серии **ЕС**) ♦ клавиша Доп.
> Регистровая клавиша, которая изменяет смысл клавиш, нажимаемых одновременно с ней.

Alta Vista ♦ Поисковая машина. **www.altavista.digital.com**.
alternate ♦ чередоваться, чередующийся; ♦ переставлять; ♦ переменный.
alternate mode ♦ режим попеременного доступа.

alternation

Режим работы виртуального терминала, при котором каждый из его пользователей по очереди получает доступ к его структурам данных.

alternation ♦ изменение; ♦ преобразование.

alternative ♦ вариант.

Altsys Fontormatic ♦ программа преобразования шрифтов.

*В качестве основы использует установленные в системе **True Type** или **Type1** шрифты, преобразует их (обычно используют ся декоративные эффекты, позволяющие получить забавные очертания известных гарнитур) и экспортирует в одном из форматов **TrueType**.*

Altsys Metarmophosis ♦ программа преобразования шрифтов.

Импортирует исходные шрифты, преобразует их и экспортирует в заданном формате. Может быть использована для генерирования семейства шрифтов на основе одного, обычно прямого, начертания.

always ♦ всегда.

a. m. ♦ до полудня. Время от 0 до 12 часов.

amendment ♦ исправленная версия (редакция); ♦ изменение, поправка.

amendment record ♦ запись файла изменений.

America Online ♦ Популярная интерактивная служба. Часто — просто **AOL**.

Amount read less than size header ♦ Считано меньше, чем указано в заголовке.

Перекомпилируйте файл и скопируйте его заново.

ampersand ♦ амперсант, символ **«&»**.

Используется для обозначения параметров команд, имен временных наборов данных и в других случаях.

Analog ♦ аналоговый.

Аналоговая технология относится к электронной передаче, выполненяемой добавлением сигнала изменения частоты или амплитуды к несущей частоте. ♦ Радиопередача и телефонная передача традиционно использовала аналоговую технологию. ♦ Это также любое колебание или непрерывный процесс изменения. Аналоговый сигнал обычно представляется как ряд синусоидальных волн. ♦ Модем (modem) используется, чтобы преобразовать цифровую информацию в вашем компьютере к аналоговым сигналам для телефонной линии и (обратно) преобразовывать аналоговые сигналы телефона в цифровую информацию для компьютера.

Analog loopback ♦ Аналоговая петля.

Самопроверка для модема. Данные от клавиатуры посылаются в передатчик модема, модулируются в аналоговую форму, закольцовываются на приёмник, демодулируются в цифровую форму и выводятся на экран для проверки.

analog to digital converter ♦ аналогово-цифровой преобразователь.

Устройство преобразования входного аналогового сигнала в выходную цифровую информацию в соответствии с амплитудой входного сигнала.

analyzer ♦ анализатор.

A analyzing directory

*Устройство или программа, выделяющая признаки или составные части обрабатываемых данных (например: **lexical analyzer** — анализатор лексики).*

analyzing directory structure ♦ анализ структуры каталога.

analyzing DOS boot record ♦ анализ таблицы загрузочной записи **DOS**.

analyzing file allocation tables ♦ анализ таблицы размещения файлов.

ancestor directory ♦ каталог верхнего уровня.

Любой каталог верхнего уровня, находящийся над некоторым другим заданным уровнем каталога (каталог-«отец», каталог-«дедушка» и т. д.).

anchor ♦ зацепить; ♦ связь.

*Слово или фраза на **Web**-странице, которое используется как целеуказание для ссылки **(link)**. Когда пользователь выбирает эту ссылку, браузер перепрыгивает на анкер, который может находиться в том же самом документе или в другом.*

anchor point ♦ точка привязки.

anchored ♦ фиксированный.

ancillary control processor (ACP) ♦ вспомогательный управляющий процессор.

*В операционной системе **RSX** — часть **ОС**, выполняющая файловые операции для группы устройств.*

An error has occurred sending the command to the application ♦ Во время приема команды приложением произошла ошибка.

An error has occurred while printing ♦ Ошибка при печати.

angle ♦ угол; ♦ символ «больше» (>) или «меньше» (<); ♦ угловые (ломаные) скобки. См. **bracket, parenthesis**.

angle between items ♦ угол между элементами.

angle for crosshatch lines (default) ♦ угол наклона линии штриховки (значение по умолчанию).

angle for pattern ♦ угол наклона шаблона.

animated gif ♦ Анимационное изображение в формате **GIF**.

Графический файл, состоящий из нескольких изображений, которые показываются одно за другим, создавая эффект мультипликации.

animation ♦ мультипликация.

an internal failure has occupied ♦ внутренняя ошибка.

annex ♦ приложение. См. также **appendix**.

annex memory ♦ буферная память, буферное ЗУ.

Собственная память контроллера или адаптера ввода-вывода, используемая для буферизации при обмене.

annie ♦ **Web**-страница, которая, похоже, брошена.

Большинство ссылок потеряли актуальность, «сирота».

annotate ♦ снабжать примечаниями; ♦ комментировать; ♦ аннотировать.

annotation ♦ аннотация; ♦ примечание.

annotation mark ♦ отметка (выделение) аннотации.

annotation text A

annotation text ♦ текст аннотации.
anonymous ftp ♦ анонимный ftp.
*Сеанс **FTP**, когда пользователь регистрируется с именем «**anonymous**» (аноним) и в качестве пароля вводит свой e-mail адрес. Система, с помощью которой члены сообщества сети **Internet** могут обращаться к файлам в определенных станциях **FTP** без входного имени, т.е. они входят как **anonymous** (аноним).*
ANSI (American National Standard Institute) ♦ Американский институт стандартов.
ANSI Character Set ♦ набор символов **ANSI**.
*Совокупность специальных символов и присвоенных им кодов, одобренная **ANSI**. Набор символов **ANSI** включает в себя неанглийские символы, специальные знаки пунктуации, деловые символы.*
ANSI.SYS ♦ драйвер устройств **ОС**, служащий для расширения возможностей управления экраном и клавиатурой (**MS DOS** и **PC DOS** версий 2.0 и более поздних).
answer(ing) ♦ ответ; ♦ реакция.
Заданная последовательность операций в ответ на запрос станции передачи данных, имеющая целью установить соединение между станциями.
answerback drum ♦ автоответчик.
answer key ♦ клавиша ответа.
answer screen ♦ кадр ответа; ♦ экран ответа.
antialiasing ♦ сглаживание.
В растровой графике — средства, компенсирующие дефекты изображения, вызванные дискретностью растра. В мультимедиа — защита от наложения спектров при наложении аналоговых сигналов.
antialiasing filter ♦ фильтр защиты от наложения спектров при наложении аналоговых сигналов.
anticipatory mode ♦ режим с упреждением.
Режим обмена или подкачки, при котором данные загружаются в память до фактического обращения к ним.
antivirus ♦ антивирус.
Программа, которая обнаруживает и может уничтожить вирусы. Если вирус уничтожить не удается, зараженную программу необходимо удалить.
An unknown network error has occurred ♦ Неизвестная ошибка в сети.
An unknown flag «...» was encountered ♦ Предпринята попытка работать с неизвестным параметром-флагом «...».
An unknown queue error occurred ♦ Предпринята попытка применения неверного имени очереди к печатающим устройствам (сообщение сети **NetWare**).
any ♦ какой-нибудь, любой.
AOL (America Online) ♦ онлайновая (оперативная, информационная) служба.
API (Application Program Interface [Windows]) ♦ прикладной программ-

ный интерфейс; ♦ пользовательский программный интерфейс.

*Средства **Windows**, обеспечивающие доступ пользовательских программ к системным ресурсам.*

apllication software ♦ прикладное программное обеспечение, прикладные программы, прикладные задачи.

APM ♦ **Advanced Power Management** ♦ усовершенствованное управление питанием.

apostrophe ♦ апостроф, символ «'».

Символ используется для обозначения границ литерных и битовых строк, текстовых литералов и в других случаях.

APPC (Advanced Program-to-Program Communication [IBM] ♦ улучшенная система обмена программа-программа.

appearance ♦ оформление.

append ♦ присоединять; ♦ добавлять в конец, конкатенировать.

APPEND ♦ внешняя команда **DOS (Novell DOS)**, служащая для задания списка подкаталогов в целях поиска файлов данных, которые **DOS** не может найти в текущем каталоге (**MS-DOS** версии **3.2**, **PC DOS** версии **3.3** и более поздних).

APPEND already installed ♦ Команда **APPEND** уже установлена.

APPEND/ASSIGN conflict ♦ Команды **APPEND/ASSIGN** конфликтуют.

*Нельзя использовать команду **APPEND** для устройства, к которому применена команда **ASSIGN**.*

APPEND.EXE ♦ файл, содержащий программу команды **APPEND**.

appendix ♦ приложение. См. также **annex**.

Apple Computer ♦ Производитель персональных компьютеров.

*Основана в 1976 году Стивеном Джобсом (**Steven Jobs**) и Стивом Возняком (**Steve Wozniak**). Фирма **Apple** была автором многих новшеств. Многие аналитики говорят, что развитие **PC**, фактически, было погоней за **Apple Macintosh**.*

AppleTalk ♦ набор протоколов связи локальной вычислительной сети, первоначально созданный для компьютеров **Apple**.

Applet ♦ Программа на языке Java.

*Маленькая программа на **Java**, которая может вставляться в **HTML**-страницу.*

APPI (Advanced Peer-to-Peer Internetworking) ♦ улучшенная система межсетевого доступа.

application ♦ применение, использование, приложение; ♦ прикладная программа.

application call ♦ вызов из прикладной программы.

application default ♦ значение по умолчанию; ♦ применение по умолчанию.

application domain ♦ прикладная область, предметная область.

Совокупность понятий и объектов, информация о которых хранится в базе данных или обрабатывается программой.

application error ♦ ошибка прикладной программы.

application package ♦ пакет прикладных программ.
Набор программ и средств обращения к ним для решения определенного класса задач.

application program ♦ прикладная программа.
Программа, предназначенная для решения задачи или класса задач в определенной области применения системы обработки информации.

application program package ♦ пакет прикладных программ (**ППП**). См. также **integrated package, application package**.
Система прикладных программ, предназначенная для решения задач определенного класса.

application programming interface (API) ♦ интерфейс прикладного программирования.

application shortcut key ♦ клавиша оперативного вызова программы.

applications software ♦ прикладное программное обеспечение.

application window control menu ♦ кнопка вызова контрольного системного меню прикладной программы.

application window minimize button ♦ кнопка уменьшения окна прикладной программы в **Windows**.

application window restore button ♦ кнопка восстановления размера окна прикладной программы в **Windows**.

application workspace ♦ рабочая область задачи.

apply image ♦ внешний канал.

apply to 2-color pattern fills ♦ применять к двухцветным узорам.

apply to currently selected objects only ♦ искать только среди выделенных объектов.

apply to fountain fills ♦ применять к градиентной заливке.

apply ♦ _menu. Применить.

apply to monochrome bitmaps ♦ применять к одноцветным растровым изображениям.

apply to whole table ♦ применить ко всей таблице.

A print job error has occurred ♦ Ошибка при печати.

A printer driver for this printer is already on the system ♦ Драйвер принтера уже установлен.

APS (Asynchronous Protocol Specification) ♦ спецификация для асинхронного протокола.

APW (Authorware Professional for Windows) ♦ авторская профессиональная система «**под Windows**».
Авторская инструментальная система, предоставляющая большие удобства пользователю при создании в интерактивном режиме прикладных мультимедиа-программ.

arbitrary ♦ свободное вращение.

arbitrary access ♦ произвольный доступ.

A arc

Доступ, при котором время обращения не зависит от адреса.

arc ♦ дуга, ориентированное ребро.

Ориентированная связь между двумя вершинами графа (стрелка, ведущая от одной вершины к другой).

arcade game ♦ видеоигра. Общее название компьютерных видеоигр.

Archie ♦ система индексирования, помогающая искать файлы более чем в 1000 станций **FTP**.

archive ♦ архив.

Совокупность данных или программ, хранимых на внешнем носителе, потребность в которых частично, полностью или временно отпала, но которые могут быть при необходимости использованы.

archive file ♦ архивный файл.

*Файл, содержащий другие, обычно упакованные, файлы. Применяется для хранения редко требующихся файлов, а также файлов, которые могут загружаться пользователями **Internet**.*

Archive site ♦ Архивный сайт.

Сервер, обеспечивающий доступ к организованному набору файлов.

archived file ♦ архивный файл.

archive-in ♦ разархивировать.

archiving ♦ архивное хранение ♦ архивирование.

*Хранение редко используемых данных, резервных копий, старых версий программ. Процесс получения резервных копий. В сети создание резервных копий сетевых каталогов и файлов осуществляется с помощью системных утилит. Утилита **larchive** выполняет архивирование на локальные диски, утилита narchive ♦ на сетевые диски. Восстановление системных файлов и каталогов можно выполнить с помощью утилит **lrestore, Nrestore**.*

area ♦ область; ♦ участок; ♦ площадь; ♦ поверхность; ♦ диаграмма площадей.

areal density ♦ плотность записи.

Количество данных, которое может быть записано на единице площади жесткого или гибкого диска.

area-scan camera ♦ камера со строчно-кадровой разверткой.

Areas FontMonger ♦ программа преобразования шрифтов.

Импортирует исходные шрифты, преобразует их и экспортирует в заданном формате. Может быть использована для генерирования семейства шрифтов на основе одного, обычно прямого, начертания.

Are you sure? ♦ Вы согласны (уверены)?

Are you sure you want to copy (move) the selected file into «...»?

Вы действительно хотите копировать (переместить) выделенные файлы в «...» ?

Are you sure you want to format it ? ♦ Вы настаиваете на форматировании?

Are you sure you want to start «...» usin - «...» as the initial file? ♦ Вы действительно хотите запустить приложение (программу) «...» совместно с файлом документа «...»?

argument ♦ аргумент, параметр; ♦ фактический параметр; ♦ доказательство.
argument list ♦ список параметров.
ARM ♦ параметр в системе описания шрифтов **PANOSE**, определяющий форму росчерков; **Asynchronous Response Mode** — режим асинхронного отклика.
ARP (Address Resolution Protocol) [RFC 826] ♦ протокол определенного адреса.
Протокол отображения IP-адреса в физический адрес машины в локальной сети. Например, в протоколе Интернет 4-й версии (IP или IPv4), который применяется сегодня, адрес имеет длину 32 бита. В локальной сети Ethernet адреса устройств имеют длину 48 бит.
ARPA (Advanced Research Project Agency of Defense Department) ♦ агентство министерства обороны по **ОКР**, спонсор первой сети с пакетным переключением.
ARPAnet ♦ компьютерная сеть, ставшая предшественницей **Internet**, которая была разработана Агентством перспективных исследований Министерства обороны США.
arrange ♦ упорядочить; ♦ располагать, размещать; ♦ классифицировать.
Arrange/Align and Distribute ♦ Монтаж/Выровнять и распределить.
arrange icons ♦ упорядочить значки.
arrangement ♦ упорядочивание; ♦ размещение, расположение; ♦ классификация.
array ♦ массив ♦ вектор ♦ матрица ♦ таблица.
Структура данных для представления упорядоченного множества элементов одного типа. Элемент массива идентифицируется набором индексов.
array cell ♦ элемент массива.
array component ♦ элемент массива.
array element ♦ элемент массива.
array identifier ♦ идентификатор массива.
arrow key ♦ клавиша со стрелкой.
arrow up ♦ стрелка вверх.
ARS (Automatic Route Selection) ♦ автоматический выбор маршрута.
article ♦ статья.
Сообщение в группе новостей Internet.
Artifiacial intelligence ♦ Искусственный интеллект.
Область науки, пытающаяся наделить компьютер человеческим разумом.
artistic text ♦ графический текст.
AS (Autonomous System) ♦ автономная система.
Сеть или система сетей, придерживающаяся единой маршрутной политики.
as ♦ как; ♦ так, также; ♦ в качестве.
ascender ♦ асцендер; ♦ выступающие элементы букв.
Часть строчной буквы, превышающая ее основную высоту (например: б, d, h).
ascending order ♦ в порядке возрастания.
ascending or descending? ♦ возрастающий или убывающий?.

A ascending sort

ascending sort ♦ сортировка по возрастанию.
ASCII (American Standard Code for Information Interchange) ♦ американский код для обмена информацией.
*Семиразрядный код для представления текстовой информации, используемый в большинстве вычислительных систем. Стандартный код позволяет закодировать 128 символов. Компьютеры, совместимые с **IBM PC**, имеют расширенный набор символов **ASCII**, использующий восьмой бит для кодирования, что позволяет удвоить число символов (до 256). Символы **ASCII** включают как текстовые, так и управляющие символы (такие, как пробел, перевод строки и др.).*
ASCII file ♦ файл, содержащий только символы ASCII из 7-ми двоичных чисел.
Большинство текстовых файлов являются ASCII-файлами.
ASCII format ♦ текстовый формат. Представление текстовой информации в коде ASCII.
ASCII instruction ♦ инструкция по ASCII-кодам.
A search for active memory finds ♦ При поиске активной памяти обнаружено.
aside ♦ экранная сноска.
ASIT (Advanced Security and Identification Technology) ♦ технология идентификации и улучшенной безопасности.
.ASM ♦ расширение файла исходной программы на языке **Ассемблер** .
ASN (Abstract Syntax Notation) ♦ нотация абстрактного синтаксиса, проект стандарта ISO для представления данных на прикладном уровне.
aspect ♦ аспект. В информационных системах — признак поиска данных.
aspect ratio ♦ коэффициент сжатия.
Соотношение между горизонтальным и вертикальным размерами изображения. В мультимедиа это соотношение должно быть соблюдено при отображении видеоизображения на экранах различных дисплеев. ♦ *В машинной графике — отношение изменения вертикально го и горизонтального масштабов.* ♦ *В **CorelDraw** — соотношение ширины и высоты объекта.* ♦ *Для растровых дисплеев — отношение числа точек растра на единичном вертикальном и единичном горизонтальном отрезках.*
ASN.1 (Abstract Syntax Notation One). ♦ Формальный язык абстрактного описания синтаксиса.
Язык, определяющий способ передачи данных по различающимся коммуникационным системам.
assembler ♦ язык ассемблера; ♦ транслятор с языка ассемблера.
Программа, переводящая программы написанные на языке ассемблер в машинный код.
assert ♦ утверждать, предполагать; ♦ добавлять, заносить.
В логическом программировании — добавлять факт или утверждение в базу данных.
assertion ♦ утверждение, условие.
Логическое утверждение, которое предполагается истинным.

assignment ♦ присваивание (значения переменной)
assign ♦ присваивать; ♦ назначать.
ASSIGN ♦ внешняя команда **DOS (Novell DOS)**, служащая для перенаправления всех операций с одного дисковода на другой (**MS DOS** версии 3.0-5.0, **PC DOS** версии 2.0 и более поздних. В **MS DOS** версии 6.X отсутствует).
ASSIGN.EXE ♦ файл, содержащий программу команды **ASSIGN**.
assign functional key ♦ назначить функциональную клавишу.
assign macro name ♦ присвоить имя макрокоманде.
assignation ♦ назначение; ♦ присваивание.
assignment ♦ присвоение; ♦ назначение.
Присвоение устройству ввода-вывода некоторого логического имени из числа принятых в системе.
assisted panel ♦ окно комментариев; ♦ вспомогательное окно.
Часть экрана, в которую программа выводит подсказку о возможных в данный момент действиях пользователя.
associate ♦ связать с.
associate addressing ♦ ассоциативная адресация.
Способ адресации, при котором не указывается точное местоположение данных, а задается значение определенного поля данных, идентифицирующее их.
associate list ♦ ассоциативный список.
Association for Computing Machinery (ACM). ♦ Ассоциация по вычислительным машинам США.
Общество специалистов по компьютерам. Основано в 1947 году.
asterisk ♦ астериск, звездочка, символ «*».
Применяется для обозначения сносок и выносок в настольных издательских системах или для обозначения операций умножения и возведения в степень в электронных таблицах.
Asymetrix Compel ♦ авторская система мультимедиа, работающая под управлением **Windows**.
Asymmetrical ♦ асимметричный, обеспечивающий различную полосу пропускания в разных направлениях.
Asymmetrical modulation ♦ асимметричная модуляция.
Дуплексная передача, при которой коммуникационный канал разбивается на один высокоскоростной и один низкоскоростной.
Asynchronous (асинхронный). ♦ Асинхронный, не синхронизированный; т.е. происходящий не в заданный или правильный интервал времени.
asynchronous communication ♦ асинхронная связь.
Режим последовательной передачи данных, при котором каждый символ передается независимо от других символов.
Asynchronous Communication Server ♦ асинхронный коммуникационный сервер.
asynchronous transmission ♦ асинхронная передача.
Метод передачи информации по последовательному каналу, при котором каж-

A at

дый символ представляется стартовым и стоповым битами, используемыми в качестве синхронизирующих между передающим и принимающим устройствами.

at ♦ начать с.

at column ♦ по колонке.

ATA ♦ сокр. от **AT Attachment** ♦ (тех. принадлежность, приспособление) техническое исполнение жесткого диска (см. **HDD**), интегрирующее контроллер (см. **controller**) в систему самого жесткого диска.

AT command set ♦ набор команд **AT**.
Стандартные команды управления модемом.

ATCP (AppleTalk Control Protocol) [RFC1378] ♦ протокол управления AppleTalk.

ATG (Address Translation Gateway) ♦ сервер трансляции адресов.

at line ♦ по строке.

ATM ♦ см. **Adobe Type Manager**; ♦ **(Asynchronous Transfer Mode)** ♦ режим асинхронной передачи.

ATR (Automatic Terminal Recognition) ♦ автоматическое распознавание терминала.

attach ♦ присоединять, подключать.
Сделать устройство доступным для BC или программы. Это может подразумевать как физическое подключение устройства, так и загрузку и инициализацию соответствующих программ и структур данных. ♦ войти в дополнительный файловый сервер; Получить доступ к дополнительному файловому серверу после выполнения процедуры входа в основной файловый сервер. ♦ соединить компоненты сети.

attached device ♦ подключенное (доступное) устройство.

Attached file ♦ Прицепленный файл.
*Файл, присоединённый к письму в **e-mail**.*

attachment ♦ вложение (в письмо).
Файл, прикреплённый к электронному письму.

attempt ♦ попытка.

Attempt to access data outside of segment bounds ♦ Попытка доступа к данным за границей сегмента (сообщение сети **NetWare**). ♦ Ошибка в инструкции, ссылке или сегментации.

Attempt to nest include files more than 12 deep. Last include file opened is «file_name» ♦ Предпринята попытка подключения для команды include более 12-ти файлов, вложенных друг в друга. Последнее имя открытого вложенного файла «имя_файла» (сообщение сети **NetWare**).

Attempt to read date from file failed ♦ Попытка чтения данных в несуществующем файле (сообщение сети **NetWare**).

Attempt to remove current directory ♦ Попытка удалить текущий каталог (сообщение сети **NetWare**).

Attempted write protected violation ♦ Попытка записи на защищенный дисковод (дискету).

Attempting to recover

Attempting to recover allocation unit «...» ♦ Попытка исправления размещения единицы измерения «...» (сообщение сети **NetWare**).

Attempting to attach to server «server_name» during an unauthorized time period ♦ Предпринята попытка присоедине ния к файловому серверу «имя_сервера» в недозволенное время (сообщение сети **NetWare**).

Attempting to login after account balance has dropped below the minimum ♦ Ресурсы, отведенные пользователю, исчерпаны, регистрация запрещена (сообщение сети **NetWare**).

Attempting to login during an unauthorized time period ♦ Предпринята попытка входа в систему, когда текущая работа в сети запрещена (сообщение сети **NetWare**).

Attempting to login from an unapproved station ♦ Предпринята попытка регистрации с запрещенной рабочей станции (сообщение сети **NetWare**).

Attempting to login to account without accounting balance ♦ Предпринята попытка входа в систему с файлового сервера, не имея на это кредита (отведенных ресурсов) (сообщение сети **NetWare**).

Attempting to login to an account that has expired or has been disabled by the supervisor ♦ Предпринята попытка регистрации в сети либо со счета, который блокирован, либо по окончании срока действия пароля (сообщение сети **NetWare**).

Attempting to simultaneously login too many work stations ♦ Предпринята попытка одновременной регистрации со слишком большого числа станций (сообщение сети **NetWare**).

attendance message ♦ обслуживающее сообщение.

attention ♦ прерывание. (См. также **break**); ♦ внимание.

attraction mode ♦ демонстрационный режим.

Режим работы, при котором имитируется работа пользователя автоматическим вводом заранее подготовленных или генерируемых команд и запросов.

ATTRIB ♦ внешняя команда **DOS** (**Novell DOS**), служащая для защиты файлов от случайного стирания или изменения путем присвоения им атрибута read-only (только для чтения).

*Для снятия защиты команда используется с параметром, отменяющим атрибут (**MS DOS** и **PC DOS** версий 3.0 и более поздних).*

ATTRIB.EXE ♦ файл, содержащий программу команды **ATTRIB**.

attribute ♦ атрибут ♦ свойство.

Отдельная специфическая существенная характеристика объекта. 1) В машинной графике — свойство примитива вывода или сегмента изображения, определяющее цвет. 2) В реляционных базах данных — столбец таблицы данных.

attribute overrides ♦ изменить атрибуты.

.au -Формат звукового файла фирмы **Sun Microsystems.**

audio ♦ аудио.

A audio data

Обозначает звук (музыка, речь) в мультимедиа-системах. Его частотный диапазон от 10 Гц до 20 кГц.

audio data ♦ аудиоданные (цифровые данные аудио).
Звук в мультимедиа, представленный в цифровой форме.

audio file ♦ аудиофайл.
Массив аудиоданных, записанный в памяти компьютера или на внешних носителях.

audio format ♦ формат представления аудиоданных.

audio mixer ♦ смеситель аудиосигналов от различных источников.

audio response unit ♦ устройство речевого ввода.

audio signal ♦ аудиосигнал. Физическая форма представления звука в виде электрического сигнала.

audit ♦ ревизия; **code audit** — ревизия программы, проверка соответствия условиям спецификации, проводится, например, с целью обнаружения уязвимостей.

audit file ♦ файл записей системы расчетов.
*В сети **NetWare** файл содержит в хронологическом порядке записи по всем транзакциям системы расчетов **NetWare**. Файловый сервер помещает в него записи о входе/выходе пользователя в сеть, записи расходов пользователями сетевых ресурсов. Супервизор сети может вывести содержимое этого файла на печать с помощью команды **paudit**.*

auditing ♦ журнал регистрации.

AUI (attachment unit interface) ♦ интерфейс модуля присоединения; ♦ 15-ти штырьковый разъем для соединения между сетевой платой компьютера (**NIC**) и коаксиальным кабелем **Ethernet** типа **10Base-5** («толстый»).

AUP (Acceptable Use Policy) ♦ приемлемая политика использования.

Authentication ♦ Аутентификация (установление личности).
Средство обеспечения секретности, позволяющее обеспечить доступ к информации только определённым лицам.

authentication of user ♦ аутентификация (идентификация) пользователя (в сети).
Проверка соответствия пользователя предъявленному им идентификатору.

author ♦ автор.

authoring system ♦ авторская система.
Программное обеспечение, позволяющее создавать мультимедиа-продукты без трудоемкого процесса программирования. В авторских системах программирование и содержание разработки разделены, что повышает эффективность процесса разработки.

authorization ♦ санкционирование; ♦ разрешение; ♦ проверка полномочий.

authorized ♦ санкционированный, разрешенный; ♦ привилегированный.

authorized access ♦ санкционированный доступ.

authorized user ♦ зарегистрированный пользователь; ♦ привилегированный пользователь.

Authorware Professional ♦ авторская система мультимедиа.

auto ♦ автоматическая тоновая коррекция.
Auto answer ♦ Автоответ.
> Установка в модемах, позволяющая модему автоматически отвечать на входящие звонки.

Auto dial ♦ Автодозвон.
> Свойство модема самостоятельно набирать заданный номер без вмешательства человека.

auto continue ♦ непрерывная подача бумаги.
auto indent ♦ автоматический структурный отступ.
> Режим работы редактора в **СУБД FoxPro**, позволяющий без затруднений строить программу, содержащую структурные отступы.

auto scaling ♦ автоматический выбор масштаба.
auto-adjustments ♦ автонастройка.
autoalignment ♦ автовыравнивание.
> Автоматическое выравнивание [строк программы] с помощью инструментальных средств.

AutoCAD ♦ популярный пакет **САПР**, который обеспечивает автоматизацию графических работ на базе **ПК**.
> *AutoCAD* используется при выполнении архитектурно-строительных чертежей, проектировании интерьера и планировке помещений, при подготовке различных чертежей, рисунков, топографических и морских карт, для художественно-графических работ и т.д. *AutoCAD*, с версии 11, поддерживает сетевую среду.

Autodesk 3D Studio ♦ система **3D Studio** фирмы **Autodesk**.
> Пакет прикладных программ трехмерного моделирования и анимации. Предназначен для профессионалов в области машинной графики, особенно работающих в технологии мультимедиа. Позволяет быстро создавать графические объекты (сферы, конусы и цилиндры), аппроксимировать отображаемые поверхности сплайнами, а также создавать трехмерные изображения, импортировав *DFX*-файлы из системы двумерной графики *AutoCAD* или видеофайлы с видеомагнитофона. Средства анимации позволяют двигать, сжимать, вращать объекты и даже изменять их очертания.

autodump ♦ авторазгрузка.
> Автоматическая запись содержимого области памяти на внешнее устройство.

AUTOEXEC.BAT ♦ командный пакетный файл, позволяющий при начальной загрузке **ОС** автоматически запускать набор обязательных программ, устанавливать системные параметры и загружать в **ОЗУ** резидентные программы (**MS DOS** версии 1.25, **PC DOS** версии 1.0 и более поздних); ♦ автоматически выполняемый пакетный файл, который **DOS** автоматически выполняет при загрузки компьютера.
> Это удобное место, куда можно поместить команды, которые Вы всегда хотите выполнить в начале вычислительного сеанса (например запустить драйвер мыши, программу русификации и т.д.).

autofill ♦ автоматическое заполнение.

A autoflow

autoflow ♦ автоматическое разделение текста на страницы.
autojoin ♦ автозахват.
auto leader ♦ автозаполнитель.
autoload ♦ автозагрузка. Автоматическая загрузка программ или операционной системы.
automatic calling ♦ автовызов.
Вызов супервизором требуемого объекта выполняемой программы по его символическому имени. ♦ *Вызов, при котором элементы сигнала вызова последова тельно вводятся в сеть передачи данных с максимально допустимой скоростью, определенной скоростью передачи данных.*
automatic error correction ♦ автоматическое исправление ошибок.
automatic feed ♦ автоматическая подача [листа в печатающем устройстве].
automatic footnote reference mark ♦ знак ссылки на сноску сделан автоматически.
automatic hyphenation ♦ автоматический перенос.
Режим работы текстового редактора с автоматическим делением слов для переноса.
automatic page creation ♦ автоматическое создание страницы.
automatic pair kerning ♦ автоматический кернинг пар.
automatic rollback ♦ автоматический возврат (в сети).
*Возможность, используемая в системе защиты на уровне транзакции (TTS). Возвращает базу данных к исходному состоянию: отказывается от текущей транзакции (см. transaction). Если во время работы сети под управлением TTS возникает ошибка в середине транзакции, база данных возвращается к ее последнему законченному состоянию, что позволяет избежать нарушений в ней, вызванных неполным выполнением транзакций. См. **backing out**.*
automatic style ♦ автоматическая установка стиля.
automatic text analysis ♦ автоматический анализ текста.
automatic text correction ♦ автоматическая коррекция текста.
Autonomous System ♦ Автономная система.
Локальная сеть без соединения с сетями более высокого ранга. Например, локальная сеть предприятия.
auto panning ♦ автоматическая прокрутка экрана при смещении курсора за его пределы.
autopolling ♦ автоопрос.
autoreset ♦ автоматический сброс, автосброс.
Инициализация системы, выполняемая автоматически после включения питания.
autorestart ♦ авторестарт. средство автоматического рестарта системы при обнаружении ошибок определенного типа.
autorization ♦ санкционирование; разрешение; ♦ авторизация; проверка полномочий.
Например, авторизация пользователя на сервере — проверка его имени и пароля.
autorotation ♦ автоматический поворот (вращение).

autosave ♦ автоматическая запись. автосохранение.
Autosave backup files exist. Enter Y to recover files or ESC to ignore
♦ автоматическая запись копии файла завершена. Нажмите клавишу **Y** для исправления (восстановления) или клавишу **Esc** для пропуска.
autosave frequency ♦ частота автоматического сохранения рабочей копии файла.
autoscroll ♦ автопрокрутка.
autosizing ♦ автоматическое масштабирование.
Режим монитора, при котором сохраняется постоянный размер изображения независимо от текущего разрешения экрана.
AutoSKETCH ♦ пакет САПР.
autotrace tracking ♦ автотрассировка.
Преобразование изображения из растрового в векторное.
auto update ♦ автоматическое обновление.
auxiliary index ♦ вспомогательный указатель.
auxiliary memory ♦ внешняя память, внешнее запоминающее устройство. См. также **backing storage**.
availability ♦ готовность; ♦ работоспособность; ♦ доступность; ♦ наличие; ♦ коэффициент готовности.
available ♦ доступный; ♦ имеющийся [в наличии].
«...» available allocation units on disk «disk_namen» ♦ «...» доступных кластеров на диске «имя_диска».
available disk drives ♦ доступные дисководы (диски).
available fonts ♦ доступные (имеющиеся в наличии) шрифты.
«...» available on disk ♦ Количество свободного места на диске «...» [байт].
average ♦ среднее [значение], средний.
average access time ♦ среднее время доступа.
Время (в миллисекундах), затрачиваемое на поиск нужной дорожки на диске в ответ на запрос компьютера (время поиска) плюс время поиска необходимых данных на выбранной дорожке (время ожидания).
AVI (Audio Visual Interleave) ♦ формат файлов видео- и аудиоданных. Используется в **Video for Windows** фирмы **Microsoft**.
AVK (Audio Video Kernel) ♦ аудио и видеоядро.
Awaiting keyboard entry ♦ Ожидаю ввод с клавиатуры.
axis ♦ ось.
axis filter ♦ фильтр оси.
«...» axis heading ♦ заголовок оси «...».
«...» axis labels ♦ метка оси «...».
«...» axis title ♦ заголовок оси «...».
Axis ticks too closet display ♦ Цена деления шкал слишком мала для отображения на экране.
Azerty keyboard ♦ стандартная клавиатура некоторых европейских стран.
Аббревиатура образована по левым символам в верхнем ряду клавиатуры пишущей машинки.

B B-channel

B ♦ шестнадцатеричная цифра с десятичным значением 11.
B-channel (В-канал) ♦ в цифровой сети с интеграцией служб (**ISDN**) В-канал. *Это канал, который несет основные данные. («В» означает «bearer» — «однонаправленный канал».)*
back ♦ назад.
back cover ♦ четвертая сторона обложки.
back end ♦ внутренний интерфейс.
back matter ♦ аппарат издания.
back out ♦ отменять [изменения]; ♦ восстанавливать [предыдущее состояние]; ♦ возврат.
back title page ♦ оборот титульного листа.
back up ♦ резервное копирование.
Операция, применяемая для создания резервной копии одного или группы файлов, а также всего содержимого жесткого диска.
backbone ♦ опорная сеть (обычно с высокой пропускной способностью), служащая для объединения сегментов сети или сетей; ♦ основа.
*Другой термин для шины. Связывает компоненты (узлы) сети в единое целое. Термин часто используется для описания главных сетевых соединений, образующих **Internet**. Содержит высокоскоростные телефонные линии **Т3**, соединяющие удалённые концы сети и сети одну с другой; только **ISP** связаны с Интернет по таким линиям.* ♦ *Высокоскоростная центральная сеть, соединяющая между собой региональные сети. Для американской части Интернет — это **NSFNET**, сеть национального научного фонда (**NSF**).*
backbone network ♦ базовая сеть.
backend ♦ движок; драйвер; внутренний компонент модульной системы, выполняющий действия по запросу более внешнего компонента. См. **frontend**.
back end processor ♦ спецпроцессор, дополнительный процессор.
back face removal ♦ удаление невидимых поверхностей.
background ♦ фон, задний план; ♦ фоновый; ♦ фон программы.
О программе, задаче или процессе, выполняемом на фоне других.
Background application ♦ Фоновая программа.
Программа, которая выполняется, но не является активной. Фоновая программа не может получать команды от пользователя.
background color ♦ цвет фона.
backward compatible ♦ обратно совместимый (сверху вниз).
Совместимый с более ранними моделями или версиями этого продукта.
background execution ♦ фоновое выполнение.

background job

background job ♦ фоновое задание.
background printing ♦ фоновая печать.
Вывод информации на печать одновременно с выполнением других программ.
background priority ♦ приоритет фоновой задачи (фонового выполнения).
background processing ♦ фоновая обработка, фоновое выполнение.
Выполнение программы с меньшим приоритетом (фоновой задачи) в то время, когда процессор не занят более приоритетной задачей.
backgrounding ♦ фоновая обработка, фоновое выполнение.
backing ♦ резервирование.
backing storage ♦ внешняя память; ♦ внешнее запоминающее устройство. См. также **auxiliary memory**.
backing out ♦ отказ от выполнения.
В сети NetWare ♦ отказ от выполнения в результате системной ошибки транзакции. Система защиты данных TTS рассматривает последовательность изменений в базе данных как отдельную транзакцию, которая должна быть полностью завершена, либо от ее выполнения следует отказаться. TTS сохраняет всю информацию, необходимую для отказа от выполнения транзакции и возврата базы данных к состоянию, предшествующему выполнению данной транзакции.
Backing up files to drive «...» diskette number «...» ♦ Создание резервных копий на дисководе «...» Дискета номер «...».
backslant ♦ начертание шрифта с наклоном влево.
backslash ♦ наклонная черта влево, символ "\".
Backspace (BkSp) ♦ клавиша «Возврат».
Управляющая клавиша, вызывающая возврат на один символ с удалением (реже без удаления) предыдущего символа. В коде ASCII представлена числом 8, а на клавиатуре находится в верхнем ряду справа и маркируется стрелкой.
BACKUP ♦ внешняя команда **DOS (Novell DOS)**, служащая для резервного копирования файлов (обычно с жесткого диска на дискеты).
Для восстановления данных используется команда RESTORE (MS DOS и PC DOS версий 2.0 и более поздних. MS DOS версий 6.Х не содержит команды BACKUP); ♦ Процесс создания копии конкретного файла для возможности воссоздать информацию, в случае если исходный файл испортится или потеряется. Существуют специальные программы создающие «backup» — файлы для групп каких-либо файлов (например системных, что крайне рекомендуется).
BACKUP.COM ♦ файл, содержащий *программу* команды **BACKUP** (в **MS DOS** версий **2.0_4.0**).
BACKUP.EXE ♦ файл, содержащий *программу* команды **BACKUP** (в **MS DOS** версии **5.0**).
backup [copy] ♦ резервная [копия]; ♦ резервирование.
backup battery power ♦ резервный источник питания.

B backup disk

В сети — батарея питания, используемая для бесперебойного питания файлового сервера.

backup disk ♦ резервный диск.

backup file ♦ резервный файл, резервная копия файла.
См. также scratch file, temporary file, work file. Копия файла, выполненная для обеспечения возможности восстановления файла в случае необходимости.

backup version ♦ резервная версия.

backward reference ♦ ссылка назад.

bad ♦ плохой, испорченный; ♦ дефектный, неисправный.

bad block ♦ дефектный блок.

bad block table ♦ таблица дефектных блоков.
*Хранит список блоков дисковой памяти, которые являются ненадежными для хранения в них данных. Другое название таблицы — **Media Defect List**.*

Bad call format readin (or writing) drive «...» ♦ Неправильный формат при чтении (записи) на дисководе «...».

bad cluster ♦ дефектный кластер.

Bad cluster within file chains ♦ Дефектные кластеры в цепочках файлов.

Bad command error reading (or writing) drive «...» ♦ Ошибка при считывании (или записи) на дисководе «...».

Bad command or file name ♦ Неверная команда или имя файла.
*Проверьте синтаксис команды и повторите попытку. Проверьте доступность команды. Путь к команде может быть описан в команде **PATH** файла **AUTOEXEC.BAT** или доступен непосредственно при выполнении команды. Укажите путь верно и повторите попытку.*

bad file mode ♦ неправильный режим файла.

bad file name ♦ неправильное имя файла.

bad file number ♦ неправильный номер файла.

Bad numeric parameter ♦ Плохой числовой параметр.
Введите правильную константу и повторите попытку.

Bad or missing command interpreter ♦ Командный интерпретатор неверен или пропущен. На диске нет файла **COMMAND. COM**.

Bad or missing «file_name» ♦ Файл «имя_файла» неверен или пропущен.
*Необходимо проверить правильность команды **DEVICE** в файле **CONFIG.SYS**.*

Bad or missing keyboard definition file ♦ Неверно или пропущено описание файла-драйвера клавиатуры.

Bad or missing «...» path «file_name» ♦ Неправильно указан или отсутствует путь к файлу «имя_файла» на дисководе «...».

Bad partition table ♦ Таблица деления диска неверна.
*Необходимо воспользоваться командой **FDISK**.*

bad sector ♦ сбойный сектор.
Участок диска, который нельзя использовать из-за постоянной ошибки.

Bad unit error

Bad unit error reading drive «...» ♦ Ошибка чтения на дисководе «...».
.BAK ♦ расширение имени страховочной копии файла.
balanced tree ♦ сбалансированное дерево.
> Дерево, в котором разность расстояний от корня до любых двух листьев не превышает единицы? Хранение данных в виде сбалансированного дерева обеспечивает равнодоступность элементов данных.

balloons ♦ окна.
band chart ♦ ленточный график.
Bandwidth ♦ полоса пропускания.
> Количество данных, которое можно передать за фиксированный промежуток времени.

bang ♦ восклицательный знак, символ «!».
Banner (Баннер). ♦ Графическое изображение, идентифицирующее сайт.
banner (banner headline) ♦ заголовок. См. также **head, header.**
banner page ♦ титульный лист.
bar ♦ линейка.
bar code ♦ штриховой код.
> Способ маркировки, при котором код или номер представляется в виде последовательности параллельных линий разной ширины.

bar code scanner ♦ устройство чтения штрихового кода.
bar graph (bar) ♦ столбиковая диаграмма.
Barfmail ♦ Не доставленная электронная почта, обычно из-за ошибки сервера.
barrel distortion ♦ бочковидное искажение.
> Тип искажения экранной картинки, при котором стороны изображения изгибаются наружу так, что видимая область становится похожа на бочку. Обратный эффект — «подушковидность».

base ♦ база, базовый адрес; ♦ базовый регистр; ♦ основание системы счисления; ♦ основание логарифма.
base address ♦ базовый адрес.
> Адрес, относительно которого указываются другие адреса. Число, равное базовому адресу, автоматически прибавляется к смещению для получения исполнительного адреса.

base I/O address ♦ базовый адрес ввода/вывода.
> Младший адрес из группы адресов, через который можно получить доступ к соответствующему порту адаптера ввода/вывода.

base memory address ♦ базовый адрес памяти; ♦ начальный адрес блока памяти.
base point or displacement ♦ базовая точка или сдвиг.
baseband LAN ♦ локальная сеть с прямой [немодулируемой] передачей.
base bound registers ♦ регистры защиты памяти.
> В системах с виртуальной памятью — пара регистров, указывающая адрес начала и длину сегмента памяти, доступного задаче.

B base limit registers

base limit registers ♦ регистры защиты памяти. См. **base bound registers**.
baseline ♦ базовая линия. Нижняя линия шрифта.
basic ♦ базовый; ♦ основной.
basic access method ♦ базисный метод доступа.
basic configuration ♦ базовая конфигурация.
> Минимальная совокупность устройств персонального компьютера, обеспечивающих его работоспособность.

basic software ♦ базовое программное обеспечение.
> Операционная система и пакеты прикладных программ, расширяющие возможности операционной системы, а также программы контроля и обнаружения неисправностей, перезаписи информации, антивирусные программы и наиболее употребительные программы общего назначения.

.BAT ♦ расширение имени пакетного (командного) файла.
batch ♦ пакет.
batch file ♦ пакетный (командный) файл.
Batch file missing ♦ Пропущено имя пакетного файла.
batch processing ♦ пакетная обработка.
> Обработка данных или выполнение программ, при котором элементы пакета обрабатываются или выполняются последова тельно без вмешательства оператора.

baud ♦ бод. Единица измерения скорости передачи информации.
> **1 бод** равен **1 бит/сек.**

baud rate ♦ скорость передачи информации в бодах.
> Мера скорости передачи информации модемом. Хотя скорость в бодах не эквивалентна числу бит в секунду, оба эти термина часто применяются как синонимы.

Bay (отсек) или **device bay** ♦ отсек для накопителей.
> Место в персональном компьютере, куда устанавливаются приводы жестких или гибких дисков, привод **CD-ROM** или накопитель на магнитной ленте.

bbl ♦ Принятое в **Chat** сокращение «**be back later**» ♦ вернись позже.
BBS (Bulletin Board System) ♦ электронная доска объявлений.
> Компьютерная система, с которой могут соединяться другие компьютеры, а их пользователи могут читать и оставлять сообщения или считывать и оставлять файлы.

BDR (Bayes Decision Rule) ♦ байесовское правило выбора.
BE (Batch Enhancer) ♦ Программа **Norton Utilities** для расширения возможностей пакетных файлов.
> Расширяет язык командных файлов **DOS**, увеличивая его возможности по управлению экраном. Предоставляет средства для очистки экрана и управления цветами и атрибутами символов изображения. С помощью **BE** можно также рисовать рамки, открывать окна, позиционировать курсор в заданном месте экрана и записывать символ в эту позицию.

BEDO DRAM ♦ Сокращение от **Burst** (пакетная) **EDO DRAM**, новый тип EDO

DRAM, который может обрабатывать четыре адреса памяти в одном пакете **(burst)**.

beep ♦ звуковой сигнал; ♦ подача звукового сигнала.
before ♦ раньше, прежде; ♦ прежде чем; ♦ перед, впереди; ♦ до.
beg ♦ просить.
begin ♦ начать.
begin a new drawing ♦ начать новый чертеж (рисунок).
begin a new search ♦ начать новый поиск.
begin format ♦ начать форматирование.
begin frame on new page ♦ начать фрейм с новой страницы.
begin new page ♦ начать новую страницу.
begin of page «...» ♦ начать страницу с номера «...».
begin on page ♦ начать со страницы.
begin spelling check ♦ начать проверку правописания.
beginning of file label ♦ метка начала файла; ♦ метка файла. См. **label**.
beginning of volume label ♦ метка тома.
below ♦ снизу; ♦ внизу; ♦ под.
belt plotter ♦ конвейерный графопостроитель.
Benchmark ♦ тест, используемый для сравнения производительности **hardware** и/или **software**.
benchmarking ♦ эталонное тестирование.
benchmarking program (routine) ♦ эталонная тестовая программа.
benchmarking test ♦ эталонный тест.
beneatch text ♦ в нижней части текста.
BER (Bit Error Rate) ♦ частота ошибок в двоичных разрядах; **Basic Encoding Rules** — основные правила кодирования **(ASN.1)**.
Bernoulli Drive ♦ накопитель Бернулли.
*Разновидность дискового накопителя со сменным носителем, в котором применяются большие сменные дисковые кассеты (картриджи). Внутренняя конструкция накопителя напоминает конструкцию гибкого диска. Емкость кассеты накопителя составляет от **10 Мбайт** до **150 Мбайт** и более. Программы сжатия дисков **Stacker** и **DoubleSpace** совместимы с накопителями Бернулли.*

beside last of prev(iew) para(graph) ♦ в подбор.
Beta ♦ Версия программы, распространяемая до официального выхода программы в жизнь.
Делается в тестовых целях. Остерегайтесь использовать.
beta test ♦ бета-тестирование; опытная эксплуатация.
Обычно все программы перед окончательным выпуском проходят стадию бета-тестирования, чтобы выявить и устранить недочёты в программе.
beta version ♦ бета-версия; ♦ опытная версия; ♦ версия, предназначенная для отладки.

B beveled edges

beveled edges ♦ стесывание краев.
Bezier curves ♦ метод Безье.
Метод описания кривой, при котором она представляется в виде математической формулы. Использование этого метода позволяет значительно расширить возможности последующей обработки графических образов.
Bezier drawing mode ♦ режим создания произвольных кривых.
В машинной графике — режим создания кривых Безье. См. ***Bezier curves***.
bfn ♦ Принятое в **Chat** сокращение «**bye for now**» ♦ теперь до свидания.
BFT (Binary File Transfer) ♦ двоичная пересылка файлов.
BFTP (Background File Transfer Program) [RFC 1068] ♦ программа фоновой пересылки файлов.
BGP (Border Gateway Protocol) [RFC 1265–1268] ♦ протокол для граничных маршрутизаторов.
Протокол для обмена маршрутной информацией между шлюзовыми хостами (каждый с собственной программой маршрутизации) в сети автономных систем.
bibliographical reference ♦ библиографическая ссылка.
bidirection printer ♦ двунаправленный принтер.
Посимвольное печатающее устройство, выполняющее печать как при прямом, так и при обратном ходе печатающей головки.
bidirection printing ♦ двунаправленная печать.
big first char ♦ буквица.
big endian, little endian ♦ термины для указания следования байтов при запоминании в памяти компьютера.
bin ♦ карман; ♦ приемник; ♦ сборник. См. также **buffer, clipboard, pocket, scrap**.
.BIN ♦ расширение имени промежуточного файла для компиляции.
bin feed ♦ запись в буфер [для временного хранения].
binaries ♦ двоичные файлы; бинарные файлы; бинарники.
Файлы, не являющиеся текстовыми, исполняемые файлы
Binary ♦ двоичный, выраженный в терминах системы счисления, имеющей только две цифры.
binary [code] ♦ двоичный [код].
Binary data in clipboard. Cannot display ♦ В буфере (клипборде) данные в двоичном коде. На дисплее эти данные не могут быть выведены.
Binary file ♦ Двоичный файл. Может читаться только программой.
binary search ♦ двоичный поиск; метод половинного деления.
Метод поиска в упорядоченном множестве, на каждом шаге которого средний элемент множества сравнивается с искомым и в зависимости от результата сравнения выбирается половина множества для обработки на следующем шаге.
Binary transfer ♦ Двоичная передача.
Метод передачи двоичных файлов на удалённый компьютер.

BIND

BIND (Berkeley Internet Name Domain) ♦ реализация **UNIX** в стандарте **DNS**.

bind ♦ связывать; ♦ компоновать.
Устанавливать связь имени и значения.

bindery ♦ база данных управления ресурсами в сети.
Системная база данных, поддерживаемая ОС файлового сервера и используемая для управления сетевыми ресурсами. Она содержит список объектов (пользователи, группы, файловые серверы и др.) и их свойств (права, пароли, сетевые адреса и др.).

BIOS (Basic Input-Output System) ♦ базовая система ввода-вывода.
*Составная часть аппаратно-программных средств **ПК**, записанная в **ПЗУ** и обеспечивающая выполнение следующих функций: тестирование основных компонентов машины после включения питания или перезагрузки; вызов блока начальной загрузки **DOS**; обслуживание системных прерываний.* ♦ *В сети — программа **ПЗУ** на системной плате рабочей станции, обеспечивающая связь ее **ЦП** с передающим устройством, дисками, клавиатурой, терминалом и другими устройствами ввода/вывода.*

BIOS-interrupts ♦ **BIOS-прерывания**. Отдельные процедуры системы **BIOS** вызываются только через прерывания от **10h** до **17h**.

bit ♦ бит. ♦ **binary digit** ♦ наименьшая ячейка в системе организации информации в компьютере.
*Один бит может содержать только одно из двух зачений: **0** или **1**.* ♦ *Двоичная единица информации.* ♦ *Часть кодового набора, состоящего из двух элементов (**0** и **1**).*

bit density ♦ плотность записи.
Число битов, записываемых на единицу носителя.

bit image ♦ двоичный образ, битовый образ.
Представление в виде двоичного массива.

bit texture ♦ формат растрированной графики.

bit-by-bit ♦ поразрядный; ♦ побитовый.

Bitmap ♦ Битовое отображение; ♦ битовый массив, растр.
*Метод запоминания графической информации, при котором каждому пикселю (элементу) сопоставляется бит, который указывает, включен пиксель (бит=**1**) или выключен (бит=**0**). Дополнительные биты используются для указания цвета пикселя, яркости и других характеристик.* ♦ *Представление данных (обычно графического изображения), при котором каждому элементу данных (точке изображения) соответствует один или несколько разрядов памяти, адрес которых определяется номером элемента, а значение описывает состояние элемента данных, например, цвет точки изображения, состояние блока памяти.* ♦ *битовая карта; В машинной графике и системах мультимедиа* ♦ *способ представления изображения в форме массива точек, называемых пикселями. Каждый пиксель характеризуется цветом, который кодируется двоичными словами разрядностью от **1** (черно-белое изображение) до **24** (цветное изображение) разрядов.*
♦ *буфер изображения. См. **frame buffer**.*

B bit map

bit map(ped) display ♦ растровый дисплей, дисплей с поточечной адресацией.
bit mapped fonts ♦ растровые шрифты.
bit mapped graphics ♦ растровая графика. См. также **dot graphics, raster graphics**.
bitrate ♦ битовая частота; битрейт.
  Скорость битового потока данных, например при проигрывании mp3-файла
BITNET (Because It s Time Network) [academic and research] ♦ название сети для научных исследований.
  Большая сеть, соединенная с Internet. До того, как Internet стала доступной для учебных институтов, сеть BITNET широко применялась в них для коммуникации.
BITNIC (BITNET Network Information Center) ♦ сетевой информационный центр **BITNET**.
Bit spit ♦ Любая форма цифрового соответствия.
Bitstream MakeUp ♦ программа преобразования шрифтов.
  Использует установленные шрифты для создания декоративных надписей и иллюстраций и экспортирует их в графические файлы, обычно в форматах EPS или TIF. Программа не создает новых шрифтов, а, скорее, приближается к универсальным графическим пакетам.
BIX (Byte Information Exchange) [BBS] ♦ побайтовый информационный обмен.
BkSp ♦ См. **Backspace**.
black and white display ♦ черно-белый дисплей, монохромный дисплей.
black point ♦ черная точка, чернота.
blank ♦ пробел; ♦ символ "пробел"; ♦ пустой.
blank all ♦ очистить все.
blank instruction ♦ пустая инструкция.
blanking ♦ гашение. Удаление одного или нескольких элементов изображения.
BLAST (Blocked Asynchronous Transmission) [Protocol] ♦ протокол блочной асинхронной передачи.
blast ♦ освобождать.
  В системе динамического распределения памяти — освобождать группу ранее выделенных блоков; ♦ программировать **ППЗУ**.
blaster ♦ программатор **ППЗУ**.
bleed ♦ обрезать страницу по краю, не оставлять полей.
blend ♦ наложение бленды; ♦ перетекание (интерактивный эффект).
  В графических пакетах — многоступенчатая функция, позволяющая за определенное число шагов перейти от одного графического образа к другому с изображением промежуточных стадий.
blending function ♦ стыковочная функция.

В машинной графике при аппроксимации линий отрезками кривых — *функция, обеспечивающая гладкую стыковку отрезков.*
blends ♦ элементы сопряжения.
Сложные поверхности, получаемые усреднением с помощью интерполяции или формирования ступенчатой границы между двумя двумерными поверхностями (в компьютерной графике).
blink entry ♦ мигающий курсор (точка ввода).
blinking ♦ мигание.
Периодическое изменение яркости или цвета одного или нескольких элементов изображения для их визуального выделения.
block ♦ блок. ♦ блокировать.
Выделенный фрагмент текста (таблицы), который можно удалить, переместить или выполнить над ним некоторые преобразования. ♦ *Несколько последовательных логических записей, объединенных в одну физическую. В сетевой операционной системе принят размер блока данных, равный* **4 Кбайт.** ♦ *Единица доступа к диску.* ♦ *В языках программирования.* — *группа операторов и описаний, объединенных в одно целое.* ♦ *Объединять записи в блоки.* ♦ *Создавать условия, делающие невозможным продолжение.*
block cancel character ♦ символ отмены блока.
Управляющий символ, указывающий, что предшествующая часть блока должна быть проигнорирована.
block capitals ♦ печатные буквы.
block check character ♦ символ контроля блока.
block gap ♦ межблочный промежуток.
Часть поверхности диска между последовательными блоками.
block marking ♦ метка блока.
block move ♦ пересылка блока.
blocked ♦ заблокированный.
blocking ♦ блокирование.
blow ♦ программировать ППЗУ, записывать информацию в ППЗУ.
blowback ♦ просмотр с увеличением.
bluescreen ♦ голубой экран.
Сообщает об ошибке, периодически появляется при использовании **Windows**.
blur ♦ размытие.
blur more ♦ размытие +.
blurring ♦ размывание границ [объекта].
Метод имитации зрительного восприятия движущегося объекта.
BMP (Windows BitMap) ♦ растровый формат. Формат графического файла или видеоизображения.
Основной областью его использования является **Windows** *и работающие с ним растровые графические программы (например,* **PaintBrush***). Почти*

B BMP

идентичен форматам **DIB** и **RDIB**, которые применяются в мультимедиа-расширениях **Windows**.

.BMP ♦ расширение графического файла, выполненного в формате **BMP** (Windows BitMap).

BNC, BNC connector ♦ тип разъема, используемый для подключения компьютера к локальной сети **Ethernet** типа **10Base-2** (тонкий **Ethernet**). ♦ Сокращение от **British Naval Connector** (Британский Военно-морской Соединитель).

Соединитель для коаксиального кабеля.

board ♦ плата; ♦ пульт.

board sheet ♦ широкий формат.

boarder ♦ пограничный.

BOCA (Borland Object Component Architecture) ♦ объектно — компонентная архитектура **Borland**.

body ♦ тело; внутренняя часть объекта.

Например, электронное письмо состоит из заголовка и тела письма; **loop body** — *тело цикла;* ♦ *часть операторов, повторяющихся на каждом шаге цикла.*

body size ♦ кегль (кегель) шрифта. См. **font size, size, type size**.

body text ♦ основной текст.

В машинной графике — стиль, присваиваемый абзацу по умолчанию.

boilerplate ♦ шаблон. См. также **gaude**.

boilerplate text ♦ шаблон, постоянный (основной) текст.

bold ♦ полужирное начертание.

Начертание шрифта, которое характеризуется утолщенными основными штрихами букв и знаков, равными по толщине внутрибуквенному просвету.

bold face print ♦ печать с выделением.

boldface ♦ жирный (шрифт)

book ♦ книга.

book building (structure) ♦ композиция издания,

Последовательное расположение и взаимосвязь основных частей издания (основного и дополнительного текста, аппарата издания), составляющих единое целое.

book cover grooving ♦ штриховка.

book sheet ♦ книжный лист.

Основной элемент материальной конструкции книжного блока — страница с оборотом.

bookmark (book marker) ♦ закладка.

Средство, позволяющее отметить позицию в тексте и вернуться к ней впоследствии.

Boolean logic ♦ Булева логика, Булева алгебра.

Раздел алгебры, в котором все величины могут принимать только два значения: ИСТИННО **(TRUE)** *или ЛОЖНО* **(FALSE)**.

Boolean operator

Boolean operator ♦ Булевский оператор, логический оператор.
Boolean search ♦ Булевский поиск.
> Метод поиска информации в базе данных, при котором единицы поиска составляют логическое выражение с помощью скобок и логических операторов **AND, OR, NOT**.

boot ♦ начальная загрузка; ♦ загрузить.
boot area ♦ загрузочная область.
boot disk ♦ загрузочный диск.
> Гибкий или жесткий диск, специально подготовленный для хранения **BIOS** и файлов **DOS**, необходимых для работы компьютера. Без загрузочного диска компьютер запустить невозможно. Чтобы обеспечить доступ к сжатым накопителям, на загрузочном диске должен находиться драйвер устройства сжатия дисков. Загрузочный диск создается при форматировании или с помощью команды **SYS**.

boot recorder ♦ загрузочная запись.
boot sector ♦ загрузочный сектор.
> Первый сектор нулевой дорожки на нулевой поверхности дискеты, отформатированной в операционной системе **MS DOS**. Он содержит физические данные о дискете и системные файлы **ОС (IO.SYS, MSDOS.SYS, COMMAND.COM)**, если дискета отформатирована как системная. ♦ Сектор начальной загрузки — часть жесткого диска (см. **HDD**), зарезервированная для программы самозагрузки.

boot up ♦ начальная загрузка системы.
bootable disk ♦ загрузочный диск.
bootdisk ♦ загрузочный диск.
bootable ♦ загрузочная область [таблицы].
BOOTP (BOOTstrap Protocol) [Internet] ♦ протокол загрузки системы.
bootstrap ♦ начальная загрузка, первичная загрузка,♦ загружать, запускать.
> Считывание с внешнего носителя (системного диска или системной дискеты) в память программы начальной загрузки (в **MS DOS** — модули **IO.SYS и MSDOS.SYS**) и выполнение этой программы. Под управлением программы начальной загрузки происходит считывание, настройка и запуск остальной части системы.

bootstrap loader ♦ начальный загрузчик. Программа начальной загрузки. См. **bootstrap**.
border ♦ граница; ♦ бордюр; ♦ рамка. См. также **box, cutout, rules.**
Bot ♦ Сокращение от «робот». Программа, сконструированная для поиска информации в **Интернет**
both ♦ оба, обе.
bottom ♦ нижнее; ♦ основание.
bottom margin ♦ нижнее поле.
> Расстояние между нижним краем листа бумаги и последней строкой печатаемых символов.

bottom note ♦ сноска. См. **callout, footnote.**
bottom of page ♦ в нижней части страницы.
bottom window border ♦ нижняя граница окна.
bottom up ♦ восходящий, снизу вверх.
Bounce ♦ Возврат **e-mail** из-за ошибки в адресе.
bound ♦ граница; ♦ предел, предельное значение.
boundary ♦ граница; ♦ предел.
boundary alignment ♦ выравнивание границ; ♦ размещение в границах.
boundary protection ♦ защита памяти с помощью специальных регистров. См. **bounds registers.**
bounding box ♦ ограничивающая рамка.
bounding rectangle ♦ эластичный («резиновый») прямоугольник.
Шаблон, который используется в программах рисования для выполнения различных операций над частью изображения на экране дисплея.
bounds registers ♦ регистры защиты памяти.
В системах с виртуальной памятью — пара регистров, указывающая адреса нижней и верхней границ сегмента памяти, доступного задаче.
box ♦ прямоугольник, рамка, ♦ управляющее окно. См. также **border, cutout.**
Изображение прямоугольника на блок-схеме, графике или экране дисплея.
bpp (bits per pixel) ♦ бит/пиксель.
Количество битов, используемых для описания одного пикселя (точки) изображения. Характеризует цветовую гамму отображения рисунка.
bps (bit per second) ♦ [число] бит в секунду. См. **baud.**
Единица измерения скорости передачи информации.
bracelet ♦ правая фигурная скобка «}». См. **parenthesis.**
braces ♦ фигурные скобки «{» «}». См. **parenthesis.**
Используются при описании конструкции языка для указания альтернативных вариантов.
bracket ♦ скобка. См. также **angle, parenthesis.** ♦ квадратные скобки; ♦ знак «больше» или «меньше»; ♦ угловые (ломаные) скобки; ♦ заключать в скобки.
branch ♦ переходить; ♦ передавать управление; ♦ ветвь (дерева, программы).
branch instruction ♦ команда перехода.
branching ♦ переход; ♦ передача управления.
branchpoint ♦ точка ветвления.
Точка программы, в которой возможны два или более продолжений в зависимости от выполнения некоторых условий.
break ♦ удалить; ♦ разрыв; ♦ разрывать; ♦ разбивка; ♦ прерывание; ♦ остановка; ♦ абзац. См. также **clause, indentation, paragraph.**
Break ♦ клавиша «Стоп».
Управляющая клавиша, вызывающая прерывание работы программы.

BREAK

BREAK ♦ внешняя команда **DOS (Novell DOS)**, служащая для управлением прерыванием программы.
Вызывает включение и выключение прерывания работы программы при вводе [Ctrl–C] или [Ctrl–Break].

break apart ♦ разделить.
BREAK is off (or on) ♦ Команда **BREAK** выключена (включена).
break key ♦ клавиша прерывания. См. **Break**.
break page ♦ разрыв страницы.
breakpoint ♦ контрольная точка.
Точка программы, в которой ее выполнение прерывается и управление передается отладчику; ♦ *точка прерывания.* ♦ *Адрес команды, выполнявшейся в момент прерывания. После завершения обработки прерывания выполнение программы продолжается с этого адреса.*

breakpoint instruction ♦ команда прерывания.
bridge ♦ мост.
Программное и аппаратное обеспечение для связи однородных сетей между собой. Мост является разновидностью шлюза, но обеспечивает более простое взаимодействие. В сети **NetWare** *мост может связывать сети, которые используют различные сетевые интерфейсные платы и различную среду передачи данных.*

bridge LAN ♦ объединенная локальная вычислительная сеть (**ЛВС**).
brightness ♦ яркость.
brightness/contrast ♦ яркость/контраст.
bring out ♦ публиковать, издавать.
broadband LAN ♦ локальная сеть с модулированной передачей; ♦ широкополосная локальная сеть.
broadcast network ♦ широковещательная сеть.
Компьютерная сеть, в которой сигнал, передаваемый одной станцией сети, может быть принят всеми другими ее станциями.

broadcasting ♦ широковещательная передача в сети; ♦ посылка одного пакета сразу всем узлам сети.
broadsheet ♦ формат полосы.
browse ♦ список; ♦ пересмотр; ♦ просмотр; ♦ пролистать.
Browser (браузер) Или Web browser ♦ прикладная программа, используемая для нахождения и просмотра **Web**-страниц.
browsing ♦ просмотр; навигация; серфинг.
brush ♦ кисть.
Шаблон определенного цвета, фактуры и формы, используемый для рисования или закрашивания.

BSD (Berkeley Software Distribution) ♦ программное обеспечение университета Беркли.
BSD UNIX – Berkeley Software Distribution UNIX ♦ *версии системы UNIX. Новшества этих версий: поддержка виртуальной памяти, сетевая обработка, взаимодействие между процессами, а также усовершенствования файловой системы и службы системы защиты.*

B BSYNC

BSYNC (Binary Synchronous Communications) [protocol] ♦ протокол для двоичного синхронного обмена.

buffer ♦ буфер. См. также **bin, clipboard, pocket, scrap**.
Рабочая область памяти при пересылке данных. Область основной памяти, предназначенная для временного хранения данных при выполнении одной операции обмена между устройствами ввода-вывода и основной памятью.

BUFFERS ♦ конфигурационная команда операционной системы **DOS (Novell DOS)**, включаемая в файл **CONFIG.SYS** и служащая для назначения размеров рабочей памяти при буферизации дискового ввода-вывода.

Bug ♦ ошибка [в программе или устройстве].

bug report ♦ извещение об ошибке.

build ♦ создавать, генерировать, строить исполняемый файл.

build in ♦ встроенный; предопределённый.

building ♦ создание; **building a bootdisk** создание загрузочного диска.

built in font ♦ встроенный шрифт.

bullet ♦ точка. Символ, указывающий пункт в списке; ♦ символ-заменитель.
В графических пакетах обычно содержатся стандартные библиотеки таких символов, каждый из которых может быть вставлен в текст или графическое изображение.

bullet chart ♦ символ точки.

Bulletin Board System (BBS) ♦ Электронная Доска Объявлений **(ЭДО)**.
Электронно-справочная система, автоматически работающая с удалёнными пользователями в режиме on-line (на линии).

bundled attributes ♦ условный атрибут.
В машинной графике — поименованный атрибут элемента изображения, преобразуемый в совокупность конкретных атрибутов в зависимости от используемого устройства вывода.

burn ♦ программировать ППЗУ; записывать; прожигать; **to burn CD-ROM** записывать компакт-диск

burst ♦ разрывать.
Разделять распечатку на фальцованной бумаге на страницы.

burst mode ♦ пакетный режим **(burst mode)** передачи данных, состоящий в том, что данные передаются будучи сгруппированы в пакеты, которые также содержат и краткую информацию о том, какого типа данные передаются и куда они должны в конечном итоге прибыть.

bus ♦ шина, магистраль.
*Группа линий электрических соединений, обеспечивающих передачу данных и управляющих сигналов между компонентами **ПК** или компонентами сети.*

Bus Master (busmastering) ♦ режим управления шиной, когда определённое устройство **(Bus Master)**, например, винчестер, выполняя какую-либо значимую и объемную задачу, имеет возможность дать команду остальным устройствам на шине временно прекратить работу.

business (commercial 10) ♦ деловой (коммерческий 10).
Обозначение конверта размером 4 1/8"x9 1/2" (104.8x241.3 мм).

business data

business data processing ♦ обработка коммерческой (деловой) информации.
business graphics ♦ деловая графика.
> Средства графического представления информации в виде, принятом в деловой практике (линейные графики (**line**) и столбиковые диаграммы (**bar**) с поясняющими текстами, круговые диаграммы (**pie**), совмещение графиков и таблиц.

business software ♦ программное обеспечение для административных и экономических приложений.
button ♦ кнопка; клавиша
button 1 ♦ первая (левая) кнопка мыши.
button 2 ♦ вторая (правая) кнопка мыши.
button 3 ♦ третья (средняя) кнопка мыши.
button properties ♦ свойства кнопки.
BW-display ♦ см. **black-and-white display**.
by kind ♦ по размеру.
by line ♦ строка с фамилией автора.
by name ♦ по имени.
by reference ♦ по ссылке.
by scale factors ♦ масштаб, масштабный фактор.
by searching for data ♦ поиск данных.
by value ♦ по значению.
bypass ♦ обход; ♦ обойти; ♦ блокировать.
byte ♦ байт.
> Сокращение от **binary term** — двоичный термин, единица памяти, в которой может запоминаться один символ. Единица представления данных в виде группы из восьми бит. «...» **bytes available for application programs** — «...» байт доступно для использования прикладными программами.

«...» bytes available on disk ♦ «...» байт доступно на диске.
«...» bytes free ♦ Объем свободной памяти «...» байт.
«...» bytes free on drive «...» ♦ «...» байт свободно на дисководе «...».
«...» bytes in directories «...» ♦ «...» байт в «...» каталогах.
«...» bytes in each allocation unit ♦ «...» байт в каждом кластере.
«...» bytes in «...» hidden files ♦ «...» байт в «...» скрытых файлах.
«...» bytes in «...» recovered files ♦ «...» байт в «...» восстановленных файлах.
«...» bytes in «...» user files ♦ «...» байт в «...» пользовательских файлах.
«...» bytes on drive «...» ♦ «...» байт на дисководе «...».
«...» bytes total disk space ♦ суммарная емкость диска «...» байт.
«...» bytes total memory ♦ Общий объем памяти «...» байт.
«...» bytes user by DOS and resident programs ♦ «...» байт занято **DOS** и резидентными программами.

C ♦ шестнадцатеричная цифра с числовым десятичным значением **12**.
C&C++ ♦ Языки программирования.
C-RIMM ♦ Сокращение от **Continuity-RIMM** (**RIMM**-Непрерывность).
: Т.к. на системной плате не должно быть неиспользуемых разъемов памяти **RIMM**, то в незанятые разъемы (слоты) вставляется специальная заглушка — модуль **C-RIMM**. Это модуль **RIMM** без микросхем памяти.
cache ♦ кэш.
: Программа, уменьшающая количество обращений к диску и тем самым увеличивающая скорость работы прикладных программ. Программа кэширования резервирует некоторую область памяти и переносит туда часть содержимого диска, к которой идут наиболее частые обращения. ♦ Добавочная плата **ОЗУ** небольшой емкости с очень высоким временем доступа (кэш-контроллер). Выполняет те же функции, что и кэш-программа.
cache buffer ♦ кэш-буфер.
: В сети — область **ОП** файлового сервера для временного хранения данных при работе с дисковой памятью, что позволяет повысить скорость системы за счет повторного обращения за данными в **ОП** (в кэш-буфер), а не к диску.
cachin ♦ кэширование.
: Процесс, благодаря которому часто тербующиеся данные находятся в быстром кэше, а не берутся из сравнительно медленной памяти.
CAD (Computer Aided Design) ♦ Система Автоматизированного Проектирования (**САПР**).
CADD (Computer Aided Draftin and Design) ♦ программы **САПР** (пакеты **AutoCAD**, **Generic CADD**, **AutoSKETCH** и другие).
calculate (calc) ♦ вычислять; ♦ рассчитывать. См. также compute.
calculating (calculation) ♦ вычисление; ♦ расчет.
calculator ♦ калькулятор.
CALIBRATE ♦ программа пакета **Norton Utilities**.
: Утилита **Calibrate** оптимизирует работу жесткого диска путем вычисления фактора чередования и последующего выполнения (при необходимости) неразрушающего форматирования низкого уровня вашего жесткого диска с использованием более оптимального фактора чередования.
calibration bar ♦ калибровочная линейка.
call ♦ запрос, вызов [подпрограммы]; ♦ обращение [к подпрограмме]; ♦ соединение [в сети].
CALL ♦ внутренняя пакетная команда **DOS** (**Novell DOS**), которая вызывает один командный файл из другого или программу с последующим возвратом к вызывающему командному файлу.

call address ♦ адрес вызова (запроса).
call back ♦ косвенно вызываемые.
call back function ♦ косвенно вызываемая функция; ♦ функция, вызываемая извне.
   Функция прикладной программы, вызываемая ядром **Windows**. *Такие функции имеют специальный пролог и эпилог.*
call by name ♦ вызов по имени.
call by pattern ♦ вызов по образцу.
calligraphic ♦ каллиграфический принцип.
calling ♦ вызов.
calling macro ♦ вызов макрокоманды.
callout ♦ сноска. См. также **bottom note, footnote**.
camera ready copy ♦ оригинал-макет; ♦ оттиск полиграфического качества. См. **dummy volume, layout original**.
CAM ♦ **Controlled Attachment Module** ♦ управляемый модуль подключения.
   Модуль подключения к среде передачи данных.
CAN (Campus Area Network) [между **LAN** и **WAN**] ♦ сеть университета.
Can not get the information about the specified form ♦ Заданного в команде определения формата для устройства печати не имеется.
   Для применения формата на устройстве печати он должен быть определен супервизором с помощью утилиты **printdef** *(для сети* **NetWare***).*
Can not get the server number ♦ Невозможно получить номер сервера.
   Таблица накопителей, возможно, разрушена.
Can not reopen file «file_name» ♦ Не могу вызвать файл «имя_файла».
   В сети **NetWare** *предпринята попытка вызова* **include**-*файла, который временно закрыт из-за других применений (файл блокирован).*
cancel ♦ отмена, отменять; ♦ прерывать [выполнение программы или операции]; ♦ аннулирование.
   Командная кнопка, имеющаяся в большинстве диалоговых боксов и предоставляющая возможность отменить команду, которую выбрал пользователь. Управляющий символ **CAN***, применяемый при передаче данных на принтеры и другие компьютеры. Обычно означает отмену передаваемой строки текста.* **Cancel text transfer** *— отменить пересылку текста.*
cancellation ♦ выкидка. См. также **deletion**.
cannot (can't) ♦ не могу.
Cannot add to document dictionary. Document has to name ♦ Не могу удалить документ в словаре. Укажите имя документа.
Cannot add word to read-only dictionary ♦ Не могу добавить слово в словарь, предназначенный только для чтения.
Cannot «...» a network drive ♦ Не могу выполнять команду «...» в сети.
Cannot «...» a SUBSTed or ASSIGNed drive ♦ Команда «...» не может работать с дисководом, к которому применены команды **SUBST** или **ASSIGN** (до версии **DOS 6.0**).

C Cannot CHDIR

Cannot CHDIR to «directory_name». Tree past this point is not processed ♦ Не удается перейти в каталог «имя_каталога».
*Данный каталог и все его подкаталоги не обрабатываются. Проверьте, правильно ли задано имя каталога. Если после выдачи этого сообщения программа **CHKDSK** спросит: «Convert lost chains to files? (Y/N)», то лучше ответить нажатием клавиш **CTRL+C**, так как иначе программа **CHKDSK** будет считать «потерянными» все файлы в указанном каталоге и его подкаталогах.*

Cannot CHDIR to path-tree past this point is not processed ♦ Неправильно указан путь — дерево каталогов далее не просматривается.
*Для исправления ошибки необходимо запустить команду **CHDIR** с параметром **/F**.*

Cannot CHDIR to root ♦ Команда **CHDIR** не может вернуться в корневой каталог.
*Перезапустите **ОС**. Повторение ошибки означает, что данное логическое устройство испорчено.*

Cannot CHKDSK SUBSTed or ASSIGN ♦ Команда **CHKDSK** не может проверить дисководы, к которым применены команды **SUBST** или **ASSIGN** (до версии **DOS 6.0**).

Cannot complete. Save or save as ♦ Не могу завершить. Сохраните.

Cannot continue ♦ Не могу продолжить [выполнение программы].

Cannot copy file to itself ♦ Не могу копировать файл «сам в себя».

Cannot copy files to themselves ♦ Не могу копировать файлы в тот же каталог, где они и расположены.

Cannot copy from (or to) a reserved device ♦ Не могу копировать с данного дисковода (или на данный дисковод).

Cannot copy image ♦ Не могу копировать изображение (графику).

Cannot create a zero cylinder partition ♦ Не могу создать раздел размером **0** (ноль) цилиндров.

Cannot create extended DOS partition while logical drives exist ♦ Нельзя создавать расширенный раздел **DOS**, пока существуют логические дисководы.
*Для удаления логических дисководов воспользуйтесь командой **FDISK**.*

Cannot create extended DOS partition without primary DOS partition on disk 1 ♦ Нельзя создать расширенный раздел **DOS** без создания основного раздела **DOS** на диске 1 (жесткий диск).

Cannot create file ♦ Не могу создать файл.

Cannot create logical DOS drive without an extended DOS. Partition on the current drive ♦ Нельзя создать логический дисковод **DOS** без выделения **DOS**. Разделение текущего дисковода.

Cannot create subdirectory BACKUP on drive «...» ♦ Не могу создать подкаталог **BACKUP** на дисководе «...».
Необходимо использовать другой дисковод.

Cannot delete contents of clipboard ♦ Нельзя удалить содержимое буфера (клипборда).

Cannot delete file

Cannot delete file ♦ Нельзя удалить файл.
Cannot do binary reads from a device ♦ Не могу считать информацию с диска в двоичной форме.
Опущен параметр /B или после имени дисковода используется параметр /A в режиме ASCII.
Cannot edit .bac file ♦ **rename file** ♦ Не могу редактировать файл с расширением .bac ♦ переименуйте расширение файла.
Cannot exec «file_name» ♦ Не найден исполнительный файл «имя файла».
cannot find ♦ не найден, не могу найти.
Cannot find adapter ♦ Не найден адаптер.
Cannot find «file_name» ♦ Не найден файл «имя_файла».
Cannot find «file_name». Check to ensure that the patch and file name are correct ♦ Не найден файл «имя_файла».
Проверьте путь, имя файла и откорректируйте.
Cannot find GRAPHICS profile ♦ Не найдены параметры файла GRAPHICS.
Cannot find library file. Enter new drive letter ♦ Не найден библиотечный файл. Введите новое имя дисковода.
Cannot find object file. Change diskette hit ENTER ♦ Не найден объектный файл. Смените дискету и нажмите клавишу ENTER.
Cannot find standard dictionary ♦ Не найден стандартный словарь.
Cannot find system files ♦ Не найдены системные файлы.
Cannot find the specified file ♦ Не могу найти выделенный файл.
Cannot find XMA emulator device driver ♦ Не найден XMA эмулятор драйвера устройства.
Cannot format an ASSIGNed (or SUBSTed) drive ♦ На назначенном дисководе форматирование невозможно.
С помощью команды ASSIGN или SUBST (до версии DOS 6.0) переназначьте дисковод. Снова вызовите команду FORMAT.
Cannot FORMAT nonremovable drive «...» ♦ Нельзя форматировать несъемный диск на устройстве «...».
Cannot hide all columns ♦ Не могу спрятать все колонки.
Cannot invert matrix ♦ Обращение матрицы невозможно.
Cannot load COMMAND, system halter ♦ Не могу загрузить командный файл, система остановлена.
Перезапустите операционную систему.
Cannot merge the active style sheet ♦ Не могу объединить с активной таблицей стилей.
Cannot move text to that position ♦ Не могу переместить текст в указанное место.
Cannot nest more than «...» macros ♦ Нельзя задавать одновременно более «...» макрокоманд.
Cannot nest response file ♦ Не могу вложить файл откликов.
Измените начальный файл откликов для того, чтобы удалить вложение.

C   Cannot open clipboard

Cannot open clipboard ♦ Не могу открыть буфер (клипборд).
Cannot open file «file_name» • no such file or directory ♦ Не могу открыть файл «имя_файла» ♦ отсутствует файл или каталог.
Cannot open include file «file_name» ♦ Не могу открыть включенный файл «имя_файла» (сообщение сети **NetWare**).
Сценарий входа в систему содержит, по-видимому, команду **include** *с файлом «имя_файла», который не может быть открыт по следующим причинам:* ♦ *Не имеет в наличии соответствующих прав* **open**; ♦ *Не задан каталог, в котором располагается файл;* ♦ *Отсутствует файл с именем «имя_файла» в заданном каталоге.*
Cannot open list file ♦ Не могу открыть списочный файл.
Каталог или диск переполнен. Смените диск либо удалите ненужные файлы.
Cannot open more than «...» windows ♦ Не могу открыть более «...» окон.
Cannot open overlay ♦ Не могу открыть оверлей.
Каталог или диск переполнен. Смените диск либо удалите ненужные файлы.
Cannot open response file ♦ Не могу открыть файл откликов.
Проверьте имя дисковода и путь доступа к файлу откликов.
Cannot open temporary file ♦ Не могу открыть временный файл.
Каталог или диск переполнен. Смените диск либо удалите ненужные файлы.
Cannot paste ♦ Не могу вставить.
Cannot perform a cyclic copy ♦ Не могу выполнить циклическое копирование.
Cannot print ♦ Не могу печатать.
Cannot print picture. Picture ignored ♦ Не могу печатать рисунок. Печать рисунка пропускается.
Cannot read file ♦ Не могу прочитать файл.
Cannot read file allocation table ♦ Не могу прочитать таблицу размещения файлов.
Cannot read from drive «...» ♦ Не могу прочитать с дисковода «...».
Cannot read help file ♦ Не могу прочитать справочный файл.
Справочный файл отсутствует.
Cannot recover autosave file ♦ Не могу исправить автоматическую запись файла.
Cannot recover «...» entry. Entry has a bad attribute (or link or size) ♦ Не могу восстановить вход «...». Введен плохой атрибут (или цепочка, или размер).
Cannot recover «...» entry, processing continued ♦ Не могу восстановить вход «...», продолжаю выполнение команды.
Cannot remove ♦ Не могу переместить.
Cannot rename file ♦ Не могу переименовать файл.
Cannot replace ♦ Не могу заменить.
Cannot save file ♦ Не могу сохранить файл.
Can not set path for file «file_name» ♦ Не могу установить путь к файлу «имя_файла».
В сети **NetWare** *— вероятно, разрушена таблица дисководов оболочки.*

Cannot setup

Cannot setup expended memory ♦ Не могу установить расширение памяти.
Cannot split a zooming window ♦ Не могу разделить масштабированное окно.
*В многих пакетах (**WORD, EXCELL, LOTUS 1-2-3**) существует возможность изменить масштаб изображения в стандартном окне с помощью команды **ZOOM** (масштаб). Измененное (масштабированное) окно не может быть разбито на подокна.*

Cannot start command, exiting ♦ Не могу запустить командный файл, вынужденный выход.
Cannot «...» to a reserved device ♦ Не найдена команда «...» в резервном дисководе.
Cannot «...» to or from an ASSIGNed or SUBSTed drive ♦ Команда «...» не может работать с дисководом, к которому применены команды **ASSIGN** или SUBST (до версии **DOS 6.0**).
Cannot «...» to or from a network drive ♦ Не могу выполнять команду «...» в сети.
Cannot use «...» for drive «...» ♦ Не могу использовать команду «...» для дисковода «...».
Cannot use printer. Use setup to install a new driver file ♦ Не могу печатать на данном принтере. Установите другой драйвер.
Cannot use PRINT use NET PRINT ♦ Не могу использовать команду **PRINT**
*Воспользуйтесь командой **NET PRINT** [для печати файлов].*
Cannot write to device ♦ Не могу записать на устройство.
Cannot write to read only file ♦ Не могу записать в файл, предназначенный только для чтения.
Cannot write to read only or open file ♦ Не могу записать файл, предназначенный только для чтения или открыть файл.
Can't continue ♦ Не могу продолжить.
Can't create directory ♦ Не могу создать каталог.
Can't get info of file «file_name» ♦ Не могу сформировать информацию о файле «имя_файла».
В сети возникли трудности при передаче даты или времени с файла-оригинала в новый файл.
canvas size ♦ размер холста.
cap height ♦ высота прописной (заглавной) буквы.
capability ♦ возможность; ♦ способность.
capacity ♦ объем, информационная емкость; ♦ разрядность (слова или регистра); ♦ пропускная способность (канала связи).
Максимальное количество единиц данных, которое может храниться в запоминающем устройстве. Измеряется в битах, байтах, знаках или словах.
capital letters ♦ прописные (заглавные) буквы.
Caps Lock (CL) ♦ Клавиша фиксации верхнего регистра.
При нажатии этой клавиши происходит фиксация верхнего регистра — все буквы печатаются заглавными (прописными).

C caption

caption ♦ подпись к иллюстрации. См. также **cut line**; ♦ заголовок, заглавие, надпись на экране; ♦ (сопроводительный) заголовок; **window caption** ♦ заголовок окна, подпись [к рисунку]

caption bar ♦ заголовок окна.

capture ♦ сбор [данных].

capture board ♦ плата захвата.

capture printer port ♦ назначить порт.

Capture request a 2.10 or later shell in order to work ♦ Команда capture не может работать с оболочкой версии ниже 2.10 (сообщение сети **NetWare**).

*В сети **NetWare** предпринята попытка применения команды capture на компьютере рабочей станции, оболочка которой работает с устаревшей версией **NetWare**, например, ниже **NetWare 2.1**.*

Card ♦ плата, карта.

*То же самое, что и плата расширения; ♦ в системах гипертекста, таких как **HyperCard**, карта — это одиночная страница информации.*

Card Stock ♦ стопка карточек.

caret ♦ каре, символ «^»; ♦ курсор при редактировании.

В отличие от курсора месторасположения «мыши», курсор редактирования используется для индикации положения следующего видимого символа в строках редактирования.

carriage return (CR) ♦ возврат каретки; ♦ обратный ход каретки; ♦ символ возврата каретки.

*Управляющий символ, указывающий конец строки текстового файла. При выводе на печать вызывает перемещение текущей позиции в начало строки с переходом на новую строку или без него. В коде **ASCII** представлен числом 13.*

carry ♦ перенос, разряд переноса; ♦ переносить.

carry clear ♦ перенос удален.

carry flag ♦ признак переноса.

Используется командой условного перехода.

cartridge ♦ кассета (картридж).

cascading ♦ каскадирование.

cascading style sheet ♦ каскадная таблица стилей; таблица стилей

cascading menu ♦ каскадное меню.

cascading windows ♦ окна, упорядоченные каскадом.

CAS ♦ **Communication Application Specification** ♦ спецификация прикладной программы связи.

*Стандарт программ связи, предложенный фирмами **Intel** и **Digital Communications Associates**.*

case ♦ регистр клавиатуры; ♦ переключение регистра.

case insensitive ♦ поиск без учета регистра.

Режим поиска, при котором заглавные и строчные буквы не различаются.

case sensitive search ♦ поиск с учетом регистра.
Режим поиска, при котором заглавные и строчные буквы различаются.
casing ♦ вставка. См. также **insertion**.
catalog ♦ каталог; ♦ каталогизировать, заносить в каталог.
Структура данных, обеспечивающая поиск объекта по текстовому имени.
catchword ♦ колонтитул. См. также **footer, header, headline, running head**.
Categories of twisted pair cabling systems (CAT 1 ♦ CAT 5) ♦ Классификация кабеля типа скрученная пара
catenation ♦ см. concatenation.
CCIR 601 ♦ стандарт цифрового телевидения высокого разрешения.
*Вместо **720x480** точек для **NTSC** и **720x576** для **PAL**.*
CCITT (Commit Consultative International pour la Telephonie et la Telegraphie) ♦ международный консультативный комитет по телефонии и телеграфии.
CCS (Common Communication Support) ♦ общая поддержка коммуникаций.
CD (Carrier Delect) ♦ несущий сигнал распознан.
Это сигнал, который в аппаратуре дальней передачи данных характеризует наличие работоспособной связи.
CD (Change directory) ♦ сменить каталог.
*Внутренняя команда **DOS** и **Novell DOS**, позволяющая перейти от одного каталога к другому. Чаще обозначается **CHDIR**.*
CD (Compact Disk) ♦ компакт-диск.
*Общее наименование оптических (лазерных) носителей информации с диаметром **8** или **12** см и толщиной порядка **1,2** мм. Цифровая информация представлена в виде двоичного рельефа на отражающей поверхности диска.*
CD-A (Compact Disk Audio) ♦ компакт-диск аудио.
*Используется для записи звука в соответствии со стандартом для дисков диаметром **12** см и длительностью записи максимум **60** минут.*
CD-DA (Compact Disk Digital Audio) ♦ компакт-диск цифрового аудио.
*Диск с аудиоданными (музыкальным или речевым содержанием). Аудиоданные кодируются **32**-разрядными словами с частотой дискретизации **44,1** кГц, что обеспечивает представление стереозвука в диапазоне частот от **10** Гц до **20** кГц с пульсация ми до **0,2** дБ, динамическим диапазоном выше **95** дБ и отношением сигнал/шум выше **100** дБ.*
CD-DVI (Compact Disk-Digital Video Interactive) ♦ интерактивный компакт-диск с цифровой записью видеосигнала.
Используется в качестве внешней памяти компьютера для хранения движущихся изображений.
CD-EROM (Compact Disk-Erasable Read-Only Memory) ♦ перезаписываемый (стираемый) компакт-диск
*Служит в качестве перезаписываемого **ПЗУ** для компьютера. Стирание и перезапись основаны на магнитооптических свойствах тонкого слоя, несущего информацию, и на изменении этих свойств при нагреве лазерным лучом.*

C CD-I

CD-I (Compact Disk-Interactive) ♦ интерактивный компакт-диск.
*Специальный тип компакт-диска со всеми видами информации, который проигрывается на специальном дисководе с развитым программно-аппаратным обеспечением и не требует управления со стороны компьютера. Наиболее часто используется при обучении, в тренажерах, играх, для целей рекламы и т. п. Обеспечивает быструю работу в интерактивном (диалоговом) режиме, а также хранение **90** минут видеоизображения с текстом, данными, стереозвуком, речью, графикой и анимацией. Совместим с **CD-DA** так, что звуковые компакт-диски можно прослушивать на дисководах **CD-I**. Также можно использовать фото-компакт-диски (**Photo-CD**) на проигрывателях **CD-I**. Для кодирования аудиоданных кроме 16-разрядной **PCM** используется **8**-разрядная или **4**-разрядная **ADPCM**. Частота дискретизации может изменяться, но обычно выбирается равной **11,025**; **22,05** и **44,1** кГц.*

CD-I Media Specification ♦ общая спецификация интерактивного компакт-диска **CD-I**.
*Определяет физический формат диска, порядок и способы кодирования различных видов информации (звуковой, видео, данных) на диске **CD-I**.*

CD Player ♦ лазерный проигрыватель.

CD-PROM (Compact Disk-Programmable Read-Only Memory) ♦ компакт-диск; ♦ программируемое ПЗУ (КД-ППЗУ).

.CDR ♦ расширение графического файла в CorelDraw.
*Стандартное расширение для файла рисунка, созданного в **CorelDraw**.*

CD-ROM (Compact Disk-Read-Only Memory) ♦ компакт-диск ♦ ПЗУ (КД-ПЗУ).
*Оптический лазерный диск, используемый для хранения данных компьютера с таким же форматом спиральной записи с постоянной скоростью (**CLY**), как и в аудио- и видеодисках. Информация хранится в виде светлых и темных участков, которые могут быть считаны лучом лазера. Накопитель **CD-ROM** подключается через соответствующий интерфейс к компьютеру и выполняет функции внешнего **ПЗУ** большой емкости. Накопители **CD-ROM** допускают только считывание данных, новую информацию записать в накопитель невозможно.*

CD-ROM player ♦ **CD-ROM** плэйер, называемый также привод **CD-ROM**.
*Устройство, которое может читать информацию с **CD-ROMа**.*

CD-ROM XA (Compact Disk-Read-Only Memory extended Architecture) ♦ **CD-ROM** расширенной архитектуры.
*Разновидность диска **CD-ROM** для записи аудиоданных с продолжительностью звучания до **16** часов, а также буквенно-цифровой и другой информации. Гибрид **CD-ROM** и **CD-I** фирм **Sony** и **Microsoft**. Характеризуется применением **ADPCM** вместо **PCM**, 4-разрядного кодирования вместо 16-разрядного, «взаимно-прозрачных» режимов для записи и воспроизведения информации различных типов.*

CD-RTOS (Compact Disk ♦ Real Time Operatin ♦ System) ♦ операционная система на **CDROM**.

CDSL ♦ Consumer Digital Subscriber Line ♦ потребительская выделенная цифровая линия.

CD-V

CD-V (Compact Disk-Video) ♦ компакт-диск видео.
*Аналого-цифровой диск, требующий для своего проигрывания специального устройства и обеспечивающий хранение и воспроизведение цифровых музыкальных данных продолжительностью до **20** минут и аналоговых изображений продолжительностью до **5** минут.*

CD-WO (Compact Disk-Write-Once) ♦ компакт-диск однократной записи.
*Запись производится во «франкфуртском» стандарте. Совместим со стандартным диском **CD-ROM**.*

CD-WORM (Compact Disk-Write-Once-Read-Many) ♦ компакт-диск однократной записи и многократного чтения.
*Запись содержимого диска, подготовленного на другом носителе (например, на винчестере или магнитной ленте) осуществляется с помощью специального дисковода. Многие форматы **CD-WORM** несовместимы со стандартным диском **CD-ROM**.*

cell ♦ клетка, ячейка.
Элемент, стоящий на пересечении строки и колонки в электронной таблице.

cell addressing ♦ адресация клеток.

cell array ♦ массив клеток.
Графический примитив, состоящий из прямоугольного массива клеток разных цветов.

cell block ♦ блок клеток.

cell containing maximum ♦ клетка с максимальным значением.

cell reference ♦ система ссылок.

center ♦ центр; ♦ центрировать.

center alignment ♦ центрирование.
Расположение строк симметрично относительно центральной оси формата полосы.

center justify ♦ выравнивание по левому краю.
*Режим работы редактора в **СУБД FoxPro**, позволяющий центрировать каждую строку текста в окне.*

center of rotation ♦ центр вращения.

center point of array ♦ центральная точка массива.

center spread ♦ разворот. См. также **double page spread, double sided, facing page view**.

centered line ♦ красная строка. См. также **indented line**.
Строка текста, расположенная по центральной оси формата полосы. Обычно с красной строки набирают заголовки, формулы.

central processing unit (central processor) ♦ центральный процессор.

centronic ♦ центроник.
Параллельный интерфейс, который стал широко распространенным промышленным стандартом и используется для подключения принтера.

Centronics interface ♦ Стандартный интерфейс для подсоединения принтеров и других параллельных устройств.

C Centronix parallel

Centronix parallel interface ♦ стандарт, описывающий работу каналов параллельного обмена данными между компьютерами и периферийными устройствами.
Данный интерфейс обеспечивает восемь параллельных линий передачи данных и дополнительные линии для передачи контрольной информации.

CERN ♦ **Conseil European pour la Recherche Nucleaire** ♦ Европейский Центр Ядерных Исследований.
Организация, разработавшая **WWW**.

CERT ♦ **Computer Emergency Response Team** ♦ Компьютерная Аварийная Группа Отклика.
Государственная (США) организация, занимающаяся вопросами безопасности как сети, так и отдельных компьютеров.

certification ♦ подтверждение права доступа.

.CFG ♦ расширение файла конфигурации в **СУБД Paradox for Windows**.

CGA (Color Graphics Adapter) ♦ цветной графический адаптер, имеющий разрешение **640x200**, **2** цвета в графическом режиме и **25** строк, **8** цветов в текстовом режиме.

CGI ♦ **Common Gateway Interface** ♦ Общий шлюзовой интерфейс.
*Набор правил, определяющих, как Web-сервер связывается с другими частями программного обеспечения на этой же машине, и как остальные части программного обеспечения (**CGI**-прграммы) общаются с **Web**-сервером.*

cgi-bin ♦ Общепринятое имя для директории, в которой находится **CGI**-программы.
*«**Bin**» — сокращение от «binary». Взято из ОС **UNIX**, где принято исполняемые файлы помещать в директории «/bin», «/usr/bin», «/usr/local/bin».*

CGM (Computer Graphics Metafile) ♦ стандартный формат обмена графическими данными в среде Windows.

chain ♦ цепочка, последовательность; ♦ простой список.

CHAIN ♦ конфигурационная команда **Novell DOS**, обеспечивающая переход к другому файлу конфигурации.

chain file ♦ цепочечный файл.
Способ организации файла, при котором каждый его элемент (запись или блок) содержит адрес следующего элемента.

chain letter ♦ Письмо по цепочке.
*Форма мусорной почты (**spam**), когда вас просят переслать письмо другим людям. Это обычно борцы за что-либо (например, против политики поставщиков услуг Интернет). Часто обещают быстро сделать деньги (пример ♦ пирамида МММ). Почти всегда это мистификации.*

change ♦ изменить, изменение; ♦ смена, замена.

change bit ♦ бит изменений.

change directory ♦ сменить каталог.

change directory and read document ♦ сменить каталог и прочитать документ (файл).

change file

change file ♦ изменить файл, файл изменений.
change font ♦ изменить шрифт.
change icon ♦ сменить значок.
change name ♦ изменить имя.
C(hange name), b(ackup) or o(verwrite)? ♦ Изменить имя, скопировать или перезаписать?
change point ♦ заменяющая точка.
change record ♦ запись изменений; ♦ заменяющая запись.
change to ♦ заменить на.
channel ♦ канал.
Часть коммуникационной системы, связывающая между собой источник и приемник сообщений.
channel capacity ♦ пропускная способность канала связи.
channels MIDI ♦ каналы музыкальных инструментов **MIDI**.
*Спецификация **MIDI** определяет **16** каналов данных, каждый из которых адресуется отдельному логическому синтезатору. **Microsoft** использует **1–10** каналы для расширенных синтезаторов, а каналы **13–16** — для базовых синтезаторов.*
chapter typography ♦ глава полиграфическая.
char ♦ символ; см. **Character**
character ♦ символ, знак; ♦ шрифт, буква; ♦ литера. См. также **letter**.
Единица текстовой информации.
character attribute ♦ атрибут символа (литеры); ♦ параметры шрифта.
Цвет, шрифт, ориентация и размер литеры.
character field ♦ текстовое (символьное) поле.
character fill ♦ заполнять память, расписывать память.
Заполнение участка памяти указанным символом.
character font ♦ гарнитура (тип) шрифта. См. также **font, font name**.
character generator ♦ знакогенератор, генератор символов.
Функциональное устройство для преобразования кода символа в его графическое изображение на экране дисплея.
character graphics ♦ символьная графика, псевдографика.
Построение графических изображений на экране дисплея (бумаге) из текстовых литер или символов «графического набора».
character height ♦ высота символа.
character mode ♦ текстовый режим (видеотерминала).
character printed per horizontal inch ♦ количество символов в дюйме.
Character reference ♦ Символьная ссылка.
*Код **HTML**, позволяющий вставлять специальные символы.*
character selection ♦ выделение знаков.
Отбор знаков в соответствии с указанным образцом, шаблоном, маской или другим видом описания.

C character set

character set ♦ набор символов, алфавит.
Конечный набор различных знаков, укомплектованный для определённой цели.
character spacing ♦ интервал между символами. См. также **kerning, tracking**.
character string ♦ строка символов.
charge rate ♦ размер оплаты.
*В системе расчётов **NetWare** применяется для оценки услуг по использованию определённых ресурсов файлового сервера. По всем видам услуг размер оплаты устанавливается супервизором системы.*
charset ♦ кодировка; набор символов; алфавит.
*Сокращение от **character set***
chart ♦ диаграмма; ♦ график; ♦ схема; ♦ чертеж. См. также **drawing**.
CHAT (Conversational Hypertext Access Technology) [Internet] ♦ диалоговая технология доступа к гипертексту.
Chat ♦ беседа, болтовня.
Система, в которой два пользователя беседуют друг с другом, набирая на клавиатуре; наблюдаемое вами другой пользователь видит почти мгновенно и наоборот. (В электронной почте вы посылаете свои слова и ожидаете, когда получатель прочитает их и отреагирует.)
chatting ♦ болтовня в Интернет.
*Это переговоры с другими людьми, которые одновременно с вами находятся в Интернет. Обычно, такие переговоры заключаются в обмене сообщениями, набранными на клавиатуре, посылаемыми на сайт, занимающийся приёмом и хранением таких сообщений (**chat site**).*
CHCP ♦ внутренняя команда **DOS** (**Novell DOS**), служащая для изменения кодовой страницы и выдачи информации о текущей кодовой странице.
CHDIR (CD) ♦ внутренняя команда **DOS** (**Novell DOS**), служащая для перехода в новый каталог или отображение имени текущего каталога.
CHDIR «...» failed, truing alternate method ♦ Выполнение команды **CHDIR** прервано, пытаюсь продолжить выполнение другим методом.
check ♦ остановка; ♦ проверка; ♦ ошибка; ♦ контроль.
check box ♦ флажок проверки; ♦ индикатор выбора; ♦ кнопка с независимой фиксацией.
*Выключатель; Обычно в диалоговой панели выключатели организуются в группу, и в каждой группе может быть активизировано сразу несколько выключателей. Выключатель может быть установлен в положение «да» (включено) или «нет» (выключено); ♦ вспомогательное окно проверки, контрольный блок (элемент). Орган управления в диалоговом окне. Контрольный блок применяется для выбора предлагаемых программой опций. Обычно контрольный блок выглядит на экране как пустой квадрат или пара квадратных скобок. Если он содержит метку или значок «**X**», то опция выбрана; если контрольный блок пустой — опция не выбрана.*
checking dictionaries «..» ♦ проверяю словари «...».
checking document «...» ♦ проверяю документ «...».

check mark

check mark ♦ галочка.

checkout ♦ отладка [программы].

check-plot ♦ контрольный (черновой) чертеж.

checkpoint ♦ контрольная точка;

Точка выполнения процесса, в которой хранится информация, необходимая для его повторного запуска с этой точки; ♦ выгружать, откачивать. *Сохранять состояние процесса или задачи во внешней памяти.*

Checksumming ♦ Контрольное суммирование.

*Применяется в протоколе **UDP** для проверки, изменился ли пакет во время передачи.*

child process ♦ дочерний процесс **(gnomedict)**

child window ♦ подчиненное «дочернее» окно.

Окно, имеющее главное «родительское» окно и зависящее от него.

Chip (чип) ♦ Маленький кусочек полупроводника (обычно кремния), в котором находится интегральная микросхема.

chipset ♦ чипсет; ♦ микропроцессорный набор

CHKDSK ♦ внешняя команда **DOS** (**Novell DOS**), служащая для проверки целостности файловой системы и сообщающая о размерах свободной памяти в ОЗУ и на диске (**MS DOS** версии **1.25**, **PC DOS** версии **1.0** и выше). *Команду **CHKDSK** следует регулярно использовать для обнаружения повреждений файловой системы на жестком диске (логических ошибок в таблице размещения файлов). Команда не проверяет целостность информации в файлах.*

CHKDSK.COM ♦ файл, содержащий программу ОС для команды **CHKDSK** (**MS DOS** до версии **5.0**).

CHKDSK.EXE ♦ файл, содержащий программу ОС для команды **CHKDSK** (**MS DOS** версии **5.0** и выше).

CHKDSK not available on drive «...» ♦ Программа **CHKDSK** не доступна на дисководе «...».

CHKSTATE.SYS ♦ драйвер **DOS**, который используется программой оптимизации памяти **MemMaker** для организации процесса проверки использования памяти прикладными программами.

CHKVOL will not work on local disks ♦ Утилита **CHKVOL** (проверка тома) не может быть использована для локальных дисков (сообщение сети **NetWare**).

Предпринята попытка применения утилиты chkvol для диска одной из локальных рабочих станций (для локальных дисков должна использоваться утилита chkdsk).

choice ♦ выбор; ♦ пункт меню.

Рубрика меню, выводимого на экран дисплея. Выбирая один из пунктов меню, пользователь определяет последующие действия системы.

CHOICE ♦ пакетная команда **DOS** (**Novell DOS**), предназначенная для выбора альтернатив в командных файлах.

C choice button

choice button ♦ клавиша выбора.
 Экранная клавиша, которая соответствует высвечиваемый текст.
choice device ♦ устройство выбора альтернативы.
 В интерактивной графике — логическое устройство ввода, обеспечивающее выбор одного значения из меню.
choke ♦ заслонка.
 В машинной графике — один из видов ловушки цвета.
chord ♦ дуга.
chose (choose) ♦ выбирать, хотеть.
chose item ♦ выбор области [на диске]; ♦ выбор пункта [меню].
chose one of the following ♦ выберите одну из перечисленных функций (команд).
CIC (Carrier Identification Code) ♦ код идентификации несущей.
CIDR (Classless Inter Domain Routing) ♦ бесклассовая междометная маршрутизация.
CIE color model ♦ цветовая модель, основанная на человеческом восприятии, разработанная комитетом **CIE** (**Commission Internationale de l'Eclairage** — Международная Комиссия по Цвету).
cipher ♦ шифровать; ♦ шифр
CIRC (Cross Interleaved Reed — Soloman Code) ♦ корректирующий код Рида-Соломона, используемый для исправления ошибок в аудио- и видеоданных.
circle ♦ цикл.
circuit ♦ линия связи; ♦ [двусторонний] канал связи.
circuit switching ♦ коммутация каналов.
 Тип соединения абонентов сети, при котором устанавливается единственное соединение между двумя оконечными точками сети (абонентами) на весь сеанс работы.
CISC (Complex Instruction Set Computer) ♦ компьютер со сложным набором инструкций.
 Компьютеры с процессором **Intel 80386** и **80486**, **Pentium**.
CISSP ♦ Сокращение от **Certification for Information System Security Professional** ♦ Сертификация Профессионалов службы Безопасности Информационных Систем.
 Свидетельство, отражающее квалификации персонала, ответственного за безопасность информационных систем.
CIX (Commercial Internet eXchange) ♦ коммерческий обмен в **Internet**.
clarendon serifs ♦ шрифт со слабым контрастом и гладким переходом к засечкам (по классификации IBM Classification).
 Содержит подклассы: ***Clarendon, Modern, Traditional, Newspaper, Stub Serif, Monotone, Typewriter, Miscellaneous***.
ClariNet ♦ Коммерческая служба новостей.
class ♦ класс.
 В **Windows** — набор характеристик, задающих общие свойства окон, принадлежащих данному классу.

class generation ♦ генераторы классов.
class templates ♦ шаблоны классов.
Classless Inter Domain Routing (CIDR) ♦ Безклассовая междоменная маршрутизация. **CIDR**.
Способ назначения и указания адресов Интернет, используемый в междоменной маршрутизации.
clause ♦ параграф. См. также **break, paragraph**.
CLDS (ConnectionLess Data Service) ♦ информационная служба без прямых связей.
clean boot ♦ «чистая загрузка».
Запуск компьютера без загрузки драйверов устройств и резидентных программ, которые необязательны для работы компьютера.
clear ♦ заносить нуль, очищать [экран]; ♦ свободная [область]; ♦ удалять.
clear all ♦ очистить все.
clear current split ♦ отменить текущее деление.
Clear Print Nozzles ♦ очистить сопла (картриджей струйного принтера).
Clear Rollers ♦ очистить ролики (струйного принтера).
clear screen ♦ очистить экран.
Операция удаления всего изображения с экрана дисплея.
clear transformations ♦ очистка преобразований.
clear window ♦ очистить окно.
clearing ♦ очистка; ♦ установка в исходное состояние.
click ♦ щелчок кнопки мыши; ♦ нажать и отпустить клавишу мыши;
*Клинировать. Большинство программ, использующих мышь для выбора элементов на экране (например, пунктов меню) позволяют поставить на элемент указатель мыши, а затем произвести щелчок левой кнопкой мыши для выбора элемента. См. также **double-click**.*
click and drag ♦ «цепляй и тащи»; ♦ перемещение по экрану при нажатой кнопке мыши.
client ♦ клиент, пользователь.
*В **Windows** — прикладная программа, запрашивающая данные при организации динамического обмена данными.*
client area ♦ рабочая область.
Client pull ♦ клиентский пул.
*Метод, разработанный фирмой **Netscape**. Клиент может точно определить время и запросить **HTML** файл или другие данные с **HTTP** сервера.*
Client Server Architecture ♦ см. **CSA**.
Client/server computing ♦ Схема вычислений клиент-сервер.
Фундаментальная концепция взаимоотношений компьютеров в Интернет (и вообще в сети), когда один компьютер действует как удалённый клиент по отношению к другому компьютеру, который работает как сервер (или хост).

C client/server

client/server model ♦ Модель клиент-сервер описывает взаимоотношения между двумя программами, из которых одна, клиент, выдаёт запрос на обслуживание другой программе, серверу, который выполняет этот запрос.

Client-side image maps (CSIM) ♦ Клиентское отображение.
*Графическое отображение, обрабатываемое браузером, а не сервером. Информация клиентского отображения запоминается непосредственно внутри **HTML** документа.*

clip ♦ иллюстративная вставка; ♦ клип; ♦ кадрировать.
В системах мультимедиа — небольшой блок мультимедиа-данных.

clip art ♦ отсекать часть изображения; ♦ комплект готовой графики, которую можно помещать в создаваемые документы.
*Например, целесообразно использовать в программе **PageMaker** для создания высококачественных документов.*

clipboard ♦ камера хранения, буфер обмена. См. также **bin, buffer, pocket, scrap**.
*Буфер информационного обмена; ♦ участок памяти, к которому имеют доступ различные программные продукты. В машинной графике — буфер для «вырезанного» изображения, которое может быть преобразовано и вставлено в другое место изображения, или текста данного окна, или в другое окно. Программы под **Windows** используют буфер для обмена данными и реализации вставки объектов. См. **OLE**.*

clipboard viewer ♦ окно буфера обмена.

clipping ♦ отсечение.
В машинной графике — удаление частей изображения, лежащих вне заданной границы.

clipping holes ♦ «сквозные» дырки.
Получаются в машинной графике при наложении одного объекта на другой.

clipping region ♦ область вырезания.

CLNAP (ConnectionLess Network Access Protocol) [ISO 8473] ♦ протокол доступа к сети без непосредственной связи.

clock ♦ время. См. также **time**.

clock rate ♦ тактовая частота.

clock speed ♦ тактовая частота. Также **clock rate**.
Скорость, с которой микропроцессор исполняет машинные команды.

clock tick ♦ такт системных часов.
*То же самое, что цикл (**cycle**), наименьшая единица времени, распознаваемая устройством.*

clone ♦ копирование с переносом изменений.
В машинной графике — создание копии, обладающей свойством изменяться вслед за изменением оригинала.

cloning ♦ операция размножения.

CLOS (Common Lisp Object System) ♦ общая система объектов **LISP**.

close ♦ закрывать, завершать; ♦ закрывающая круглая скобка «)».

close a file ♦ закрыть файл.
close all ♦ закрыть все.
Close commander link? ♦ Окончить сеанс связи между компьютерами?
Close Print Manager will cancel all pending print jobs ♦ закрытие Менеджера Печати приведет к остановке печати (сообщение **Windows**).
closed window ♦ закрыть окно.
clouds ♦ облака.
CLS ♦ внутренняя команда **DOS** (**Novell DOS**) «Очистить».
Команда очищает экран и перемещает курсор в левую верхнюю позицию.
cluster ♦ кластер; ♦ выбрать кластер.
*Группа из одного или более секторов на жестком диске или на дискете. В операционной системе **MS DOS** объем сектора составляет 512 байт. Обычно на жестком диске кластер состоит из **4** секторов (**2** кБ), на дискетах высокой плотности (**HD**) – из **1** сектора (**512** байт), на дискетах двойной плотности (**DD**) – из **2** секторов (**1** кБ). Кластер – наименьшая единица дискового пространства, к которой может обратиться **DOS**.*
cluster analysis ♦ кластерный анализ.
Статистический метод выделения кластеров.
CLUT (Color Lookup Table) ♦ таблица преобразования цветов изображения в системах мультимедиа.
CLUT animation ♦ **CLUT**-анимация.
*В системах мультимедиа – анимация с помощью таблицы преобразования цветов. Может осуществляться простым переопределением содержимого таблицы **CLUT**.*
CMC (Computer Mediated Communications) ♦ межкомпьютерные коммуникации.
CMIP (Common Management Information Protocols) [RFC1189] ♦ общие протоколы управления для сетей **ISO**.
CMOS ♦ память, содержащая данные конфигурации системы, **КМОП** память.
*Память произвольного доступа, предназначенная для хранения данных системной конфигурации (тип и число дисковых устройств, количество памяти и др.). **КМОП**-память питается от автономного источника и поэтому сохраняет информацию при выключении внешнего питания компьютера.*
CMOT (CMIP Over TCP) [RFC1095] ♦ **CMIP** через **TCP**.
CMYK (Cyan, Magenta, Yellow, and blaK) ♦ система представления цвета.
Базовые цвета (голубой, пурпурный, желтый, черный), используемые в производстве цветной печатной продукции.
CMYK preview ♦ просмотр в режиме **CMYK**.
coax, coaxial cable ♦ Коаксиальный кабель.
code ♦ код, система кодирования; ♦ кодировать.
Code page «...» ♦ Кодовая страница «...».
«...» code page drive cannot be initialized ♦ Не могу выделить кодовую страницу «...».

C Code Page Information

Code Page Information ♦ См. **CPI**.
Code page not prepare ♦ Кодовая страница не готова.
Code page «...» not prepared for all devices ♦ Кодовая страница «...» не подготовлена во всех внешних устройствах .
Code page «...» not prepared for device «...» ♦ Кодовая страница «...» не подготовлена на дисководе «...».
Code page «...» not prepared for system ♦ Кодовая страница «...» не подготовлена для системы.
Code page operation not supported on this device ♦ Кодовая страница операции не поддерживается устройством.
Code pages cannot be prepared ♦ Не могу подготовить кодовые страницы.
CODEC (Coder/Decoder) ♦ кодировщик/декодировщик.
cold boot (restart) ♦ «холодная» перезагрузка, «холодный» перезапуск.
Перезапуск системы путем нажатия кнопки «Сброс» (Reset) или путем отключения питания компьютера. При этом происходит потеря содержимого ОП.
cold boot loader ♦ программа «холодной» перезагрузки системы.
В сети — программа, записанная на жестком системном диске файлового сервера во время установки сети. Осуществляет автоматическую загрузку ОС во время «холодной» загрузки.
cold type ♦ компьютерный набор текста. См. также **electronic typesetting, text origination, type in, typesetting**.
collapse ♦ разрушение.
collate ♦ объединять, сливать; ♦ сличать, тщательно сравнивать.
Объединять два или несколько упорядоченных наборов в один с сохранением упорядоченности.
collated ♦ сброшюрованные; ♦ объединенные.
collating sequence ♦ сортирующая последовательность; ♦ схема упорядочения.
Последовательность символов алфавита, задающая способ упорядочения строк этого алфавита.
collect ♦ собирать.
collection ♦ набор.
collision ♦ коллизия, конфликт.
Collision Detected ♦ зафиксировано столкновение.
colon ♦ двоеточие.
colo(u)r ♦ цвет.
color balance ♦ цветовой баланс.
color circuit ♦ цветовая модель.
color display ♦ цветной дисплей.
color eraser ♦ цветовой ластик.
Пиктограмма в программах рисования, служащая для удаления изображения определенного цвета или для замены цветов.
color flat bed scanner ♦ цветной сканер планшетного типа.

color gamut

color gamut ♦ цветовая гамма; ♦ цветовой круг.
Множество цветов, которые можно получить смешением основных цветов. Изображается в виде круга, на окружности которого симметрично расположены три точки, окрашенные в основные цвета. Остальные точки круга окрашены цветами, получающимися смешением основных цветов в пропорции соответственно расстоянию до трех основных точек. В центре круга расположен белый цвет.

Color Graphics Adapter ♦ см. **CGA**.
color halftone ♦ цветные полутона.
color look up table ♦ таблица кодов цветов.
color palette ♦ цветовая палитра.
color plane ♦ цветовая плоскость (палитра).
Часть видеопамяти, содержащая по одному разряду на каждую точку изображения.

color proof ♦ пробный цветной оттиск.
color range ♦ цветовой диапазон.
color separation ♦ цветоделение.
*Создание цветовой модели в диалоговом окне **Color** пакета **CorelDraw**.*

color setting ♦ установка цветов.
color table ♦ таблица цветов
color value ♦ код (номер) цвета.
Colored Paper ♦ цветная бумага.
column ♦ колонка, столбец.
column error ♦ ошибочная колонка; ♦ ошибка в колонке.
column guides ♦ указатели колонок.
column number ♦ номер колонки.
column hidden ♦ скрытая колонка.
column range ♦ диапазон колонок.
column range error ♦ ошибочный диапазон колонок; ♦ ошибка в диапазоне колонок.
column/row out of range ♦ колонка/строка вне диапазона.
column rule ♦ колонлинейка.
Горизонтальная линейка, устанавливаемая вверху полосы для отделения колонтитула от текста или для украшения.

column selection ♦ выделение колонки.
column weight ♦ ширина колонки.
COM ♦ имя последовательного порта; ♦ **Component Object Model** ♦ модель двоичного кода, разработанная компанией **Microsoft**;♦ расширение имени файла команды или программы, пригодной для непосредственного исполнения под управлением **ОС**.
*Дисковая операционная система (**DOS**) поддерживает четыре последовательных порта: **COM1, COM2, COM3 и COM4**, но обычные компьютеры фи-*

COM port

зически имеют только два порта. Как правило эти порты попарно занимают одни системные ресурсы, поэтому если к портам из такой пары подсоединены два устройства, то использовать их одновременно не удастся.

COM port does not exist ♦ COM-порт не существует.

COM1, COM2 ♦ последовательный порт **COM1, COM2**. См. **serial port**.

combine ♦ соединить.

combo box (combobox) ♦ комбинированный список.

Элемент управления, представляющий собой комбинацию списка элементов и строки редактирования.

comma ♦ запятая, символ «,».

Используется в языках программирования в качестве разделителя между элементами списка объектов (имен, аргументов, параметров, спецификаций).

command ♦ команда, оператор, управляющий сигнал.

*Внешняя команда **DOS** (**Novell DOS**), обеспечивающая вызов на выполнение второго командного процессора. Получив команду, **DOS** (**Novell DOS**) загружает в память копию командного процессора **COMMAND.COM** с его окружением. Для выхода из второго командного процессора используется команда **EXIT**. Выполнив команду **EXIT**, **DOS** (**Novell DOS**) возвращает управление первому командному процессору. Запуск новой версии командного процессора **DOS** (**Novell DOS**) бывает необходим в следующих случаях: 1) Для того, чтобы выполнить команды **DOS** (**Novell DOS**) из прикладной программы, не завершая работы этой программы. 2) Для того, чтобы из пакетного командного файла вызвать другой командный файл (в версиях **MS DOS** и **PS DOS**, начиная с **3.3**, и в **DR DOS** для этого имеется команда call). 3) Если надо запустить нестандартную версию командного процессора, например, версию, умеющую выполнять дополнительные команды.*

Command aborted due to disk error ♦ команда не выполнена из-за ошибки диска.

command area ♦ область команды.

command button ♦ кнопка команды; ♦ управляющая кнопка.

Орган управления в диалоговом окне. Командная кнопка применяется для выполнения ассоциированного с ней действия. Для выбора командной кнопки необходимо поставить на нее указатель мыши и произвести щелчок.

COMMAND.COM ♦ программа «Командный процессор», служащая для вывода приглашения **DOS** на экран дисплея, обработки команды и запуска требуемой программы.

*Если файл отсутствует в корневом каталоге, работа **ОС** невозможна (**MS DOS** версии **1.25**, **PC DOS** версии **1.0** и выше).*

command character ♦ управляющий символ.

command file ♦ командный файл.

command format ♦ формат команды.

Правила представления вводимой командной строки, которая может

command environment

включать в себя ключевые слова, параметры, разделители, знаки пунктуации и другие специальные элементы.

command environment ♦ командная среда.

В **ОС** типа **UNIX** — совокупность строковых переменных, которые определяются в командных процедурах и доступны в программах.

command line ♦ командная строка.

Строка на экране, где пользователь вводит команды.

command line parameter ♦ параметр командной строки.

command line switch ♦ ключ командной строки.

Многие команды **DOS** и другие команды имеют выбираемые пользователем опции. Для выбора опции в конце команды добавляются соответствующие ключи. Ключи отделяются символом «/» (слэш).

command line utility ♦ недиалоговая утилита.

Утилита, выполняющая команду сети. Обычно находится на файловом сервере в каталоге **PUBLIC** и выдается для исполнения на рабочую станцию по команде, вводимой пользователем сети.

command mode ♦ командный режим.

Режим работы, при котором операции задаются текстовыми командами, а не меню или непосредственным воздействием.

command prompt only ♦ только командная строка.

Запуск только **DOS** части **Windows 95**. Загрузка всех драйверов и выполнение всех командных файлов без запуска графического интерфейса пользователя (см.: **GUI**).

command qualifier ♦ управляющий параметр команды.

comment ♦ комментарий; ♦ примечание.

Языковая конструкция, позволяющая включать в программу некоторые тексты, не оказывая воздействия на выполнение программы.

comment statement ♦ оператор комментария; ♦ комментарий.

commercial sign ♦ коммерческий знак, символ **«@»**.

Используется для редактирования данных, обозначения функций и в других случаях.

Common Applications (CA) ♦ единые программные приложения.

Common Communications Support (CCS) ♦ единая поддержка коммуникаций.

Связывает программы, системы, сети и терминалы. Ориентирована на архитектуру **IBM**-коммуникаций.

Common ground ♦ Общая основа.

Формат приложения и файла, который позволяет просматривать документы на различных платформах. Например, документы в формате **PDF** можно просматривать в **Windows**, **UNIX** или **Macintosh**. Документы на «Общей основе» обычно включают в себя программу просмотра (**viewer**).

Common Lisp Object System ♦ см. **CLOS**.

Common Programming Interface (CPI) ♦ единый интерфейс системы программирования.

C common software

Описывает стандарт на языки и генераторы программ, интерфейс баз данных, графические библиотеки и другие средства, необходимые для разработки программ.

common software ♦ стандартное программное обеспечение.
common solution ♦ общие задачи.
Common User Access (CUA) ♦ единый доступ пользователя.
Определяет компоненты пользовательского интерфейса, которые должны присутствовать во всех программах.

communicate ♦ посылать сообщение.
communication ♦ коммуникация; ♦ связь; ♦ сообщение; ♦ передача [данных].
communication buffer ♦ коммуникационный буфер.
В сети — область памяти файлового сервера или моста, предназначенная для хранения пакетов данных, получаемых от различных сетевых станций на время их обработки файловым сервером или мостом с последующей передачей адресату. Количество коммуникационных буферов определяется во время установки сети в зависимости от ее конфигурации. Также имеет название ROUTIN – BUFFER.

communication buffer overflow ♦ переполнение буфера информационного обмена.
communication channel ♦ канал связи.
communication medium ♦ среда передачи данных.
Физическая среда, передающая сигналы (данные) с одного устройства на другое (коаксиальный кабель, оптоволоконный кабель, микроволновая техника и др.).

communication port ♦ коммуникационный порт.
COMP ♦ внешняя команда **DOS** (**Novell DOS**), служащая для сравнения содержимого двух файлов или двух групп файлов (**MS DOS** версии **1.25**, **PS DOS** версии **1.0** и более поздних. В версиях **MS DOS 6.X** отсутствует).
compact disk (CD) ♦ компакт-диск.
compact disk drive ♦ дисковод компакт-дисков.
Устройство считывания с компакт-дисков CD-ROM или CD-I в компьютер. Имеет цифровой интерфейс для подключения к компьютеру и аналоговый выход аудио- и видеосигналов. Дисковод позволяет использовать его в качестве проигрывателя компакт-дисков CD-I.

compacting garbage collection ♦ чистка памяти с уплотнением.
Способ чистки, при котором неиспользуемые программой блоки памяти перемещаются таким образом, что после завершения чистки они занимают непрерывный участок памяти.

compare ♦ сравнение; ♦ сравнивать.
compare another diskettes (files)? ♦ сравнивать другие дискеты (файлы)?
compare directories ♦ сравнить каталоги.
Compare error(s) on drive name side «...» track «...» ♦ Ошибка (-ки) сравнения на дисководе имя дисковода стороне «...» треке «...».
Сравниваемые диски различаются. Воспользуйтесь командой DISKCOPY.

Compare error

Compare error on off set «...» ♦ Ошибка сравнения в позиции«...».
Compare more diskettes? ♦ Сравнивать еще дискеты?
Compare more files? ♦ Сравнивать еще файлы?
Compare OK ♦ Сравнение прошло успешно.
Compare process ended ♦ Процесс сравнения завершен.
Comparing «...» tracks «...» sectors per track, «...» side(s) ♦ Сравниваются «...» дорожек с «...» секторами на дорожке, на «...» сторонах.
comparison ♦ сравнение, сличение.
compatibility ♦ совместимость.
compatible ♦ совместимый.
COMP.COM ♦ файл, содержащий программу ОС для команды **COMP** (до **MS DOS 5.0**).
COMP.EXE ♦ файл, содержащий программу ОС для команды **COMP** (в версии **MS DOS 5.0** и выше).
compilation ♦ трансляция, компиляция.
Трансляция программы с языка высокого уровня в форму, близкую к программе на машинном языке. Трансляция программы, составленной на исходном языке, в объектный модуль.
compile ♦ транслировать, компилировать.
compile shape/font description file ♦ сформировать файл описания шрифтов.
compile when saved ♦ компилировать при сохранении.
*Режим работы редактора в **СУБД FoxPro**, указывающий системе **FoxPro** компилировать файл после того, как он был сохранен на диске. Применяется только для программных файлов.*
compiled code ♦ оттранслированная программа, объектный код.
compiler ♦ компилятор.
Программа или техническое средство, выполняющее компиляцию.
complement ♦ дополнение.
complete ♦ полностью; ♦ полный; ♦ завершенный; ♦ завершать; заканчивать.
complete carry ♦ полный перенос.
«...» completed «...» ♦ завершена.
complete optimization ♦ полная оптимизация.
Complex Instruction Set Computer ♦ см. **CISC**.
component manager ♦ администратор состава системы.
composer ♦ компоновщик
composite ♦ составной [цвет].
composition ♦ композиция; ♦ набор. См. также **typesetting**.
composting ♦ составление, компоновка.
Процесс объединения различных объектов в единое целое.
compound blend ♦ составная бленда. См. также **blend**.

C Compound document

Compound document ♦ Составной документ.
Документ, содержащий информацию, созданную более чем одним приложением.

compound structural indexes ♦ составные индексы.

compress recommended ♦ рекомендуется уплотнение (сжатие) [данных].

compressed file ♦ упакованный (сжатый) файл.
Компьютерные файлы, размер которых сокращен с помощью программы упаковки. Такие программы имеются для всех компьютерных систем. Примерами могут служить **PKZIP** в **DOS**, *tar* и *compress* в **UNIX** и **StaffIt** для **Macintosh**.

compressed mode ♦ сжатый режим [печати].

compressed print ♦ сжатая печать. См. также **condensed print**.
Печать с плотностью 17 **(16.66)** символов на дюйм.

compressed volume file ♦ файл сжатого тома.
Общее название файла, в котором хранятся сжатые данные. Программы **Stacker** и **DoubleSpace** используют для хранения сжатых данных большой дисковый файл и представляют его системе **DOS** как логический дисковый накопитель.

compression ♦ уплотнение, сжатие. См. также **condensation, crunch**.

compression audio ♦ аудиоданные в сжатом формате.

compression ratio ♦ коэффициент сжатия.
Показатель степени сжатия данных. Коэффициент сжатия **1:1** означает, что данные не сжаты; **2:1** — размер сжатых данных в **2** раза меньше первоначального размера. Максимальный коэффициент сжатия программ **Stacker** и **DoubleSpace** составляет **16:1**.

compression video ♦ видеоданные в сжатом формате.

CompuServe ♦ компьютерная информационная служба фирмы **H&R Block**.
Является частью сети **Internet**.

computation ♦ вычисление; ♦ расчет; ♦ счет, подсчет.

compute ♦ вычислять; ♦ рассчитывать; ♦ считать. См. также **calculate**.

computer aided data processing ♦ автоматизированная обработка данных.

Computer Aided Design (CAD) ♦ Система Автоматизированного Проектирования (**САПР**).
Проектирование, при котором отдельные преобразования описаний объекта, алгоритма его функционирования или алгоритма процесса осуществляются во взаимодействии человека и компьютера.

computer aided engineering ♦ автоматизированная разработка.

computer aided information retrieval ♦ автоматизированная информационно-поисковая система (**АИПС**).

computer aided instruction ♦ автоматизированное обучение.

computer aided publishing ♦ автоматизированное издательство.

computer aided text corrector ♦ автоматизированная система коррекции текста.
Автоматизированная система, в задачу которой входит обнаружение и/или исправление различных искажений в текстах (обычно орфографических, реже синтаксических и семантических).

computer game ♦ компьютерная игра; ♦ игровая программа.
computer graphics ♦ машинная графика.
computer hardware ♦ аппаратные средства. См. также **hardware**.
computer mail ♦ электронная почта.
computer must be «...» or «...» ♦ компьютер должен быть совместим с «...» или с «...».
computer network ♦ компьютерная сеть, вычислительная сеть.
Взаимосвязанная совокупность территориально рассредоточенных систем обработки данных, средств и/или систем связи и передачи данных, обеспечивающая пользователям дистанционный доступ к ее ресурсам и коллективное использование этих ресурсов. ♦ *Сеть узлов обработки данных, связанных между собой для передачи данных.*
computer science ♦ информатика.
computer user ♦ пользователь вычислительной системы.
computer virus ♦ компьютерный вирус.
Специальная программа, способная самопроизвольно присоединяться к другим программам («заражать» их) и при запуске последних выполнять нежелательные действия: порчу файлов и каталогов, искажение результатов вычислений, засорение или стирание памяти и т. д. Переносятся при копировании с диска на диск (особенно при копировании игровых программ и программ, с которых снята защита от несанкционированного копирования) или по вычислительным сетям.
computing ♦ вычисление; ♦ применение компьютеров; ♦ компьютеризация.
concatenation ♦ конкатенация.
Операция соединения цепочек элементов в одну цепочку.
concordance ♦ конкорданс.
Алфавитный список всех слов текста с указателями на контексты использования.
concurrency ♦ параллелизм (параллельное выполнение двух или более процессов).
concurrent ♦ параллельный; ♦ одновременный; ♦ совместный.
concurrent execution ♦ параллельное выполнение.
concurrent processing ♦ параллельная обработка, выполнение.
condensation ♦ уплотнение. См. также **compression, crunch**.
condensed font ♦ узкие шрифты.
condensed print ♦ сжатая печать. См. также **compressed print**.
condition ♦ условие; ♦ состояние; ♦ ситуация.
condition branch (jump) ♦ условный переход.
Передача управления по указанному адресу в зависимости от результата выполнения предыдущей команды или содержимо го управляющих регистров процессора.
Conditional expression expected after IF. Remainder of login script

C Conference

ignored ♦ В командном файле регистрации сети не полностью заданы условия **IF «...» THEN** (ЕСЛИ «...» ТО). Остаток командного файла игнорируется.

Conference ♦ конференция.

То же самое, что и форум, раздел на доске объявлений или в интерактивной службе, где участники встречаются для обсуждения вопросов, представляющих общий интерес.

CONFIG.SYS ♦ файл конфигурации.

Текстовый файл, содержащий информацию о конфигурации ОС, которая используется при каждом запуске **MS DOS**. **DOS** использует информацию из файла **CONFIG.SYS** для загрузки драйверов устройств и конфигурирования себя, а затем отыскивает файл **AUTOEXEC.BAT**. См. также **AUTOEXEC.BAT**.

configuration ♦ конфигурация; ♦ состав [оборудования].

Совокупность функциональных частей ВС или локальной сети, определяемая характером, количеством, взаимосвязями и основными характеристиками ее функциональных элементов. См. **hard configuration, soft configuration**. Задание конфигурации в **ПК** осуществляется с помощью микропереключателей (**DIP**-перемычек) внутри процессорного блока или с помощью программы **SETUP**. Оптимальная работа компьютера обеспечивается «настройкой конфигурации». Для этого в **MS DOS** имеются файлы **CONFIG.SYS** (файл конфигурации) и **AUTOEXEC.BAT** («выполняющийся автоматически»). Эти файлы выполняются при каждом запуске системы.

configuration file ♦ Файл конфигурации.

Файл, в который записываются различные параметры прикладной программы, например, тип используемого модема.

configuration option number ♦ номер возможности конфигурации.

В сети — номер для каждой комбинации различных аппаратных установок файлового сервера (таких, как канал прерывания, адрес ввода/вывода, **DMA**). Используется во время выбора конфигурации аппаратуры файлового сервера.

confining types in if statement ♦ ограниченное количество типов в **IF**-сообщении.

confirm ♦ подтверждение.

confirm changes ♦ с подтверждением замены (изменения).

confirm format diskette ♦ Подтвердите форматирование дискеты.

confirm page breaks ♦ подтверждать разбиение на страницы.

«...» / «...» conflict ♦ «...» / «...» конфликтуют.

confirmation ♦ подтверждение приема.

congestion ♦ перегрузка [сети передачи данных].

connect ♦ соединять; ♦ присоединять; ♦ включать; ♦ подключать.

connect time ♦ продолжительность сеанса связи.

connection ♦ соединение; ♦ присоединение; ♦ включение; ♦ связь.

connection number ♦ номер соединения.

В сети — логический номер, присваиваемый рабочей станции во время

connection oriented

процедуры ее входа в файловый сервер. Этот номер зависит от того, в каком порядке станции подключаются к сети. Сетевая **ОС** использует эти номера для управления связью между станциями, а также станцией и файловым сервером. Вы можете определить номер соединения вашей рабочей станции с помощью команды **WHOAMI** или **USERLIST**.

connection oriented ♦ Основанный на соединении.

Модель связи при которой сеанс связи проходит три фазы: установление соединения, передача данных, разрыв соединения.

Connector ♦ соединитель, разъем.

Часть кабеля, которая вставляется в порт или интерфейс, для подключения одного устройства к другому.

console ♦ консоль; ♦ пульт оператора; ♦ клавиатура.

Устройство, обеспечивающее взаимодействие пользователя **ПК** с операционной системой. В сети с консоли можно управлять работой файлового сервера. В качестве консоли, как правило, используется дисплей с клавиатурой.

console debugger ♦ диалоговый отладчик.

constant ♦ константа; ♦ постоянная.

constrain ♦ ограничение; ♦ принуждение; ♦ сдерживание.

contain ♦ содержать.

container class ♦ вмещающий класс.

container objects ♦ вмещающие объекты.

Contains invalid cluster. File truncated ♦ Содержится неправильный блок. Файл будет усечен.

Используйте дополнительный параметр **/F** в команде **CHKDSK**.

«...» contains «...» noncontiguous blocks ♦ Содержится «...» фрагментированных файлов на дисководе «...».

Для создания копии лучше воспользоваться командой **XCOPY**, а не **COPY**.

content ♦ содержимое; ♦ содержание; ♦ вместимость; ♦ удовлетворять.

Content of destination lost before copy ♦ Содержимое результирующего файла потеряно до завершения операции копирования.

Проверьте синтаксис команды **COPY**.

contents ♦ оглавление.

contents entry ♦ достаточно элементов.

contents included ♦ область данных.

context ♦ контекст.

Законченный в смысловом отношении отрывок письменной или устной речи, в котором точно установлены значения каждого слова.

context dependent ♦ контекстно-зависимый, контекстный.

context editor ♦ контекстный (строковый) редактор.

context search ♦ контекстный поиск.

Последовательный поиск записей файла путем сравнения заданной последовательности знаков с начальными знаками записи до полного совпадения.

C context sensitive

context sensitive ♦ контекстно-зависимый, контекстный.
contiguous ♦ непрерывный, состоящий из смежных элементов; ♦ смежный.
contiguous area ♦ непрерывная область.
> Область памяти, состоящая из смежных элементов (например, область диска, состоящая из последовательных блоков).

contiguous file ♦ непрерывный файл.
> Файл, занимающий непрерывную область на диске.

continue ♦ продолжать.
continue editing ♦ продолжать редактирование.
continue installation ♦ продолжать установку (инсталляцию).
continue search ♦ продолжать поиск.
continuous ♦ непрерывный(-ная).
continuous feed ♦ непрерывная подача [бумаги в печатающем устройстве].
continuous tone image ♦ полутоновое изображение. См. также **half tone image**.
contour(type) font ♦ контурный шрифт. См. **outline font**.
contract ♦ сжать.
contrast ♦ контрастность; ♦ параметр в системе описания шрифтов **PANOSE**, определяющий контраст шрифта.
contribute ♦ содействовать
control ♦ управление; ♦ регулирование.
control ball ♦ управляющий шарик. См. также **trackball**.
> Шарик, поворачивающийся вокруг своего центра, который используется в качестве устройства ввода.

control bit ♦ управляющий разряд; ♦ служебный разряд.
control bus ♦ шина управления.
control character ♦ управляющий символ.
Control character found in command line ♦ Управляющий символ найден в командной строке.
> Введен код символа вместе с клавишей <**Ctrl**>. Возникающие вследствие этого специальные символы не могут быть использованы в системной команде.

Control character not allowed in password ♦ Управляющий символ недопустим в пароле.
> Введен код символа вместе с клавишей <**Ctrl**>. При вводе пароля не могут быть использованы специальные символы.

control code ♦ управляющий код.
control key ♦ управляющая клавиша.
controller ♦ контроллер, устройство управления.
> Специализированный процессор, предназначенный для управления внешними устройствами-накопителями, дисплеями, принтерами. Наличие контроллера освобождает центральный процессор от выполнения этих функций.

controller address ♦ адрес контроллера.

Номер, физически устанавливаемый (обычно с помощью перемычек или переключателей) на плате контроллера жесткого диска.

control menu ♦ управляющее меню.

control menu box ♦ вспомогательное окно управляющего меню.

control object ♦ управление объектом.

control panel ♦ панель управления.

control point ♦ опорная точка; ♦ управление точкой.

В машинной графике — точка заданной линии или поверхности, на основании которой строится аппроксимирующая линия или поверхность.

control Z sensitive ♦ чувствительность к символу **Ctrl-Z** (конец файла).

*Режим работы редактора в СУБД FoxPro, позволяющий прекратить чтение/запись файла при обнаружении первого же символа **Ctrl-Z** (даже в том случае, когда этот символ используется не для обозначения конца файла).*

conventional memory ♦ стандартная (базовая) память.

*Первые **640** Кбайт памяти компьютера, наиболее часто используемые **DOS** и приложениями.*

convergence ♦ сходимость.

conversational ♦ диалоговый. См. также **interactive**.

conversational mode ♦ диалоговый режим.

conversion ♦ преобразование, формат.

conversion table ♦ таблица преобразований, таблица перекодировки.

convert ♦ преобразовать; ♦ программа-конвертор файлов в мультимедиа.

*Используется для преобразования форматов файлов. Преобразуемый файл обозначается как файл-источник (**SOURSE**), преобразованный — как файл-приемник (**DESTINATION**).*

convert from ♦ преобразовать из.

Convert lost chains to files? ♦ Преобразовать потерянные цепочки кластеров в файлы?

*При нажатии клавиши **Y** (да) команда **CHKDSK** находит потерянные кластеры и записывает каждую цепочку потерянных кластеров в файл с именем Filennnn. chk.*

Convert old drawing file ♦ Преобразовать старый файл описания чертежа.

convert quotes ♦ заменить кавычки.

convert to curves ♦ преобразовать в кривые.

converter ♦ конвертер.

Транслятор с некоторого языка программирования на другой язык такого же уровня.

converting file ♦ преобразование файла.

convertor ♦ конвертор.

Устройство персонального компьютера, преобразующее сигналы одного вида в сигналы другого вида.

convex hull ♦ выпуклая оболочка.

Минимальный выпуклый многоугольник, внутри которого лежат все точки заданного множества.

cookie ♦ это небольшой кусок текстовой информации, которую сервер передаёт браузеру.

Cool Talk ♦ Прохладный Разговор.

cooler ♦ кулер.
Радиатор с обдувающим его вентилятором, имеющий хороший термический контакт с кристаллом процессора (охлаждаемой микросхемы) и предназначенный для отвода тепла от предмета охлаждения

coordinate graphics ♦ координатная графика.

coprocessing ♦ совместная обработка [данных].

coprocessor ♦ сопроцессор.
Специализированный процессор, выполняющий операции параллельно с основным процессором.

copy ♦ копировать; ♦ копия, экземпляр; ♦ внутренняя команда **DOS** (**Novell DOS**), служащая для копирования файлов, создания текстовых файлов, вывода файлов на печать, объединения нескольких файлов в один.
Файл, заданный первым параметром команды, копируется в каталог, заданный вторым параметром. Если во втором параметре не указан дисковод, то копирование производится в текущий каталог, если не указано имя файла, то файл копируется под своим именем. Если в первом параметре указано имя каталога, то копируются все файлы каталога. Команда для вывода файла на печать:

copy [путь] «имя_файла» prn ♦ Команда для создания файла с помощью клавиатуры:

copy con [путь] «имя_файла» ♦ Команду можно использовать для объединения двух и более файлов в единый файл.

copy all ♦ копировать все.

Copy another? ♦ Копировать еще?

copy another diskette? ♦ копировать еще дискету?

copy complete ♦ копирование окончено.

Copy process ended ♦ Процесс копирования завершен.

copy style from ♦ копировать стиль из.

copy to facing page ♦ копировать на противоположную полосу.

copy won't, fit ♦ копирование невозможно.

copying ♦ копирую.

Copying system files ♦ Копирую системные файлы.

Copying «...» tracks «...» sectors/track, «...» sides ♦ Копируются «...» дорожек с «...» секторами на дорожке на «...» сторонах.

copyprotected disk ♦ защищенный от копирования диск.

copyprotected software ♦ защищенная от копирования программа.

copyprotection ♦ защита от копирования.

copyright ♦ авторское право.
copyright sign ♦ знак охраны авторского права «©».
CORBA ♦ Сокращение от **Common Object Request Broker Architecture** — Обобщенная Архитектура построения Брокеров Объектных Запросов. *Архитектура, которая позволяет частям программ, т.н. объектам взаимодействовать между собой независимо от того, на каком языке программирования они написаны, независимо от того в какой операционной системе они исполняются.*
CORELAPP.INI ♦ файл конфигурации прикладных программ под **CorelDraw**.
CorelCHART ♦ прикладная программа создания графиков и диаграмм в пакете **CorelDraw**.
CORELDRW.INI ♦ файл инициализации программы в пакете **CorelDraw**.
CORELFLT.INI ♦ файл с информацией об установленных фильтрах экспорта/импорта в пакете **CorelDraw**.
CORELFNT.INI ♦ файл с информацией об установленных шрифтах в пакете **CorelDraw**.
CorelMOSAIC ♦ администратор библиотеки заготовок в пакете **CorelDraw**.
CorelMOVE ♦ прикладная программа анимации в пакете **CorelDraw**.
Corel PHOTO PAINT ♦ прикладная программа-редактор растрированной графики в пакете **CorelDraw**.
CORELPRN.INI ♦ файл с информацией об установленных внешних устройствах в пакете **CorelDraw**.
CorelSHOW ♦ прикладная программа для создания красочных презентаций в пакете **CorelDraw**.
CorelTRACE ♦ прикладная программа-конвертор растровой графики в векторную в пакете **CorelDraw**.
corner ♦ угол.
corner threshold ♦ создание узлов в углах (в компьютерной графике).
correct ♦ исправлять, вносить поправки, устранять ошибки.
correct line proof ♦ заборка.
Повторный набор части текста для исправления ошибок и внесения изменений, указанных при корректуре.
correct multiple occurrences ♦ коррекция ошибочного слова по всему тексту; ♦ исправление идентичных опечаток.
correctable error ♦ исправимая ошибка.
*Ошибка при считывании дисковых данных, которая исправлена средствами кода **ECC**. О таких ошибках **DOS** не сообщает пользователю, хотя это признак возможного превращения сектора в дефектный.*
correction ♦ корректура. См. также **galley**.
Процесс исправления ошибок и устранения технических недочетов.
Corrections will not be written to disk ♦ Исправления не будут записаны на диск.

C correlation

Для исправления ошибок на диске необходимо запустить команду CHKDSK с параметром /F.

correlation ♦ корреляция, соотношение; ♦ соотнесение.
correspondence quality ♦ соответствует качеству.
correspondence quality printing ♦ качественная печать. См. также **printer quality, quality print.**
corrupted file ♦ искаженный (испорченный) файл.
*Файл, содержимое которого случайно или намеренно искажено. Иногда файл можно восстановить утилитами типа **PC TOOLS** и **The Norton Utilities**.*
COSINE (Cooperation for OSI Networking in Europe) [RFC 1274] ♦ сотрудничество в Европе в области сетей **OSI**.
COSMIC (Computer Software Management and Information Center) [NASA] ♦ информационно-координирующий центр по программному обеспечению.
cost per bit ♦ стоимость за бит.
Стоимость хранения одного бита информации; ♦ *стоимость передачи одного бита информации.*
count ♦ счет, подсчет; ♦ считать, подсчитывать.
count by ♦ шаг нумерации.
counter ♦ счетчик.
COUNTRY ♦ конфигурационная команда **DOS** (**Novell DOS**), обеспечивающая настройку **ОС** на национальные особенности страны.
country code ♦ большинство стран, имеющих выход в Интернет, имеют двухбуквенное обозначение по стандарту **ISO 3166**. Эти две буквы есть адрес основного домена для данной страны.
COUNTRY.SYS ♦ файл данных с информацией, которая используется **ОС** для установки форматов времени, даты и знаков денежных единиц, принятых в данной стране. (**MS DOS** и **PS DOS** версий **3.3** и более поздних). Включается в файл **CONFIG. SYS**.
courtesy copy (CC) ♦ вежливая копия, «копирка».
*Часть заголовка сообщения электронной почты (**electronic mail**), которая показывает вторичных получателей сообщения.*
cover page ♦ бланк «почтового отправления» в факсимильной связи.
cpi (character per inch) ♦ число знаков в дюйме.
Единица плотности расположения знаков.
CPI (Code-Page Information) ♦ информация о кодовых страницах.
CPOS ♦ конфигурационная команда **Novell DOS**, обеспечивающая позиционирование курсора на экране дисплея.
cps (character per second) ♦ [число] символов в секунду.
cycles per second ♦ число циклов в секунду.
CPT (Cisco Protocol Translator) ♦ транслятор протокола **CISCO**.
CPU ♦ центральный процессор. **Central Processing Unit** ♦ центральное обрабатывающее устройство.

CPU — это мозг компьютера. Иногда говорят просто: процессор или центральный процессор.

CR (Carriage Return) ♦ символ возврата каретки. См. **carriage return**.

Cracker ♦ Взломщик.
Пользователь, занимающийся поиском незаконных средств доступа к компьютерным ресурсам (в том числе и к сайтам, содержащим конфиденциальную информацию).

cram, cramming ♦ Враньё.
Практика некоторых телефонных компаний, которые добавляют фальшивые суммы в телефонный счёт за звонки, которых вы не делали.

crash ♦ крах; ♦ фатальный сбой.
Аварийное завершение программы.

CRC (Cyclic Redundancy Check) [Control] ♦ циклическая контрольная сумма.
Циклический контроль по избыточности. Процедура проверки на ошибку при передаче данных.

create ♦ создавать; ♦ внешняя команда **Novell DOS**, обеспечивающая создание пустого **Starker**-диска на имеющемся свободном месте дисковода.

create a new ♦ создать новый.

create backup ♦ создать резервную копию.

create directory ♦ создать каталог.

create DOS partition or logical DOS drive ♦ создать раздел **DOS** или логический дисковод **DOS**.

create extended DOS partition ♦ создать расширенный раздел **DOS**.

create logical DOS drive(s) in extended DOS partition ♦ создать логический дисковод(ы) в расширенном разделе **DOS**.

Create new header/footer? ♦ создавать новый заголовок/нижний колонтитул?

create note ♦ создать сноску.

Create one? ♦ создать [каталог]?

create primary DOS partition ♦ создать основной раздел **DOS**.

create shortcut(s) here ♦ создать ярлык(и); ♦ выбор папки.

creating root directory ♦ создаю корневой каталог.

creation date ♦ дата создания.

creator ♦ формирователь; ♦ разработчик; ♦ создатель.

credit limit ♦ ограничение кредита.
В системе расчетов **ОС NetWare** определяет предел, ниже которого баланс на счету пользователя сетевых ресурсов не может опускаться. Если пользователь имеет неограниченный кредит, то он может использовать ресурсы сети независимо от состояния баланса.

criterion ♦ критерий; ♦ признак; ♦ ключ; ♦ ключевое слово.

Criterion range cannot be single row ♦ блок критериев не может быть одной строкой.

Criterion range undefined ♦ Блок критериев не задан.

C crop

crop ♦ обрез, отрез.
crop from ♦ сдвинуть.
crop marks ♦ метки отреза.
cropping ♦ обрезка по рисунку; ♦ кадрирование иллюстраций.
cropping tool ♦ инструмент урезания.
cross linked file chains ♦ связанные перекрестными ссылками цепочки файлов.
Cross posting ♦ Перекрёстная рассылка.
Отправление сообщения более чем в одну группу новостей одновременно.
crossbar ♦ перекрестие.
Форма курсора в программах рисования и текстовых редакторах.
crosshair ♦ см. **crossbar**.
crosshatched ♦ штриховка.
cross reference ♦ перекрестная ссылка.
cross tabulation ♦ перекрестная табуляция.
CRT(cathode ray tube) ♦ дисплейный экран, электронно-лучевая трубка.
crunch ♦ уплотнять; ♦ сильно сжимать данные. См. также **compression, condensation**; ♦ выполнять численные расчеты.
crystallize ♦ кристаллизация.
CSA (Client Server Architecture) ♦ КСА (Клиент-Сервер Архитектура).
CSDS (Packet Switched Data Service) ♦ информационная служба с пакетной коммутацией.
CSLIP (Compressed SLIP) [RFC1144, 19200bps или меньше] ♦ **SLIP** со сжатием.
*Версия протокола **SLIP** с уплотнением, дающая более высокую скорость передачи информации.*
CSM (Communications Services Manager) ♦ менеджер служб коммуникации.
CSMA/CD (Carrier Sense Multiple Access/Collision Detection) [Internet] ♦ способ доступа к Internet с контролем столкновений.
CSU/DSU ♦ Устройство обслуживания заказчика/Устройство обслуживания данных.
Устройство, эквивалентное цифровому модему, позволяющее связываться по цифровым линиям.
Ctrl (Control) ♦ клавиша **Ctrl** (Управление).
Регистровая клавиша, используемая для ввода управляющих символов и изменяющая смысл клавиш, нажимаемых одновременно с ней.
Ctrl+Alt+Del ♦ комбинация клавиш «Перезагрузить».
*Одновременное нажатие трех клавиш используется для «горячей» перезагрузки **MS DOS**.*
Ctrl+Break ♦ комбинация клавиш «Прервать».
*Одновременное нажатие двух клавиш используется в **MS DOS** для прекращения выполнения команды или программы.*
Ctrl+PrtScr ♦ комбинация клавиш «Печать».
*Одновременное нажатие двух клавиш используется в **MS DOS** для вклю-*

чения/выключения режима копирования на принтер выведенной на экран дисплея информации.

CTTY ♦ внутренняя команда **Novell DOS** для смены консольного устройства ввода/вывода.

CUA (Control User Access) ♦ **CUA**-стиль, ♦ общий доступ пользователей.
Набор общепринятых правил взаимодействия между компьютером и пользователем. (*Common User Access*) [*SAA*].

Cul ♦ сокращение, принятое в **Chat**: «**see you later**» — увидимся позже.

culling ♦ отбор.
В компьютерной графике — исключение данных перед визуализацией, основанное на простых предварительных проверках. Например: отбрасывание объектов, находящихся позади плоскости вида.

curly bracket ♦ фигурные скобки. См. **parenthesis.**

currency symbol ♦ валютный знак.
Символ «**$**», который считается буквой и используется в идентификаторах, для редактирования выводимых данных и в других случаях.

current ♦ текущий, текущая (запись).

Current code page setting ♦ Текущий код страницы установлен.

Current control codes are «...» ♦ Текущие управляющие коды «...».

Current date is mm–dd–yy ♦ Текущая дата мм-дд-гг.
Введите текущую дату в указанном формате (месяц, день, год) или нажмите клавишу **Enter**.

current directory ♦ текущий каталог; ♦ активный каталог.
Каталог, файлы которого непосредственно доступны программам и пользователю.

Current fixed disk drive «...» ♦ Текущий дисковод с жестким диском «...».

Current keyboard code: «...» code page «...» ♦ Текущий код клавиатуры: «...» на кодовой странице «...».

Current keyboard does not support this code page ♦ Имеющаяся клавиатура не поддерживается данной кодовой страницей.

current position ♦ текущее местоположение; ♦ текущие координаты.

current setting ♦ текущая установка.

current state emphasis ♦ текущая установка.

Current time is: hh: mm: ss, cc ♦ Текущее время чч: мм: сс, доли секунды.
Введите текущее время в указанном формате (часы, минуты, секунды, доли секунды) или нажмите клавишу **Enter**.

current video mode ♦ текущий режим дисплея.

cursor ♦ курсор.
Движущаяся видимая метка на экране дисплея, показывающая пользователю, где можно исправлять или вводить данные.

CURSOR ♦ внешняя команда **Novell DOS**, обеспечивающая изменение курсора, например, для **LCD**-экрана.

cursor control keys ♦ клавиши управления курсором.

cursor speed

*Для перемещения курсора при работе на персональном компьютере используются четыре клавиши со стрелками **ijkl**, а также клавиши **Home** (начало), **End** (конец), **PgUp** (страница вверх), **PgDn** (страница вниз).*

cursor speed ♦ скорость перемещения курсора.
cursor update ♦ перемещение курсора.
cursored emphasis ♦ выделение курсором и цветом.
curve ♦ кривая, лекало.
curve length ♦ длина кривой.
curve generator ♦ генератор кривых.
curve object ♦ объект, состоящий из кривых.
cusp ♦ вершина.
custom ♦ настраиваемый; ♦ произвольный(-но); ♦ устанавливаемый; ♦ заказной фильтр.
custom files ♦ файлы, выделенные по маске.
custom indent ♦ произвольная втяжка.
custom level ♦ уровень выбора (заказа) [в сети].
Программный уровень конфигурирования и генерации сетевого программного обеспечения, при котором параметры конфигурации для каждого драйвера выбираются системным специалистом. Этот уровень используется при конфигурировании нестандартных вычислительных сетей.
custom software ♦ заказное программное обеспечение.
custom width ♦ произвольная ширина.
custom wildcard ♦ шаблон пользователя.
customer support ♦ поддержка клиента.
Услуга, которую оказывают покупателю производители компьютеров и программного обеспечения.
customization ♦ настройка, приспособление; ♦ изготовление по техническим условиям заказчика.
customize ♦ настраивать; приспосабливать
customizing ♦ настройка параметров программы.
cut ♦ удалять, вырезать, вырезка.
Удаление выделенного фрагмента текста или изображения с запоминанием его в буфере для последующей вставки в другом месте.
cut and paste ♦ удалить и вставить.
cut feed form ♦ автоматическая подача страницы.
cut form ♦ страница; ♦ листовая бумага.
cut form (sheet) feed[er] ♦ автоматическая подача страниц.
cut line ♦ подпись к иллюстрации. См. также **caption**.
cutaway view ♦ изображение в разрезе.
cut in heading ♦ форточка. Рубрика, не прерывающая текст, расположенная у оборки первого абзаца текста, который она озаглавливает.

cutout ♦ очертание, контур. См. также **border, box**; ♦ прерыватель.
CVF (Compressed Volume File) ♦ файл сжатого тома. См. **compressed volume file**.
cwnd (congestion window) ♦ окно перегрузки (системная переменная **TCP**).
Cyan-Magenta-Yellow (CMY) ♦ голубой-пурпурный-жёлтый.
> Схема представления цветного изображения, применяемая во многих системах печати. **CMY**-модель формирует нужные цвета, вычитая определенные доли голубого, пурпурного и жёлтого из белого цвета. Этот подход удобен при печати т.к. основан на поглощающих свойствах красителей. В **RGB**-модели производится не вычитание, а суммирование основных цветов.

Cyan-Magenta-Yellow-blaK (CMYK) ♦ голубой-пурпурный-жёлтый-чёрный.
> Схема представления цветного изображения, аналогичная **CMY**-модели, но в число основных цветов добавлен чёрный для получения более насыщенного изображения.

Cybercafe ♦ киберкафе.
> Место, где подают кофе и выход в Интернет.

Cyberspace ♦ киберпространство.
> Среда, в которой мигрируют пользователи компьютеров, перемещаясь в сети.

cycle ♦ цикл; ♦ период.
cycle stealing mode ♦ режим с пропуском (кражей) такта.
> Режим работы контроллера прямого доступа к памяти (**Direct Memory Access Controller**), в которомконтроллер производит передачу элемента данных в те временные интервалы, когда процессор не управляет шиной.

cycle time ♦ время цикла.
> Время, через которое можно выполнить следующий противоположный доступ (чтение после записи, например) к чипу памяти.

cylinder ♦ цилиндр.
> Местоположение одиночной дорожки на всех пластинах, составляющих жёсткий диск. Например, если жёсткий диск имеет четыре пластины, с **600** дорожками каждая, то диск будет иметь **600** цилиндров, каждый цилиндр будет состоять из **8** дорожек (в предположении, что каждая пластина имеет дорожки на обоих сторонах).

cylinder buffer ♦ буфер цилиндра.
> Буферная память в контроллере жесткого диска, емкости которой достаточно для одного цилиндра.

cylinder density ♦ плотность (ёмкость) цилиндра.
> Число секторов в цилиндре накопителя на жестких дисках, т.е. число секторов, которое можно считать/записать без механического движения головок.

cylinder number ♦ номер цилиндра.

D D-channel

D ♦ шестнадцатеричная цифра с числовым десятичным значением **13**.
D-channel ♦ Д-канал (дельта).
> В цифровой сети с интеграцией служб **(ISDN)**, имеются два уровня обслуживания: Тарифная оплата, предназначенная для домашнего использования и малых предприятий, и основная оплата, для больших пользователей. Обе ставки (цены) включают ряд **B**-каналов (однонаправленный канал) и **D**-канал (дельта-канал). **B**-каналы используются для передачи данных, голоса и других услуг. **D**-канал несет информацию сигнализации и управления.

Daemon ♦ демон. В ОС **UNIX** — фоновый процесс, ждущий задачи для выполнения.
> Программа сервера **UNIX**, которая постоянно работает в фоновом режиме, т.е. невидимо для пользователей, обеспечивая при необходимости специальные услуги.

daily record of evens ♦ ежедневная запись событий.
daily task list ♦ список дел на день.
danger now ♦ опасность наступила.
danger to come ♦ опасность грозит.
DAP (Data Access Protocol) [DEC] ♦ протокол доступа к информации.
dark ♦ темный.
DARPANET ♦ сеть Агентства перспективных исследований, образовавшаяся при слиянии сетей **ARPANET** и **MILNET**.
> Предшественница Internet.

dash ♦ черта; тире.
dash and dash line ♦ пунктирная линия.
dash shacking ♦ ширина пробела.
dash width ♦ ширина пунктира.
dashdot ♦ штрихпунктирная [линия].
dashes ♦ пунктир.
DAT ♦ расширение имени файла данных. См. **data file**; ♦ см. **digital audio tape**.
DES (Data Encryption Standard) ♦ Стандарт Шифрования Данных.
> Широко-используемый метод шифрования данных, использующий индивидуальный ключ шифрования, который был принят американским правительством. Запрещён для экспорта в другие страны.

data ♦ данные; ♦ сведения; ♦ информация.

data acquisition

Информация, представленная в виде, пригодном для обработки персональным компьютером при возможном участии человека.
data acquisition ♦ сбор данных; ♦ получение данных.
data administrator ♦ администратор данных; ♦ администратор базы данных.
data area ♦ область данных.
data array ♦ массив данных.
data attribute ♦ атрибут [элемента] данных.
data available ♦ доступные данные.
data bank ♦ банк данных.
Совокупность данных (например, файлов или баз данных) об одной предметной области.
data bits ♦ биты данных.
Данные, которые передает модем. Эти биты передают только информацию и не содержат битов, отвечающих за коммуникационные параметры.
data bus ♦ шина данных.
data communication ♦ обмен данными; ♦ передача данных.
data compression (compaction) ♦ сжатие (уплотнение) данных. См. также **data packing**.
Преобразование данных в более компактную форму без потери содержащейся в них информации с целью экономии памяти и повышения эффективности передачи.
data density ♦ плотность записи.
data dictionary (directory) ♦ словарь (каталог) [базы] данных.
data document ♦ документ данных.
data domain ♦ область данных.
Внешняя среда, служащая источником данных.
Data encryption key ♦ Ключ шифрования данных.
Популярная схема шифрования.
data entry ♦ ввод данных; ♦ информационный элемент (в каталоге).
data entry toolkit ♦ инструментарий ввода данных.
data error ♦ ошибка в данных.
Data error [reading drive «...»] ♦ Ошибка в данных [при чтении на дисководе «...»].
*Следует несколько раз попробовать повторить операцию (выбрать ответ **retry**). Если это не помогает, то надо выбрать ответ **abort** и запустить программу **DT**.*
data field ♦ поле данных.
data file (DAT) ♦ файл данных.
data format ♦ формат данных.
data input ♦ ввод данных.
data interchange file ♦ см. **dif**.
Data Interchange Format ♦ см. **DIF**.

D data item

data item ♦ элемент данных.
data link ♦ канал связи.
data module ♦ жесткий диск, винчестер.
data network ♦ сеть передачи данных.
> *Совокупность цепей передачи данных и коммутирующих устройств, позволяющих осуществлять взаимное соединение оконечного оборудования передачи данных.*

data output ♦ вывод данных.
> *Операция чтения данных из основной памяти и последующая их запись на носитель данных или их отображение на экране дисплея.*

data packing ♦ упаковка данных. См. **data compression.**
data plotter ♦ графопостроитель.
data processing ♦ обработка данных.
data processing system ♦ система обработки данных.
data protection ♦ защита данных.
data record ♦ запись данных.
data representation ♦ представление данных.
> *Характеристика, выражающая правила кодирования элементов и образования конструкций данных на конкретном уровне рассмотрения в вычислительной системе.*

data retrieval ♦ выборка данных, обращение к данным.
data sink ♦ приемник данных.
data source ♦ источник данных.
> *Функциональное устройство, являющееся источником передаваемых данных.*

data span ♦ диапазон данных.
data specification ♦ описание данных.
data structure ♦ структура данных.
Data traffic ♦ Трафик данных.
> *Количество информации, проходящей по сети. В Интернет это относится к количеству пакетов, проходящих через сеть.*

data transfer ♦ пересылка данных.
data transfer rate ♦ скорость передачи данных.
> *Скорость, с которой данные могут передаваться от одного устройства на другое устройство.*

data translation ♦ трансляция (конвертирование) данных.
> *Преобразование исходной базы данных, управляемой одной **СУБД**, в объективные структуры для управления другой **СУБД**.*

data type ♦ тип данных.
date ♦ дата.
DATE ♦ внутренняя команда **DOS (Novell DOS)**, с помощью которой отображается используемая системная дата.
> *При необходимости дата может быть изменена.*

date format

date format ♦ формат представления даты (**M/D/Y D/M/Y** ♦ **М/Д/Г Д/М/Г**: Месяц / День / Год ♦ День / Месяц / Год).

DataBase (DB) ♦ База данных (**БД**).
Совокупность данных, организованных по определенным правилам, которые предусматривают общие принципы описания, хранения и манипулирования данными. Независима от прикладных программ. ♦ *Структура данных, предназначенных для ввода, хранения и выдачи их большому числу независимых пользователей по их запросам.*

database administrator ♦ администратор базы данных (**АБД**).

database management ♦ управление базой данных.

DataBase Management System (DBMS) ♦ Система Управления Базой Данных (**СУБД**).
*Совокупность программ и языковых средств, предназначенных для управления данными в базе данных (см. **database**), ведения базы данных и обеспечения взаимодействия ее с прикладными программами. Примерами **СУБД** являются такие пакеты, как **Access**, **FileMaker for Windows**, **FoxPro**, **Paradox for Windows**, **dBASE** и др.*

database processin ♦ обработка базы данных.

database query (reguest) ♦ запрос к базе данных.
Информационный запрос, направленный в систему управления базой данных пользователем или программой для поиска записей в базе данных.

datagram ♦ дейтаграмма.
Пакет в сети передачи данных, передаваемый через сеть независимо от других пакетов без установки логического соединения и квитирования.

datum ♦ элемент данных.

DATEWARE ♦ Разновидность **SHAREWARE**.
Программа перестаёт работать после фиксированного числа дней, если пользователь не купил программу.

Daughtercard ♦ дочерняя карта.
Печатная плата, которая вставляется в другую печатную плату (обычно в системную плату).

DB ♦ см. **database**.

.DB ♦ расширение файла **Paradox**; ♦ таблицы в **СУБД Paradox for Windows**.

dBASE ♦ пакет управления базами данных.

.DBF ♦ расширение файла **dBASE** ♦ таблицы в **СУБД Paradox for Windows**.

DBLSPACE ♦ внешняя команда **DOS**, осуществляющая сжатие данных на жестких дисках и создание дополнительных дисков, работающих под управлением программы **Double Space** (**MS DOS** версий **6.X**).

DBLSPACE.BIN ♦ драйвер устройства, используемый **DOS** 6.X для предварительной загрузки.
*Используется программами сжатия дисков **Stacker** и **DoubleSpace** как драйвер. Имеет атрибуты «скрытый», «системный», «только для чтения».*

DBLSPACE.INI ♦ файл, содержащий информацию для инициализации программы сжатия дисков **DoubleSpace**.

D DBMS

DBMS (DataBase Management System) ♦ система управления базой данных (**СУБД**). См. **DataBase Management System**.

.DBT ♦ расширение файла memo-поля **dBASE;** ♦ таблицы в СУБД **Paradox for Windows**.

DCB (disk coprocessor board) ♦ плата дискового сопроцессора.
Устанавливается непосредственно в файловом сервере (в вычислительной машине) и осуществляет управление подключенной к нему дисковой подсистемой.

DCC (Data Country Code) ♦ коды стран, определенные **ISO 3166**.

DCE - (Data Communication Equipment) ♦ оборудование для передачи данных; ♦ **(Distributed Computing Environment)** – распределенная Вычислительная Среда, набор технологических сервисов, разработанный Открытой Группой для создания распределенных приложений, которые могут выполняться на различных платформах.

DCONVERT ♦ внешняя команда **Novell DOS** для преобразования носителей данных.

DCT (Discrete Cosine Transform) ♦ дискретное косинусное преобразование. Используется для сжатия видео и аудиоданных.

DDE ♦ см. **Dinamic Data Exchange**.

DDN (Defense Data Network) ♦ оборонная информационная сеть.
*Военная сеть США, являющаяся частью **Internet**. Сеть **MILNET** является частью сети **DDN**.*

deactivate ♦ отключать [устройство]; ♦ отменять, выключать [режим или параметр]; ♦ останавливать [программу].

DDR-SDRAM ♦ Сокращение от **Double Data Rate-Synchronous DRAM** (синхронная **DRAM** с двойной скоростью передачи данных), тип **SDRAM**.

dead ♦ пассивный; ♦ заблокированный; ♦ потерянный. См. также **lose, loss**.

dead file ♦ потерянный файл.

deadlock ♦ тупик, взаимная блокировка.

dead keys ♦ клавиши диакритических знаков.
Клавиши, которые сами по себе не соответствуют никакому символу, а служат для добавления диакритических знаков к символу, клавиша для которого будет нажата следующей; слепые клавиши, немаркированные клавиши; ♦ комбинируемые с последующим символом

deallocate ♦ освобождать; ♦ перемещать.

debug ♦ отлаживать; ♦ отладчик.
*Внешняя команда **DOS** (**Novell DOS**), обеспечивающая мощные отладочные возможности для просмотра машинного кода, чтения и модификации содержимого файлов и секторов диска (**MS DOS** версии **2.0**, **PC DOS** версии **1.0** и более поздних).*

DEBUG.COM ♦ файл, содержащий программу команды **DEBUG**.

debug driver ♦ отладочная программа.

debug tool ♦ отладочный инструмент.

debugger

debugger ♦ отладчик.
decimal ♦ десятичный; ♦ десятичное число; ♦ десятичная дробь.
decimal alignment ♦ десятичное выравнивание.
decimal character ♦ десятичный знак.
decimal format ♦ десятичный формат.
decimal places ♦ десятичные разряды.
decimal point ♦ десятичная точка.
  Точка, отделяющая целую часть числа от дробной.
decoder ♦ декодер, дешифратор.
decoding ♦ декодирование.
  Преобразование данных в исходную форму, которую они имели до кодирования.
decompilation ♦ декомпиляция.
  *Процедура восстановления исходной программы из объектного модуля, выполняемая декомпилятором (**decompiler**).*
decompress [data] ♦ разворачивать [сжатые данные].
decorative ♦ декоративный [шрифт] по классификации **Microsoft Windows**.
decorative border ♦ декоративный бордюр (рамка).
decrement ♦ декремент, отрицательное приращение; ♦ вычитаемая величина; ♦ уменьшать.
decryption ♦ дешифрование.
dedicated ♦ несовмещенный, выделенный.
  В сети — режим работы файлового сервера, моста или другой специальной сетевой станции, при котором она не совмещает свои основные управляющие функции в сети с функциями рабочей станции.
dedicated circuit ♦ закрепленный канал, выделенный канал.
  В сетях передачи данных — канал, не требующий коммутации.
dedicated file server ♦ несовмещенный (выделенный) файловый сервер.
  *Файловый сервер, выполняющий только функции управления сетевыми ресурсами под управлением **ОС** сети.*
Dedicated line ♦ Выделенная линия.
  Телефонная линия, выделенная для передачи данных между компьютерами.
de facto standard ♦ стандарт **de facto**.
  Формат, язык или протокол, который стал стандартом не потому, что одобрен официальной организацией по стандартам, а потому, что широко используется в промышленности.
default ♦ по умолчанию; ♦ устанавливаемый по умолчанию; ♦ умолчание; ♦ стандартный параметр. См. **default option, default value.**
default command button ♦ кнопка стандартной (принятой по умолчанию) команды в диалоговой панели.
default disk drive ♦ стандартный дисковод; ♦ дисковод по умолчанию.
default drive ♦ текущий дисковод.

D default font

Дисковод, к которому производится обращение, если в имени файла или в команде не указан дисковод. ♦ *В сетях — логическое дисковое устройство, используемое на рабочей станции в данный момент. Системное приглашение к вводу (**A>**, **C>** и др.) показывает логическое устройство, используемое по умолчанию.*

default font ♦ стандартный шрифт.

default level ♦ уровень по умолчанию.
В программе установки сети — программный уровень конфигурирования и генерации сетевого программного обеспечения, при котором автоматически выбираются параметры конфигурации для каждого драйвера.

default option (parameter) ♦ выбор по умолчанию; ♦ параметр, используемый по умолчанию. См. также **default, default value**.
Выбор программой предусмотренных в ней стандартных значений и присвоение их атрибутам данных в том случае, если это не выполнено пользователем.

default server ♦ сервер по умолчанию, текущий сервер.
*Файловый сервер, к которому в данный момент подключена ваша рабочая станция. Системное приглашение (**F>**, **G>** и др.) указывает с помощью сетевого дискового указателя на текущий файловый сервер или файловый сервер по умолчанию. Сетевая команда, которую вы вводите, автоматически направляется в текущий файловый сервер, если вы не определите иначе.*

default tab width ♦ ширина табуляции по умолчанию.

default value ♦ значение по умолчанию; ♦ стандартное значение. См. также **default, default option**.

defect repeated words ♦ обнаружение повторяющихся слов.

define ♦ определять; ♦ задавать.

define colors ♦ установка цвета.

define format ♦ установить формат.

define pattern ♦ определить образец.

define styles ♦ определить стиль.

definition ♦ описание, определение.

DEFRAG ♦ внешняя команда дефрагментации файлов (**DOS** версий **6.X**).
*Программа, позволяющая оптимизировать файловую структуру диска подобно утилите **Speed Disk** из пакета **Norton Utilities**.*

defragment ♦ дефрагментировать.
*Перестроить все данные файла так, чтобы они находились на диске в смежных кластерах. См. также **disk optimizer**.*

defringe ♦ устранить кайму.

degradation ♦ снижение производительности.

deinterface ♦ построчная развертка.

DEL (ERASE) ♦ удалить.
*Внутренняя команда **MS DOS** (**Novell DOS**), служащая для удаления файла с диска (во всех версиях **MS DOS**)*

DEL (delete) ♦ символ стирания, символ отмены; ♦ клавиша «Удалить». Управляющий символ, указывающий на отмену предыдущего символа, записанного в данной позиции. В коде *ASCII* представлен числом **127**. Управляющая клавиша, при нажатии на которую происходит удаление символа в той позиции, где находится курсор.

delay ♦ задержка, запаздывание; ♦ задерживать; ♦ откладывать.

DELBAK ♦ внешняя команда **MS DOS**, служащая для удаления страховочных копий файлов (расширение **.bak**).

delete ♦ удалить; ♦ стереть; ♦ исключить.

delete a line ♦ удалить строку.

delete black matte ♦ удалить черный ореол.

Delete current volume label? ♦ Удалить текущую метку тома?

delete DOS partition or logical DOS drive ♦ удалить раздел **DOS** или логический дисковод **DOS**.

delete extended DOS partition ♦ удалить расширенный раздел **DOS**.

delete files after copy ♦ удалить файл после копирования.

delete layer ♦ удалить слой.
Команда меню палитры layers (слои).

delete logical DOS drive ♦ удалить логический дисковод **DOS**.

delete logical DOS in the extended DOS partition ♦ удалить логический дисковод в расширенном разделе **DOS**.

delete primary DOS partition ♦ удалить основной раздел **DOS**.

delete white matte ♦ удалить белый ореол.

deletion ♦ выкидка. См. также **cancellation**.

delimit ♦ устанавливать границы.

delimiter ♦ разделитель; ♦ ограничитель.
Символ языка программирования, разделяющий составляющие операторов и выражений (параметров). Например: пробел, скобки. ♦ *Разряд или символ, разделяющий группы [входных] данных.*

delivery board ♦ плата воспроизведения (в мультимедиа).

Delphi ♦ Язык разработки программного обеспечения, разработанный фирмой **Inprise** (ранее **Borland**).

DELPURGE ♦ внешняя команда **Novell DOS**, которая обеспечивает освобождение памяти на диске, занятом информацией команды **DELWATCH** об удаленных файлах.

DELQ ♦ внутренняя команда **Novell DOS** для удаления файлов с запросом о подтверждении.

delta ♦ [допустимая] ошибка; ♦ погрешность.

DELTREE ♦ внешняя команда **MS DOS** версий **6.X**, позволяющая удалить дерево каталогов, т.е. каталог вместе с файлами и подкаталогами, включаемыми в него.

DELTREE.EXE ♦ файл, содержащий программу команды **DELTREE**.

D DELWATCH

DELWATCH ♦ внешняя команда **Novell DOS**, которая обеспечивает защиту удаленных файлов от потери для возможности последующего восстановления.

demand I/O ♦ ввод/вывод по запросу.
Режим обработки запросов на ввод-вывод в операционную систему, при котором фактическая операция обмена с внешним устройством производится по запросу команды (программы).

demand processing ♦ обработка [данных] по запросу (по мере поступления).

demodulator ♦ демодулятор.
Функциональное устройство, осуществляющее восстановление исходного сигнала из модулированного сигнала.

demonstration ♦ демонстрация; ♦ наглядный показ.

densitometer scale ♦ шкала плотности.

density ♦ плотность.

departure ♦ возврат [в операционную систему после завершения работы с программой].

dependence ♦ зависимость; ♦ отношение.

dependent ♦ зависимый.

depends on password ♦ определяется паролем.

Depth cueing ♦ эффект дымки ♦ Уменьшение яркости объектов по мере удаления их от плоскости наблюдения.
Необходимо для придания реалистичности при моделировании открытых пространств.

depth ♦ глубина.

depth first search ♦ поиск в глубину.

depth sorting ♦ упорядочивание по глубине.

dequeue ♦ убирать из очереди.

derivative ♦ производная.

derived data item ♦ производный элемент данных.
В сетевых базах данных — элемент данных, значение которого является копией или заданной функцией значения другого элемента данных.

DES (Data Encryption Standard) ♦ стандарт шифрования данных.

desaturate ♦ убрать насыщенность.

descender ♦ десцендер; ♦ подстрочный элемент буквы.
*Часть строчной буквы, печатаемая ниже базовой линии (**у, ф** и т. п.).*

descending ♦ убывающий.

descending sort ♦ сортировка по убыванию.

description ♦ описание.

descriptor ♦ дескриптор, паспорт, ключевое слово.
В информационно-поисковых системах — словарная единица информационно-поискового языка, выраженная словом, словосочетанием или кодом и являющаяся именем класса условной эквивалентности, в который включены эквивалентные и близкие по смыслу ключевые слова.

deselect ♦ отменить выделение.

deselection ♦ отмена выбора.
design ♦ проектирование; ♦ разработка; ♦ оформление издания.
design of typeface ♦ разработка шрифта; ♦ начертание шрифта.
desire ♦ желание; ♦ желать.
desired ♦ желаемый.
desktop ♦ рабочий стол.
desktop area ♦ рабочий стол.
desktop computer ♦ настольный (персональный) компьютер, **ПК**.
Desktop Management Interface (DMI) ♦ интерфейс программного обеспечения, позволяющий программам собрать информацию об оборудовании, установленном в системном блоке.
DMI устроен независимо от типа платформы и операционной системы. DMI установленный на центральном компьютере сети (сервере), позволяет не только собирать информацию о рабочих станциях, но и конфигурировать их.
desktop publishing ♦ настольная типография, настольное издательство.
despectle ♦ ретушь.
destination ♦ назначение; ♦ место назначения; ♦ адресат информации.
В сети это может быть сетевая станция, диск, каталог, печатающее устройство и др., куда передаются данные.
Destination directory ♦ Целевая директория.
Директория, в которую вы предполагаете переместить программу или файл.
destination document ♦ документ-получатель.
destination field ♦ поле адреса.
destination file ♦ искомый файл.
destination of printout ♦ тип печатающего устройства.
destructive backspace ♦ возврат с удалением.
*Возврат на один символ с удалением предыдущего. Осуществляется нажатием клавиши **Backspace**.*
detach ♦ отключить.
detailed ♦ подробный.
details ♦ сведения.
detect repeater works ♦ выявление повторяющихся слов.
detectable element ♦ обнаруживаемый элемент.
deupdate ♦ восстанавливать [исходное состояние базы данных, текста].
developed for Windows 95 ♦ разработано для **Windows 95**.
development ♦ разработка; ♦ развитие.
DEVICE ♦ конфигурационная команда **MS DOS (Novell DOS)**, включаемая в файл **CONFIG.SYS** и служащая для установки новых драйверов устройств. Имена файлов-драйверов: **ANSY** — драйвер консоли; **DISPLAY** - поддержка символов кириллицы для мониторов **EGA**, **VGA** и **MCGA**; **EMM386** — эмуляция

D device

расширенной памяти для компьютеров с процессором **Intel 80386**; **HIMEM** — поддержка дополнительной памяти; **KEYBOARD** — поддержка клавиатуры для кириллицы; **SETEND** — первоначальная загрузка символов кириллицы; **VDISK** — установка виртуального диска.

device ♦ [внешнее] устройство.

device adapter ♦ адаптер устройства.
Устройство сопряжения компьютера и внешнего устройства.

device allocation ♦ распределение устройств.

Device Bay ♦ бухта устройств.
*Спецификация, разработанная компаниями **Intel, Compaq и Microsoft** для стандартизации размеров, формы и способов подключения компьютерных компонентов, таких как дисководы, модемы и звуковые устройства.*

device context ♦ экранный текст.

device coordinates ♦ координаты устройства.

device depended ♦ зависящий от устройства.

device dependent ♦ аппаратно-зависимый, зависящий от устройства
*Аналогично **machine-dependent** (машинно-зависимый), понятие аппаратно-зависимый применяется к программе, которая может выполняться только на определенном типе аппаратного обеспечения.*

device driver ♦ драйвер устройства.
*Системная программа, преобразующая запросы **ОС** к внешним устройствам (включая сетевое оборудование) в формат, распознаваемый аппаратурой этих устройств.*

device driver cannot be initialized ♦ устройство (дисковод) не может быть инициализировано.

device error ♦ ошибка [внешнего] устройства (дисковода).

device fault ♦ сбой в устройстве (дисководе).

DEVICEHIGH ♦ конфигурационная команда **DOS (Novell DOS)**, включаемая в файл **CONFIG.SYS**.
*Обеспечивает подключение драйверов устройств с их загрузкой в блоки верхней памяти (**UMB**).*

device-independent ♦ не зависящий от [внешнего] устройства.

device I/O error ♦ ошибка ввода/вывода устройства (дисковода).

device level interface ♦ интерфейс на аппаратном уровне.
*Интерфейс, использующий внешний контроллер для подключения диска к **ПК**. Помимо прочих функций, контроллер преобразует последовательный поток данных от диска к параллельному виду, предназначенному для шины **ПК**.*

device name ♦ имя устройства (дисковода).

Device «...» not prepared ♦ Устройство (дисковод) «...» не готово.

device number ♦ номер устройства.

device overflow ♦ переполнение при делении.
В программе осуществлена попытка деления на ноль.

device point ♦ аппаратная точка.

device selection

device selection ♦ выбор устройства (дисковода).
device space ♦ пространство устройства.
В машинной графике — множество адресуемых точек устройства отображения.
device support not present ♦ устройство (дисковод) не поддерживается.
device time out ♦ устройство (дисковод) выключено из работы.
device unavailable ♦ устройство (дисковод) недоступно.
DFN (Deutschen Forschungs Netze) ♦ Немецкие исследовательские сети.
DFS (Distributed File Service) ♦ обслуживание распределенных файлов.
DGIS ♦ см. **Direct Graphics Interface Standart**.
DHCP (Dinamic Host Configuration Protocol) ♦ протокол динамической реконфигурации ЭВМ.
diacritic marks (points) ♦ диакритические знаки.
*Надстрочные, подстрочные или внутристрочные знаки, которые изменяют произношение звуков, обозначаемых одной буквой Например: **е, й**.*
diagnose disk ♦ диагностика диска.
diagnostic disk ♦ диск диагностики; ♦ тестовый диск.
diagnostic program ♦ программа диагностики, тестовая программа.
diagonal bar ♦ двойной след, символ «//».
diagonal-line tool ♦ инструмент рисования диагональной линии.
diagram ♦ диаграмма.
Условное изображение числовых величин или их соотношений, выполненное геометрическими способами.
dial ♦ набирать номер; ♦ вызывать [по телефону].
dial in direct connection ♦ наборное (телефонное) прямое соединение.
*Соединение сети Internet, обеспечивающее доступ к компьютеру по телефонной линии. После установления соединения ваш компьютер действует как хост-компьютер сети Internet. Вы можете выполнять программы-клиенты (например, клиенты **Gopher** и **WWW**) и копировать файлы прямо в свой компьютер. Такой тип обслуживания часто называется **SLIP**, **CSLIP** или **PPP**. См. также **Dial in terminal connection**.*
dial in service ♦ набираемое (телефонное) обслуживание.
*Сетевое обслуживание, которое предоставляется при входе в компьютер по телефонной линии; ♦ распространенный термин сети **Internet**, обозначающий наборное (телефонное) терминальное соединение.*
dial in terminal connection ♦ наборное (телефонное) терминальное соединение.
*Соединение сети **Internet**, обеспечивающее доступ к компьютеру по телефонной линии. После установления соединения ваш компьютер действует как терминал, подключенный к компьютеру сервисной компании. Такой тип обслуживания часто называется интерактивным или наборным.*
dial line ♦ коммутируемая линия связи.
dial up ♦ вызов по номеру.
В противоположность выделенному или арендованному каналу подсоеди-

D dial up IP account

нение компьютера по обычному телефонному каналу с использованием эмулятора терминала или модема.

dial up IP account ♦ регистрационный номер **IP** по телефонному каналу. *Эта дешевая регистрация позволяет пользоваться услугами провайдера, используя модем.*

dialog(ue) box ♦ диалоговая панель; ♦ диалоговое меню, диалоговое окно.
Перемещаемое окно определенного размера, в котором производится выбор для выполнения определенного действия. Обычно диалоговое окно содержит командные кнопки, контрольные блоки, радиокнопки и текстовые окна. Пользователь осуществляет выбор или вводит данные с помощью клавиатуры или (чаще) мыши.

dialog (interactive) mode ♦ диалоговый (интерактивный) режим.
Режим взаимодействия пользователя и компьютера, при котором каждый запрос пользователя вызывает немедленные активные действия компьютера; ♦ *Обмен сообщениями между пользователем и системой в реальном режиме времени.*

dial up networking ♦ удаленный доступ к сети.

dial up server ♦ сервер удаленного доступа.

DIB (Directory Information Base) [X.500] ♦ информационная база каталогов; ♦ **(Device Independent Bitmap)** — формат представления пиксельных изображений в среде **Windows**.

.DIB ♦ расширение файлов, выполненных в формате **DIB**.

dictfull ♦ нет свободного места в словаре.
Сообщение об ошибке, возникшей при использовании Type1-шрифтов с PostScript-принтерами.

dictionary ♦ словарь.

dictstackoverflow ♦ слишком много команд **begin**.
Сообщение об ошибке, возникшей при использовании Type1-шрифтов с PostScript-принтерами.

dictstackunderflow ♦ слишком много команд **end**.
Сообщение об ошибке, возникшей при использовании Type1-шрифтов с PostScript-принтерами.

.DIF (data interchange file) ♦ формат файлов электронной таблицы **Visicalc**.

DIF (data interchange format) ♦ формат обмена данными.

difference ♦ различие; ♦ приращение.

difference clouds ♦ облака с наложением.

different ♦ другой; ♦ различный; ♦ разный.

different first page ♦ другой для первой страницы.

different odd and even page ♦ разные для четной и нечетной страницы.

differential file ♦ файл различий; ♦ файл изменений.
Файл, содержащий записи, которыми различаются два сравниваемых файла или две версии одного и того же файла.

differentiated services ♦ Дифференцированные услуги.

D diffuse

diffuse ♦ диффузия.
diffused ♦ рассеянный.
digit ♦ цифра, разряд.
digital ♦ цифровой.
digital audio ♦ цифровые аудиоданные.
Звук, представленный в цифровой форме посредством аналого-цифрового преобразования аналоговых звуковых сигналов. Хранится в памяти компьютера или на внешних носителях.
digital audio tape (DAT) ♦ 4-миллиметровый картридж для стримера.
digital camera ♦ Цифровая камера(фотоаппарат).
Цифровая камера(фотоаппарат) создает и сохраняет фотографическое изображение в цифровой форме, которое можно обрабатывать на компьютере.
Digital line ♦ Цифровая линия.
Линия связи, по которой данные передаются в цифровой форме.
digital video ♦ цифровые видеоданные.
Видеоизображение, преобразованное в цифровую форму.
digitize ♦ преобразовывать в цифровую форму; ♦ вводить графическую информацию.
digitizer ♦ дигитайзер; ♦ кодирующий преобразователь.
Устройство ввода графической информации; ♦ Устройство ввода аналоговой информации с преобразованием в числовую форму.
DIMM ♦ модуль памяти со спаренным входом.
*Сокращение от **dual in-line memory module**, маленькая печатная плата на которой размещены микросхемы памяти.*
dimension lines ♦ вспомогательные линии размера.
dimmed ♦ отображение бледно.
Dinamic Data Exchange (DDE) ♦ динамический обмен данными.
*Механизм обмена данными в среде **Windows**. Программа, данные которой являются источником при обмене, называется сервером, а программа, которая получает данные при обмене, называется клиентом. СУБД **Paradox** использует механизм **DDE** и может быть **DDE**-сервером и **DDE**-клиентом.*
DIP ♦ Сокращение от **dual in-line package**, тип кристалла(микросхемы), размещенного в прямоугольном корпусе с двумя рядами соединительных штырей с обеих сторон.
DIP-switch ♦ ДИП-переключатель, микропереключатель.
*Набор тонких переключателей, встроенных в печатную плату. Корпус переключателей имеет такую же форму как и у чипов **DIP**.*
DIR ♦ внутренняя команда **MS DOS (Novell DOS)**, служащая для просмотра каталогов (во всех версиях **DOS**).
direct ♦ прямой, непосредственный; ♦ направлять; ♦ ориентировать.
direct access ♦ прямой доступ.
direct connection ♦ прямое соединение.

D direct data set

direct data set ♦ прямой набор данных.
direct execution ♦ немедленное выполнение.
direct formatting ♦ направление форматирования.
Direct Graphics Interface Standart (DGIS) ♦ стандарт непосредственного графического диалога; ♦ [видео]графический стандарт.
direct manipulation ♦ непосредственное воздействие.
direct memory access ♦ прямой доступ в память (**ПДП**).
*Способ подключения внешнего устройства, при котором оно обращается к **ОП**, не прерывая работы процессора.*
Direct statement in file «...» ♦ Непосредственный каталог в файле «...».
DirectX Media ♦ набор графических и мультимедийных интерфейсов
direction ♦ направление.
direction from start point ♦ направление от начальной точки.
direction key ♦ управляющая (направляющая) клавиша.
directly ♦ прямо; ♦ непосредственно; ♦ немедленно.
directory ♦ каталог.
Набор файлов (обычно связанных тематически), логически сгруппированных под одним именем, по которому пользователь или операционная система может легко найти их. Система каталогов имеет иерархическую структуру, в которой имеется главный (корневой) каталог и могут быть каталоги нижнего уровня (подкаталоги).
directory caching ♦ кэширование каталога, хранение каталога в памяти.
*Метод, позволяющий уменьшить время поиска файла на диске благодаря хранению специальной таблицы размещения файлов и каталогов в **ОП** (для сети — в **ОП** файлового сервера).*
directory device ♦ устройство с каталогом, устройство с файловой структурой.
directory does not exist ♦ каталог не существует.
directory entry ♦ элемент каталога (в сети).
Часть таблицы каталога тома, которая содержит имя подкаталога или файла. Опекунам каталога разрешен доступ к одному или более элементам каталога. Максимальное количество элементов каталога тома определяется во время установки сети.
directory is joined ♦ данный каталог является присоединенным.
*Команда **CHKDSK** не проверяет присоединенные каталоги.*
Directory is non-existent or attempt to assign relative to local ♦ Предпринята попытка обращения к несуществующему каталогу (сообщение сети **NetWare**).
Directory is not locable ♦ Каталог не определен (в сети).
*В команде **include** или **map** задан несуществующий каталог.*
Directory is totaly empty, no «...» or «...» ♦ Каталог полностью пуст, в нем нет положенных ссылок на «...» или на «...» каталог.
Следует удалить указанный каталог, а затем снова его создать.

directory hashing

directory hashing ♦ кэширование каталога (в сети).
Метод индексации размещения файлов на диске, который сокращает время поиска нужного файла. Вместо того, чтобы последовательно перебирать все элементы каталога, файловый сервер просматривает лишь их индексы.

directory name ♦ имя каталога.
Имя, по которому осуществляется поиск каталога, содержащего исходные файлы. Полное имя каталога в сети содержит имя файлового сервера, тома и имена в цепочке каталогов, ведущих к каталогу, к которому вы хотите иметь доступ. Другое название — путь поиска каталога (**directory path**).

directory not empty ♦ каталог не пуст.

directory order ♦ последовательность каталогов.

directory owner ♦ владелец каталога (в сети).
Пользователь, который владеет каталогом. Владение каталогом назначается в то время, когда пользователь создает каталог. Для этого он должен иметь родительские права в каталоге, по отношению к которому создаваемый каталог является подкаталогом. Пользователя может изменить только администратор сети. Владелец каталога имеет привилегии определять опекунов в своем каталоге, назначать их права в нем, изменять маску максимальных прав своего каталога.

directory path ♦ путь поиска каталога. См. также **directory name**.

directory rights ♦ права в каталоге (сети). См. **Rights**.

Directory rights are not associated with local drives ♦ Права доступа не ассоциируются с локальным диском (сообщение сети **NetWare**).
Предпринята *попытка задания прав доступа для локального диска.*

DIRECTORY SORT (DS) ♦ программа **Norton Utilities** СОРТИРОВКА КАТАЛОГА.
Утилита **Directory Sort** — небольшая быстродействующая программа, используемая для упорядочения файлов в каталогах по имени, расширению, дате, времени или размеру в восходящем или нисходящем порядке.

directory table ♦ таблица каталога (в сети).
Таблица на жестком диске, которая содержит информацию о каждом файле и каталоге: имя, дату создания, размер, дату и время каждого изменения, атрибуты файлов, список опекунов и т. д..

Dirt road ♦ Грязная дорога.
Раздражающе медленное соединение с **Web**-сайтом.

disable ♦ запрещать; ♦ заблокировать; ♦ отключать.

disable interrupt ♦ заблокированное прерывание, маскируемое прерывание.
Прерывание, не обрабатываемое процессором вследствие установленного флага или разряда маски прерываний.

disabled ♦ запрещено.

discardable memory ♦ разрушаемая память.
Сегмент памяти, который при необходимости может быть удален из памяти ядром **Windows**.

DISCOMP.COM ♦ файл, содержащий программу команды **DISCOMP**.

discard ♦ отбрасывать; отклонять; отменять.

D discretionary hyphen

discretionary hyphen ♦ дискреционный (мягкий) перенос.

disk ♦ диск; ♦ дисковое запоминающее устройство. См. также **floppy disk, hard disk.**

disk analysis ♦ анализ диска.

Disk boot failure ♦ Ошибка первичной загрузки.
Перезагрузите операционную систему. Если ошибка повторится, используйте резервную копию.

disk cache ♦ дисковая кэш-память.
Буферная область ОП, где ОС сохраняет содержимое блоков (секторов) диска, к которым происходили обращения. При этом повторные обращения к хранящемуся в кэш блоку не требуют физического обращения к диску.

disk cartridge ♦ дисковый пакет; ♦ кассетный диск.

disk channel ♦ дисковый канал (в сети).
Канал передачи данных в файловом сервере. Внутренний дисковый канал ведет к внутреннему дисковому устройству, внешний дисковый канал подключается к шине данных компьютера с помощью дискового сопроцессора.

disk controller ♦ контроллер диска.

Disk Coprocessor Board ♦ см. **DCB.**

disk defragmenter ♦ дефрагментатор диска.
Дефрагментация представляет собой переписывание информации на диске таким образом, что каждый файл записывается в группу секторов, расположенных последовательно один за другим. Со временем при обновлении информации на диске файлы значительно фрагментируются, что замедляет операции с диском. Программы дефрагментации успешно борются с этим явлением и могут ускорять работу с диском в 1,5-2 раза.

disk drive ♦ дисковод.
Устройство, обеспечивающее управление вращением магнитных дисков и перемещением головок; ♦ дисковый накопитель. Любое устройство, которое DOS считает дисковым накопителем. Оно может быть физическим или логическим дисковым накопителем.

disk drive not ready ♦ дисковод не готов.

disk duplexing ♦ дисковое дуплексирование.
В сети NetWare — метод защиты данных, при котором данные одновременно копируются на два жестких диска на разных дисковых каналах.

DISK EDITOR ♦ программа **Norton Utilities** - РЕДАКТОР ДИСКА.
Утилита Disk Editor позволяет наблюдать и редактировать любую область диска, включая загрузочную запись, таблицу разделов и таблицу размещения файлов. Можно также воспользоваться расширенными возможностями поиска для облегчения восстановления стертых файлов вручную.

disk error ♦ ошибка диска.

Disk error reading (or writing) drive «...» ♦ Ошибка чтения (записи) на дисководе «...».

Disk error reading (or writing) FAT ♦ Ошибка при чтении (записи) таблицы размещения файлов.

disk format

Желательно скопировать все файлы на другой диск. Если эта ошибка появилась дважды, переформатируйте диск или смените его.

disk format ♦ разметка диска; ♦ формат диска; ♦ формат записи.

disk full ♦ полный диск.

Disk full, command aborted ♦ Диск заполнен (на диске нет места для файла), выполнение команды прекращено.

Disk full. Edit lost ♦ Полный диск. Редактирование утеряно.

Disk full. Error writing to backup log file ♦ Полный диск. Ошибка при чтении резервной копии редактируемого файла.

Disk full write not complete ♦ Диск заполнен — запись не завершена.

Вставьте дискету с достаточным объемом свободного пространства и повторите команду.

DISK I/O read error ♦ Ошибка чтения внешнего накопителя.

Возникли технические трудности с внешним накопителем или контроллером. Ошибка физического чтения.

disk information ♦ информация о диске.

disk interface board ♦ плата дискового интерфейса.

disk interleaving ♦ чередование секторов.

Расположение секторов на диске, при котором нумерация секторов не совпадает с их физическим порядком на дорожке. Такое расположение компенсирует задержку при работе контроллера и уменьшает время доступа к сектору.

Disk is write-protected ♦ Диск защищен от записи.

На такой диск запись не производится.

disk media error ♦ ошибка диска.

disk mirroring ♦ зеркальное отражение дисковой памяти.

*В сети **NetWare** — метод защиты данных, при котором данные одновременно копируются на два жестких диска на одном дисковом канале.*

DISK MONITOR ♦ программа **Norton Utilities** - ДИСПЕТЧЕР ДИСКА.

*Утилита **Disk Monitor** предохраняет ваш жесткий диск от неавторизованной записи, выводит обозначение дисковода, к которому происходит обращение, и паркует головки жесткого диска.*

Disk not compatible ♦ Диск не совместим.

Disk not ready ♦ Диск не читается.

Disk Operating System ♦ дисковая операционная система. См. **DOS**.

disk optimizer ♦ оптимизатор диска.

*Программа для перестройки данных в файлах таким образом, чтобы данные находились в смежных дисковых кластерах. Оптимизаторы диска называются также программами дефрагментации. **DOS, Stacker, DoubleSpace** имеют свои программы оптимизации и дефрагментации дисков.*

disk options ♦ параметры диска.

disk partition ♦ раздел диска, дисковый раздел.

*Часть жесткого диска, которая подготовлена так, что **DOS** считает ее от-*

дельным дисковым накопителем. Организация разделов в настоящее время не столь распространена, как раньше.

disk quota ♦ выделенное дисковое пространство.
Место на дисках, выделенное пользователю или группе пользователей.

Disk read error on drive «...» Drive not ready. Hit RETURN to retry, ESC to abort ♦ Ошибка при чтении диска в дисководе «...». Диск не читается. Нажмите клавиши: **Return** для повторения чтения или **Esc** для отмены выполнения команды.

disk storage ♦ дисковая память; ♦ дисковое запоминающее устройство.

disk subsystem ♦ дисковая подсистема (в сети).
Внешнее дисковое устройство, подключенное к файловому серверу для расширения его дисковой памяти.

DISK TOOLS ♦ программа **Norton Utilities** - ДИСКОВЫЕ ИНСТРУМЕНТЫ.
*Утилита **Disk Tools** состоит из 6 меньших по размеру утилит, которые позволяют сделать диск загружаемым, восстановить информацию после использования команды **DOS recover**, оживить нечитаемые дискеты, отметить конкретные дефектные кластеры, а также создать или использовать «диск спасения», содержащий копию системных областей вашего жесткого диска.*

disk unit ♦ дисковое запоминающее устройство; ♦ накопитель на магнитных дисках.

Disk unsuitable for system disk ♦ Диск не может быть использован в качестве системного.
На диске повреждена системная дорожка. На таком диске можно только хранить данные.

disk write protect ♦ диск защищен от записи.

DISKCOMP ♦ внешняя команда **DOS (Novell DOS)**, обеспечивающая побайтовое сравнение двух дискет для обнаружения ошибок после копирования с помощью программы **DISKCOPY** (**MS DOS** версии **3.2**, **PC DOS** версии **1.0** и более поздних).

DISKCOPY ♦ внешняя команда **DOS (Novell DOS)**, обеспечивающая копирование однотипных дискет по дорожкам с сохранением расположения файлов и формата копируемой дискеты (**MS DOS** версии **2.0**, **PC DOS** версии **1.0** и более поздних).
*Стандартная команда: **diskcopy** дисковод откуда: дисковод куда:*

DISKCOPY.COM ♦ файл, содержащий программу команды **DISKCOPY**.

diskette ♦ дискета, гибкий диск, флоппи-диск.
*Условные обозначения дискет: **SS (single sided)** — односторонняя дискета; **DS (double sided)** — двусторонняя дискета; **SD (single density)** — обычная плотность записи; **DD (double density)** — двойная плотность записи; **QD (quadruply density)** — четырехкратная плотность записи; **HD (high density)** — шестикратная плотность записи.*

Diskette bad or incompatible ♦ Дискета плохая или несовместимая.
Отформатируйте дискету.

Diskette compares OK ♦ Сравнение дискет прошло успешно.

DISKMAP ♦ внешняя команда **Novell DOS**, которая обеспечивает сохранение информации о носителе данных для возможности восстановления.

DISKOPT ♦ внешняя команда **Novell DOS** для дефрагментации и сортировки файлов на носителе данных.

DISKREET ♦ программа **Norton Utilities** для защиты файлов.
*Утилита **Diskreet** обеспечивает ваши файлы надежной защитой. Она зашифровывает и расшифровывает файлы, а также создает защищенные паролем **N**-диски.*

Disks must be the same size ♦ Дискеты должны быть одного размера.

disperse array (matrix) ♦ разреженный массив (матрица).
Массив, большинство элементов которого равно нулю.

displacement ♦ смещение; ♦ адрес относительно базового адреса.
Адрес данных получается в результате сложения базового адреса и смещения.

display ♦ дисплей; ♦ отображение, визуализация.
Устройство отображения текстовой и графической информации. Визуальное представление данных.

display adapter ♦ адаптер дисплея.
Аппаратура, преобразующая содержимое видеопамяти в видеосигнал.

display capacity ♦ емкость дисплея.

display element ♦ элемент изображения.

display found text ♦ показать найденный текст.

display hidden characters ♦ отображение скрытых символов [на экране дисплея].

display image ♦ отображение; ♦ выводимое изображение.
Набор элементов изображения или сегментов, которые представляются совместно в любой момент времени на поверхности отображения.

display labels ♦ показать заголовки.

D(isplay) or c(outents) report? ♦ Представить отчет на д(исплее) или р(аспечатать)?

display ruler ♦ показать линейку (масштабную, форматную и т.п.).

display segment ♦ сегмент отображения.
В машинной графике — группа элементов изображения (графических примитивов или меньших сегментов, обрабатываемых как единое целое.

display setting ♦ настройка дисплея.

display surface ♦ поверхность отображения.

DISPLAY.SYS ♦ драйвер устройств **ОС**, обеспечивающий переключение дисплея между национальными алфавитами и поддерживающий только дисплеи типа **EGA**, **VGA** и жидкокристаллические дисплеи (**MS DOS** и **PC DOS** версий **3.3** и более поздних).

dispose ♦ освободить.

distance ♦ расстояние.

distance from edge ♦ расстояние от края [листа].

D distance from text

distance from text ♦ расстояние от текста.
distort ♦ искажение; ♦ деформация.
distorted ♦ нарушать.
distorted ♦ искаженный.
distributed ♦ распределенный.
distributed computing environment (DCE) ♦ распределенная вычислительная среда.
distributed data base ♦ распределенная база данных.
База данных, в которой данные физически расположены на различных носителях или в различных узлах сети.
distributed file system ♦ распределенная файловая система.
distributed processing ♦ распределенная обработка.
Обработка задачи посредством нескольких процессов, выполняющихся на различных узлах распределенной системы и обменивающиеся информацией по сети передачи данных.
distributed system ♦ распределенная система.
*Вычислительная система, состоящая из нескольких **ПК**, работающих независимо и выполняющих общее задание.*
distribution ♦ распределение; ♦ распространение.
distribution fitting ♦ теоретическое распределение.
distributive kit ♦ дистрибутив.
Программное изделие в виде, поставляемом изготовителем.
dithered colors ♦ смешанные цвета, колеблющийся цвет.
dithering ♦ добавление псевдослучайного сигнала; ♦ дрожание.
Вставка случайных точек (чтобы слить цвета палитры) для создания цветов, не существующих в палитре. Цель добавления псевдослучайного сигнала (называемого также размыванием погрешности) — смешать несоизмеримые цвета так, чтобы моделировать непрерывный цвет. Применяемый в компьютерной графике метод создания иллюзии изменения оттенков серого или дополнительных цветов. Метод основан на том, что области изображения рассматриваются как группы точек, образующих те или иные цветовые узоры.
divide ♦ разделительная [линия].
dividend ♦ делимое.
division ♦ раздел; ♦ деление.
division header ♦ заголовок раздела.
division number ♦ номер раздела.
DIX ♦ DEC/Intel/Xerox.
DLL (Dinamic Link Libraries) ♦ библиотека динамического связывания.
*Используется для доступа к данным в различных форматах. С ее помощью обеспечивается управление аппаратными средствами мультимедиа и взаимодействие с программами, написанными без использования **Windows**.*
.DLL ♦ расширение файлов, содержащих программные инструкции, используемые всеми приложениями Windows. См. также **DLL**.

DM D

DM (Delta Modulation) ♦ дельта-модуляция.
Способ аналого-цифрового преобразования, в котором кодируются не абсолютные значения выборок аналогового сигнала, а разность между ними, для чего требуется всего один двоичный разряд.

DMA (Direct Memory Access) ♦ прямой доступ к памяти.
*Способ быстрого подключения к памяти внешнего устройства, при котором оно обращается к **ОП**, не прерывая работы процессора. Метод **DMA** существенно увеличивает производительность файлового сервера в сетях передачи данных. Процессор файлового сервера передаёт команду в специальную схему, управляющую чтением и записью в память независимо от работы процессора. Это освобождает процессор для выполнения другой работы.*

DMF-MAIL (Digest Message Format for Mail) [RFC1153] ♦ сжатый формат для электронной почты.

DN (Distination Name) [X.500] ♦ имя места назначения.

DNS (Domain Name Server/Domain Name System) ♦ сервер имён доменов/система доменных имён.
*Текстовая система адресации в Интернет, сопоставляющая имени домена числовой **IP** адрес. Имя домена является переносимым, то есть, числовой адрес может измениться, имя остаётся прежним;* ♦ сервер в Интернет, преобразующий имена доменов *(понятные для людей)* в **IP** адреса *(которые понятны компьютерам).*

do ♦ делать, выполнять.

Do not care ♦ любой носитель (для печати на принтере).

Do not specify file names. Command format: DISCOMP d: d: [/1] [/8]
♦ Не указаны имена файлов. Формат команды: **DISKCOMP d: d: [/1] [/8]**.

Do you really want to discard all changes to drawing? ♦ Вы действительно хотите аннулировать все изменения, введенные в данный чертеж?

Do you see the leftmost 0? ♦ Виден ли левый ноль?

Do you see the rightmost 9? ♦ Видна ли правая девятка?
*Если нажать клавишу **N** (нет), то программа **MODE** смещает изображение на одну позицию и повторяет вопрос. Если нажать клавишу **Y** (да), то работа программы заканчивается.*

Do you want to change anything? ♦ Вы хотите что-либо изменить?

Do you want to make this change permanent? ♦ Сделать эту заметку постоянной?

Do you wish to continue? ♦ Продолжить?

Do you wish to delete file name? ♦ Вы хотите удалить имя файла?

Do you wish to quick unerase this file? ♦ Вы хотите восстановить этот файл?
*После нажатия клавиши **Y** (да) программа может спросить, какой первый символ имени должен быть у восстанавливаемого файла.*

Do you wish to use the maximum size for a DOS partition and make the DOS partition active? ♦ Установить максимальный размер для раздела **DOS** и отметить этот раздел как активный?

D Doc ID

Doc ID ♦ Идентификатор (**ID**) документа, идентифицирующий документ в базе данных **WAIS**.

.DOC ♦ расширение имени текстового файла (документа) в **WinWord**.

document ♦ документ; ♦ текст.

document compiler ♦ пакетный форматер; ♦ программа формирования текста.

document dictionary ♦ словарь документа.

document disk full ♦ диск переполнен.

document file ♦ файл документа.
Файл, ассоциированный с прикладной программой

document has not been changer – not written ♦ документ не был изменен — запись не производится.

document template is not valid ♦ ошибка в шаблоне документа.

document window control menu box ♦ кнопка вызова контрольного меню текущей программы.

document window maximize button ♦ увеличитель; ♦ кнопка увеличения размера окна.
*Размер окна увеличивается до размеров всего экрана (при работе с **Windows** и программами «под **Windows**»).*

document window restore button ♦ кнопка восстановления окна документа.
*Производится восстановление предыдущего или следующего окна документа или восстановление размера окна (при работе с **Windows** и программами «под **Windows**»).*

documentation ♦ документация программного продукта, руководство по работе с программой.

Does command format: DISCOMP d: d: [/1] ♦ Не указаны имена файлов.
Формат команды: DISKCOMP d: d: [/1].

Does name specify a file name or directory name on the target (F=file D=directy)? ♦ Указанное имя является файлом или каталогом, в который нужно копировать файлы (**F**=имя файла, **D**=имя каталога)?

«...» does not exist ♦ «...» не существует.
Ссылки на текущий и корневой каталог отсутствуют.

domain ♦ домен.
В реляционных базах данных — область определения значений одного столбца отношения. ♦ В сетях — группа ресурсов, управляемых одним узлом; область определения функции.

domain name ♦ имя домена.
*Имя, назначенное в сети **Internet** хост-компьютеру.*

DOMS (Distributed Object Management System) ♦ распределенная система управления объектами.

done ♦ выполнено.

don't know ♦ неизвестный [шрифт] (по классификации **Microsoft Windows**).
Используется в том случае, когда информация о шрифте недоступна.

don't quit ♦ отменить выход.

don't save ♦ не сохранять.
*Выход из редактора **NC** без сохранения файла.*

dOoDz ♦ Незрелые нарушители.

DOS (Disk Operating System) ♦ ДОС (Дисковая Операционная Система); ♦ конфигурационная команда **MS DOS (Novell DOS)**, включаемая в файл **CONFIG.SYS** и обеспечивающая загрузку **ОС** в область дополнительной (**XMS**) памяти или в блоки старшей памяти.

DOS access ♦ переход в **DOS**; ♦ временный выход в **DOS**.

DOS command line parameters supported ♦ командная строка для параметров **DOS** установлена.

DOS memory ♦ основная память.

DOS N.NN or later required ♦ Требуется версия **DOS N.NN** или старшая.

DOS Protected Mode Interface ♦ см. **DPMI**.

DOS VERIFFY is already on ♦ **DOS VERIFFY is on** ♦ Команда **verify** уже включена. ♦ Команда **verify** включена.
*С помощью команды **DOS verify** выбран режим **verify on** и использован также флаг **verify** в команде **ncopy**.*

DOSBOOK ♦ внешняя команда **Novell DOS**; ♦ гипертекстовый справочник по операционной системе и ее командам.

DOSKEY.COM ♦ внешняя команда **DOS** (**Novell DOS**), служащая для повторного вызова команд, ранее набранных в командной строке (**MS DOS** и **PC DOS** версий **5.0-6.22**).

DOSSHELL ♦ интерактивная оболочка **MS DOS** (версии **4.X-6.0**. В версии **MS DOS 6.2** отсутствует).

DOSSHELL.BAT ♦ командный файл **ОС**, служащий для загрузки интерактивной оболочки **DOS SHELL 4.X** (**MS DOS** и **PC DOS** версии **4.X**).

DOSSHELL.EXE ♦ командный файл **ОС**, служащий для загрузки интерактивной оболочки **DOS SHELL** (**MS DOS** и **PC DOS** версий **5.0-6.X**).

DOSSWAP.EXE ♦ программа **ОС**, служащая для быстрого переключения между задачами при работе с оболочкой **DOS SHELL 5.0** (**MS DOS** и **PC DOS** версии **5.0**).

dot ♦ линия из точек; ♦ точка, ставить точку.

dot address ♦ Точечный адрес.
*Способ записи **4**-х байтового (**32**-х битового) **IP**-адреса в виде четырёх десятичных чисел, разделённых точками. Каждое число является десятичным представлением одного из четырёт байтов.*

dot chart ♦ точечная диаграмма.

dot gain ♦ размывание точки (увеличение зерна).

dot graphics ♦ точечная (растровая) графика. См. также **bit-mapped graphics, raster graphics.**

dot matrix (pattern) ♦ растр; ♦ точечная графика.

D dot matrix character

dot matrix character generator ♦ растровый генератор символов.
dot matrix display ♦ растровый дисплей.
dot matrix plotter ♦ матричный (мозаичный) графопостроитель.
dot matrix printer ♦ матричный принтер.
dot pattern ♦ растр, точечная матрица.
double ♦ двойная; ♦ двойной; ♦ удвоенный; ♦ дублирование.
Double buffering ♦ двойная буферизация.
> Использование двух областей временного хранения вместо одной, куда помещается информация, поступающая из некоторого устройства ввода-вывода или направляемая в него. Двойная буферизация повышает скорость передачи информации, поскольку можно заполнять один буфер, в то время как другой будет освобождаться; ♦ техника, при которой изображение строится вне видимой части кадрового буфера, а затем производится переключение области отображения кадрового буфера. Этот метод требует дополнительной памяти и времени на копирование, но обеспечивает более гладкое воспроизведение движения.

double click ♦ двойной щелчок кнопкой мыши.
> Быстрое нажатие и отпускание кнопки мыши два раза подряд. В большинстве программ, использующих мышь, двойной щелчок инициирует некоторое действие (например, запуск программы на выполнение).

double density (DD) ♦ двойная плотность [записи].
double density disk ♦ Диск двойной плотности.
> Дискета, имеющая вдвое большую емкость, чем дискета одинарной плотности.

double hatch area ♦ двойная штриховка.
double headed arrow ♦ двухконечная стрелка.
double height ♦ двойная высота.
double letter ♦ лигатура. См. также **ligature, tied letter**.
> Буква, образованная соединением элементов двух букв.

double-on-seven ♦ процент, символ «%».
double page spread ♦ разворот. См. также **center spread**.
double precision ♦ удвоенная точность.
double sided ♦ разворот. См. также **center spread, facing page view**.
double sided disk (DS) ♦ двусторонняя дискета.
double sided publication ♦ двусторонняя публикация.
> Публикация, печатаемая на обеих сторонах листа.

DoubleSpace ♦ программа сжатия диска, работающая под управлением **MS DOS 6.0-6.2**. В версии **DOS 6.22** имеет название **DriveSpace**.
double strike ♦ двойная печать.
double underline ♦ двойное подчеркивание.
double width ♦ двойная ширина.
down ♦ вниз.

down from page

down from page top ♦ верхнее поле; ♦ отступ от верхнего края страницы; ♦ вниз от верхнего края листа.

down scroll arrow ♦ стрелка прокрутки вниз.

downline loading ♦ загрузка по линии связи.

download ♦ загружать [в память]; ♦ пересылать [информацию по линии связи]; ♦ загрузка вниз;. ♦ загрузка.
*Передача файла с другой системы на ваш компьютер по телефонной линии (по модему), по кабельной линии или по **telnet** с использованием протокола передачи, такого, как **xtodet, ytodem, ztodem или Kermit**. Менее точно, непосредственная передача с сервера на машину по локальной сети.*

downloadable fonts ♦ загружаемые шрифты.

downloadable soft fonts ♦ загружаемые программно-управляемые шрифты.

downloading ♦ загружаю [шрифты].

downtime ♦ время простоя; ♦ время для отключения системы (в сети).

DPCM (Differential Pulse Code Modulation) ♦ дифференциальная импульсно-кодовая модуляция (ДИКМ).
*Способ аналого-цифрового преобразования, в котором кодируется разность двух соседних значений сигнала, но в отличие от дельта-модуляции (**DM**) для кодирования используется более одного разряда.*

DPI (Distributed Program Interface) [RFC1228] ♦ распределенный программный интерфейс.

dots per inch ♦ характеристика разрешающей способности. Количество точек на дюйм. См. **resolution**.

DPMI (DOS Protected Mode Interface) ♦ внешняя команда **Novell DOS** для включения и выключения поддержки **DPMI**; ♦ расширение стандарта **VCPI** для управления несколькими программами одновременно, а также программами, использующими защищенный режим.

draft ♦ скоростная печать; ♦ черновик; ♦ черновой (полноцветный режим просмотра).

draft mode ♦ режим черновой печати.

draft quality ♦ черновой [режим] (о качестве печати).

draft report ♦ предварительное сообщение.

drafting pen ♦ рейсфедер.

drag ♦ буксировка; ♦ тащить, буксировать.
Перемещение курсора мыши с нажатой кнопкой.

drag drop (drag and drop) ♦ перемещение; ♦ буксировка; ♦ перетащить и оставить.

drag select ♦ буксировка (перетаскивание) выбора.

dragging ♦ перетаскивание; ♦ буксировка.

DRAM (Dynamic Random Access Memory) ♦ динамическое ОЗУ. Тип памяти, построенный на элементах, требующих регулярного обращения к информации с целью ее регенерации (сохранения).

D draw new graph

draw new graph ♦ построить новую диаграмму.
drawing ♦ чертеж; ♦ рисунок; ♦ изображение. См. также **chart**.
drawing area ♦ область рисования.
drawing editor ♦ редактор чертежей.
drawing entity ♦ элемент-рисунок; ♦ графический примитив.
drawing program ♦ программа вычерчивания.
drawing tools ♦ инструменты для рисования.
drawing window ♦ рабочее окно в машинной графике.
DR DOS ♦ операционная система фирмы **Digital Research**, совместимая с **MS DOS**.
drift ♦ смещение.
   Определяет нежелательное движение строки текста на экране (строки также могут плавать и дрожать). Все эти три дефекта вызваны волновыми помехами разной частоты.
drive ♦ накопитель; ♦ дисковод; ♦ логический диск.
Drive «...» already deleted ♦ Дисковод «...» уже удален.
drive array ♦ дисковый массив.
   Способ организации памяти с помощью набора жестких дисков. Данные разделяются между дисками для увеличения надежности и скорости работы с информацией.
Drive deleted ♦ Дисковод удален.
Drive has been changed or deleted ♦ Дисковод изменен или удален.
Drive «drive_name»: is not defined ♦ Дисковод «имя_диска»: не определен.
   Предпринята попытка выбора диска, который не определен.
drive letter ♦ имя дисковода; ♦ идентификатор логического диска.
   *Буква латинского алфавита, используемая в качестве имени дисковода. Первый дисковый накопитель в компьютере (обычно на гибком диске) является накопителем **A**, второй — накопителем **B**, третий — накопителем **C** и т. д. Единственное исключение состоит в том, что первому жесткому диску всегда присваивается буква **C**, даже при наличии только одного накопителя на гибком диске.*
drive letter must de specified ♦ необходимо указать имя дисковода.
drive mapping ♦ отображение (назначение) логических устройств. См. **mapping**.
drive name ♦ имя дисковода.
Drive «...» not ready. Make sure a diskette is insert edinto the drive and the door is closed ♦ Дисковод «...» не готов. Проверьте, вставлена ли дискета в дисковод и закрыт ли замок.
Drive types or diskette types not compatible ♦ Типы дисководов или дискет несовместимы.
   *Для сравнения файлов используйте команду **FC**; для копирования файлов — **COPY** или **XCOPY** либо переформатируйте диск.*
driver ♦ драйвер; ♦ управляющая программа. См. также **device driver**.
   Программа операционной системы, обслуживающая отдельные перифе-

DriveSpace

рийные устройства (клавиатура, принтер), вызывающей другую программу или программы и задающая им параметры.

DriveSpace ♦ программа сжатия диска, работающая под управлением **MS DOS 6.22.**

DRIVER.SYS ♦ драйвер устройства, обеспечивающий подключение к персональному компьютеру накопителей, стримеров и т. п. (**MS DOS** и **PC DOS** версий **3.2** и более поздних).

DRIVPARM ♦ команда **MS DOS (Novell DOS),** изменяющая параметры физических накопителей, не определяя новых логических дисководов, как команда **DRIVER.**

drop ♦ падать, опускаться.

drop and drag ♦ перетащить и отпустить (с помощью мыши).

drop cap (ital) ♦ буквица.

drop down list box ♦ раскрывающийся список; ♦ ниспадающее окно.

drop down list button ♦ кнопка раскрывающегося (выпадающего) меню (списка) в диалоговой панели.

drop-down menu ♦ падающее меню.

drop letter ♦ буквица.

drop on demand ♦ печать по требованию.

*Способ работы струйных принтеров (**inkjet printer**), при котором чернила нагреваются и микрокапли направляются на бумагу. Применяется в принтерах фирмы **Hewlett-Packard**.*

drop paper ♦ рвать бумагу.

Жаргонный термин, означающий разрыв сетевого соединения.

drowse ♦ «дрема». См. также **sleep.**

*Режим работы переносного компьютера, предусматривающий автоматическое, по прошествии определенного времени, отключение винчестера и/или подсветки **LCD**-дисплея.*

drum plotter ♦ барабанный графопостроитель (плоттер).

Плоттер, который формирует воспроизводимое изображение на поверхности отображения, установленной на вращающемся барабане.

DS ♦ см. **double-sided disk.**

DS1 ♦ Быстродействующая линия, способная работать на **1.54 Mbps (1,540K)** в обоих направлениях, разделенная на **24** несущих данных канала. Обычно называется **T1.**

DS1C ♦ Быстродействующая линия, способная работать на **3.15 Mbps (3,150K)** в обоих направлениях.

DS2 ♦ Быстродействующая линия, способная к работе на **6.31 Mbps (6,310K)** в обоих направлениях.

DS3 ♦ Быстродействующая линия, способная к работе на **44.7 Mbps (44,700K)** в обоих направлениях. Обычно называется **T3**.

DSAP (Destination Service Access Point) ♦ точка доступа для обслуживания получателя.

D DSL

DSL – **Digital Subscriber Line** или **Digital Subscriber Loop**. Иногда обозначается **xDSL**. ♦ Выделенная цифровая линия или Выделенная цифровая петля.
*Обозначение нескольких новых цифровых технологий двунаправленной передачи данных по обычной телефонной линии. Фирма **Rockwell** анонсировала технологию **CDSL** (Потребительская **DSL**) в октябре 1997 года; фирма обещает к концу 1998 года довести скорость передачи по своей линии до 1 Мегабита в секунду. Фирма **US West** объявила о разработке **RADSL**. Другие разработки обещают поднять скорость в 8 раз по сравнению с существующей.*

DSP (Digital Signal Processor) ♦ цифровой процессор сигналов.
*Специализированный процессор, предназначенный для цифровой обработки сигналов (**TMS 320, DSP 56000, Intel-82750** и др.).*

DSR (Data Set Ready) [RS-232-C сигнал] ♦ данные готовы.

DSSS – сокращение от **Direct-Sequence Spread Spectrum. DSSS** ♦ один из двух методов организации радио-**Ethernet** в СВЧ-диапазоне.

DSVD ♦ сокращение от **Digital Simultaneous Voice and Data** ♦ одновременная передача цифровых данных и голоса по единственной аналоговой телефонной линии.

DTD (Document Type Definition) ♦ описание структуры **SGML**-документа.

DTE (Data Terminal Equipment) ♦ информационное терминальное оборудование.

DTP (DeskTop Publishing) ♦ настольная издательская система.

DTR (Data Terminal Ready) [RS-232-C сигнал] ♦ терминал готов.

Dual Independent Bus Architecture ♦ Архитектура Двойной Независимой Шины.

dual pipeline ♦ сдвоенный конвейер.
*Два конвейера в процессоре **Pentium**, позволяющие выполнять две команды одновременно. **U**-конвейер предназначен для команд, оперирующих целыми и вещественными числами, а **V**-конвейер – для простых целочисленных команд.*

duktus ♦ начертание, рисунок шрифта.
*Имеется ввиду изменение толщины штриха у вертикальных или горизонтальных линий (при работе с пакетом **PageMaker**).*

dumb terminal ♦ простой (немой) терминал; ♦ глупый терминал.
Терминал, не имеющий встроенного микропроцессора. Он реагирует на простые управляющие коды и отображает только алфавитно-цифровую информацию.

dummy (dummy make-up) ♦ макет верстки. См. также **layout, size copy, specimen dummy**.
Модель верстки, представляющая собой пополосно расположенные по формату издания текст и/или иллюстрации.

dummy copy ♦ макет издания. См. **layout**.

dummy file ♦ фиктивный файл.

dummy layout ♦ оригинал-макет.

dummy volume ♦ оригинал-макет. См. **camera ready copy, lay out original**.

dummying ♦ подготовка макета верстки.
dumping ♦ выдача распечатки (дампа).
Dup record too complex dup ♦ Запись слишком сложная.
*Сократите структуры или операторы **DUP** в исходной программе.*
duplex ♦ двусторонний, двойной; ♦ из двух частей.
duplex communication ♦ двусторонняя (дуплексная) связь.
duplex printing ♦ двойная печать.
Duplex transmission ♦ дуплексная передача.
   full duplex — передача данных, происходящая одновременно в двух противоположенных направлениях между отправителем и получателем; ♦
   half duplex — двусторонняя передача, в каждый момент времени ведущаяся только в одном из двух направлений.
duplicate ♦ создать копию; ♦ дублирование; ♦ копирование.
duplicate definition ♦ повторное определение.
duplicate file name ♦ дублирование имени файла.
Duplicate file name or file not found ♦ Дублирование имени или файл не найден.
   Проверьте орфографию и порядок имен в командной строке.
duplicate layer ♦ дублировать слой.
   *Команда меню палитры **layers** (слои).*
Duplicate parameters not allowed ♦ Дублирование параметров не допускается.
dust&scratches ♦ пыль и царапины.
dutone ♦ дуплекс.
DVI (Digital Video Interactive) ♦ интерактивное цифровое видео.
   *Цифровая технология фирмы **Intel**, используемая для создания единой системы мультимедиа с видеоизображением, стереозвуком и мощной компьютерной графикой в интерактивном режиме. Обеспечивает компрессию/декомпрессию видео- и аудиоданных в реальном масштабе времени, отображение на экране дисплея видеоизображения и графики со звуковым сопровождением. Обеспечивает разрешение **1024x768** пикселей при **24**-разрядном их кодировании, что превышает возможности стандарта **NTSC**.*
DVMRP (Distance Vector Multicast Routin– Protocol) [RFC1112,988] ♦ протокол маршрутизации, использующий вектор расстояния.
dwarf edition ♦ миниатюрное издание.
dword string ♦ двухслойная цепочка.
   *Цепочка, элементы которой состоят из двойных слов (**32** бита).*
DX ♦ вариант микропроцессора **Intell-80386** и **80486** с **32**-битной шиной данных (в отличие от более дешевых и менее быстродействующих микропроцессоров типа **SX**, в которых используется **16**-битовая шина данных).
DX2 ♦ вариант микропроцессора **Intell-80486** с удвоением тактовой частоты.
   Такой микропроцессор работает вдвое быстрее, что обеспечивает увеличение быстродействия компьютера приблизительно в полтора раза.

D DXF

DXF (Data Exchange Format) ♦ формат графического файла в программах **CAD** (**САПР**).

.DXF ♦ расширение графического файла в формате **DXF**.

dynamic ♦ динамический.

Выполняемый или выделяемый во время работы системы.

dynamic allocation ♦ динамическое распределение.

Способ распределения, при котором ресурсы выделяются программе по мере необходимости и затем освобождаются для передачи другим программам.

dynamic aray ♦ динамический массив, массив с переменными границами.

dynamic area ♦ динамически распределенная область (памяти).

Dynamic Data Exchange (DDE) ♦ динамический обмен данными.

*Организация взаимодействия между прикладными программа ми, когда одна из них выступает как источник данных (**server**), а другая запрашивает данные (**client**). Обмен осуществля ется через область обмена данными. См. также **DDE***

dynamic dump ♦ динамический дамп.

Дамп (распечатка), выполняемый во время работы программы.

Dynamic Execution ♦ Архитектура Динамического Выполнения представляет собой комбинацию техники предсказания множественного ветвления алгоритма, спекулятивного выполнения и анализа потока данных.

Dynamic HTML (DHTML) ♦ Динамический **HTML**.

*Более мощная модель языка **HTML**, предоставляющая полный контроль над позиционированием элементов на странице и более полное управление событиями.*

Dynamic IP address ♦ Динамический **IP** адрес.

*Числовой **IP** адрес, который может изменяться. Каждый раз, когда вы подключаетесь к своему провайдеру, вы получаете другой числовой **IP** адрес*

dynamic link library ♦ динамически связываемая (компонуемая) библиотека.

dynamic linking ♦ динамическое связывание, динамическая компоновка.

dynamic memory ♦ динамическая память.

*Запоминающее устройство, используемое в качестве **ОП** и построенное на элементах, требующих периодической регенерации хранимой информации.*

dynamic memory allocation ♦ динамическое распределение памяти.

DYUV (Delta YUV) ♦ **DYUV**-кодирование.

*Способ кодирования цветных изображений в компьютере, позволяющий с учетом свойств человеческого зрения кодировать компоненты цветности (**U; V**) при меньшей ширине полосы, чем требуется для кодирования компоненты яркости (**Y**).*

E

E ♦ шестнадцатеричная цифра с числовым десятичным значением **14**.
E1 ♦ **2.048М бит/с** цифровой канал (**CEPT**).
E-1 ♦ Европейский приблизительный эквивалент **T1**, но с **30** несущими каналами.
E-dress ♦ Ваш электронный адрес (**IP адрес**).
e-mail ♦ электронная почта.
  Сокращение **electronic mail** ♦ *электронная почта, передача сообщений по сетям связи.*
E163 ♦ схема номеров **CCITT** для коммутируемых общественных телефонных сетей.
E164 ♦ стандарт **CCITT** для номеров в среде **ISDN**.
EARN (European Academic Research Network) ♦ Европейская академическая исследовательская сеть, связанная с **BITNET** и **NETNORTH**.
Easter egg ♦ Пасхальное яйцо.
  Скрытая, неописанная программная функция, встроенная в программу, которая только тогда активизируется, когда Вы нажимаете правильные клавиши.
EBCDIC (Extended Binary Coded Decimal Interchange Code) [IBM] ♦ расширенная система двоично-десятичного кодирования, используемая при пересылке данных.
EBONE (European IP BackBONE) ♦ Европейская опорная сеть **IP**.
ECC (Error Correction Code) ♦ код с коррекцией ошибок.
E-Channel ♦ 64 Кб/с (**ISDN**).
echo ♦ эхо.
  Отображение нажимаемых на клавиатуре клавиш соответствующими символами на экране дисплея.
ECHO ♦ внутренняя/конфигурационная команда **MS DOS (Novell DOS)**, служащая для выдачи сообщений из пакетного командного файла, а также подавления вывода на экран всех системных сообщений, за исключением сообщений об ошибках.
echo is off (or on) ♦ команда **ECHO** выключена (или включена).
echo printing ♦ эхо-печать.
  Печать на принтере всей информации, выводимой на экран.
echomail ♦ электронная конференция.
  Тематический поток сообщений электронной почты, рассылаемый всем подписавшимся абонентам.
echoplex ♦ эхоплекс.
  Способ выявления ошибок в линиях связи. Символы, вводимые в стан-

ции-отправителе, передаются получателю, а затем возвращаются на дисплей отправителя для визуального контроля.

EDC (Error Detection Code) ♦ код с обнаружением ошибок.

Edge ♦ край; ♦ обрез.

EDI (Electronic Data Interchange) ♦ электронный обмен информацией.

EDIFACT (Electronic Data Interchange for Administration, Commerce and Transport) ♦ электронный обмен данными для администрации, коммерции и транспорта.

EDIT ♦ редактор (внешняя команда **MS DOS 5.0-6.X, Novell DOS**).

*В операционной системе **Novell DOS** осуществляет запуск совместимого с **WordStar** текстового редактора для редактирования текстов в кодах **ASCII**.*

edit ♦ редактировать; ♦ компоновать, связывать.

edit an existing drawing ♦ отредактировать существующий чертеж.

edit box (field) ♦ окно (поле) редактирования.

Edit document or press ESC to use menu ♦ Редактируйте документ или нажмите клавишу **ESC** для перехода в меню.

edit note ♦ редактировать сноску.

edit pattern ♦ редактировать (корректировать) палитру.

edit search ♦ редактировать поиск.

edit special item ♦ редактировать спецпараграф.

edit vertex ♦ редактировать вершины.

editable preview ♦ предварительный просмотр рабочей страницы с возможностью редактирования.

EDIT.COM ♦ файл, содержащий полноэкранный текстовый редактор **MS-DOS Editor** в версиях **MS DOS 5.0-6.X**, заменивший редактор **EDLIN.COM** предыдущих версий операционной системы.

editing ♦ редактирование; ♦ литературная правка.

editing character ♦ символ редактирования.

editing key ♦ клавиша редактирования.

editing terminal ♦ редакторский терминал; ♦ автоматизированное рабочее место (**АРМ**) редактора.

edition ♦ издание.

edition structure ♦ структура издания.

Расположение, взаимосвязь и согласованность элементов издания (страниц, титульного листа и др.) как функционально го целого.

editor ♦ редактор; ♦ программа редактирования.

editorial correction (editorial revise) ♦ редакторская правка.

EDLIN ♦ строковый редактор операционной системы **MS DOS** ранних версий 5.0 Файл **EDLIN.COM**.

EDNA (European Data Network Agency) ♦ Европейское агентство по информационным сетям.

EDOD (Erasable Digital Optical Disk) ♦ стираемый оптический диск с цифровой информацией.
: Диск, работающий во многом подобно жесткому диску, но использующий магнитооптическую технологию, позволяющую осуществлять перезапись информации на индивидуальном диске.

EDO DRAM ♦ сокращение от **Extended Data Output Dynamic Random Access Memory** (динамическая память произвольного доступа с расширенным выводом данных) — тип **DRAM**, работающий быстрее обычной **DRAM**.

EDT (Eastern Daylight Time) ♦ восточное дневное время.

education ♦ обучение.

edutainment ♦ развлекательное образование.
: Компьютерные средства, благодаря которым обучение происходит незаметно для обучаемых, например с привлечением видеоклипов, образовательных игр, стратегических игр и т. п.

effective address ♦ эффективный адрес.
: Адрес, полученный в соответствии с заданным в команде режимом адресации (**addressing mode**). В вычислениях эффективного адреса могут участвовать базовый регистр, масштабированный индекс и смещение.

effective rights ♦ действующие права (в сети).
: Права, которые действительно предоставлены пользователю в данном каталоге. Они определяются функцией логического умножения маски максимальных прав, установленной для данного каталога и опекунских прав данного пользователя в этом каталоге.

effects ♦ эффекты.

EFM (Eight-to-Fourteen Modulation) ♦ 8/14 модуляция.
: Преобразование первичного **8**-разрядного кода в **16**-разрядный для снижения плотности ямок (пит) на оптическом диске и повышения помехозащищенности. Такое преобразование позволяет выбирать из **16384 14**-разрядных кодов **256** кодов с минимальным числом нулей между единицами, равным **2**, и максимальным — равным **10**. При этом используется запись методом невозвращения к нулю.

EGA (Enhanced Graphics Adapter) ♦ усовершенствованный графический адаптер, обеспечивающий разрешение **640** точек на **350** строк с **16** цветами.

EGA lines ♦ контроллер дисплея типа **EGA**.
: Если на компьютере установлен контроллер типа **EGA**, то это позволит высветить на экране **43** строки информации вместо обычных **25**.

EGA.SYS ♦ драйвер устройств, обеспечивающих сохранение экранного изображения и его восстановление при работе оболочки **MS DOS Task Swapper** с **EGA**-монитором (**MS DOS** версии **5.0** и выше).

EGP (Exterior Gateway Protocol) [RFC 827, 904] ♦ внешний протокол маршрутизации.

EHF-MAIL (Encoding Header Field for Mail) [RFC1505] ♦ кодирование полей заголовков электронной почты.

EIDE ♦ **Enhanced IDE** ♦ новая версия стандарта интерфейса **IDE** для жестких дисков.

EIP (Extended Internet Protocol) [RFC1385] ♦ расширенный протокол Internet.

eject ♦ выдавать; ♦ выбрасывать.

eject page ♦ печать с новой страницы.

electronic book ♦ электронная книга.
 Книга, распространяемая на магнитных или оптических дисках и обычно оформленная с привлечением гипертекста (*hypertext*).

electronic editing ♦ электронное редактирование.

Electronic Frontier Foundation ♦ Фонд Электронная Граница. **EFF**.
 Некоммерческая организация гражданских свобод, занимающаяся защитой прав, свободы выражения и доступа к общим ресурсам и информации.

Electronic form ♦ электронная форма.
 Форма, заполняемая пользователем и посылаемая затем по сети.

electronic full page makeup system ♦ электронная система верстки полос.
 См. также **page layout program**.

Electronic Industries Association (EIA) ♦ торговая ассоциация, представляющая американское сообщество высоких технологий.

electronic mail (e-mail) ♦ электронная почта.
 Средства не интерактивной пересылки и хранения сообщений между пользователями компьютерной сети.

electronic typesetting ♦ электронный набор. См. также **cold type, text origination, type in, typesetting**.

element ♦ элемент.
 Основная структурная единица в **HTML** документе. Для каждого типа элементов браузер выполняет отдельную подпрограмму форматирования документа. Например, параграф, таблица и форма являются элементами, и каждый обрабатывается по-своему.

eligible ♦ готовый продолжать.

elite face ♦ печать с плотностью 12 символов на дюйм.

ellipse ♦ эллипс.

ellipsis ♦ многоточие.

Elm ♦ программа электронной почты.

ELMS (Extended Lan Management Software) ♦ программное обеспечение для управления большими локальными сетями.

elongate ♦ вытянутый.

elongated print ♦ удлиненная печать.

elongation ♦ удлинение; ♦ коэффициент удлинения.

em ♦ эм.
 Единица измерения, равная величине кегля строчной буквы *m* используемого шрифта.

email address ♦ **email**-адрес.
 Доменный или **UUCP** адрес, используемый, чтобы послать электронную почту определенному адресату.

e-mail client ♦ почтовая программа.
Прикладная программа, выполняющаяся на персональном компьютере или рабочей станции, позволяющая получать, отправлять и организовывать электронную почту.

embed ♦ внедрить.

embedded ♦ внедрённый; встраиваемый; встроенный; вложенный.

embedded font ♦ встроенный шрифт (шрифт, находящийся внутри документа).

Embed Fonts using TrueDoc (TM) ♦ внедрять шрифты используя **TrueDoc**.

embedded commas ♦ запятая в числе; ♦ внутренняя запятая.
Например: **9,876; 543,21**.

embedded loops ♦ вложенные циклы, кратные циклы.

embedded object ♦ внедренный объект.

embedded software ♦ встроенное программное обеспечение.
Основные необходимые для работы компьютера программы, записанные в ПЗУ.

embedding data ♦ включение данных.
Запоминание данных из исходного документа внутри целевого документа.

emboss ♦ рельефный; ♦ барельеф.

EMD (Extended Memory Blocks) ♦ БРП (Блок Расширенной Памяти).

emission ♦ выделение.

EMM (Expanded Memory Manager) ♦ Диспетчер Отображаемой Памяти (драйвер поддержки **CMOS**-памяти).
*Программа, управляющая отображаемой памятью, обычно драйвер устройств для работы с расширителями памяти (файл **EMM.SYS в MS DOS 4.0-5.0**).*

EMM386 ♦ внешняя команда **DOS (Novell DOS)** ♦ драйвер устройств, управляющий областью верхней памяти **DOS** и обладающий возможностью имитировать отображаемую память в расширенную (**MS DOS** и **PC DOS** версий **5.0** и выше).
*EMM386 дает возможность загрузки программ и драйверов устройств в область старшей памяти (**UMB**).*

EMM386.EXE ♦ файл, содержащий драйвер поддержки **CMOS**-памяти в **MS DOS 6.X**.

EMM386.SYS ♦ файл, содержащий драйвер поддержки **CMOS**-памяти в **MS DOS 4.X-5.X**.

emphasis ♦ выделение текста. См. **accentuation**.

empty ♦ пустой; ♦ незаполненный; ♦ выгружать.

empty loop ♦ пустой цикл.
Цикл, в котором не выполняется никаких действий.

empty recycle bin ♦ очистить корзину.

EMS (Expanded Memory Specification) ♦ Спецификация Отображаемой Памяти.
*Согласованный фирмами **Lotus, Intel и Microsoft (LIM)** в 1987 году стандарт на расширение памяти по принципу **Bank-Switching** (переключение блоков памяти).*

E emulation

emulation ♦ эмуляция.
 Имитация функционирования одного устройства или устройств, при которой имитирующее устройство воспринимает те же данные, выполняет ту же функцию и достигает того же результата, что и имитируемое.
emulation mode ♦ режим эмуляции.
 Режим, при котором одно устройство, например принтер, эмулирует работу другого устройства.
emulator ♦ эмулятор.
 Аппаратные (программные) средства, которые обеспечивают без перепрограммирования выполнение программ, записанных в системе команд другого компьютера.
en ♦ эн.
 Единица измерения, равная ширине кегля прописной буквы **n** или половине величины **m**.
enable ♦ разрешать; ♦ разблокировать; ♦ включать; ♦ снимать запрет; ♦ предоставлять возможность.
enable remote administration of this server ♦ разрешить удаленное управление этим сервером.
enabled ♦ разрешено; ♦ разблокировано; ♦ включено.
enabled interrupt ♦ разрешенное (не замаскированное) прерывание.
enabling a line ♦ включение линии связи. от пользователя.
encapsulated post script (EPS) ♦ упакованный **PostScript**-формат графического файла. См. также **EPS**.
encapsulated type ♦ скрытый тип (данных).
 Тип данных, описание которого скрыто от пользователя.
encapsulation ♦ инкапсуляция;
 Скрытие описания реализации объекта — оформление пакета. При передаче данных между сетями, использующими разные протоколы, — добавление к пакету дополнительной управляющей информации.
encode ♦ закодировать.
encryption ♦ шифрование.
 Шифрование данных во избежание неразрешённого чтения.
end ♦ конец; ♦ окончание; ♦ кончать; ♦ прекращать; ♦ торец; ♦ клавиша «КОНЕЦ».
 Функциональная клавиша, при нажатии на которую курсор перемещается в конец чего-либо (текущей строки, колонки, экрана и др.).
end after page ♦ закончить на странице.
end node ♦ конечный узелок.
end of document ♦ конец документа.
end of file (EOF) ♦ конец файла. См. **EOF**.
End of input file ♦ Ввод файла завершен.
end of macro ♦ конец макрокоманды.
End of report «...» Press a key to continue ♦ Конец отчета «...». Нажмите любую клавишу для продолжения.

end of section ♦ конец раздела.
End of table not found; need hidden end table ♦ окончание таблицы не создано; необходимо скрытое окончание таблицы.
end session ♦ конец сеанса.
end of volume ♦ конец тома; ♦ признак конца тома.
end user ♦ конечный пользователь.
Последний, основной пользователь компьютерной системы. Конечный пользователь — это пользователь, использующий изделие после того, как оно полностью разработано и выставлено на продажу.
Ending control codes «...» ♦ конечный управляющий код «...».
Endmark cannot be edited ♦ не могу найти окончание выделения для редактирования.
endpoint ♦ конечная точка.
engine test ♦ принтерный тест.
enhanced ♦ улучшенный, усовершенствованный; ♦ жирный [шрифт]; ♦ улучшенный (полноцветный режим просмотра). См. также **extra bold**.
enhanced graphics adapter ♦ см. **EGA**.
enhancement ♦ расширение.
Программное или аппаратное средство для обеспечения дополнительных возможностей.
enlarge ♦ увеличение.
enlarge font ♦ увеличить шрифт.
enqueue ♦ ставить в очередь.
equipment ♦ оборудование.
Enquirer ♦ запрос.
Enquirer character ♦ символ запроса.
*Управляющий символ протокола связи. В коде **ASCII** представлен числом **5**.*
enter ♦ входить; ♦ вводить [данные]; ♦ клавиша «ВВОД».
*Управляющая клавиша, после нажатия которой начинается выполнение программы или производится ввод информации. Другое название клавиши — **Return**.*
Enter cell containing minimum, or press «...» for autoscaling ♦ Введите клетку с минимумом или нажмите клавишу «...» для автоматического масштабирования.
Enter cell range or named area ♦ Введите диапазон клеток или укажите область.
Enter cell to jump to ♦ Введите идентификатор клетки, в которую надо перейти.
Enter choice ♦ Введите выбор.
Enter current volume label for drive «...» ♦ Введите текущую метку для дисковода «...».
*Необходимо ввести метку тома или нажать клавишу **Enter**.*
Enter data ♦ Введите дату.

E Enter destination

Enter destination file name ♦ Введите имя файла-приемника.

Enter document version number ♦ Введите номер версии документа.

Enter DOS or OS/2 command ♦ Введите команду операционной системы DOS или OS/2. **Enter drive to format** Укажите имя дисковода для форматирования.

Enter «file_name» (or ENTER for directory) ♦ Введите файл «имя_файла» (или нажмите клавишу **Enter** для просмотра каталога).

Enter «file_name» or «...» for list ♦ Введите файл «имя_файла» или нажмите клавишу «...» для выбора из списка.

Enter graphics file format or press «...» to select from list ♦ Введите формат графического файла или нажмите клавишу «...» для выбора из списка.

Enter graphics resolution or press «...» to select from list ♦ Введите графическое разрешение или нажмите клавишу «...» для выбора из списка.

Enter key sequence name or [Alt+ «...»] ♦ Введите имя последовательности или нажмите клавишу **Alt** и клавишу «...».

Enter level ♦ Введите направление.

Enter list of measurements ♦ Введите список размеров.

Enter logical drive size «...» ♦ Введите размер логического дисковода «...».

Enter measurements ♦ Введите размеры.

Enter measurements in line ♦ Введите размеры [междустрочный интервал] в строках.

Enter measurements in lines or type auto ♦ Введите размеры (междустрочный интервал) в строках или выберите автоматическую установку.

enter network password ♦ введите пароль для входа в сеть.

Enter new date (time) ♦ Введите новую дату (время).

Enter new name to file ♦ Введите новое имя файла.

Enter number ♦ Введите число.

Enter number from «...» (slow) to «...» (fast) ♦ Введите число от «...» (медленное) до «...» (быстрое).

Enter number from 0 (no shading) to 100 (solid) or press «...» to select from list ♦ Введите число от **0** (без тени) до **100** (четкая тень) или нажмите клавишу «...» для выбора из списка.

Enter number .._.. then RETURN ♦ Введите число .._.. и нажмите клавишу **Return** (**Enter**).

Enter one or two letter key code ♦ Введите один или два символа кода клавиши.

Enter page number ♦ Введите номер страницы.

Enter page numbers separated by commas; use colon for range ♦ Введите номера отдельных страниц через запятую; используйте двоеточие для указания диапазона страниц.

Enter paper feed option or press «...» to select from list ♦ Установите

Enter paragraph

подачу бумаги в печатающем устройстве с помощью меню или нажмите клавишу «...» для выбора из списка.

Enter paragraph style variant or press «...» to select from list ♦ Введите вариант таблицы стилей или нажмите клавишу «...» для выбора из списка.

Enter partition size «...» ♦ Введите размер раздела «...».

Enter partition size in Mbytes or percent of disk space (%) to create a primary DOS partition «...» ♦ Для создания основного раздела **DOS** введите размер раздела в Мбайт (%) от общего объема дискового пространства «...».

Enter password ♦ Введите пароль.

Enter range ♦ Введите диапазон.

Enter range (cell) or press «...» to clear ♦ Введите диапазон (клетку) или нажмите клавишу «...» для очистки.

Enter replacement text ♦ Введите заменяющий текст.

Enter row range ♦ Введите группу строк.

Enter search criteria ♦ Введите критерий поиска.

Enter second point ♦ Задайте вторую точку.

Enter selection ♦ Введите выбор.

Enter source and destination drives ♦ Введите имя дисковода-источника и дисковода-приемника.

Enter source file name ♦ Введите имя файла-источника.

Enter text ♦ Введите текст.

Enter text. Press ENTER when done ♦ Введите текст. После окончания ввода нажмите клавишу «**Enter**».

Enter the number of the partition you want to make active ♦ Введите номер раздела, который вы хотите сделать активным.

Enter «...» to cancel printing ♦ Нажмите клавишу «...» для прекращения печати.

Enter «...» to confirm deletion of «...» ♦ Нажмите клавишу «...» для подтверждения удаления «...».

Enter «...» to confirm or «...» to «...» ♦ Нажмите клавишу «...» для подтверждения выполнения или клавишу «...» для отмены выполнения.

Enter Y to replace, N to skip and continue, or Esc to cancel ♦ Нажмите клавиши: **Y** — для замены, **N** — для пропуска и продолжения, **Esc** — для отмены.

Enter Y to retry access to «file_name» ♦ Нажмите клавишу Y для повторного доступа к файлу «имя_файла».

Enter Y to save, N to lose edits, or Esc to cancel ♦ Нажмите клавиши: **Y** — для записи внесенных изменений, **N** — для записи без внесенных изменений, **Esc** — для отмены записи.

Enter «...» to stop print ♦ Нажмите клавишу «...» для прекращения печати.

Enter Y when ready ♦ Нажмите клавишу **Y**, когда готовы (для чтения файла, для копирования дискеты и т. д.).

entire ♦ целостный; ♦ взятый в целом; ♦ полный.

E entire Network

entire Network ♦ вся сеть.
entering data into ♦ ввод данных в.
entity ♦ сущность, объект.
entry ♦ элемент (каталога, списка, таблицы); ♦ статья (словаря); ♦ ввод данных; ♦ вход, точка входа.
Entity name ♦ Имя сущности, специальное имя. Код в **HTML**, позволяющий вставлять в **Web**-страницу специальные символы.
Entity selected is not a polinome. Do you wont it to turn one? ♦ Выбранный графический примитив не ломаная. Вы хотите включить его в ломаную?
entry condition ♦ начальные условия.
entry error ♦ ошибка ввода.
entry format for data ♦ ввод формата данных.
Entry has a bad attribute (or link or size) ♦ Данный вход (имя файла) имеет неправильный атрибут (или цепочку связей кластеров, или размер файла).
entry label ♦ метка (имя) точки входа.
entry line ♦ строка ввода.
entry point ♦ точка входа.
enumerate ♦ нумерованный; нумерация; ♦ перечисление.
enumerated type ♦ перечислимый тип; тип данных, заданный списком принадлежащих ему значений.
envelope ♦ оболочка.
environment ♦ среда, условия (работы); ♦ операционная среда; ♦ состояние, контекст; ♦ условия эксплуатации; ♦ режим.
Программные средства, с которыми взаимодействует программа и аппаратура, на которой она выполняется.
EOF (end-of-file) ♦ конец файла.
*Управляющий символ, указывающий конец текстового файла. В коде **ASCII** представлен числом **26**.*
EOF mark not found ♦ Не найдена метка конца файла.
EOR (End Of Record) ♦ конец записи.
EOT (end of transmission) ♦ конец передачи; ♦ операционный персонал опорной сети.
*Управляющий символ, указывающий конец передачи данных. В коде **ASCII** представлен кодом числом **4**. (**Ebone Operations Team**).*
EOV (end of volume) ♦ конец тома.
EPS (Encapsulated PostScript) ♦ формат графического файла, разработанный фирмой **Adobe**.
*Универсальный формат, позволяющий сочетать в одном файле текст и растрированную графику. Текст в таких файлах имеет собственные коды **PostScript**, а растрированная графика используется для представления изображения на экране.*

.EPS ♦ расширение графического файла в формате **EPS**.
EPSON ♦ торговая марка фирмы **Seiko Epson Corporation**, известной прежде всего матричными принтерами.
Epson Standard Code for Printer (ESC/P) ♦ стандартный код для принтеров фирмы **Seiko Epson Corporation**.
EQ (equal) ♦ равняться, быть равным.
equal width ♦ равнозначная ширина.
equalize ♦ уравновешивать; ♦ выровнять яркость.
equalizer ♦ эквалайзер.
Устройство или программа регулировки частотного диапазона звука или видеоизображения.
equation ♦ уравнение.
ERAQ ♦ внутренняя команда **Novell DOS** для удаления файлов с запросом на подтверждение.
erase ♦ стирать; ♦ удалять; ♦ аннулировать. См. также **abandon**.
ERASE ♦ см. **DEL**.
erasable optical disk ♦ стираемый оптический диск
Тип оптического диска, данные на котором можно стирать и записывать.
erase last ♦ удалить последнее [изменение].
ERASE PROTECT ♦ ЗАЩИТА ОТ СТИРАНИЯ (программа **Norton Utilities**).
Представляет собой резидентную программу, которая перемещает стертые файлы в скрытый каталог по имени TRASHCAN, откуда их в случае необходимости легко восстановить программой UnErase. В версии NU5 программа имела название FileSave.erased file space — область удаленных файлов.
erased ♦ удаленный.
eraser ♦ ластик.
Пиктограмма в программах рисования, служащая для стирания части изображения на экране дисплея.
error ♦ ошибка; ♦ погрешность.
Error accessin volume «volume_name» – skipping volume ♦ Ошибка доступа к тому «имя_тома» — пропуск тома.
Запросы к тому «имя_тома» в данный момент невозможны, так как заблокированы функцией bindary (сообщение сети NetWare).
error checking ♦ проверка на ошибку.
Исследование полученных данных на ошибку передачи.
Error coping file ♦ ошибка копирования файла.
error correction ♦ исправление ошибок.
Метод удаления ошибок при передаче данных, обычно использующий добавление в поток данных дополнительных (контрольных) бит.
Error creating target file on network ♦ Ошибка создания файла на файловом сервере сети (сообщение сети **NetWare**).
Error creating temporary file ♦ Ошибка создания временного файла (сообщение сети **NetWare**).
На томе SYS: не существует достаточной области памяти для создания временных файлов.

E Error deleting

Error deleting trustee ♦ Ошибка удаления «опекуна» (в сети).
Это сообщение указывает на трудности с размещением данных в динамической памяти.

error diagnostics ♦ сообщения об ошибках; ♦ диагностика ошибок.

Error detection ♦ Обнаружение ошибки.
Процесс обнаружения расхождений в переданных и полученных данных при передаче файла.

error flag ♦ признак ошибки, флажок ошибки.

Error getting drive status ♦ Ошибка получения состояния диска (сообщение сети **NetWare**).
Из-за ошибки накопителя нарушена таблица дисков компьютера рабочей станции сети.

Error getting effective directory rights ♦ Ошибка при получении действующих прав в каталоге (сообщ. сети **NetWare**).

Error getting effective rights ♦ Ошибка при получении действующих прав (сообщение сети **NetWare**).
Сообщение указывает на недостаточные права.

Error getting file attributes ♦ Ошибка при получении атрибутов файла (сообщение сети **NetWare**).

Error getting log info ♦ Ошибка при получении информации.
ОС сети не может найти в таблице файлового сервера необходимую для входа в систему информацию о рабочей станции.

Error getting log information from server «server_name». Error code = «...» ♦ Ошибка при получении информации из сервера «имя_сервера». Код ошибки = «...».
*Сообщение сети **NetWare**, указывающее на ошибку при входе в систему или при выходе из нее.*

Error getting path mapping ♦ Ошибка при получении пути соответствия (сообщение сети **NetWare**).
Задание логических дисководов неправильно.

Error getting server name ♦ Ошибка при получении имени файлового сервера (сообщение сети **NetWare**).
Неправильное задание имени файлового сервера.

Error getting User Rights Information from network ♦ Ошибка при получении информации о правах пользователя из сети (сообщение сети **NetWare**).

Error getting your directory information ♦ Ошибка при получении информации о вашем каталоге.
Запрашиваемый каталог, видимо, не существует.

Error «...» in EXEC ♦ Ошибка значения «...» в функции **EXEC**.
*Функция exec определена в login-сценарии посредством неверного значения «...» (сообщение сети **NetWare**).*

Error in «...» command ♦ Ошибка в команде «...».

Error in

Error in.EXE file ♦ Ошибка в выполненном .EXE файле.
 Проверьте последовательность действий в работе с программой и повторите попытку.
Error in .EXE/. HEX file ♦ Ошибка в .EXE/.HEX файле.
 Используйте резервный файл.
Error in network file copy ♦ ошибка при копировании в сети.
 На диске-приемнике имеющихся ресурсов накопителя недостаточно.
Error in number. Please reenter ♦ Ошибка в числе. Повторите ввод.
Error in range. Please reenter ♦ Ошибка в диапазоне. Повторите ввод.
Error interrupt ♦ Прерывание в результате ошибки.
Error loading operation system ♦ Ошибка при загрузке операционной системы.
error log ♦ журнал ошибок, файл регистрации ошибок.
Error mapping drive «disk_name»: ♦ Ошибка отображения диска «имя_диска» (сообщение сети **NetWare**).
 Файловый сервер не может распознать структуру диска.
error message ♦ сообщение об ошибке.
Error moving file ♦ Ошибка перемещения файла.
Error obtaining file server information ♦ Ошибка при получении информации файлового сервера (в сети).
 Информация файлового сервера не может быть вызвана моментально.
Error «...» occurred during an attempt to get information about server «server_name» ♦ Ошибка «...» возникла при попытке получить информацию о сервере «имя_сервера».
 *Функция **bindary** заблокирована (например, во время выполнения обслуживания).*
Error on file «file_name» ♦ Ошибка в файле «имя_файла».
Error opening «file_name» to update date an time ♦ Ошибка при попытке открыть файл «имя_файла» (в сети).
 Файл «имя_файла» открыт другим пользователем — захват файла.
Error opening log file ♦ Ошибка при попытке открыть регистрационный файл.
Error opening target file network ♦ Ошибка при попытке открыть выходной файл сети.
 Файл, который должен быть прочитан, не может быть открыт.
Error. Printer off line. Retry? ♦ Принтер в положении «выключен». Повторить?
Error. Printer out of paper. Retry? ♦ Ошибка. Принтер без бумаги. Повторить?
error protection ♦ защита от ошибок.
error rate ♦ частота (появления) ошибок.
Error reading directory ♦ Ошибка при чтении каталога.
Error reading drive ♦ Ошибка при чтении с дисковода.
Error reading fixed disk ♦ Ошибка при чтении с жесткого диска.
Error reading (writing) drive «...». Abort, ignore, retry? ♦ Ошибка при чтении (записи) с дисковода «...». Завершить, игнорировать, повторить?

E

Error reading

*Для ответа нажимается первая буква соответствующего английского слова: **a** — завершить, **i** — игнорировать, **r** — повторить.*

Error reading information about your file server ♦ Ошибка при чтении информации о вашем файловом сервере (сообщение сети **NetWare**).

Error reading (writing) partition table ♦ Ошибка при чтении (записи) таблицы размещения файлов.
*Воспользуйтесь командой **FDISK** для создания новой таблицы.*

error recovery ♦ восстановление при ошибках.
Способность продолжать работу после обнаружения ошибки.

Error removing drive definition ♦ Ошибка при упорядочении диска.
Упорядочение диска с уничтожением ненужных файлов не может быть выполнено.

Error removing the directory «directory_name». Directory is not empty ♦ Ошибка при удалении каталога «имя_каталога». Каталог не пуст.

Error scanning trustee list ♦ При чтении прав возникла ошибка чтения (сообщение сети **NetWare**).

Error sending date and time for file: «file_name» ♦ Ошибка установки даты и времени для файла «имя_файла» (сообщение сети **NetWare**).
При архивировании файла «имя_файла» невозможно установить используемую дату и время.

error/service message ♦ сообщение об ошибке/сервисное сообщение.

Error setting file date and time ♦ Ошибка при установке информации о дате и времени.

Error setting workstation's time ♦ Ошибка при установке времени на рабочей станции.

Error trying to open backup log file. Continuing without making log entries ♦ Ошибка при попытке открыть регистрационный файл. Создание резервных копий продолжается без регистрационного файла (сообщение сети **NetWare**).

Error writing directory (FAT or fixed disk) ♦ Ошибка записи каталога (таблицы размещения файлов на жестком диске).

Error writing to device ♦ Ошибка записи на дисководе.
Дисковод не может принять данные. Измените размер выводимых данных в программе.

Errors found, F parameter not specified. Corrections will not be written to disk ♦ Найдены ошибки, так как параметр /F не указан, то исправления на диск записаны не будут.
*Воспользуйтесь командой **CHKDSK** с параметром **/F**.*

Errors in print device indicate that it may be off-line ♦ Ошибка печатающего устройства, указывающая на то, что оно находится в режиме «выключено». Проверьте, подключен ли принтер к источнику питания и установите режима **off-line** (выключен). Переключите в режим **on-line** (включен).

Errors on list device indicate that it may be off line. Please check it ♦ Ошибка на печатающем устройстве. Возможно, устройство отключено. Проверьте.

ertimate ♦ оценка, оценивать.
ERVN (Energy Research Videoconferencing Network) ♦ сеть видеоконференций для исследований в области энергетики.
ES (End System) [OSI RFC1070] ♦ оконечная система.
Esc ♦ клавиша **Esc** (Спец или Ключ) в отечественных **ПК**.
Управляющая клавиша, служащая для завершения или отмены выполнения программы (команды) в некотором режиме.
escape ♦ переход; ♦ выход; ♦ потеря.
escape character ♦ символ начала управляющей последовательности.
*Управляющий символ, указывающий, что следующие за ним символы должны интерпретироваться как команды для выводного или принимающего устройства. В коде **ASCII** представлен числом **27**.*
escape key ♦ клавиша выхода.
Управляющая клавиша, предназначенная для выхода из текущего процесса (режима работы). Может быть назначена программно.
escape sequence ♦ последовательность перехода, управляющая последовательность.
escapement ♦ наклон шрифта.
ESC/P (Epson Standard Code for Printer) ♦ стандартный код для принтеров фирмы **Seiko Epson Corp**.
ESDI (Extended Storage Device Interface) ♦ интерфейс расширенного накопителя данных. Метод записи данных на жесткие диски.
ES-IS (Dnd System to Intermediate System) ♦ протокол связи оконечной системы с промежуточной системой.
estimate ♦ оценка; приближённое определение значения, выполняемое в процессе получения точного значения.
estimated timed ♦ примерная длительность.
ETB (end of transmission block) ♦ управляющий символ конца передачи блока.
*В коде **ASCII** представлен числом **23**.*
ETCP (Extended TCP) ♦ расширенный протокол **TCP**.
Etext ♦ электронный текст.
*Книга или другой документ в электронной форме; обычно простой **ASCII**-текст.*
Ethernet ♦ локальная сеть на основе протокола **CSMA/CD**, разработанная **Xerox PARC**.
Система, с помощью которой компьютеры могут соединяться друг с другом и обмениваться информацией и сообщениями.
Ethernet meltdown ♦ Переполнение эфира.
Обычно возникает в результате появления неверных или безмаршрутных пакетов и длится обычно краткое время.
ETX (end of text) ♦ символ конца текста.
*Управляющий символ, указывающий на конец передаваемой информации. В коде **ASCII** представлен числом **3**.*

E Eudora

Eudora ♦ Наиболее широко используемая система электронной почты.
eugine ♦ ядро [базы данных].
evaluate ♦ вычислять (значение выражения); ♦ иметь значение; ♦ оценивать.
evaluate function ♦ оценочная функция.
При поиске в пространстве состояний (например, в играх) — функция, используемая для оценки возможных вариантов продолжения и выбора оптимального варианта.

even ♦ четный; ♦ равномерный.
even page ♦ четная страница.
event ♦ событие.
event input mode ♦ ввод с очередями, ввод с буферизацией.
event trapping ♦ обработка прерываний; ♦ обработка событий по прерываниям.
event driven ♦ отклик на события; ♦ управляемый прерываниями.
every ♦ каждый.
Exabyte ♦ эксабайт; ♦ 2 в 60-й степени (1,152,921,504,606,846,976) байт.
Один эксабайт равен 1,024 петабайт. ♦ *Если пишется с большой буквы (**Exabyte**), то это название производителя устройств массовой памяти.*

examine ♦ просмотр.
example ♦ пример; ♦ образец.
EXCEL ♦ пакет электронных таблиц «под **Windows**».
*Пакет программ, которые позволяют специальным образом накапливать, обрабатывать и анализировать информацию. Основные возможности **EXCEL**.* ♦ *Накопление информации в табличном виде (создание базы данных).* ♦ *Сортировка данных, выборка по различным критериям с формированием результатов выборки в виде таблиц.* ♦ *Обмен данными с внешними приложениями (например, вставка таблицы **EXCEL** в документ **WORD**).* ♦ *Создание диаграмм (представление данных в графическом виде).* ♦ *Обработка данных (математические функции, матричные функции, статистические функции). В частности, в **EXCEL** реализован первичный статистический анализ с выводом результатов в отдельную таблицу.*

exception ♦ исключение; ♦ исключительная (особая) ситуация.
Условия (обычно обнаружение ошибки), требующие прерывания нормального выполнения программы.

exception condition ♦ см. exception.
exception handling ♦ реакция на особую ситуацию.
exchange ♦ перестановка (двух элементов); ♦ обмен [информацией]; ♦ смена, замена.
Excite ♦ популярная поисковая машина.
exclude ♦ опция командной строки управления памятью, запрещающая диспетчеру использовать определенный сегмент памяти.
exclusive execution ♦ монопольное выполнение.
.EXE ♦ загрузочный модуль; ♦ файл типа **.EXE**.

EXE and

Расширение имен файлов перемещаемых программ, выполняемых под управлением операционной системы.

.EXE and .HEX files cannot be written ♦ Файлы **.EXE** и **.HEX** не могут быть записаны.

Нет данных в файле .exe.

EXE2BIN ♦ внешняя команда **MS DOS (Novell DOS)**. См. **EXE2BIN.EXE**.

EXE2BIN.EXE ♦ файл, содержащий программу **ОС**, позволяющую трансформировать файлы с расширением **.EXE** в файлы с расширением **.COM** (**MS DOS** и **PC DOS** версий **2.0–5.0**. В версии **MS DOS 6.X** отсутствует).

Exec failure ♦ Ошибка при выполнении.

*Диск повреждён или ошибка в параметрах команды **FILES** файла **CONFIG.SYS**.*

execstacoverflow ♦ слишком большая вложенность программ.

*Сообщение об ошибке, возникшей при использовании **Type1**-шрифтов с **PostScript**-принтерами.*

executable files ♦ исполнимые (выполнимые) файлы.

*К исполнимым относятся файлы, имеющие расширение **.BAT**, **.COM** или **.EXE**.*

Executable files could not be found with pattern «file_name» ♦ Невозможно найти исполнимые файлы с заданным шаблоном «имя_файла».

execute ♦ выполнять [программу, команду].

execute only ♦ только для исполнения.

В сети — специальный атрибут сетевого файла. Файл с этим атрибутом нельзя прочитать или скопировать. Это предупреждает несанкционированное копирование из сети. Атрибут «только для исполнения» нельзя удалить.

execute only program ♦ программа без исходных текстов.

execution ♦ выполнение (см. также **action**); ♦ исполнение.

executive ♦ диспетчер; ♦ управляющая программа; ♦ **ОС**; ♦ административный, исполнительный; ♦ Лист бумаги размером **7 1/4 x 10 1/2"** (**184.2 x 266.7 мм**).

executive mode ♦ привилегированный режим, ♦ режим **ОС**.

executive resident ♦ резидент **ОС**.

Часть операционной системы, постоянно находящаяся в оперативной памяти компьютера.

executive supervisor ♦ управляющая программа операционной системы; ♦ супервизор.

executive system ♦ операционная система.

executive system utility ♦ системная сервисная программа; ♦ системная утилита.

exhaustive search ♦ полный перебор; ♦ полный поиск.

exist ♦ быть, существовать; ♦ находиться.

exit ♦ выход, выходить; ♦ завершение выполнения программ; ♦ внутренняя команда **MS DOS**, позволяющая завершить сеанс работы с **ОС** (выйти из загруженного дополнительно интерпретатора команд) и вернуться к выполнению прикладной программы (все версии **MS DOS**); ♦ конфигурационная команда **Novell DOS** для завершения выполнения команд в **CONFIG.SYS**.

exit condition ♦ условия выхода.

E expand

expand ♦ расширять, увеличивать; ♦ внешняя команда **MS DOS**, осуществляющая разворачивание файлов **DOS** в процессе инсталляции.
С помощью этой команды можно по отдельности распаковывать упакованные файлы установочной дискеты SETUP. Файл EXPAND.EXE (MS DOS 4.0–6.X).

expandability ♦ расширяемость.

expandable dialog box ♦ расширяемое диалоговое окно.

expanded memory ♦ отображаемая память.
Дополнительная память, к которой могут обращаться любые IBM-совместимые ПК, применяющие DOS. Используется большинством программ, работающих с памятью за пределами 640 Кбайт. Доступ к отображаемой памяти производится по стандарту LIM 4.0 EMS, требующему специальной аппаратуры для ПК с процессором 80286 и более ранних систем, или же с помощью специального драйвера памяти например (EMM386, QEMM и др.) для процессора 80386 и более поздних.

expanded-memory emulator ♦ эмулятор расширенной памяти.
Программа, преобразующая дополнительную память в расширенную память.

expanded memory error ♦ ошибка расширения памяти.

expanded memory not available ♦ увеличение объема памяти невозможно.

expansion ♦ расширение.

expansion board ♦ плата расширения.
Печатная плата, вставляемая в компьютер, для расширения его возможностей.

expansion bus ♦ шина расширения.
Шина для подключения дополнительных устройств.

expansion slot ♦ слот расширения; ♦ дополнительная позиция.
Дополнительный разъем на системной плате компьютера, куда можно установить дополнительную интерфейсную плату.

exploded pie slice «...» ♦ представить в виде секторной диаграммы.

exploded view ♦ покомпонентное изображение; ♦ изображение по частям.

exploit ♦ брешь, уязвимость

explore disk ♦ исследование диска.

explorer ♦ проводник

exponent ♦ порядок [числа с плавающей запятой]; ♦ степень, показатель степени.

exponential ♦ экспоненциальный, показательный.

export ♦ экспорт.
Копирование информации из другой программы.

export filter ♦ экспортный фильтр.
Программа перевода параметров копируемой информации в параметры текущей программы.

expression ♦ выражение.
Последовательность операндов, соединенных знаками операций.

extend ♦ выделение; ♦ расширение; ♦ увеличение; ♦ распространение выделения.

extended ASCII ♦ расширенный код **ASCII**.

Extended DOS

*Восьмиразрядный код для представления текстовой информации, совпадающий с кодом **ASCII** для символов от **32** до **127**.*

Extended DOS partition already exists ♦ Расширенный раздел **DOS** уже существует.

Extended DOS partition created ♦ Расширенный раздел **DOS** создан.

Extended DOS partition deleted ♦ Расширенный раздел **DOS** удален.

Extended Industry Standard Architecture (EISA) ♦ архитектура шины, созданная для персональных компьютеров. **EISA** имеет **32** разряда (в отличии от **16**-ти у **ISA**) и поддерживает мультизадачность. Стандарт **EISA** совместим со стандартом **ISA**.

extended memory ♦ расширенная память.

Память за пределами **1** Мбайта на **ПК** с процессором **80286** и выше. Может использоваться только программами, работающими в специальном защищенном режиме (**Lotus 1-2-3**, **Windows** и другие). Обычные программы **DOS** не могут непосредственно обращаться к этой памяти, хотя ее можно использовать под виртуальный диск, кэш-память диска и для создания области высокой памяти (**HMA**). Сетевая **ОС NetWare** может использовать эту память. Применение расширенной памяти и управление ею подчиняется стандарту **XMS**. Иногда этот вид памяти называют **XMS**-памятью.

Extended Memory Blocks ♦ Блок Расширенной Памяти.

Extended-memory manager ♦ Диспетчер дополнительной памяти.

Программа, которая предотвращает одновременное использование одной и той же части дополнительной памяти различными приложениями.

extensible ♦ расширяемый, открытый.

О системе, допускающей введение новых компонентов.

extensible addressin ♦ адресация с расширяемым адресом, расширенная адресация.

Способ указания объекта в сети, при котором адреса могут иметь различную длину, что позволяет неограниченно добавлять адресуемые элементы.

extension ♦ расширение [имени файла].

*Часть имени файла, содержащая от **1** до **3** символов, стоящих после точки и определяющая тип файла. Стандартные расширения имен файлов, используемые в **MS DOS**:*
*.**ASM** исходный текст программы на языке Ассемблер;*
*.**BAK** резервный (страховочный) файл;*
*.**BAS** исходный текст программы на языке Бэйсик;*
*.**BIN** двоичный программный файл;*
*.**C** исходный текст программы на языке Си;*
*.**COM** выполняемый файл;*
*.**CPI** файл с данными кодовой страницы;*
*.**DAT** файл данных;*
*.**DOC** файл с документацией;*
*.**EXE** выполняемый файл;*
*.**HLP** файл помощи;*
*.**LST** файл с листингом программы;*

E extent

.LIB библиотечный файл;
.MAP листинг компоновки выполнимого модуля;
.OBJ объектный файл программы;
OVL, OVR оверлейный файл;
.PAS исходный текст программы на языке Паскаль;
.SYS драйвер устройства;
.TMP временный файл;
TXT текстовый файл;
.$XX временный или ошибочный файл.

extent ♦ диапазон; ♦ протяженность; ♦ экстент.
Непрерывная область на диске.

Exterior Gateway Protocol (EGP) ♦ Внешний Межшлюзовой Протокол.
Протокол, который распределяет информацию маршрутизации к маршрутизаторам, которые соединяют автономные системы.

external bridge ♦ внешний мост (в сети).
Программное и аппаратное обеспечение для связи однородных сетей между собой, формируемое в специальной сетевой станции.

eXternal Data Representation (XDR) ♦ Внешнее Представление Данных.

external decimal ♦ неупакованное десятичное число.

external file ♦ внешний файл.

External image ♦ Внешнее изображение.
*Изображение на **Web**-странице, которое браузер не может обработать. Он передаёт его графической программе, которая выводит изображение в отдельном окне.*

external interrupt ♦ внешнее прерывание, прерывание от внешнего устройства.

external memory ♦ внешняя память; ♦ внешнее запоминающее устройство.
*Память, данные в которой доступны для **ЦП** посредством операций ввода/вывода.*

external reference ♦ внешние ссылки.

External Viewer ♦ Внешняя программа просмотра.

extra bold ♦ жирный [шрифт]. См. также **enhanced**.

extract ♦ выделять; ♦ выбирать; ♦ извлекать.

Extract? Y(es) or N(o), next field <right> or <left>, cancel <RETURN>
♦ Выбрать? Д(а) или Н(ет), следующие поля <вправо> или <влево>, отмена <RETURN>.
*Для ответа необходимо нажать одну из клавиш: **Y, N,®,, ENTER**.*

extraction ♦ выделение. См. также **allocation, highlighting**; ♦ извлечение.

extra-high density (ED) ♦ очень большая плотность. 3,5" дискета емкостью 2,88 Мбайт. Маркировка дискет: **PMF-2ED (Toshiba), 2ED (Sony), 3S DS-ED(3M), MS2 ED (Maxell)**.

extrude ♦ вытягивание (экструзия), придать трехмерность.

F ♦ шестнадцатеричная цифра с десятичным числовым значением **15**.
F1–F12 ♦ функциональные клавиши **F1–F12** на клавиатуре компьютера.
Клавиши компьютера, нажатие которых вызывает выполнение определенных действий в зависимости от выполняемой программы.
face ♦ характер начертания символов шрифта; ♦ очко литеры; ♦ лицевая сторона; ♦ вид спереди. См. также **type face.**
face change character ♦ символ смены начертания шрифта.
faced or flat shading ♦ затенение граней или плоскостей.
facet ♦ фасет.
faceting ♦ гранение.
В компьютерной графике — способ закрашивания поверхностей при воспроизведении трехмерных изображений.
Facing page view ♦ Разворот (в настольных издательских системах).
facing pages ♦ разворот; ♦ лицевые страницы (в настольных издательских системах).
facsimile machine ♦ факсимильная машина, факс.
Устройство, которое при передаче сканирует изображение и передает его на другой факс по телефонной линии. При приеме восстанавливается переданное изображение.
factory setting ♦ заводская настройка.
Параметр аппаратного компонента, установленный производителем.
fade in ♦ введение изображения.
В компьютерной графике — плавное увеличение интенсивности (яркости) изображения от минимального до необходимого значения.
fade out ♦ выведение изображения.
В компьютерной графике — плавное уменьшение интенсивности (яркости) изображения от максимального значения до минимума.
fading ♦ затухание.
В компьютерной графике — моделирование эффекта затуманивания путем смешивания окраски объекта с выбранным цветом затенения в зависимости от расстояния до объекта.
Fahrenheit ♦ проект **Silicon Graphics Inc.** и **Microsoft** по объединению графических стандартов, с участием **Hewlett-Packard** и **Intel.**
fail ♦ отказывать; выходить из строя; ♦ завершаться неудачно (например, функция поиска, которая не обнаружила искомого значения); ♦ не выполняться (о логическом условии).

F Failed to attach

Failed to attach the server «server_name» ♦ Невозможно подключиться к серверу «имя_сервера» (системное сообщение сети **NetWare**).

Failed to create file ♦ Создание файла невозможно (системное сообщение сети **NetWare**).

Failed to open file «file_name» ♦ Открытие файла «имя_файла» невозможно (системное сообщение сети **NetWare**).

failure ♦ повреждение; ♦ неисправность; ♦ отказ в работе; ♦ выход из строя.

Failure to access code page font file ♦ Отказ в доступе к кодовой странице в файле.

Failure to access COUNTRY.SYS ♦ Отказ в доступе к файлу **COUNTRY.SYS**.

Failure to access device «...» ♦ Отказ в доступе к дисководу «...».

fair use ♦ честное использование.

fake root ♦ псевдокорневой каталог (в сети).
*Подкаталог, функционирующий как корневой каталог. Эта возможность реализована в **NetWare 386** для обеспечения работы некоторых прикладных программ, которые могут иметь доступ только к файлам корневого каталога.*

fallback ♦ переход на аварийный режим.

false ♦ ложный; ♦ ложь (в логическом выражении).

false alarm ♦ ложная тревога.
*Ложное обнаружение вируса (**virus**), когда его на самом деле нет.*

false color image ♦ псевдоцветное изображение.

false line ♦ висячая строка. См. также **handing line, orphan**.
В настольных издательских системах: начальная строка абзаца, завершающая полосу (нижняя висячая строка), или концевая неполная строка абзаца, начинающая полосу (верхняя висячая строка), что недопустимо по правилам верстки.

.FAM ♦ расширение файла СУБД **Paradox for Windows**, содержащего список связанных файлов **Paradox**. См. **extension**.

family ♦ тип шрифта в системе описания шрифтов **PANOSE** фирмы **ElseWare**.

FAQ (Frequently Asked Questions) ♦ часто задаваемые вопросы.
*Пункт меню **FAQ** предоставляет документ, в котором содержатся ответы на самые распространенные вопросы. Вам могут также встретиться текстовые файлы с именем **FAQ**.*

far call ♦ межсегментный вызов.
При межсегментном вызове программы указывается полный адрес.

far plane ♦ задняя плоскость.
Плоскость, которая ограничивает объем со стороны, противоположной точке наблюдения.

fast ♦ быстрый.

FARNET ♦ Некоммерческая корпорация, учреждённая в 1987, задачей которой является расширение использования компьютерных сетей в исследовательских и образовательных целях.

FASTHELP ♦ внешняя команда **MS DOS** (только для версий **6.X**), обеспечивающая вывод на экран дисплея списка всех команд и получение краткой справки по каждой команде.

*Для получения более детальной информации по интересующей команде следует использовать команду **HELP**.*

FASTOPEN ♦ внешняя команда **DOS (Novell DOS)**, обеспечивающая повышение скорости работы с большими каталогами.

*Содержится в файле **FASTOPEN.EXE**. Может помещаться в файл **CONFIG.SYS**. Не рекомендуется запускать эту команду на выполнение, находясь в среде **Microsoft Windows**.*

FASTOPEN.EXE ♦ файл, содержащий резидентную программу **OC**, хранящую в памяти информацию о каталогах жесткого диска и ускоряющую процедуру открытия часто используемых файлов и каталогов (**MS DOS** и **PC DOS** версий **3.3** и более поздних).

FAT (File Allocation Table) ♦ таблица размещения файлов.
Таблица, содержащая индексы, определяющие место размещения на диске каждого файла.

Fatal copy error writing to disk ♦ Неисправимая ошибка копирования при записи на диск (системное сообщение сети **NetWare**).
Запись на локальный жесткий диск невозможна.

fatal error ♦ фатальная ошибка.
Ошибка, при которой невозможно дальнейшее выполнение программы.

Fatal error accessing source file ♦ Неисправимая ошибка при обращении к файлу (системное сообщение сети **NetWare**).

Fatal error granting access rights ♦ Прав для исполнения команды недостаточно (системное сообщение сети **NetWare**).

Fatal error in network file ♦ Неисправимая ошибка при перезаписи сетевого файла (системное сообщение сети **NetWare**).

Fatal Error: Memory Allocation Table full ♦ Неисправимая ошибка: таблица распределения памяти заполнена (системное сообщение сети **NetWare**).
Компьютер не может предоставить в распоряжение достаточного количества памяти.

father file ♦ исходный файл, исходная версия.

fatting ♦ жирный, толстый.

fault ♦ ошибка; ♦ отказ; ♦ неисправность.
Частичная или полная потеря работоспособности или неправильное функционирование.

fault tolerance ♦ устойчивость к ошибкам.
*Способность системы сохранять работоспособность при сбое, отказе или выходе из строя части оборудования. См. **System Fault Tolerance**.*

fax ♦ копия (точная); ♦ факс; ♦ факс-связь.

fax gateways ♦ факс-шлюзы.

fax equipment ♦ оборудование для факс-связи.

fax reproduction ♦ точная копия.

fax unit ♦ факс-устройство.

FB (first bit) ♦ первый бит.

F FBX

FBX ♦ внешняя программа **Novell DOS**, обеспечивающая запуск программы сохранения данных **Fastback Express**.

FBY (first byte) ♦ первый байт.

FC ♦ внешняя команда **MS DOS (Novell DOS)** для сравнения файлов или двух групп файлов.
*Файл **FC.EXE**. Более эффективна, чем аналогичная программа* **COMP.COM**.

FCB unavailable reading (or writing) drive «...» ♦ Блок **FCB** недоступен для чтения (или записи) на дисководе «...».

FCBS ♦ конфигурационная команда **DOS (Novell DOS)**, помещаемая в файл **CONFIG.SYS** и устанавливающая максимальное число одновременно используемых блоков управления файлами **FCB**.

FCC ♦ Сокращение от **Federal Communications Commission** – Федеральная Комиссия по Связи.

FDD (floppy disk drive) ♦ дисковод для гибких дисков (дискет).
*Обычно до или после этого сокращения указывается максимальная емкость дискет: **1.2** Мбайт или **360** Кбайт для дисководов для пятидюймовых дискет, **1.44** Мбайт или **720** Кбайт для дисководов для трехдюймовых дискет. Если в компьютере установлены два дисковода для гибких дисков, то их емкости обычно указываются через косую черту (например, **FDD 1.2M/1.44M**).*

FDISK ♦ внешняя команда **DOS (Novell DOS)**, которая выполняет второй шаг форматирования жесткого диска — разбиение на логические диски (разделы), каждый из которых следует затем отформатировать.
*При разбиении диска этой командой находящаяся на нем информация уничтожается. Файл, содержащий программу **FDISK**, имеет расширение .COM (MS DOS версии 2.X–5.0) или .EXE (MS DOS 5.0 и выше, **Novell DOS**).*

.FDL ♦ расширение файла **СУБД Paradox for Windows**, содержащего оттранслированную форму файла **Paradox**. См. **extension**.

FDM (Frequency Division Multiplex) ♦ частотное разделение (каналов).

feasibility ♦ возможность.

feather ♦ растушевка.

feature ♦ особенность; ♦ признак; ♦ свойство; ♦ топографический элемент.

Federal Information Exchange (FIX) ♦ Федеральный Информационный Обмен.
Одно из соединений между американской правительственной сетью и Интернет.

Federal Networking Council (FNC) ♦ Федеральный Сетевой Совет.
Координационная группа представителей федеральных агентств США, занимающаяся разработкой и использованием сетевых приложений, в частности Интернет.

feed ♦ подача.
Перемещение бумаги в печатающем устройстве.

feedback ♦ обратная связь.

feeder ♦ устройство подачи, подающий механизм, фидер.
feed pitch ♦ шаг подачи.
FEP (front-end processor) ♦ связной процессор, фронтальный процессор.
FF ♦ см. **form feed**.
FIB (Forwarding Information Base) [BGP] ♦ информационная база переадресации.
Fiber Distributed Data Interface (FDDI) ♦ высокоскоростная вычислительная сеть с двунаправленной оптоволоконной двухпроводной связью и скоростью передачи информации 100 Мбит/с.
fidelity ♦ точность (воспроизведения).
FidoNet ♦ сеть, соединенная с сетью Internet.
field ♦ поле, пространство; ♦ область.
   Часть экрана, предназначенная для определенного использования. Элемент структуры данных в базе данных.
field advance key ♦ клавиша перемещения поля вперед.
field backspace key ♦ клавиша возврата поля назад.
field exit key ♦ клавиша выхода из поля.
field heading ♦ заголовок поля (записи).
field length ♦ длина области (данных).
field overflow ♦ переполнение поля.
field selection ♦ выбор (выделение) поля.
field separator ♦ разделитель полей.
field squeeze ♦ сжатие поля.
FIFO (first in – first out) ♦ память обратного магазинного типа (первым вошел – первым вышел).
figurative constant ♦ образная константа.
figure ♦ фигура; ♦ иллюстрация; ♦ чертеж.
figures of revolution ♦ тела вращения.
file ♦ файл.
   Участок памяти на диске, делящийся на записи и поля. ♦ Именованный набор записей, хранимый или обрабатываемый как единое целое. ♦ В сети — поименованная совокупность данных, рассматриваемая как одно целое. Файлы хранятся на внешних носителях, магнитных дисках или лентах. Одной из главных задач пользователей является обработка файлов. В локальной сети файлы могут храниться на дисках файлового сервера и совместно использоваться пользователями сети на их рабочих станциях. См. также **File Server**.
file access ♦ доступ к файлу.
file addressing ♦ метод доступа к файлу.
file allocation ♦ размещение (распределение) файлов.
file allocation table (FAT) ♦ таблица размещения файлов.

F File allocation

Таблица, содержащая индексы, определяющие место размещения на диске каждого файла.

File allocation table bad ♦ Таблица размещения файлов испорчена.

File allocation table bad drive «...» abort, retry, ignore ♦ Неверная таблица размещения файлов на дисководе «...» прервать [работу], повторить [попытку], игнорировать [ошибку].
Возможные ответы: а) — прервать, b) — повторить, с) — игнорировать. При повторении ошибки переформатируйте диск.

File already exists ♦ Файл уже существует.

File already exists: change name, backup or overwrite? ♦ Файл уже существует: изменить имя [файла], создать резервную копию или перезаписать?
Ответ вводится нажатием клавиши соответствующей буквы: с — изменить имя, b — создать резервную копию, о — перезаписать.

File already exists. Overwrite? ♦ Файл уже существует. Перезаписать?

File already open ♦ Файл уже открыт.

file analyzes ♦ анализ файла.

file attribute ♦ атрибут файла.
*Свойство, присущее файлу. Атрибуты файлов являются средством защиты самого файла. Определяют возможность доступа к конкретному файлу и возможность внесения в него изменений Атрибуты сетевых файлов, с точки зрения их защиты, имеют более высокий приоритет по отношению к действительным правам пользователей. В **MS DOS** файлы могут иметь следующие атрибуты: **read only** (только для чтения), **hidden** (скрытый), **system** (системный), **archive** (архивный). В сети **NetWare** имеется богатый выбор атрибутов файлов. Имеется ряд атрибутов, которые защищают файлы от каких-либо действий, (например, запрещают удаление или копирование файла). Некоторые атрибуты определяют тип файла и имеют к защите файлов косвенное отношение (например, атрибут СИСТЕМНЫЙ или ИНДЕКСНЫЙ). Имеются атрибуты, которые отражают состояние файла, используемое в утилитах для выполнения служебных операций с этим файлом (например, при архивировании файлов). Есть также атрибуты, которые отмечают файлы, подлежащие контролю. В сетевой **ОС Novell NetWare** файлы могут иметь следующие атрибуты: **shareable** (разделяемый), **non-shareable** (неразделяемый), **read/write** (разрешены чтение/запись), **read only** (только для чтения), **hidden** (скрытый), **system** (системный), **archive** (архивный), **execute only** (только для выполнения), **indexed** (индексируемые), **normal** (файл по умолчанию имеет атрибуты **non shareable** и **read/write**).*
*В **NetWare 386** имеется следующий список атрибутов файлов:*
*Архивируемый **Archive Needed** A*
*Некопируемый **Copy Inhibit** C*
*Неудаляемый **Delete Inhibit** D*
*Только для исполнения **Execute Only** X*
*скрытый **Hidden** H*
*Индексный **Indexed** I*
*Стираемый **Purge** P*

FILE ATTRIBUTES   F

Контролируемый по чтению **Read Audit Ra**
Только для чтения **Read Only Ro**
Чтение/Запись **Read/Write Ro/Rw**
Непереименуемый **Rename Inhibit R**
Разделяемый **Shareable S**
системный **System Sy**
*/Транзактный **Transactional T**
Контролируемый по записи **Write Audit Wa**

FILE ATTRIBUTES (Fa.exe) ♦ утилита **Norton Utilities** (начиная с версии **NU 6.0**), позволяющая наблюдать, устанавливать и сбрасывать **4** бита в байте атрибутов файла.

file caching ♦ кэширование файлов.
    Метод повышения производительности работы с дисковой памятью с использованием кэш-буферов. См. также **cache, cache Buffer.**

File cannot be converted ♦ Файл не конвертируется.

File cannot be copied into itself. 0 file(s) copied ♦ Файл не может копироваться сам в себя. Скопировано **0** (ноль) файлов.
    Измените имя файла либо поместите файл в другой каталог (на другой диск).

File close error ♦ Ошибка закрытия файла.

File compare OK ♦ Успешное сравнение файлов.

file concatenate ♦ конкатенация файлов. Слияние двух файлов в один.

file control ♦ управление файлами.

file conversion ♦ преобразование файла.

file creation ♦ создание файла.

File creation error ♦ Ошибка создания файла.
    В каталоге нет свободного места или существующий файл имеет один из атрибутов: **read only** *(только для чтения),* **hidden** *(скрытый).*

file data ♦ файл данных.

file data error ♦ ошибка в файле данных.

FILE DATE (Fd.exe) ♦ утилита **Norton Utilities** (начиная с версии **NU 6.0**), позволяющая устанавливать и сбрасывать время и дату создания файла.
    Можно также сразу изменить дату или время у группы файлов.

file defragmentation ♦ дефрагментация файлов.
    Процесс переназначения файлу секторов так, чтобы файл компактно располагался на последовательных секторах соседних дорожек.

file directory ♦ каталог файлов.

file does not exist ♦ файл не существует.

File does not exist. Enter Y to create or ESC to cancel ♦ Файл не существует. Нажмите клавишу **Y** для создания файла или клавишу **ESC** для прекращения операции.

file extension ♦ расширение файла. См. **file name, file name extension, extension.**
    Трехсимвольное расширение имени файла, следующее после основного имени и точки. Обычно помогает отнести файл к определенному типу.

F file «file_name»

file «file_name» canceled by operator ♦ выполнение файла «имя_файла» завершено по инициативе пользователя; ♦ печать файла «имя_файла» отменена пользователем.

file find ♦ поиск файла.

FILE FIND (Filefind.exe) ♦ утилита **Norton Utilities**, позволяющая обнаружить потерянные или записанные не на место файлы путем просмотра всех доступных дисков в поисках имени файла или содержащихся в нем данных. С помощью *File Find* можно также изменить атрибуты файла и дату или время его создания. Программа *File Find* выполняет следующие задачи:
- *Поиск файлов по всей структуре каталогов;*
- *Поиск внутри этих файлов конкретного текста;*
- *Проверку объема диска-приемника для копирования файла;*
- *Определение и модификация атрибутов файла;*
- *Изменение времени и даты создания файла.*

FILE FIX (Filefix.exe) ♦ утилита **Norton Utilities**, позволяющая восстанавливать поврежденные файлы **Lotus 1-2-3, Symfony** и **dBase**, удаленные командой **ZAP**. Программа *File Fix* находит и устраняет ошибки в файлах баз данных и электронных таблиц, при этом в поврежденном файле восстанавливается максимально возможный объем данных. Восстановленная информация записывается в новый файл. Исходный поврежденный файл остается без изменений, так что вы можете еще раз запустить **File Fix** для работы с ним. Обычно программа *File Fix* восстанавливает данные автоматически, но в отдельных случаях ей может потребоваться ваша помощь, например при восстановлении заголовка файлов dBase. File Fix может также реконструировать файлы данных при их уничтожении или затирании командой **Zap**. Если вы хотите восстановить стертый файл, воспользуйтесь сначала программой **UnErase**, а затем запустите программу *filefix*. Для запуска программы из главного меню оболочки **Norton** выберите пункт File Fix, а при запуске из командной строки **DOS** введите: *filefix*.

file handin system ♦ система управления файлами.

file extension ♦ расширение файла.
Во многих операционных системах — несколько символов добавленных в конце имени файла (обычно после точки). Расширение указывает на тип информации, содержащейся в конкретном файле.

file identification ♦ идентификация файла.

File in RTF format. Enter Y to convert to Word format, or N to load text-only ♦ Файл в **RTF**-формате. Нажмите клавишу **Y** для конвертирования в **Word**-формат или **N** – только для чтения текста.

file index ♦ индекс файла.

file indexing ♦ индексирование файлов.
*Метод, использующий индексирование элементов таблицы **FAT** для повышения скорости доступа к большим файлам. Сетевая система **NetWare 386** поддерживает автоматическое индексирование файлов, превышающих **64** блока.*

file information ♦ информация о файле.

File is cross linked: on cluster «...» ♦ Файл имеет перекрестные связи в кластере «...».

File is read only ♦ Файл только для чтения.
file label ♦ метка файла.
file layout ♦ формат файла.
FILE LOCATE (Fl.exe) ♦ утилита **Norton Utilities** (начиная с версии **NU 6.0**).
Ищет потерянные файлы и каталоги. С помощью **File Locate** можно также вывести полный список файлов во всех каталогах диска. **File Locate** обнаруживает наряду с обычными и скрытые файлы.
file locking ♦ блокирование файлов.
*Метод, позволяющий организовать одновременную работу с сетевым файлом нескольких пользователей. См. также **Record Locking.***
file management ♦ управление файлами.
Средства сетевого программного обеспечения файлового сервера, управляющие доступом к файлам.
file management routine ♦ процедура управления файлами.
file management system ♦ система управления файлами.
file manager ♦ администратор (диспетчер) файлов.
*В графической оболочке **Windows** — специальная программа в группе ГЛАВНАЯ, обеспечивающая копирование, перемещение, удаление файлов и каталогов, а также другие функции обработки информации.*
file name ♦ имя файла.
Состоит из двух частей: имени и расширения, разделенных точкой. Имя файла содержит от 1 до 8 символов. Расширение файла начинается с точки, за которой следует от 1 до 3 символов. Имя и расширение могут состоять из прописных и строчных латинских букв, цифр и символов — _ $ # & @ ! % ( ) { } ' ^ Расширение имени файла является не обязательным. Однако расширение, как правило, описывает содержание файла, что весьма удобно. Многие программы устанавливают свое расширение имени файла, и по нему можно узнать, какая программа создала файл. См. **extension**.
File name error ♦ Ошибка в имени файла.
file name extension ♦ расширение имени файла (см. **file name**); ♦ имя файла выделено.
File not found ♦ Файл не найден.
Проверьте синтаксис имени файла.
File not in print queue ♦ Файл отсутствует в очереди на печать.
File not loadable ♦ Файл не загружается.
Указанное имя файла существует, но это не файл программы.
File not on specified drive or directory ♦ Файл отсутствует на дисководе или в каталоге.
File operation aborted on your request. More conversion? ♦ Работа с файлом прекращена по вашему запросу. Продолжить преобразования?
file order ♦ порядок файлов (в директории).
File Owner ♦ владелец файла, автор файла.
*В сети **NetWare** — пользователь, который владеет файлом. Владение фай-*

F file previewer

лом назначается в то время, когда пользователь создает файл. Оно может быть изменено только администратором (Супервизором) сети.

file previewer ♦ программа просмотра файлов.
file processing ♦ обработка файла.
file propitious ♦ характеристики файлов.
file protection ♦ защита файла.
file recovery ♦ восстановление файла.
file scan right ♦ право сканирования файлов (в сети).
Позволяет пользователю (опекуну) просматривать имена файлов в определенном каталоге. В **NetWare 386** *заменило права Поиска. См.* **Rights**.
file section ♦ секция файла.
file separator character ♦ символ разделения файлов.
file server ♦ файловый сервер (сети).
*Вычислительная система, управляющая всей работой сети. Она управляет внешней памятью большой емкости, обеспечивает хранение данных и совместный доступ к ним рабочих станций сети, организует защиту системы, координирует связь между рабочими станциями сети и управляет устройствами ввода/вывода. Файловый сервер может быть совмещенным (***Nondedicated***) или несовмещенным (***Dedicated***). Несовмещенный файловый сервер может использоваться в сети только как файловый сервер. Совмещенный файловый сервер может быть использован одновременно и как файловый сервер, и как рабочая станция. В* **NetWare 386** *режим совмещенного файлового сервера не используется.*
file server name ♦ имя файлового сервера.
Уникальное имя, идентифицирующее файловый сервер. Определяется во время установки сети. Его размер от **2** *до* **45** *символов. См. также* **File Server.**
File server «server_name» is unknown ♦ Сервер «имя_сервера» неизвестен (системное сообщение сети **NetWare**).
file set ♦ файловое множество.
file sharing ♦ разделение файлов, совместное использование файлов.
Возможность одновременного доступа нескольких пользователей к одному и тому же файлу (в сети).
file size ♦ размер файла.
FILE SIZE (Fl.exe) ♦ утилита **Norton Utilities** (начиная с версии **NU 6.0**). Выводит размеры одного или большего количества файлов и определяет, поместятся ли они на диске-приемнике.
File spec list full, entry «specification» ignored ♦ Предпринята попытка сохранения слишком большого количества файлов со спецификацией «спецификация». Попытка отвергнута (системное сообщение сети **NetWare**).
File Spec «specification» illegal; entry ignored ♦ Файл со спецификацией «спецификация» неверен; обращение отвергнуто (системное сообщение сети **NetWare**).
Предпринята попытка выполнения действия на файле с неправильной спецификацией. Попытка отвергнута.

file specification

file specification ♦ спецификация файла.
file storage ♦ устройство хранения файлов.
file structure ♦ структура файла.
file transfer ♦ пересылка файла.
file transfer protocol (FTP) ♦ протокол передачи данных.
Алгоритм исключения ошибок при передаче данных.
file unfragment ♦ дефрагментация файла.
file utilities ♦ обратиться к служебным программам-утилитам для управления файлом.
FILELINK ♦ внешняя команда **Novell DOS**, позволяющая осуществить передачу файлов от одного компьютера к другому через последовательный порт.
FileMaker for Windows ♦ пакет управления базами данных (**СУБД**).
FILES ♦ конфигурационная команда **DOS** (**Novell DOS**), включаемая в файл **CONFIG.SYS** и служащая для управления числом одновременно открываемых файлов (от **8** по умолчанию до **99** файлов).
«...» file(s) added/replaced ♦ «...» файлов добавлено/заменено.
«...» files are associated with «...» ♦ «...» файлов ассоциативно связано с «...».
Files are different sizes, do You wish to continue? ♦ Файлы имеют различные размеры, продолжить?
Files are still printing. Are you sure want to disconnect? ♦ Файл еще распечатывается. Прекратить печать?
Files cannot be added to this diskette unless the pack (/P) switch is used. Set the switch? ♦ Файлы не могут быть добавлены на дискету до тех пор, пока не будет установлен параметр (**/P**). Установить параметр?
«...» file(s) copied ♦ скопировано «...» файлов.
Files could not found with pattern ♦ Предпринята неудачная попытка разыскать файл по образцу (системное сообщение сети **NetWare**).
«..» files found ♦ «...» файлов найдено.
Files not found ♦ Файлы не найдены (системное сообщение сети **NetWare**).
Предпринята неудачная попытка разыскать файлы в каталоге.
Files split procedure cancelled ♦ Размножение файла закончено (сообщение сети **NetWare**).
*Предпринята напрасная попытка размножения файла из-за отсутствия места в каталоге локального диска (для **DOS**: не больше **116** имен файлов в каталоге). Попытка отвергнута.*
files to put first ♦ начальные файлы.
«...» files use «...» bytes in «...» ♦ В каталоге «...» находится «...» файлов общим объемом «...» байт.
files were backed up at time on date ♦ файлы были сохранены в указанное время в указанный день.
FILESAVE ♦ утилита **Norton Utilities** (включена только в верс. **NU 5.0**).
Представляет собой небольшую резидентную программу, которая переме-

щает стертые файлы в другую часть диска, чтобы предохранить их от затирания. Эти защищенные файлы автоматически удаляются с диска по прошествии определенного интервала времени.

filespec ♦ спецификация файла.
*В руководствах по сети **NetWare** — одна или несколько переменных командного формата, описывающих используемый в команде файл. Спецификация файла включает полный путь каталога к данному файлу и имя файла.*

FILESYS.EXE ♦ одна из двух программ **ОС**, обеспечивающих поддержку **ЛВС LAN 1.3** фирмы **IBM** (**PC DOS** версии **4.0**).

filing cabinet ♦ картотечный блок (базы данных).

filing order ♦ порядок записей в файле.

fill ♦ закрашивать, раскрашивать; ♦ раскрашивание, заливка.
Заполнение связной области одним цветом или штриховкой.

fill area attribute ♦ атрибут закрашивания.
Параметр закрашивания участка поверхности: цвет, шаблон, способ выделения границ.

fill attributes ♦ параметры (атрибуты) фона.

fill character ♦ заполняющий знак, символ-заполнитель.
Символ, заполняющий незначащие позиции внутри записи.

fill curve ♦ закрасить кривую.

fill in ♦ закрашивать, раскрашивать.

fill shape ♦ закрасить рисунок.

film ♦ пленка.

film recorder ♦ слайд-принтер.

film loop ♦ клип. См. также **clip**.
Представление последовательности изображений на экране дисплея, создающее эффект движения в реальном масштабе времени.

FILO (first in – last out) ♦ память магазинного типа (первым вошел — последним вышел).

filter ♦ фильтр, шлюз.
*В операционных системах типа **UNIX** — программа, получающая все данные из входного потока и выводящая все результаты в выходной поток. Последовательность фильтров образует конвейер. ♦ В сети — средства, обеспечивающие связь двух однотипных **ЛВС**. Фильтр выполняет прием пакетов из одной локальной сети, их буферизацию и пересылку в другую локальную сеть. ♦ В машинной графике — программы, позволяющие осуществить экспорт/импорт графических заготовок из одной программы в другую с преобразованием формата графического файла.*

filter attenuation ♦ ослабление фильтра.

filtering circuit FILO (first in – last out) ♦ память магазинного типа (первым вошел — последним вышел).

filterKeys ♦ фильтрация ввода.
Уменьшает чувствительность клавиатуры. Ввод символов в результате непроизволь-

Final quote mark

ного нажатия клавиш становится маловероятным если клавиша удерживается в нажатом состоянии меньше некоторого минимального интервала времени.

Final quote mark not found or illegal character in text ♦ Предположительно вкралась синтаксическая ошибка в команде **write** (запись) во входном командном файле (системное сообщение сети **NetWare**).

find ♦ искать, находить; ♦ обнаруживать, вычислять; ♦ внешняя команда **DOS** (**Novell DOS**), осуществляющая поиск заданной текстовой подстроки в одном или нескольких указанных файлах и выводящая на экран строки, которые содержат (или не содержат) ее.
*Файл **FIND.EXE** (**MS DOS** и **PC DOS** версий **3.3** и выше).*

find and replace ♦ найти и заменить.

find edges ♦ выделение краев.

find file ♦ поиск файла [с заданным именем].

find next ♦ найти следующий; ♦ продолжить поиск.

find now ♦ найти.

find object ♦ найти объект.

find objects that match the currently selected object ♦ найти объекты похожие на выделенный.

find out ♦ узнавать, выяснять.

find wizard ♦ мастер поиска.

finder ♦ определитель.

FindFont ♦ программа для поиска шрифтов на диске по определенным критериям.
*Входит в состав системы **FontLab**, но может работать и самостоятельно. При наличии основной программы **FontLab** позволяет определять кернинг, автоматически определять разметку и трансформировать исходные шрифты. С ее помощью можно, например, найти все каллиграфические шрифты и преобразовать их в другой формат с применением одного из **24** эффектов.*

finding ♦ факт, заключение; ♦ отыскание, обнаружение.
В экспертных системах — промежуточный вывод, полученный на основе базы знаний и заданной пользователем информации.

fine ♦ тонкий.

fine grid ♦ тонкая координатная сетка (решетка).

fine tuning ♦ точная настройка.

finger ♦ программа **UNIX**, которая применяется для поиска в хост-компьютере информации о пользователе; ♦ протокол, определенный в **RFC 1288**, который предоставляет информацию о системе или пользователе в системе.

finger touch screen ♦ сенсорный экран.

finish macro ♦ закончить выполнение макрокоманды.

finite number ♦ ограниченное число.

finite set ♦ конечное множество.

firing ♦ запуск.

F firmware

firmware ♦ программа ПЗУ.
Программа, размещаемая в постоянном запоминающем устройстве компьютера. В отличии от оперативной памяти, постоянная память остается невредимой даже в отсутствие электропитания. В этой памяти, в частности, храняться программы запуска и программы ввода/вывода низкого уровня.
first ♦ первый.
first bit ♦ см. **FB**.
first byte ♦ см. **FBY**.
First cluster number is invalid, entry truncated ♦ Ссылка на первичный кластер неверна, ввод блокируется.
First diskette bad or incompatible ♦ Первая дискета испорчена или несовместима.
first in – first out (FIFO) ♦ память обратного магазинного типа (первым вошел – первым вышел).
first in – last out (FILO) ♦ память магазинного типа (первым вошел – последним вышел).
first line indent ♦ смещение первой строки.
first page ♦ первая страница.
first point ♦ первая точка.
first time user ♦ основной пользователь.
fit ♦ монтировать, устанавливать; ♦ пригонка.
fit in frame (window) ♦ пригонка по размеру окна.
fit text to path ♦ направить текст по траектории.
fix ♦ фиксировать, закреплять; ♦ делать резидентным в памяти.
fixed ♦ фиксированный.
fixed area ♦ фиксированная область.
Область памяти, положение и размер которой не изменяется.
fixed backup device «...» is full ♦ Указанный для создания резервных копий дисковод «...» переполнен.
fixed decimal ♦ с фиксированным числом десятичных знаков.
fixed disk ♦ фиксированный диск.
fixed head ♦ неподвижная головка.
fixed in same page as anchor ♦ на одной полосе с меткой.
fixed length field ♦ поле фиксированной длины.
fixed memory segment ♦ фиксированный сегмент памяти.
Сегмент памяти, месторасположение которого в памяти не может быть изменено.
fixed space ♦ фиксированный пробел (промежуток).
fixed spacing ♦ моноширинный.
Печать шрифтом с постоянной шириной символов.
fixed point ♦ фиксированная точка.

fixed point

Способ разделения целой и дробной частей числа, при котором положение точки не меняется в ходе выполнения операций над данным числом.

fixed point number ♦ число с фиксированной точкой; ♦ целое число.

fixing ♦ фиксирую.

Fixup offset exceeds field width ♦ Заданное смещение превышает длину поля.

Fixup needed base segment hex ♦ Укажите требуемый базовый сегмент в шестнадцатеричной системе счисления.

flag ♦ признак, флаг; ♦ разделитель, ограничитель; ♦ заголовок.

Часть команды, задающая дополнительную возможность ее выполнения или указывающая результат. ♦ *Часть сетевой команды, которая задает дополнительную возможность ее выполнения. Например, если вы выдаете на печать файл, вы можете задать флаг «**Copies=2**», чтобы получить две копии вашего файла. Часто используется как синоним атрибута.*

flag page ♦ титульный лист.

flame ♦ оскорбительное (хулиганское) сообщение в группе новостей (ругань); ♦ противное мнение и/или критика чего-либо, обычно как откровенно подстрекательское утверждение, в сообщении электронной почты.

flamer ♦ человек, передавший оскорбительное сообщение (хулиган).

flashing ♦ мигание. См. **blinking.**

flashing vertical bar ♦ мигающая вертикальная черта.

flat ♦ шрифт жирного начертания.

flatbed ♦ планшетный; планшетного типа.

flatbed scanner ♦ планшетный сканер.

Сканер, на стекло которого кладётся бумага или книга.

flat file ♦ плоский файл.

Файл, состоящий из записей одного типа и не содержащий указателей на другие записи. ♦ *Двумерный массив (таблица) элементов данных.*

flatbed plotter ♦ планшетный графопостроитель.

Графопостроитель, рисующий изображение на бумаге или пленке, размещенной на плоской поверхности.

flatten image ♦ совместить слои.

Команда меню палитры **layers** *(слои).*

.FLI ♦ расширение мультимедиа-файлов. См. также **extension.**

Анимация. Набор иллюстраций, созданный с помощью либо семейства программ фирмы **Autodesk**, *либо другими пакетами для работы с* **FLI**-*файлами.*

flip ♦ зеркальное отражение.

flippy disk ♦ двухсторонняя дискета.

flit image ♦ зеркальное (перевернутое) изображение.

float ♦ функция, преобразующая целое число в эквивалентное число с плавающей точкой.

float/defloat ♦ плавающая/фиксированная область.

floating point ♦ плавающая точка.

F floating point

floating point number ♦ число с плавающей точкой.
floating popup menu ♦ всплывающее меню, перемещаемое меню.
 Меню, которое может появляться в любом месте экрана.
flood ♦ жаргон. — флуд.
 Отсылка в рассылку/чат/пейджер большого числа одинаковых и/или бессмысленных сообщений.
floppy disk ♦ гибкий диск, флоппи-диск, дискета. См. **diskette**.
 Гибкий, переносимый магнитный диск. Носитель информации внешнего запоминающего устройства в виде диска из полимерной пленки с магнитным покрытием.
floppy disk drive (FDD) ♦ дисковод для гибких дисков. См. **FDD**.
 Дисковое устройство, которое использует в качестве носителя информации дискету.
floppy disk formatting ♦ разметка (форматирование) дискеты.
 Первичная подготовка дискеты к работе, состоящая в разбиении дорожек на сектора, заполнении информационных полей определенным кодом, записи на нулевую дорожку программы начальной загрузки, программы-загрузчика и некоторых системных данных.
floppy tape (FT) ♦ стример, соответствующий стандарту **QIC-40** или **QIC 80**.
floptical disk ♦ флоптический диск (накопитель на гибком оптическом диске).
 Данный тип диска реализует оптическое слежение за дорожкой и магнитную запись. Диски способны записывать и считывать гибкие диски емкостью до **20** Мбайт. Записанные данные представляют собой намагниченные участки, но считывание информации производится лучом лазера. Рекомендуются для обмена данными между компьютерами, поставки прикладных программ и данных, а также для резервного копирования и архивирования.
flow ♦ размещение [текста на странице].
flow control ♦ согласование (в терминале); ♦ управление потоком данных.
 В сети передачи данных — операции для предотвращения переполнения очередей и буферов.
flow diagram ♦ блок-схема.
flush ♦ набор без абзацев; ♦ выравнивание полей набираемого текста. См. также **justified**.
flush left ♦ выравнивание влево, выключка влево. См. **left alignment**; ♦ сброс буферов; ♦ синхронизация с диском;
 Операция, при который буферы в памяти синхронизируются с долговременным хранилищем информации (обычно с диском).
flush right ♦ выравнивание вправо, выключка вправо. См. **right alignment**.
fly-throughout mode ♦ режим наблюдения «с высоты птичьего полёта» (в машинной графике).
FMFSV (Full Motion Full Screen Video) ♦ представление мультимедиа-изображений в полном экране дисплея.

FM synthesizer

FM synthesizer ♦ **FM**-синтезатор.
Синтезатор звуковых сигналов, использующий для их формирования частотную модуляцию. Обычно строится на основе цифрового процессора сигналов (**DSP**) или специализированной **БИС** синтезатора.

fmt ♦ см. **format**.

folder ♦ папка, «скоросшиватель».
Термин, используемый в **СУБД** для обозначения каталога текстовых файлов.

folio ♦ колонцифра. См. также **page number**.

following ♦ следующее. См. **next**.

font ♦ шрифт; ♦ комплект шрифтов; ♦ гарнитура. См. также **character font, font name, type face**.

font already installed ♦ шрифт уже установлен.

font catridge ♦ шрифтовой картридж.

font change character ♦ символ смены шрифта.
Управляющий символ печатающего устройства, указывающий шрифт для печати последующих символов.

font characteristics ♦ особенности (характеристики) шрифтов.

font editor ♦ редактор шрифтов.

font file contents invalid ♦ содержимое файла с типоразмерами шрифтов испорчено.

font name ♦ гарнитура (название шрифта).

font number ♦ номер шрифта.

font printout ♦ текстовая распечатка; ♦ распечатка встроенных и загруженных в принтер шрифтов.

font recticle ♦ знакоместо.
Прямоугольный участок поверхности (бумаги или экрана), на котором размещается одна литера.

font size ♦ кегль (размер) шрифта. См. также **body size, size, type body, type size**.

Font sizes must be between «...» and «...» ♦ Кегль (размер) шрифта должен быть в пределах от «...» до «...».

font source ♦ источник шрифта.

font style ♦ гарнитура шрифта.

FontLab ♦ «Библиотека шрифтов» ♦ система редактирования шрифтов фирмы **Soft Union**.
Работает со шрифтами **TrueType** и **Type1**. Может импортировать и экспортировать эти шрифты и редактировать их параметры. Для обоих шрифтов предусмотрена возможность автоматической генерации разметки, а для формата **Type1** — еще и редактирования разметки вручную. Кроме того, **FontLab** может работать с **EPS**-файлами, а при помощи отдельной программы **ScanFont** — и с растровыми **TIF**-файлами. В состав системы **FontLab** входит программа **FindFont** для поиска шрифтов на диске по определенным критериям. С ее помощью можно, например, найти все каллиграфические шрифты и преобразовать их в другой формат с применением одного из **24** эффектов.

F FontMinder

FontMinder ♦ сервисная программа обслуживания шрифтов.
*Позволяет производить поиск **Type1** и **TrueType** шрифтов по нескольким критериям и увидеть заголовки шрифтов, а также упаковывать и оперативно подключать шрифты.*

FontMonster ♦ сервисная программа обслуживания шрифтов.
*Программа **FontMonster** позволяет:*
*— производить поиск **Type1** и **TrueType** шрифтов по нескольким критериям и увидеть заголовки шрифтов;*
*— устанавливать шрифты в программах, которые с ними работают (**Windows Control Panel** для **TrueType**-шрифтов и **ATM Control Panel** для **Type1**-шрифтов);*
— формировать наборы шрифтов, позволяя легко сменять их в зависимости от потребностей;
— печатать примеры установленных шрифтов.

foolproof ♦ защищённый от неумелого пользования.

footer ♦ нижний колонтитул; ♦ подстрочные примечания. См. **catchword, headline**.

footnote ♦ сноска, примечание. См. также **bottom note, callout**.

footnote reference mark ♦ знак ссылки на сноску.

footnote setting ♦ параметры сноски.

footnote text ♦ текст сноски.

footnote window ♦ окно для сносок.

FOR ♦ внутренняя команда **MS DOS (Novell DOS)**, служащая для циклического выполнения команд **DOS (Novell DOS)** над группой элементов.
Чаще используется внутри пакетных файлов, однако есть возможность вводить эту команду в командной строке.

FOR cannot be nested ♦ Оператор **FOR** не может быть вложенным.
*Используйте в командной строке только один оператор **FOR**.*

forbidden ♦ запрещённый, недопустимый.
О значении или команде, использование которой в данном контексте бессмысленно.

foreground ♦ приоритетный; ♦ выполнении задания в первую очередь; ♦ передний план.
Часть изображения, расположенная ближе к точке наблюдения и закрывающая другие его части.

foreground color ♦ цвет фона [экрана дисплея]; цвет символа.

foreground image ♦ изображение переднего плана; ♦ накладываемое изображение (в машинной графике).

foreground mode ♦ оперативный режим.

foreground priority ♦ приоритет основной задачи (оперативного режима).

foreground process ♦ приоритетный процесс.

foreground program ♦ приоритетная программа.

foreign font ♦ шрифт национального алфавита.

foreign format ♦ «чужой» формат.
*О дисках, размеченных для другой **ОС** или другого типа устройства.*

foreign key

foreign key ♦ внешний ключ.
fork ♦ ветвление, порождение параллельного процесса.
form ♦ форма; ♦ бланк; ♦ формат; ♦ страница.
  *В сети **NetWare** в командах печати этим термином определяется формат печатных страниц, т.е. размер букв, метки и другое. С помощью меню-утилиты **PRINTDEF** Супервизор сети может определить формы печати на сетевом принтере. См. также **Print Mode**.*
form factor ♦ форм-фактор.
  Модный термин, описывающий размеры (ширину, глубину и высоту).
form feed (FF) ♦ прогон страницы, перевод страницы.
form length ♦ длина страницы.
Form name «NAME» does not exist ♦ Предпринята попытка указания имени формата «ИМЯ» устройства печати, которого не существует (сообщение сети **NetWare**).
Form number or name expected ♦ Не указано имя или номер типа бланка устройства печати (сообщение сети **NetWare**).
format ♦ формат; ♦ форматирование; ♦ разметка (форматирование) диска; ♦ команда форматирования.
  *Способ расположения и представления данных в памяти, базе данных или на внешнем носителе. Размещение данных в соответствии с предписанным форматом. Способ разбиения поверхности носителя на адресуемые элементы (дорожки и сектора), то есть логическое и/или физическое расположение дорожек и секторов на гибком или жестком диске. Чтобы приготовить диск к использованию, его необходимо отформатировать таким образом, чтобы дорожки и сектора располагались на диске в соответствии с требованиями используемой операционной системы. Внешняя команда **MS DOS (Novell DOS)** для форматирования дискет или жестких дисков (**MS DOS** версии **1.25** и **PC DOS** версии **1.0** и более поздних). Файл **FORMAT.COM**. Стандартная команда: **format «имя_дисковода»**: например: **format a:**, **format b:**. При этом происходит форматирование дискеты на max. емкость, которую позволяет дисковод (**1,2** Мбайта для **5**-ти дюймовых дисководов и **1,44** Мбайта для **3**-х дюймовых. Форматирование дискеты необходимо в следующих случаях:*
  1) Подготовить новую дискету к работе.
  2) Подготовить системную дискету.
  3) Очистить дискету от данных и пометить все дефектные участки.
  *4) Подготовить к использованию жесткий диск (или логический диск, размещенный на жестком диске) после разделения жесткого диска программой **FDISK** или аналогичной ей.*
Format another? ♦ Форматировать еще?
  *Если не надо форматировать, нажать клавиши **N** и **Enter**.*
format border ♦ оформление рамки.
format character ♦ оформление знаков.
format complete ♦ форматирование окончено.
Format error ♦ Ошибка форматирования.
  Повторите попытку. Если снова возникнет ошибка — диск не пригоден.

F Format failure

Format failure ♦ Форматирование не удалось.
Обыкновенно это сообщение сопровождается сообщением о причине неудачи, например: **«Track 0 bad – disk unusable»** — *«Дорожка **0** испорчена — дискету использовать нельзя».*

format footnote ♦ оформление сноски.
format mode ♦ режим форматирования.
Format not supported on drive «...» ♦ Форматирование на дисководе «...» не может быть произведено.
format replace ♦ замена оформления.
format running-head ♦ оформление колонтитула.
format search ♦ поиск оформления.
formatted ♦ оформленный.
formatted capacity ♦ форматированная емкость. ♦ емкость [носителя информации] после разметки.
Полное число байтов данных, которые умещаются на диске после его форматирования. Неформатированная емкость выше форматированной, так как часть дискового пространства теряется на определение границ секторов.

formatter ♦ программа форматирования.
Программа или часть системы подготовки текстов, выполняющая форматирование. ♦ *Программа (устройство) разметки магнитных дисков.*

formatting ♦ форматирование. См. также **initialization;** ♦ оформление.
Процедура разбиения дорожек магнитного диска на физические записи (блоки), выполняемая перед первым использованием диска.

Formatting table «...» ♦ Оформляю таблицу «...».
Formatting too complex. Simplify the format of your document ♦ Оформление слишком сложное. Упростите оформление документа.
Formatting while copying ♦ Форматирование во время копирования.
Formatting will erase/All data from tour diskette. Are you sure that you want to format the diskette in drive «...»? ♦ При форматировании уничтожатся все данные на дискете. Вы настаиваете на форматировании дискеты в дисководе «...»?
Forms type ID number expected with the FORM flag ♦ Предпринята попытка применения в команде **capture** или **nprint** флага **FORM** без идентификационного номера типа бланка (системное сообщение сети **NetWare**).
Formula computation error ♦ Ошибка вычисления.
formula entering ♦ ввод формулы.
formula error ♦ ошибка в формуле.
formula included ♦ область формулы.
formula only ♦ только формулы.
formula to long ♦ формула слишком длинная.
forum ♦ форум.
Термин, используемый в службе **CompuServe** *для индивидуальных элек-*

тронных бюллетеней. По терминологии сети **Internet** это — группа новостей. ♦ Интерактивная дискуссионная группа. Интерактивные службы и службы досок объявлений **(BBS)** предоставляют разнообразные форумы, на которых участники с общими интересами могут обмениваться открытыми (т.е. видимыми всем)сообщениями.

forward ♦ вперед, дальше; ♦ передавать (дальше), ретранслировать.
forward reference ♦ ссылка вперед.
Использование идентификатора, который определяется ниже. Язык программирования, допускающий ссылку вперед, требует как минимум двухпроходного транслятора.
Forward reference is illegal ♦ Не разрешается ссылка вперед.
forward-compatible ♦ совместимый «снизу вверх».
found cluster ♦ найденный кластер.
fountain fill ♦ градиентная заливка (плавный переход цветов).
four color process ♦ четырехкрасочный процесс.
four headed arrow ♦ крестообразный курсор.
fpm (frames per second) ♦ число кадров в секунду.
В системах мультимедиа определяет скорость изменения кадров изображения.
Fractal Image Compression (FIC) ♦ Метод Фрактального Сжатия.
Этот метод дает очень большой коэффициент сжатия, позволяет проводить масштабное восстановление, ограничива ет степень ухудшения изображения.
fraction ♦ дробь; ♦ дробная часть [числа].
fractional points ♦ доли пункта.
fragment ♦ фрагмент. Часть пакета.
fragmentation ♦ фрагментация.
В системах динамического распределения памяти — появление большого количества коротких несмежных свободных блоков; при этом система не может удовлетворить запрос на выделение длинного блока памяти, несмотря на то, большая часть памяти не занята. Кроме того, доступ к сильно фрагментированным файлам значительно замедляется. Рекомендуется запустить утилиту **Speed Disk** из пакета **Norton Utilities** для дефрагментации файла.
Fragmentation encountered ♦ Фрагментация встречена.
Fragmentation not encountered ♦ Фрагментация не встречена.
fragmented file chains ♦ фрагментированные цепочки файлов.
frame ♦ фрейм; ♦ конверт; ♦ рамка; ♦ кадр; ♦ видеокадр; ♦ запись активации; ♦ окно.
В сетях передачи данных — кадр. Порция данных, передаваемая канальным уровнем сетевого взаимодействия. ♦ В системах мультимедиа — видеокадр. Состоит из двух чередующихся полей, каждое из которых содержит **525** линий для **NTSC** и **625** линий для **PAL/SECAM**, и изменяется с частотой **30** кадров/с для **NTSC** и **25** кадров/с для **PAL/SECAM** (киноизображения из-

F frame anchor

меняются с частотой **24** кадра/с). 3) В издательских системах (например, **Ventura Publisher**) – рамка. Прямоугольник, внутри которого можно размещать текст и иллюстрации. Рамка бывает универсальная и текстовая.

frame anchor ♦ метка связи.
frame buffer ♦ буфер изображения.
frame deletion ♦ удаление кадра.
Frame Relay ♦ технология передачи пакетов переменной длины, использующая статистическое мультиплексирование для обеспечения доступа пользователей к широкополосным каналам связи.
frame table ♦ таблица страничных блоков.
frame's new location ♦ новое место для окна.
free ♦ свободный, незанятый; ♦ освобождать.
free rotation ♦ произвольный поворот.
free space ♦ свободное пространство памяти.
free system resources ♦ свободные системные ресурсы.
freeform serifs ♦ шрифты с насечками, которые трудно отнести к другим типам классификации (по системе **IBM Classification**).
freehand drawing mode ♦ режим «свободного рисования»; ♦ рисунок от руки; ♦ режим рисования произвольных кривых (в **CorelDraw**).
freehand tracking ♦ трассировка при рисовании.
freeNet ♦ компьютерная сеть сообщества, часто при местной библиотеке, которая предоставляет доступ к **Internet** из библиотеки или с домашних компьютеров.
Предоставляет также много локальных услуг, например информацию о местных событиях, соединения с местными правительственными учреждениями и т.п.
freeware ♦ свободно распространяемые программы.
Программы, которые поставляются бесплатно. Не эквивалентны общедоступным программам, так как разработчик сохраняет авторское право.
Freeware32.com ♦ Коллекция **32**-битных программ, с рейтингом.
freeze ♦ заморозить; ♦ застыть; ♦ зафиксировать.
Программа или команда, позволяющая сделать копию с экрана в отдельный файл.
frequency ♦ частота; ♦ повторяемость.
Frequently Asked Questions (FAQ) ♦ Часто Задаваемые Вопросы.
Обычно это сокращение используется при обозначении документов, содержащих список вопросов и ответов на них по какой-то определенной теме. Такие документы создаются для того, чтобы помочь пользователю разобраться в конкретно определенной области знаний.
from ♦ из, от, с.
From? Enter cell ♦ Откуда? Введите адрес (клетку).
From? Enter range or graph-range ♦ Откуда? Введите диапазон или диапазон-диаграммы.

F

from left ♦ слева.
from letter ♦ стандартное письмо.
　*Обозначение размера страницы, равного 8 **1/2 x 11"** (215,9 x 279,4 мм).*
from page ♦ со страницы (в настольных издательских системах).
from point ♦ от точки.
from right ♦ справа.
from top ♦ сверху.
front ♦ лицевая сторона; ♦ передний план.
front end ♦ внешний интерфейс; ♦ коммуникационный процессор.
front end component ♦ подсистема доступа, подсистема первичной обработки данных.
FS (file separator) ♦ разделитель файлов.
　*Управляющий символ разделения файлов. В коде **ASCII** представлен числом **28**.*
.FSL ♦ расширение файла СУБД Paradox for Windows, содержащего сохранённую форму файла **Paradox**. См. также **extension**.
.FTL ♦ расширение файла СУБД Paradox for Windows, содержащего временную форму файла **Paradox**. См. также **extension**.
FTP ♦ доступ к файловому депозитарию с помощью процедуры **FTP**, при которой в качестве имени вводится слово **anonymous**.
(File Transfer Protocol) [DARPA RFC-959] ♦ протокол пересылки файлов.
　Протокол, определяющий правила передачи файлов между компьютерами. Также называется программой для передачи файлов.
FTPmail ♦ поддерживаемая фирмой **DEC** система, позволяющая применять для **FTP**-сессий электронную почту.
full ♦ полный; ♦ переполненный; ♦ заполненный до конца.
full color pattern ♦ полнокрасочная палитра (шаблон).
full duplex ♦ дуплексный режим.
　Режим передачи информации по каналам модемной связи, при котором данные передаются в обоих направлениях.
full duplex circuit ♦ дуплексный канал.
full name ♦ полное имя.
　Составное имя, включающее в себя все имена в иерархии доступа к данным.
full pathname ♦ полное составное имя.
full screen ♦ полноэкранный.
full screen drag and drop ♦ перетаскивание окна целиком.
full screen editor ♦ экранный редактор.
full stop ♦ точка.
full track buffer ♦ буфер целой дорожки.
　Буфер (обычно располагается на плате контроллера диска), который заполняется содержимым целой дорожки, когда с этой дорожки запрашивается сектор. Последующие запросы на другие сектора этой дорожки обслуживаются в этом случае практически мгновенно.

F full motion video

full motion video ♦ [компьютерный] видеофильм кинематографического качества.
*Движущиеся видеоизображения с частотой **30** кадров/с для **NTSC** и **25** кадров/с для **PAL/SECAM**.*

full page display ♦ полноэкранный дисплей. См. **make-up display**.
*На экране этого дисплея помещается страница формата **A4 (A3)** в натуральную величину. Дисплей используется в системах подготовки текстов и настольных издательских системах.*

Fully Qualified Domain Name (FQDN) ♦ Полноопределённое Имя Домена.
FQDN – полное имя системы, а не только имя хоста.
*Например, «**www**» — имя хоста, тогда как «**www.math.rsu.ru**» – FQDN.*

full word ♦ целое слово.

FYI – For Your Information ♦ Для Вашей Информации.
*Подмножество документов **RFC**, не являющихся техническими стандартами или описаниями протоколов. Документы **FYI** содержат общую информацию по темам, связанным с **TCP/IP** или Интернет.*

function ♦ функция.
Процедура, возвращающая результат. ♦ *Величина, зависящая от других величин.*

functional button ♦ функциональная кнопка.

functional call ♦ вызов функции, обращение к функции.

functional dependence ♦ функциональная зависимость.

functional key ♦ функциональная клавиша.
*Управляющая клавиша, смысл которой не определён аппаратурой или **ОС**, а зависит от выполняемой программы.*

functional protection ♦ функциональная защита.

functional table ♦ таблица функции.
Таблица, задающая функцию.

functional templates ♦ шаблоны функций.

fuzzy logic ♦ нечёткая логика.
Логика, используемая в экспертных системах и оперирующая высказываниями, истинность которых может принимать не только значения «истина» или «ложь», но и любое промежуточное значение.

Giga – ♦ гига-.
  Приставка, обозначающая **10** *в девятой степени.*
gain ♦ коэффициент усиления; ♦ усиление; ♦ усилить.
gain jf control ♦ получение управления.
gallery ♦ таблица стилей.
galley ♦ корректура. **См. correction.**
game ♦ игра, играть.
game theory ♦ теория игр.
gap ♦ пробел; ♦ зазор; ♦ пауза; ♦ промежуток.
garbage ♦ мусор, ненужные данные.
garbage collection ♦ чистка памяти, сборка мусора.
  Действия системы динамического распределения памяти для обнаружения неиспользуемых программой блоков памяти и присоединения их к списку свободной памяти для повторного использования.
Gated ♦ **(GATEway Daemon)** ♦ программа, которая работает под **UNIX** в порту сети и собирает информацию с помощью внутренних протоколов и передает ее в соседние автономные системы; ♦ управляющий процесс шлюза.
  Резидентная программа, которая поддерживает несколько протоколов маршрутизации и семейства протоколов.
gateway ♦ шлюз, межсетевой преобразователь.
  Общий термин для аппаратуры и программного обеспечения, позволяющих осуществлять связь между однородными сетями и большими вычислительными машинами. В процессе осуществления связи используются стандартные протоколы, такие как **BISYNC, X.25** *или* **SNA.**
gatekeeper ♦ привратник.
  Программный или программно-аппаратный комплекс для защиты локальной сети от воздействий извне.
gateway server ♦ шлюз; ♦ станция связи с внешней сетью.
  Рабочая станция локальной сети, обеспечивающая доступ узлов данной локальной сети к внешней сети передачи данных и другим вычислительным сетям.
gaude ♦ масштаб. См. **scale**; ♦ размер; ♦ шаблон. См. также **boilerplate**; ♦ эталон.
gaussian blur ♦ размытие по Гауссу.
Gbps ♦ Сокращение от **Gigabits per second**, гигабит в секунду.
  Мера скорости передачи данных для высокоскоростных сетей, таких как **Gigabit Ethernet** — *гигабитный* **Ethernet.** *В контексте скорости передачи данных один гигабит равен* **1,000,000,000** *бит.*
GDA (Graphics Display Adapter) ♦ адаптер графического изображения.
GDF ♦ графический формат.

G GDI.EXE

GDI.EXE ♦ модуль **Windows**, отвечающий за всю графическую поддержку операционной системы. Содержит поддержку **True Type**-шрифтов.
GE (greater or equal) ♦ больше или равно (операция сравнения).
GEM (Graphics Einvironmental Manager) ♦ Менеджер графической среды. *Графический интерфейс, используемый в таких программах как* **GEM-Paint, GEM-Draw, GEM-Artline, GEM-WordChart**. *Может быть использован при работе с* **Ventura Publisher**. *Представляет собой графическую оболочку пользователя, разработанную фирмой* **DIGITAL RESEARCH**. *С появлением* **Windows** *теряет свое значение.*
.GEN ♦ расширение файла предметного указателя, создаваемого программой **Ventura Publisher for Windows**.
general ♦ общий, обычный; ♦ основной.
general default ♦ стандартное значение по умолчанию.
general failure ♦ обычная ошибка.
General failure reading (or writing) drive «...» ♦ Обычная ошибка при чтении (записи) на дисководе «...».
Необходимо выбрать ответ r (**retry** _ *повторить) или* a (**abort** _ *закончить).*
general format identifier field ♦ поле идентификатора обычного формата.
general memory ♦ общая память.
general reset ♦ общий сброс.
general purpose computer ♦ компьютер общего назначения.
general purpose input port (GP input port) ♦ входной порт общего назначения.
general purpose interface bus (GPIB) ♦ шина интерфейса общего назначения.
general purpose system ♦ универсальная система.
generated ♦ генерировать; ♦ производить; ♦ создавать.
generated address ♦ сформированный адрес.
generated tags ♦ сгенерировать дескриптор.
generating line ♦ сформированная строка.
generation ♦ генерация, создание; ♦ образование, формирование; ♦ поколение [компьютеров].
generation number ♦ номер версии.
generative computer graphics ♦ компьютерная графика.
generic ♦ обобщенный; ♦ общий, родовой; ♦ характерный для определенного класса.
generic classes ♦ обобщенные классы.
generic font ♦ генерируемый шрифт.
generic posting ♦ общая регистрация.
generic relation ♦ общее отношение (в базах данных).
generic search ♦ обобщенный поиск.
geometry ♦ размеры и (рас)положение; к геометрии отношения не имеет!
gesting ♦ «язык» жестов.
get ♦ прочитать; ♦ доставать; ♦ получать; ♦ становиться.

get file by name ♦ загрузка файла по имени.
get more data ♦ получение дополнительных данных.
get picture ♦ загрузить рисунок.
get text ♦ загрузить текст.
get-in ♦ вгонка. См. также **lead out, take-in**.
getting started ♦ пуск.
GGP (Gateway to Gateway Protocol) [RFC-823] ♦ протокол маршрутизатор-маршрутизатор.
ghost ♦ ореол (изображения); ♦ тень.
ghost image ♦ призрачное изображение.
gibberish ♦ ненужные данные, мусор.
gigabyte ♦ гигабайт. См. **G(giga-)**.
Gigabit Ethernet ♦ Гигабитный **Ethernet**.
  *Гигабитный **Ethernet** — это стандарт для локальной вычислительной сети **(LAN)**, который обеспечивает скорость передачи данных **1** миллиард битов в секунду (один гигабит).*
gigahertz ♦ гигагерц. См. **G(giga-)**.
GIF (Graphics Interchange Format) ♦ графический формат.
  *Используется для передачи изображений, которые запоминаются в сжатом виде. Недостаток формата — представление изображения максимум **256** цветами. Используется для передачи информации между различными типами компьютеров; ♦ расширение мультимедиа-файлов в формате обмена графической информацией. Графика. фотографии или графическая информация в уплотненном виде.*
GIFT (General Internet File Transfer) ♦ общий файловый обмен в **Internet**.
give (gave, given) ♦ давать; ♦ отдавать.
give off ♦ выделять.
GIX (Global Internet eXchange) ♦ глобальный обмен в **Internet**.
GKS (Graphical Kernel System) ♦ Базовая система Графических средств.
glare filter ♦ антибликовый фильтр.
global ♦ глобальный, применяемый к программе в целом.
global memory ♦ глобальная (общая) память.
global replacement ♦ глобальная (сквозная) замена.
  Поиск и замена по всему документу.
global search ♦ глобальный (сквозной) поиск.
  Поиск по всему документу.
glossary ♦ глоссарий; ♦ словарь с пояснениями; ♦ классификатор.
Glossy/Photo Paper ♦ глянцевая фотобумага.
GMDS (Global Managed data Service) ♦ информационная служба с глобальным управлением.
GNU (Gnu,s Not Unix) ♦ фонд бесплатного программного обеспечения.
GNU (GNU's Not UNIX) ♦ **unix**-подобная операционная система, которую можно свободно копировать, изменять и перераспределять.
go ♦ начать выполнение (команды).
go on ♦ продолжать.

G Go to

Go to «...» ♦ Перейти (переместиться) к «...».
go to page ♦ на страницу, перейти к странице.
goal ♦ задача, цель.
goal seeking ♦ целенаправленный (о поиске).
Goated Paper ♦ мелованная бумага.
Gopher ♦ Распределенная информационная служба, разработанная в Университете штата Миннесота, которая собирает информацию, доступную через Интернет; ♦ интерактивная оболочка для поиска, присоединения и использования ресурсов и возможностей **Internet**.
   Интерфейс с пользователем осуществлен через сеть меню.
GOSUB ♦ конфигурационная/пакетная команда **Novell DOS**, обеспечивающая в файле **CONFIG.SYS** переход к метке и возврат по команде **Return**.
GOTO ♦ переход, передача управления; ♦ оператор безусловного перехода; ♦ внутренняя команда **MS DOS** (конфигурационная/пакетная команда **Novell DOS**), обеспечивающая в файле **CONFIG.SYS** и в пакетных файлах переход к метке.
GOTO statement ♦ оператор перехода.
Gouraud shading ♦ закрашивание по Гуро; ♦ способ, улучшающий общий вид изображения, придавая кривым и контурам объектов более закругленный вид благодаря плавным переходам цветов.
govern ♦ регулировать, управлять.
Government OSI Profile (GOSIP) ♦ Подмножество стандартов **OSI**, специфичных для США.
governor ♦ регулятор, управляющее слово.
GP input port (general purpose input port) ♦ входной порт общего назначения.
GPIB (general purpose interface bus) ♦ шина интерфейса общего назначения.
grabber ♦ граббер; ♦ «грабилка»; ♦ программа для считывания содержимого звукового компакт-диска (обычно защищённого от подобных действий)
grabber hand ♦ перемещающая рука.
   Пиктограмма, являющаяся курсором мыши и служащая для перемещения изображения по экрану дисплея.
graceful exit ♦ «мягкий» выход.
grade level ♦ нулевая отметка.
graded ♦ градуированный, дифференцированный, калиброванный.
gradient ♦ наклон (шрифта, линии).
GRAFTABL ♦ внешняя команда **DOS (Novell DOS)**, служащая для загрузки в оперативную память расширенного набора символов (**ASCII**-коды **128–255**) для использования их в графическом режиме **GGA** (**MS DOS** и **PC DOS** версий **3.0** и более поздних). Файл **GRAFTABL.COM**.
grammar ♦ грамматика.
   Формальное описание языка.
grammatical ♦ грамматика (естественного языка).

granule ♦ гранула, область блокирования (в базах данных).
graph ♦ граф; ♦ график, диаграмма.
Graph range error ♦ Ошибка в диапазоне диаграмм.
graphic ♦ графика, графические средства.
graphic boundary ♦ граница графики (рисунка).
graphic character ♦ графический символ.
Литера, используемая для построения графического изображения.
graphic chart ♦ графическое изображение.
graphic display ♦ графический дисплей.
Дисплей, обеспечивающий представление данных в любой графической форме.
graphic input ♦ графический ввод; ♦ ввод графических данных.
graphic palette ♦ палитра. См. **palette**.
Соответствие между кодами цветов и цветами, изображаемы ми на экране дисплея.
graphic placeholder ♦ графический заполнитель.
graphical output primitive ♦ графический примитив, элемент отображения, выходной примитив.
Неделимый элемент изображения (точка, отрезок прямой, окружность, прямоугольник, библиотечный элемент).
graphics ♦ графика; ♦ внешняя команда **DOS (Novell DOS)**, позволяющая распечатывать копию экрана на принтере в графическом режиме (**MS DOS** версии 3.2 и **PC DOS** версии 2.0 и более поздних). Файл **GRAPHICS.COM**. Если команда используется без параметра **/r**, то печатается негативное изображение. Выполнение команды копирования экрана осуществляется нажатием клавиш **Shift+PrntScreen**. ♦ Средства и системы ввода, отображения на экране дисплея и вывода изображений. ♦ Область программирования, связанная с разработкой систем построения и преобразования изображений.
graphics adapter ♦ графический адаптер.
Печатная плата с разъемами и электронными схемами, предназначенная для формирования телевизионного изображения по поступающим из компьютера данным, содержащая также блок памяти, в который записываются эти данные.
graphics assistant ♦ графический сопроцессор.
Graphics characters already loaded ♦ Графические параметры установлены.
graphics device interface (GDI) ♦ графический интерфейс с устройством.
graphics digitizer ♦ устройство цифрового ввода изображений.
Устройство, обеспечивающее ввод двумерного, возможно полутонового, изображения в компьютер в виде растровой матрицы.
graphics display adapter ♦ см. **GDA**.
graphics editor ♦ графический редактор, редактор изображений.
Graphics Interchange (Image) Format (GIF) ♦ формат обмена графическими данными (разработанный фирмой **CompuServe** и создающий сжатые файлы растровых изображений).
graphics mode ♦ графический режим.
Режим работы дисплея, обеспечивающий вывод графических изображений.

G Graphics User

Graphics User Interface (GUI) ♦ Графический Интерфейс Пользователя (**ГИП**).
  Основан на использовании пиктограмм для вызова программ на исполнение.
Graphing «...» ♦ Вычерчиваю «...».
Graphs not present on file ♦ Файл не содержит диаграмм.
grate ♦ решетка, координатная сетка. См. также **grid**.
gray + ♦ «серый плюс». Плюс на цифровой клавиатуре.
gray – ♦ «серый минус». Минус на цифровой клавиатуре.
gray component replacement (GCR) ♦ замена компонентов серого.
gray level ♦ уровень яркости (черно-белого изображения).
gray scale ♦ шкала яркости (серого).
gray-scale image ♦ полутоновое изображение, изображение в серых тонах.
Gray-scaling ♦ использование нескольких градаций серого цвета для представления образа.
  Образы с непрерывным оттенком, такие как черно-белые фотографии используют почти неограниченное количество градаций серого цвета.
greak page ♦ разделитель страниц.
  В текстовых редакторах разделители показывают разбивку текста на страницы (разделы) или колонки. Разделители имеют вид горизонтальных одинарных или двойных точечных линий. Разделители вставляются в текст как автоматически, так и вручную.
great ♦ большой.
greek text ♦ имитация текста; макет страницы.
  Указание структуры текста и иллюстраций на экране дисплея условными линейками или прямоугольниками без отображаемых букв, цифр и рисунков.
greeking ♦ имитация.
  *В настольных издательских системах (например, **Ventura Publisher for Windows**) — изображение штриховкой на экране текста, набранного кеглем меньше указанного.*
Green Book ♦ «Зеленая Книга»; ♦ издание, содержащее описание стандартов и параметров диска **CD-I (Compact-Disk Interactive Media Full Function Specification. N. V. Philips & Sony Corp., 1988).**
Greeting Card Stock ♦ печать поздравительных открыток.
grid ♦ растр, координатная сетка; ♦ решетка; ♦ грид. См. **grate**; ♦ направляющий провод (в криотроне).
grid marker ♦ метки координатной сетки.
grid setting ♦ координатная (модульная) сетка.
grid snap ♦ решетка; ♦ координатная (модульная) сетка.
grid size ♦ шаг координатной (модульной) сетки.
ground ♦ заземление; ♦ земля.
ground line ♦ линия заземления.
ground wire ♦ земляной провод.
group ♦ группа; ♦ группировать, объединять в группу.
  *В сети **NetWare** — группа пользователей, обычно выполняющих определенную профильную работу и имеющих идентичные права доступа. См. **group access**.*

group access ♦ групповой доступ.
В сети **NetWare** *— метод предоставления идентичных прав доступа нескольким пользователям, чтобы они могли одновременно работать в одних и тех же сетевых каталогах. Администратор сети создает группу пользователей и определяет для нее права доступа к файлам каталога. Любой пользователь, являющийся членом группы, имеет права доступа, предоставленные этой группе.*

group box ♦ поле группы, групповое окно.
Ряд интерфейсных элементов, объединенных в группу для удобства работы с ними.

Group «group_name» not found ♦ Группа «имя_группы» не найдена (сообщение сети **NetWare**).
Предпринята попытка применения имени несуществующей группы в вычислительной сети.

group icon ♦ символ группы, пиктограмма группы.

Group «server_name»/«group_name» not logged in ♦ Группа «имя_сервера»/«имя_группы» не зарегистрирована (сообщение сети **NetWare**).
Выполнен запрос о группе «имя_группы», которой нет на файловом сервере «имя_сервера».

group window ♦ окно группы.

groups of options ♦ группа параметров.

grow ♦ соседние пиксели.

grow inter line to fit ♦ автоматический интерлиньяж (междустрочный интервал).
Нормальным считается междустрочный интервал, равный **120%** *кегля используемого шрифта; плотным — равный кеглю шрифта.*

GS (group separator) ♦ управляющий символ «разделитель групп».
В коде **ASCII** *представлен числом* **29**.

GT (great then) ♦ больше (операция сравнения).

guard bit ♦ разряд защиты, бит защиты.

guard digit ♦ разряды защиты.
Дополнительные разряды промежуточных результатов, обеспечивающие сохранение точности.

GUI ♦ см. **Graphics User Interface.**

guidance ♦ руководство.

guide ♦ указатель; ♦ руководство; ♦ путеводитель.

guide-book ♦ практическое пособие.

guidelines gutter ♦ канавка для вспомогательных линий (в машинной графике).

GUI-like ♦ сходный с графическим.

Gumut Warning ♦ определить цвета вне **CMYK.**

gutter ♦ поле для переплета (подшивки); ♦ направляющий желоб.

H hairline

H ♦ шестнадцатеричная цифра с десятичным значением **16**.
hairline ♦ тонкая линия. Толщина линии составляет **0,25** пункта.
Hacker ♦ Хакер.
> *Программист, способный быстро писать и обновлять программы, не имеющие хорошего описания (недокументированные вообще), в том числе в машинных кодах. Часто занимается взломом.*

half ♦ половина; ♦ наполовину.
> *Половина листа бумаги формата* **5 1/2"х8 1/2" (134.8x208.3 мм)**.

half duplex ♦ полудуплексный режим.
> *Режим передачи данных, при котором в каждый момент времени данные передаются только в одном направлении.*

halftone ♦ полутон, полутоновый.
> *На печати или в графическом редакторе, образ непрерывного оттенка преобразованный в черно-белый образ. Полутоны образуются посредством процесса «дрожания»* **(dithering)**, *в котором плотность черных и белых точек изменяются, чтобы симитировать другие градации серого цвета.*

half tone (intensified display) ♦ полутоновый дисплей.
> *Дисплей, допускающий несколько градаций яркости в различных участках экрана, т. е. одни поля могут быть высвечены более ярко, чем другие.*

halftone dot ♦ растровая точка.
halftone image ♦ растровое изображение. См. также **continuous-tone image**.
halftoning ♦ обработка полутонов.
halfwidth ♦ полушарие.
halfword ♦ полуслово.
> *Элемент памяти, равный половине машинного слова. (2 байта).*

halt instruction ♦ команда останова.
> *Команда, останавливающая выборку и выполнение команд процессором; работа может быть возобновлена поступлением внешнего прерывания.*

Hamming code ♦ код Хэмминга.
> *Используемый при передаче и хранении данных с исправлением ошибок; обеспечивает исправление ошибки в одном бите и обнаружение ошибки в двух битах.*

hanbook (of something) ♦ использование **(of something)**; ♦ руководство; ♦ настольная книга.
hand ♦ рука; ♦ форма курсора мыши, служащая для перемещения рисунка по экрану дисплея.

hand held computer

hand held computer ♦ «карманный» компьютер.
hand help scanner ♦ ручной сканер.
handing ♦ обрабатываю.
handing indent ♦ выступ, нависающий отступ; ♦ смещение влево. См. также **undent**.
   Смещение первой строки абзаца влево по отношению к основному тексту.
handing line ♦ висячая строка. См. **false line, orphan, widow**.
handle ♦ ручка; ♦ держатель; ♦ управлять; ♦ определитель.
handle ♦ ссылка.
   Целое число, назначаемое некоторому программному ресурсу, процессу или объекту для его уникальной идентификации при дальнейшем использовании.
Handle «...» deallocated ♦ Выделение памяти **EMS** с логическим номером «...».
handler ♦ подпрограмма взаимодействия с внешним устройством; ♦ драйвер; ♦ программа реакции на особую ситуацию, обработчик особой ситуации.
handshake ♦ «рукопожатие», установление связи.
   Последовательность сигналов, которыми обмениваются модемы (факсы) для выбора общей скорости и формата передачи данных.
handshaking ♦ установление связи, подтверждение связи (в сети).
hang up ♦ «зависание»; ♦ состояние компьютера, при котором он перестает выдавать результаты и реагировать на запросы извне.
   *Необходимо перезагрузить компьютер нажатием клавиш **Ctrl+Alt+Del**. Если компьютер не реагирует — нажать кнопку **RESET**.*
hard ♦ постоянный; ♦ жесткий.
hard break ♦ «твердый» пробел.
   Пробел, который не позволяет делать разрыв строки.
hard copy ♦ документальная (печатная) копия; ♦ распечатка.
hard (fixed) disk ♦ жесткий диск.
   Неподвижный магнитный диск. Обычно подразумевается винчестерский диск.
hard disk driver ♦ дисковод для жесткого диска.
hard error ♦ постоянная ошибка.
hard nid pen ♦ фломастер с упроченным штифтом.
hard page break ♦ «твердая» граница страницы.
   Переход на новую страницу, сохраняемый при изменении числа строк на странице.
hard space ♦ «твердый» пробел.
   Пробел, сохраняемый и не удаляемый при форматировании.
hard sectored disk ♦ диск с жесткой разметкой.
   Магнитный диск, размечаемый механическим способом или с помощью специализированного форматера; сигналы о начале сектора выдаются контроллером, и размещение секторов не может быть изменено программой.
header ♦ заголовок; например, заголовки письма; ♦ строки со служебной ин-

H heap

формацией почтовых программ в начале письма; ♦ верхний колонтитул (на странице текста)

heap ♦ куча; динамическая память.
hardware ♦ аппаратные средства. См. также **computer hardware**.
Hardware code page «...». Prepared code page «...» ♦ Постоянная кодовая страница «...». Подготавливаемая кодовая страница «...».
hardware compatibility ♦ аппаратная совместимость.
hardware compatible ♦ аппаратно-совместимый.
Об устройствах с взаимозаменяемыми конструктивными узлами или об устройствах, допускающих сопряжение.
hardware division ♦ аппаратное деление. См. также **hardware multiplication**.
hardware environment ♦ аппаратная среда.
Аппаратные средства, используемые при выполнении программы.
hardware error ♦ ошибка в аппаратуре.
hardware interrupt ♦ аппаратное прерывание.
hardware multiplication ♦ аппаратное умножение.
Выполнение операции умножения командой процессора, а не подпрограммой. Существенно повышает быстродействие.
hardware sprite ♦ аппаратный спрайт.
Аппаратное средство формирования графического изображения. Представляет собой растровое графическое изображение небольшого размера (например, 32x32 точки), которое может перемещаться по экрану независимо от основного изображения.
hardware stack ♦ аппаратный стек.
hardware support ♦ аппаратная поддержка; ♦ аппаратная реализация.
hardwired ♦ аппаратный, ♦ «зашитый».
Реализованный аппаратными средствами.
hartley ♦ хартли.
Единица измерения информации, равная информации, представляемой одной десятичной цифрой.
Has invalid cluster, file truncated ♦ Неверная ссылка на кластер, имя файла блокируется.
hash addressing ♦ адресация с кэшированием, хеш-адресация. См. также **hashing**.
hashing ♦ кэширование.
Метод преобразования поискового ключа в адрес с целью хранения и эффективного поиска элемента данных.
HASP (Houston automatic spooling program) ♦ пакетная операционная система для компьютеров серии **IBM/360**.
have ♦ иметь; ♦ содержать.
HD (high density) ♦ высокая плотность.
Следующие виды дискет называют дискетами **HD: 5,25 дюйма _ 1,2 Мбайт; 3,5 дюйма _ 1,44 Мбайт.**

HDAM

HDAM (Hierarchical direct access method) ♦ иерархический прямой метод доступа. См. также **hierarchical access method**.

HDBKUP ♦ внешняя команда **MS DOS** для защитного копирования всего содержимого винчестера.

HDD (Hard Disk Drive) ♦ накопитель на жестких дисках; ♦ винчестер.

HDLC (high level data link control) ♦ высокоуровневый протокол управления каналом.
*Предложенный ISO стандарт канального протокола. См. также **SDLC**.*

HDRSTORE ♦ внешняя команда **MS DOS** для восстановления содержимого винчестера после защитного копирования командой **HDBKUP**.

HDTV (High Definition TV) ♦ Телевидение Высокой Четкости (**ТВЧ**).
*Характеризуется удвоением числа линий в кадре (до **1050**) и изменением соотношения ширина/высота изображения с **19:9** до **16:9**.*

head ♦ головка; ♦ заголовок. См. также **banner, header**; ♦ рубрика; ♦ голова (таблицы); ♦ передняя часть.

Head «...» cylinder «...» ♦ Головка номер «...» цилиндр номер «...».

header ♦ верхний; ♦ заголовок; ♦ рубрика; ♦ колонтитул.

heading ♦ рубрика; ♦ заголовок раздела и подраздела (части, главы) издания. ♦ надпись; ♦ колонтитул.

headline ♦ колонтитул. См. также **catchword, footer, header**.

heap ♦ динамическая область, динамически распределяемая область.

heap manager ♦ программа управления динамической областью, ♦ программа динамического распределения памяти.

height ♦ высота; ♦ наивысшая точка, максимум.

height rows ♦ количество строк.

height-balanced tree ♦ сбалансированное по высоте дерево.

help ♦ помощь; ♦ подсказка; ♦ справка. ♦ команда **DOS (Novell DOS)**, обеспечивающая оперативную подсказку при работе с командами **DOS**.
*Выводит на экран текст подсказки из файла **DOSHELP.HLP** (**MS DOS** и **PC DOS** версий **5.0** и выше). Осуществляет вывод вспомогательной информации по командам **DOS**, запуск **DOSBOOK** (**Novell DOS**). Формат **HELP.EXE**. Вызов подсказки осуществляется двумя способами: набором **HELP** и имени команды в командной строке или набором в командной строке имени команды с последующим вводом косой черты с наклоном влево и знака вопроса (/?). Обычно вызов помощи в программах осуществляется нажатием клавиш **F1** или **«?»**. В сети **Novell NetWare** — диалоговый справочник.*

help library ♦ библиотека текстов диалоговой документации.

help line ♦ строка подсказки; ♦ информационная строка.

HERCULES (HGC-Hercules Graphics Card) ♦ монохромный текстовый и графический адаптер фирмы **COMPUSERVE & Inc** с разрешением **720** точек на **350** строк.

Hercules graphics ♦ графическая система для **PC**, разработанная **Van Suwannukul**, основателем компании **Hercules Computer Technology**.

H here

here ♦ здесь, сюда.
hesitation ♦ приостановка.
Кратковременное прекращение выполнения программы для обработки более срочного запроса.
heterogeneous network ♦ Неоднородная сеть.
Сеть, в которой исполняются несколько протоколов сетевого уровня.
heuristic ♦ эвристика, эвристическая процедура.
Процедура, не основанная на формально доказанном алгоритме.
Hewlett-Packard Company (HP) ♦ американская фирма по производству измерительных приборов, систем подготовки текстов, мини- и микрокомпьютеров.
Hewlett Packard graphics language ♦ См. **HPGL**.
hex ♦ см. **hexadecimal**.
hexadecimal ♦ шестнадцатеричный.
hexadecimal digit ♦ шестнадцатеричная цифра.
hexadecimal format ♦ шестнадцатеричный формат.
hexadecimal notation ♦ шестнадцатеричная система счисления.
hibernating process ♦ «спящий процесс»; ♦ остановленный процесс.
hibernating task ♦ остановленная задача.
hibernation ♦ состояние ожидания.
HIDAM ♦ см. **hierarchical indexed direct access method**.
hidden ♦ скрытый; ♦ защищенный.
hidden file ♦ скрытый файл.
Файл, имеющий атрибут «скрытый». Скрыт от обычного пользователя. Его имя не появляется в списках файлов, запрашиваемых пользователем в сети. В программах-оболочках имена скрытых файлов не видны на экране или помечены специальным образом (например, «решетка» в **Norton Commander**, *«!» в* **Windows**).
hidden line ♦ невидимая линия.
hidden surface ♦ невидимая поверхность.
hidden text ♦ скрытый (защищенный от изменений) текст.
hidden line removal ♦ удаление невидимых линий (ребер).
hidden surface removal ♦ удаление невидимых поверхностей.
В машинной графике — способ отображения трехмерного объекта, обеспечивающий изображение только тех частей объекта, которые ориентированы к точке наблюдения и не скрыты другими его частями.
hide ♦ прятать; ♦ защищать от изменений.
hide files of these types ♦ не отображать файлы следующих типов.
hide MS-DOS file extensions for the types that are registered ♦ не отображать расширения **MS-DOS** для файлов зарегистрированных типов.
hide network neighborhood ♦ скрыть сетевое окружение.
hide/show marquie ♦ спрятать/показать границу.

hide side bar

hide side bar ♦ спрятать селектор.

HIDEVICE ♦ конфигурационная команда **Novell DOS**, выполняющая загрузку драйверов внешних устройств (**.SYS, .BIN**) в верхнюю память.

hierarchical access method ♦ иерархический метод доступа.
: Метод доступа, обеспечивающий древовидную организацию данных в соответствии с многоуровневым ключом: записи одного поддерева имеют одно значение ключа верхнего уровня. Поддерживается системами управления иерархическими базами данных.

hierarchical addressing ♦ иерархическая адресация.
: Способ указания объекта в сети компьютеров посредством составного идентификатора, отражающего структуру сети и путь доступа.

hierarchical data base ♦ иерархическая база данных.
: Система управления базой данных, в которой каждая запись имеет ровно одного владельца.

hierarchical direct access method (HDAM) ♦ иерархический прямой метод доступа.
: Иерархический метод доступа, базирующийся на файлах с прямой или виртуальной организацией; обеспечивает прямой доступ к корневым сегментам и доступ к подчиненным сегментам с помощью указателей.

hierarchical indexed direct access method (HIDAM) ♦ иерархический индексно-прямой метод доступа.
: Иерархический метод доступа, базирующийся на файлах с виртуальной организацией; обеспечивает индексный доступ к корневым сегментам и прямой или последовательный доступ к подчиненным сегментам с помощью указателей.

hierarchical indexed sequential access method (HISAM) ♦ иерархический индексно-последовательный метод доступа.
: Иерархический метод доступа, базирующийся на физических файлах с индексно-последовательной организацией; обеспечивает индексный доступ к корневым сегментам и последовательный доступ к подчиненным сегментам.

hierarchical network ♦ иерархическая сеть.
: Информационная сеть, в которой линии и узлы делятся на несколько уровней, имеющих различную структуру соединений.

hierarchical routing ♦ Иерархическая маршрутизация.

hierarchical sequential access method (HSAM) ♦ иерархический последовательный метод доступа.
: Иерархический метод доступа, базирующийся на физических файлах с последовательной организацией; обеспечивает только последовательный доступ к сегментам.

hierarchical storage ♦ иерархическая память.
: Система взаимосвязанных запоминающих устройств, одни из которых имеют большое быстродействие, но малую емкость, а другие — большую емкость, но и большое время доступа. Операционная система или аппа-

H hierarchy

ратные средства перемещают блоки данных между уровнями иерархической памяти без явных запросов прикладной программы, делая для нее иерархию незаметной.

hierarchy ♦ иерархия; ♦ многоуровневая организация.
high ♦ высокий, старший.
high bit ♦ единичный бит, единичный разряд.
high bound ♦ верхняя граница.
high-density disk ♦ дискета высокой плотности.

Высококачественный гибкий лиск, способный хранить данных больше, чем диск двойной плотности.

high memory ♦ верхняя память.
high memory area (HMA) ♦ область верхней памяти.

*Дополнительная часть памяти размером **64** Кбайта, к которой с помощью драйвера, отвечающего стандарту **XMS**, может обращаться **DOS**. В каждый момент времени только одна программа — **DOS, WINDOWS**, сетевой драйвер и т. п. — может работать с **HMA**.*

high pass ♦ цветовой контраст.
high performance ♦ быстродействующий.
High Performance Computing and Communications (HPCC) ♦ Высокопроизводительные Вычисления и Связь.
High Performance Parallel Interface (HIPPI) ♦ Высокоэффективный Параллельный Интерфейс.
High Quality ♦ высококачественная печать.
High Sierra ♦ один из форматов диска **CD-ROM**, близкий к формату **ISO 9660**.
high speed draft ♦ высокоскоростная печать.

В машинной графике — способ задания характеристик цвета с помощью трех параметров.

Highest «...» – axis value ♦ Наибольшее значение по оси «...».
high level goal ♦ цель верхнего уровня.
high level language ♦ язык высокого уровня.

Язык программирования, управляющие конструкции и структуры данных которого отражают естественные для человека понятия, а не структуру вычислительной машины.

high level protocol ♦ протокол высокого уровня.

В вычислительных сетях — протокол, определяющий взаимодействие на уровне значимых информационных единиц: сообщений, файлов, запросов.

highlight ♦ выделять (информацию на экране); ♦ повышенная яркость (изображения); ♦ высвечивать.
highlight bar ♦ световая полоса, световое выделение.
highlighting ♦ выделение. См. также **allocation, extraction**.

Выделение детали изображения или сегмента посредством модификации визуальных атрибутов.

high low close (Hi-Lo) ♦ биржевая (интервальная) диаграмма.
high order position ♦ старшая позиция.
   Самая левая позиция в слове или строке.
high esolution mode ♦ графический режим с высоким разрешением.
high scan range (of scanners) ♦ сканер высокого разрешения (**400-2000** точек на дюйм).
high speed carry ♦ ускоренный перенос.
highway ♦ магистраль.
   Совокупность линий и шин интерфейса, используемых при передаче адресов, данных, синхронизирующих и управляющих сигналов между элементами вычислительной системы.
HIINSTALL ♦ конфигурационная команда **Novell DOS**, выполняющая загрузку выполнимых драйверов внешних устройств (**.EXE, .COM**) в верхнюю память.
Hi-Lo ♦ см. **high-low close.**
HILOAD ♦ внутренняя команда **Novell DOS**, выполняющая загрузку выполняемых программ (**.EXE, .COM**) в верхнюю память.
HIMEM.SYS ♦ драйвер устройств **ОС**, управляющий использованием расширенной памяти, включая зону высокой памяти, и предотвращающий одновременное использование одной области памяти двумя программами (**MS DOS** и **PC DOS** версий **5.0** и выше).
hint ♦ подсказка; совет
hints ♦ намеки; ♦ интерактивные подсказки.
HISAM ♦ см. **hierarchical indexed sequential access method.**
histogram ♦ гистограмма.
   Диаграмма, показывающая относительные частоты, с которыми значения изменяемой величины попадают во множество последовательных интервалов.
history ♦ предыстория.
   *С помощью этой команды (**Alt+F8** при работе с **Norton Commander**) можно просмотреть несколько предыдущих команд **DOS**;* ♦ конфигурационная команда **Novell DOS**, обеспечивает включение расширенных функций обработки командной строки.
hit ♦ ответ; ♦ совпадение (при поиске в базе данных); ♦ нажать (клавишу).
Hit any key to interrupt print «...» ♦ Нажмите любую клавишу для прекращения печати «...».
Hitachi ♦ японская фирма по производству электронных изделий, выпускающая компьютеры, аппаратно-совместимые с компьютерами фирмы **IBM**.
HLS model ♦ модель «цвет-яркость-насыщенность».
HMA ♦ см. **high memory area.**
home ♦ начало, исходное положение; ♦ клавиша «НАЧАЛО».
   Управляющая клавиша, служащая для перемещения курсора в левый верхний угол экрана дисплея или в начало строки (колонки), в которой находится курсор, в начале какого-либо списка т. п.

H home directory

home directory ♦ собственный каталог.
: Сетевой каталог, определяемый администратором сети как ваш основной рабочий каталог.

home screen ♦ начало экрана.
: Левый верхний угол экрана дисплея.

homogeneous network ♦ однородная сеть.
: Сеть, исполняющая одиночный протокол сетевого уровня.

Hop ♦ перелет.
: Термин, используемый в маршрутизации. Путь к адресату по сети — ряд перелетов через маршрутизаторы.

hook ♦ крюк, крючок; ♦ захватчик.
: Программа, выполняющая перехват сообщений и их предварительную обработку. После такой обработки сообщения передаются адресату обычным образом.

hook up ♦ перехватить.

horizontal ♦ горизонтальный; по горизонтали.

horizontal form size ♦ ширина страницы.

horizontal menu ♦ горизонтальное меню.
: Меню, элементы которого размещены на экране дисплея горизонтально в верхней или нижней части и которое не перекрывает выведенную информацию.

horizontal rulers ♦ горизонтальная линейка.

horizontal scan frequency ♦ горизонтальная частота сканирования.
: Частота (измеряемая в килогерцах), с которой монитор перерисовывает горизонтальные строки, составляющие изображение. Стандартный **VGA**-сигнал требует отображения на мониторе с частотой **31.5 КГц**.

host ♦ см. **host computer**.

host computer ♦ главный компьютер, «хост».
: Компьютер, предоставляющий конечному пользователю такие услуги, как выполнение расчетов, доступ к базе данных, и способный выполнять функции управления сетью. Обычно этим термином обозначаются большие универсальные компьютеры, файловые серверы.

host address ♦ Адрес хоста.

Hostname ♦ Имя хоста. Имя, данное машине.

host number ♦ Номер хоста.

hot plugging ♦ горячая вставка.
: Возможность добавлять и удалять устройства не выключая компьютер, причем операционная система должна автоматически распознавать изменения.

host system ♦ инструментальная система.

hot fix ♦ «горячее» исправление.
: Дополнительная возможность сети **NetWare** по защите данных на дисках сети. Если обнаружена ошибка записи данных на сетевой диск, данные из памяти записываются в другую область дисковой памяти, а ошибочная область диска исключается из работы.

hot key ♦ клавиша запуска.
hot line ♦ «горячая линия».
hotlist ♦ горячий список.
*Список закладок (**bookmark**), т.е. адресов **URL** документов **Web**, которые необходимо сохранить на будущее. Можно вернуться к конкретному документу, выбирая его из списка.*

housecleaning ♦ чистка, приведение в порядок.
Служебные системные операции, выполняемые перед выключением компьютера.

housekeeping operation ♦ служебная операция.
Операция, не влияющая на производительность системы или результат, но необходимая для правильной работы системы, например поддержание системного времени.

HP ♦ сокращение названия фирмы **Hewlett-Packard**.

HP channel bus ♦ магистраль ввода-вывода **16**-разрядных компьютеров системы **HP-21XX** фирмы Hewlett-Packard.

HPGL (Hewlett-Packard Graphics Language) ♦ стандартный язык фирмы Hewlett-Packard для устройств графического вывода.

HP-IB (Hewlett-Packard Interface bus) ♦ приборная магистраль, разработанная фирмой **HP**, послужила впоследствии основой международных и национальных стандартов **IEC 625.1, IEEE-488, СТ СЭВ 2740-80, ГОСТ 26.003-80**.

HP-IL (Hewlett-Packard interface loop) ♦ интерфейсная петля фирмы Hewlett-Packard.
*Последовательная магистраль, функционально совместимая с параллельной магистралью **HP-IB** и использующая одну двухпроводную линию, образующую замкнутую петлю.*

HSSB (High Speed Serial Bus) ♦ Высокоскоростная Последовательная Магистраль.
*Магистраль оптимизирована для использования в качестве эффективного дополнения параллельных системных магистралей в отказоустойчивых системах, обеспечивающих диагностику в индивидуальных модулях, а также для подключения средне- и низкоскоростных периферийных устройств (принтеров, манипуляторов графической информации, сканеров), реализующих стандарт **P1394**.*

hub ♦ концентратор, расширитель, хаб; ♦ узел.
Устройство, представляющее собой точку соединения для всех компьютеров и устройств обьединенных в сеть типа «звезда». Пассивный хаб представляет из себя простой канал, через который происходит обмен данными. Так называемый интеллектуальный хаб имеет несколько дополнительных свойств, в том числе может использоваться в качестве моста между группами устройств(компьютеров), обьединенных в сеть по разным принципам соединения.

hue ♦ оттенок цвета; ♦ цвет.
hue/saturation ♦ цветовой тон/насыщенность.

H hull

hull ♦ оболочка.
В компьютерной графике — графическая конструкция, огибающая одну или несколько других конструкций более сложной формы.

Hyperlink ♦ Гиперссылка.
Указатель внутри документа гипертекста, который указывает (связывает) на другой документ, который также может быть гипертекстовым документом.

hypermedia ♦ гипермедиа.
Расширение концепции гипертекста на все формы мультимедиа-объектов. Позволяет легко организовать перемещение (навигацию) между объектами.

hyphenation ♦ расстановка переносов; перенос; разделение слов для переноса.

hypertext ♦ гипертекст.
В мультимедиа — способ представления текстов, при котором обеспечивается простота переходов между его отдельными частями.

Hypertext Markup Language (HTML) ♦ Язык Гипертекстовой Разметки.
*Язык для создания гипертекстовых документов. Язык, на котором создаются страницы для **World Wide Web**. Положение всех картинок, ссылок, таблиц, а также многое другое, что вы видите (а, иногда, и не видите) на этой странице, запрограммировано именно на **HTML**-языке. Документы, созданные в формате **HTML**, требуют для просмотра специальной программы-клиента, такой как, например, **Netscape Navigator.***

Hypertext Transfer Protocol (HTTP) ♦ Протокол Передачи Гипертекста.
Протокол, используемый **WWW**, чтобы передавать **HTML** файлы.

hyphenate ♦ перенос.

Hyphenating «...» ♦ Идет процесс переноса «...».

hyphenation ♦ перенос; ♦ разделение слов для переноса (разбивка текста по слогам); ♦ дефис.

hyphens delimit words ♦ контроль слов, разделенных дефисом.

HYTELNET ♦ каталог станций **telnet**.
Позволяет узнать, что вы можете делать на сотнях компьютеров, разбросанных по всему земному шару.

IAB (Internet Activities [Architecture] Board) [RFC1594] ♦ комитет по архитектуре **Internet**.
IANA (Internet Assigned Number Authority) ♦ комиссия по константам **Internet**.
IAHC ♦ сокращение от **Internet International Ad Hoc Committee**, Международный специальный комитет Интернет.
I-beam ♦ I-курсор.
Вид курсора в машинной графике, настольных издательских системах.
IBM (International Business Machines Corporation) ♦ Международная Корпорация Компьютеров «Ай-Би-Эм».
Американская фирма — крупнейший разработчик и изготовитель компьютеров, внешних устройств и программного обеспечения. Основана в 1911 году под именем **Computing Tabulating Recording Company** *в результате слияния трех компаний. Свое нынешнее название фирма получила в 1924 году. Персональные компьютеры фирмы* **IBM** *построены по принципу «открытой архитектуры», что обеспечило* IBM PC *потрясающий успех и долговечность на компьютерном рынке, но лишило фирму* **IBM** *возможности единолично пользоваться плодами этого успеха. Так, первые компьютеры на основе микропроцессоров* **Intell-80386** *были выпущены уже не* **IBM**, *и все попытки монополизировать рынок (например, выпуск* **IBM PS/2**) *к успеху не привели. В настоящее время развитие компьютеров* **IBM PC** *осуществляется многими конкурирующими фирмами, среди которых* **IBM** *по-прежнему остается крупнейшим производителем этих компьютеров. Наибольшее влияние на развитие* **IBM PC** *оказывают фирма* **Intel**, *производитель микропроцессоров для* **IBM PC**, *и фирма* **Microsoft** — *разработчик операционной системы* **MS DOS**, *графической операционной оболочки* **Windows** *и других используемых на* **IBM PC** *программ.*
IBM PC ♦ персональный компьютер фирмы **IBM** на базе микропроцессора **Intell-8088** (**Intell-8086**).
В начале **80-х** *годов эти микропроцессоры выпускались с тактовой частотой* **4,77 МГц**, *а затем были созданы модели с тактовой частотой* **8, 10 и 12 МГц**. *Микропроцессор* **Intell-8088** *имеет* 20*-разрядную шину адреса, позволяющую работать с* **1 Мб** *памяти и 8-разрядную шину данных; микропроцессор* **Intell-8086** *отличается разрядностью шины данных —* **16** *разрядов. Исходная (базовая) модель —* **IBM PC**, *ее модификация —* **IBM PC XT**. *Модели с увеличенной производительностью (тактовой частотой) иногда называют* **Turbo-XT**.

IBM PC AT

IBM PC AT ♦ персональный компьютер фирмы **IBM** на базе микропроцессора **Intell-80286**.
Вначале эти микропроцессоры выпускались с тактовой частотой **6 МГц**, *а затем были созданы модели с тактовой частотой от* **12** *до* **25 МГц**. *Микропроцессор* **Intell-80286** *имеет* **24**-*разрядную шину адреса, позволяющую работать с* **16 Мб** *памяти и* **16**-*разрядную шину данных.*

IBM PC PS/2 ♦ персональный компьютер фирмы **IBM** на базе микропроцессора **Intell-80386**.
Микропроцессор **Intell-80386** *не только работает быстрее, чем* **80286**, *но и имеет значительно больше возможностей. См.* **Intell-80386.**

IBM PC XT ♦ персональный компьютер фирмы **IBM**. См. **IBM PC**.

IBM compatible ♦ совместимый с персональным компьютером фирмы **IBM**.

IC (Integral Circuit) ♦ интегральная микросхема.
В разговорном языке также **Chip** (*чип*) *или просто модуль.*

ICM (Image Color Matching) ♦ подбор цветов.
Позволяет работать с реальными цветами **WYSIWYG** (**what you see is what you get** — *что вы видите, то и получаете*).

ICMP (Internet Control Message Protocol) [TCP/IP, RFC-792]. ♦ протокол **Internet** для пересылки управляющих сообщений.

.ICO ♦ расширение мультимедиа-файлов. Графика.
Небольшие по размерам файлы, содержащие пиктограммы (иконки) для **Windows**. *См.* **icon**.

icon ♦ пиктограмма; ♦ икона.
В диалоговых системах с непосредственным взаимодействием (например, **Windows**) — *условное изображение информационного объекта или операции. Указав курсором на пиктограмму, можно выбрать и инициировать соответствующую программу или операцию либо задать их аргументы.*

iconify ♦ минимизировать; уменьшить.

IDE (Imbedded Drive Electronics) ♦ интерфейс системного уровня, соответствующий стандарту Американского Национального Института Стандартизации **(ANSI)**; ♦ **(Integrated Device Electronics)** — стандарт интерфейса жестких дисков (см. **HDD**), наиболее дешевый вариант накопителя информации подобного типа.

idea processor ♦ текстовая база данных.

identification ♦ идентификация, определение, распознавание.
В сети — *опознавание выдавшего запрос пользователя, канала или процесса.*

identifier ♦ идентификатор, имя.
Строка символов, обозначающая или именующая объект. ♦ *В сети* **NetWare** — *слово, используемое во входном командном файле для представления информации, изменяющейся каждый раз, когда пользователь входит в файловый сервер. Когда идентификатор появляется во входном командном файле, автоматически выбирается текущее значение информации, соответствующее данному идентификатору. Некоторыми примерами идентификаторов являются* **HOUR, DAY OF WEEK, LOGIN NAME.** *См. также* **login script**.

idle

idle ♦ простой; отсутствие какой-либо деятельности программы (процессора)
idle character ♦ холостой символ.
  Символ, передаваемый по линии связи в отсутствие сообщений.
idle time ♦ время простоя, простой.
IEEE ♦ Сокращение от **Institute of Electrical and Electronics Engineers** – Институт Инженеров по Электричеству и Электронике.
IEEE 1394 (FireWire) ♦ Новый, быстрый стандарт на внешнюю шину (**Macintosh G4** оборудуется внутренним портом **FireWire**), поддерживающий скорость передачи данных до **400 Mbps** (**400** миллионов бит в секунду).
ier ♦ множитель.
IF ♦ внутренняя команда **MS DOS (Novell DOS)**.
  Задает условия перехода в пакетных файлах.
iff (if and only if) ♦ тогда и только тогда; ♦ эквивалентность.
IFF (Image File Format) ♦ формат файлов изображений.
  *Данный формат предусматривает сжатие данных способом **RLE** (**Run Length Encoding** — кодирование длины серий), при котором выделяются последовательные данные, состоящие из одинаковых элементов.*
IFIP (Internet Federation for Information Processing) ♦ ассоциация для обработки информации в **Internet**.
IFSFUNC ♦ команда ОС, обеспечивающая поддержку ЛВС **LAN 1.3** фирмы **IBM** (**PC DOS** версии **4.X**). Файл **INSFUNG.EXE**.
IF-statement ♦ условный оператор.
IGES (Initial Graphic Exchange Specification) ♦ стандарт обмена графическими данными, обеспечивающий возможность обмена трехмерными геометрическими данными.
ignore ♦ игнорировать; ♦ пропускать.
ignore capitalization ♦ игнорирование разницы между прописными и строчными буквами.
IHF ♦ см. **image handing facility**.
ill conditioned ♦ плохо обусловленный, некорректный.
illegal ♦ несанкционированный; ♦ неразрешенный.
illegal banner specification ♦ неправильная спецификация флага (сообщение сети **NetWare**).
illegal character ♦ недопустимый символ.
illegal character found in the specified password ♦ При вводе пароля использованы недозволенные символы (сообщение сети **NetWare**).
illegal character following end of text or identifier ♦ После текста использованы недозволенные символы (сообщение сети **NetWare**).
illegal control character encountered in command line ♦ При вводе команды использованы некорректные символы (сообщение сети **NetWare**).
illegal device name ♦ Неправильное имя устройства. Проверьте синтаксис команды.
illegal directive ♦ недопустимая директива; ♦ недействителен прямой режим.
illegal function call ♦ недопустимый вызов функции.

I illegal instruction

illegal instruction ♦ запрещенная команда.
Машинная команда, код которой не входит в систему команд. ♦ *Машинная команда, которая не может быть выполнена в данном режиме.*

illegal name specification ♦ Неправильная спецификация имени (сообщение сети **NetWare**).

Illegal network specification ♦ Неправильная спецификация сетевого накопителя (сообщение сети **NetWare**).

illegal operation ♦ запрещенная команда. См. **illegal instruction**.

illegal queue name specification ♦ Неправильная спецификация имени очереди (сообщение сети **NetWare**).

illegal search drive specification ♦ Неправильная спецификация пути поиска накопителя (сообщение сети **NetWare**).

illegal server name specification ♦ Неправильная спецификация имени сервера (сообщение сети **NetWare**).

illegal symbol ♦ запрещенный (недопустимый) символ.

illustration ♦ иллюстрация. См. также **figure**.

image ♦ изображение.
В машинной графике — представление изображения, обрабатываемое программами; ♦ *образ; логическая копия данных, имеющихся в другом месте или в другом представлении;* ♦ *загрузочный модуль, образ задачи.*

IMAGE (Image.exe) ♦ утилита **Norton Utilities**.
*Выполняет копирование системных областей диска, что помогает восстановить содержимое диска после его случайного форматирования. Программа **Image** сохраняет копию системной области вашего жесткого диска — загрузочной записи, таблицы размещения файлов и корневого каталога. Если вы случайно переформатируете диск, программа **UnFormat** использует эту информацию для реконструкции файлов на диске. При каждом запуске программа **Image** обновляет два файла с именами **image.dat** и **image.bak** в корневом каталоге вашего диска, копируя в них загрузочную запись, **FAT** и все записи из корневого каталога. Эти файлы должны оставаться в корневом каталоге. (**Image** устанавливает у них атрибут «только для чтения», чтобы вы их случайно не стерли.) Файл **image.bak** содержит резервную копию главного файла — **image.dat**. Если на жестком диске нет свободного места для размещения двух файлов, запустите программу **Image** с ключом /nobackup. В этом случае будет создан или обновлен только файл **image.dat**. Если вы случайно переформатировали жесткий диск, программа **UnFormat** использует информацию из файла **image.dat** для восстановле ния файлов и каталогов на диске. Другие нортоновские утилиты, такие как **SpeedDisk** и **SafeFormat**, также обновляют файл **image.dat**, если он присутствует на вашем диске. Кроме того, информацией из **image.dat** пользуется утилита **UnErase**, чтобы восстановить удаленные файлы, которые оказались фрагментированными. Для запуска программы **Image** при каждом включении компьютера или при перезагрузке системы включите строку: **image/nobackup**.*

image area ♦ область изображения.

Image Enhancement ♦ оптимизация изображения.
image file ♦ загрузочный модуль, файл образа задачи.
image file format ♦ см. **IFF**.
image graphics ♦ растровая графика.
Средства обработки изображений в виде растровой матрицы.
image handing facility (IHF) ♦ средство обработки изображений.
image header ♦ заголовок изображения (в графических пакетах).
image memory ♦ память изображения.
Память (обычно область ОЗУ), в которой хранится представление изображения.
image processing ♦ обработка изображений.
image regeneration ♦ регенерация изображения.
Последовательность событий, необходимых для повторного формирования изображения из его представления в памяти.
image setter ♦ устройство печати высокой разрешающей способности.
image size ♦ размер изображения.
image synthesis ♦ синтез изображений.
image understanding ♦ распознавание изображений.
imitate ♦ имитировать.
immediate address ♦ непосредственный операнд, адрес-операнд.
immediate addressing ♦ непосредственная адресация.
Способ адресации, при котором значение адреса команды используется в качестве операнда без дополнительных обращений в память.
immediate data ♦ непосредственный операнд.
IMHO ♦ **In My Humble Opinion** ♦ По Моему Скромному Мнению. Принятое в **Chat** сокращение.
impact printer ♦ устройство контактной печати.
implementation ♦ реализация; разработка; ♦ конкретное воплощение какой-либо идеи или абстрактного описания.
implicit ♦ неявный.
implicit concurrency ♦ неявное распараллеливание задач.
import ♦ импорт.
Копирование файлов из какой-либо программы в текущую.
Import ASCII file from disk ♦ Загрузить **ASCII**-файлы для редактирования с диска.
import filter ♦ импортирующий фильтр.
Программа переработки файла одной программы для использования его в другой программе.
importance ♦ значение.
important ♦ важно; обратите внимание.
importing ♦ импорт.
Процесс передачи данных текущей программе из другой программы.
Importing data ♦ Импортирую данные.

imposition

imposition ♦ спуск на полосе.
    В настольных издательских системах — отступ от верхнего края полосы до начала строк текста в начальной полосе издания, его разделов, глав и других структурных частей.
impossible ♦ невозможный; ♦ невыполнимый.
in (inch) ♦ дюйм («). Один дюйм равен **25,4** мм.
inactive ♦ неактивный.
Inkjet printer ♦ струйный принтер.
    Тип принтера, который работает разбрызгивая ионизированные чернила на листе бумаги. Намагниченные участки в чернильном маршруте направляют чернила на бумагу в желаемых формах.
include ♦ заключать; ♦ содержать в себе, включать; ♦ что включать; ♦ добавить.
include image header ♦ включить заголовок таблицы.
incompatibility ♦ несовместимость.
incompatible ♦ несовместимый.
Incompatible diskette or drive types ♦ Несовместимые типы дискет или дисководов.
incompatible switches ♦ несовместимые параметры.
Incompatible system size ♦ Несовместимый размер системы.
    *Для новой версии **ОС** не хватает места.*
incomplete ♦ неполный; ♦ незавершённый.
incorrect ♦ неверный, ♦ неправильный; ♦ ошибочный.
Incorrect DOS version ♦ Неподходящая версия **MS DOS**.
    Введенная команда не работает с данной версией операционной системы.
Incorrect DOS version, use DOS N.NN or later ♦ Неподходящая версия операционной системы, необходима версия **DOS N.NN** или более поздняя.
Incorrect number of parameters ♦ Неверное число параметров.
Incorrect parameter ♦ Неверный параметр.
Incorrect password ♦ Неправильный пароль.
Incorrect «...» version ♦ Неверная версия [команды] «...».
increment ♦ приращение, прирост; ♦ шаг; ♦ увеличивать.
increment button ♦ кнопка приращения значений в диалоговой панели.
increment size ♦ размер приращения (шага).
indefinite ♦ неопределенный; ♦ неограниченный.
indent ♦ отступ, смещение вправо, втяжка.
    Смещение начала строки вправо по отношению к основному тексту.
indent after bullet ♦ втяжка после точки (в настольных издательских системах).
indentation ♦ отступ, смещение вправо; ♦ абзац. См. также **break, paragraph**; ♦ абзацный отступ.
    В настольных издательских системах — пробел слева в начальной строке абзаца, обозначающий его начало. Размер определяется в зависимости от кегля шрифта, формата полосы набора и т. д. и должен быть одинаков для текста всего издания.
indented line ♦ красная строка. См. **centered line**.

indention

indention ♦ втяжка, отступ (в настольных издательских системах).
independence ♦ независимость.
independent ♦ независимый; ♦ раздельный.
indetifier ♦ идентификатор.
  *В сети **NetWare** — слово, используемое во входном командном файле для представления информации, изменяющейся каждый раз, когда пользователь входит в сеть.*
index ♦ индекс, надстрочный (подстрочный) знак (настольные издательские системы); ♦ показатель [степени и т.д.]; ♦ предметный указатель.
index card ♦ алфавитный указатель.
index mode ♦ режим индексации.
  Выполнение машинных команд с использованием индексной адресации.
indexed attribute ♦ атрибут «Индексный». См. **indexed file.**
indexed color ♦ индексированные цвета.
indexed file ♦ индексный файл.
  *В сети **NetWare** — сетевой файл, которому назначается файловый атрибут «Индексный». Используется для ускорения поиска больших файлов. После того, как индексный файл открывается, файловый сервер создает в памяти индекс, указывающий место расположения файла на диске.*
indexing ♦ индексирование.
indicator ♦ признак, флаг; ♦ индикатор.
indirect address ♦ косвенный адрес.
  Адрес слова, содержащего фактический адрес.
indirect file ♦ командный файл. См. **command file.**
Industry Standard Architecture (ISA) bus ♦ Шина Архитектуры Промышленного стандарта.
inference chain ♦ цепочка вывода.
inference net ♦ сеть вывода.
  Множество всех возможных цепочек вывода.
infinite ♦ неопределенный.
Infinite retry on parallel printer time out ♦ Бесконечное повторение временной задержки на параллельном порту.
  Сообщение означает, что принтер не включен или не подключен к компьютеру.
inflection ♦ окончание.
inform ♦ информировать.
informatics ♦ информатика.
information ♦ информация, данные.
information bit ♦ информационный разряд.
information character ♦ информационный символ, текстовый символ.
  Символ сообщения, являющийся частью его содержания в отличие от управляющего символа или разделителя.
information hiding ♦ сокрытие информации.
information management system ♦ информационная система; ♦ система управления базами данных (**СУБД**).

information message

information message ♦ информационное сообщение (в отличие от служебного или управляющего сообщения).

information of item ♦ информация об области, включая карту размещения кластеров файла на диске.

information retrieval system ♦ информационно-поисковая система.

information system ♦ информационная система.

in from left (right) ♦ втяжка слева (справа) — в настольных издательских системах.

inherited error ♦ унаследованная ошибка.
Ошибка, вызванная неточностью исходных данных или ранее выполненных операций.

Inherited Rights Mask (IRM) ♦ Маска Унаследованных Прав (**МУП**).
*В **NetWare 386** используется вместо «Маски максимальных прав каталога». IRM назначается каждому файлу или каталогу при его создании. Она определяет, какие из прав может унаследовать пользователь. IRM каталога определяет, какие действительные права в родительском каталоге будут действовать в текущем каталоге. IRM файла определяет, какие из прав текущего каталога будут действительны для файла. См. также* **maximum rights mask, Rights**.

inheritance ♦ наследование.

inhibit ♦ запрещать; ♦ блокировать.

Inhibit page break ♦ Нельзя разбить страницу.
Запрет делать разбивку текста на страницы в данном месте.

inhibition ♦ запрещение, запрет; ♦ блокировка.

in house line ♦ частная линия связи, подключённая к сети общего пользования.

in house programs ♦ программы внутреннего пользования.

in house software ♦ программное обеспечение внутреннего пользования.

initial ♦ начальный, исходный.

initial column width ♦ начальная ширина колонки.

initial letter ♦ инициал, начальная буква.

initial page ♦ начальная страница.

initial program load ♦ начальная загрузка. См. **bootstrap**.

initial program loader ♦ начальный загрузчик, программа начальной загрузки. См. **bootstrap**.

initial value ♦ начальное значение.

initialization ♦ инициализация. См. также **formatting**.
Присваивание начальных значений переменным программы; ♦ разметка диска и запись на него управляющей информации.

initialize ♦ инициализировать; ♦ форматировать; ♦ разметка диска. См. **format**.

initialize hard disk ♦ инициализировать жесткий диск.
*В программе установки **NetWare** относится к начальной подготовке сетевой дисковой памяти, в процессе чего удаляются все данные с дисковой памяти, жесткий диск разделяется на один или более томов, определяются входы каталога и таблица размещения файлов **FAT** для каждого тома.*

ink Levels ♦ количество чернил (в картридже струйного принтера).

inking ♦ рисование.
Создание линии путем перемещения указателя устройства ввода (мыши и т. п.) по экрану дисплея, при котором оно оставляет за собой след, аналогичный рисованию линии на бумаге при помощи карандаша.

inkjet printer ♦ струйный принтер.
Печатающее устройство, в котором знак на бумажный носитель наносится чернильной струей.

in line ♦ встроенный, включаемый; ♦ подключаемый; ♦ в строке.
Объект, вставляемый между абзацами документа.

in line check ♦ встроенный контроль, встроенная проверка.

in line code ♦ машинные коды; ♦ машинные команды.

in line subroutine ♦ подставляемая подпрограмма, открытая подпрограмма.

inner loop ♦ внутренний цикл.

in out parameter ♦ изменяемый параметр.

input ♦ ввод; ♦ вводить; ♦ исходные данные; ♦ устройство ввода.

input area ♦ буфер ввода, область ввода.

input data ♦ вводимые (исходные) данные; ♦ ввод данных.

input device ♦ устройство ввода.

input file ♦ входной файл, файл исходных данных.

input past end ♦ ввод после признака конца.

input primitive ♦ входной примитив.

input queue ♦ входная очередь [заданий].

input unit ♦ устройство ввода.

input/output (I/O) ♦ ввод/вывод (В/В), обмен.
*Операции пересылки данных между **ОП** и внешними устройствами.*

input/output channel ♦ канал ввода/вывода.

input/output controller ♦ контроллер ввода/вывода, контроллер внешнего устройства.

input/output specification ♦ спецификация (описание) входных и выходных параметров.

Ins или Insert ♦ клавиша «ВСТАВКА».
Управляющая клавиша, при нажатии на которую происходит вставка в основной текст данных из буфера, или включения /выключения режима вставки/замены.

insert ♦ вставить. См. также **paste**.

Insert backup diskette «...» into drive «...» ♦ Вставьте дискету «...» для резервного копирования в дисковод «...».

Insert backup source diskette in drive «...» ♦ Вставьте дискету-источник для резервного копирования в дисковод «...».

Insert destination disk in drive «...» and strike any key when ready ♦ Вставьте требуемую дискету в дисковод « » и нажмите любую клавишу для продолжения.

Insert disk with «...» ♦ Вставьте диск в «...».

Insert diskette

Insert diskette for drive «...» and strike any key when ready ♦ Вставьте дискету в дисковод «...» и нажмите любую клавишу для продолжения.

Insert diskette with batch file and strike any key when ready ♦ Вставьте дискету с командным файлом и нажмите любую клавишу для продолжения.

Insert diskette (disk) with COMMAND.COM in drive «...» and press ENTER ♦ Вставьте дискету с файлом **COMMAND.COM** в дисковод «...» и нажмите клавишу **ENTER**.

Insert diskette(s) with files to compare and strike any key when ready ♦ Установите дискету(-ы) со сравниваемыми файлами и нажмите любую клавишу.

Insert DOS diskette in drive «...» and strike ENTER when ready ♦ Вставьте системную дискету в дисковод «...» и нажмите клавишу **ENTER** для продолжения.

Insert DOS diskette into drive «...». Press (strike) any key when ready ♦ Вставьте дискету с операционной системой **DOS** в дисковод «...». Нажмите любую клавишу для продолжения.

Insert first (second) diskette into drive «...». (Press any key when ready) ♦ Вставьте первую (вторую) дискету в дисковод «...». Нажмите любую клавишу для продолжения.

Insert last backup diskette in drive «...». Strike any key when ready ♦ Вставьте последнюю дискету для резервного копирования в дисковод «...». Нажмите любую клавишу для продолжения.

insert mode ♦ режим вставки; ♦ раздвигающий режим.
Режим, при котором вводимый с клавиатуры знак вставляется перед знаком, указываемым курсором.

Insert new diskette in drive «...» and strike ENTER when ready ♦ Вставьте новую дискету в дисковод «...» и нажмите клавишу **Enter** для продолжения.

insert new page after current page ♦ вставить новую страницу после текущей.

Insert other work disk in drive «...» and press any key ♦ Вставьте другую рабочую дискету в дисковод «...» и нажмите любую клавишу.

Insert paper and press any key ♦ Вставьте бумагу и нажмите любую клавишу.

Insert paper. Hit any key when ready ♦ Вставьте бумагу. Нажмите любую клавишу для продолжения.

Insert restore target diskette into drive «...» ♦ Вставьте дискету, на которую будут восстанавливаться файлы, в дисковод «...».

Insert second diskette into drive «...» ♦ Вставьте вторую дискету в дисковод «...».

insert soft hyphen ♦ определение места переноса.

Insert source disk ♦ Вставьте исходную дискету.

Insert SOURSE diskette into drive «...» ♦ Вставьте исходную дискету в дисковод «...».

Insert system diskette in drive «...» and strike any key when ready ♦
Вставьте системную дискету в дисковод «...» и нажмите любую клавишу для продолжения.

Insert target diskette into drive «...» ♦ Вставьте принимающую дискету (дискету, на которую производится копирование), в дисковод «...».

insertion ♦ ввод; ♦ вставка. См. также **casing**.
Часть нового текста, вставленная в оригинал.

insertion point ♦ точка ввода; ♦ место вставки.

inside ♦ внутренний; ♦ внутри.
Расположение объекта вдоль внутреннего края страницы, границы текста или колонки. На нечетных страницах объекты располагаются вдоль левого края, а на четных — вдоль правого.

inside margin ♦ внутренняя полоса; ♦ полоса у внутреннего края страницы; ♦ внутреннее (корешковое) поле.

install ♦ устанавливать, настраивать (программу). См. также **setup;** ♦ внутренняя команда **MS DOS** (версий **4.0** и выше), **Novell DOS**.
*Служит для загрузки выполняемых программ (например, команд **FASTOPEN, KEYB, NLSFUNC** и **SHARE**) во время обработки файла **CONFIG.SYS.***

installation ♦ установка, настройка.
Установка программы на персональный компьютер; ♦ одно из ограничений на программный продукт при его продаже.

INSTALLHIGH ♦ конфигурационная команда **Novell DOS**. служит для загрузки резидентных программ в верхнюю зону **UMA** во время обработки файла **CONFIG.SYS**.

«...» installed ♦ установлена «...».

instance ♦ экземпляр.
*В среде **Windows** может быть запущено несколько копий прикладной программы. Экземпляр позволяет однозначно охарактеризовать одну из копий прикладной программы.*

instant ♦ немедленный; ♦ текущий.

instruction ♦ инструкция, оператор, команда.
Элементарная единица программы.

instruction address ♦ адрес команды.

instruction code ♦ система команд. См. **instruction set**.

instruction decoder ♦ дешифратор команд.

instruction format ♦ формат команды.

instruction set ♦ система команд.
*Совокупность выполняемых **ПК** операций и правила их кодирования.*

instrument ♦ инструмент.

instrument MIDI ♦ инструмент MIDI См. также **MIDI**.
Определяет специфический звук, который может воспроизводить музыкальный синтезатор.

insufficient

insufficient ♦ недостаточный; ♦ несоответствующий; ♦ неудовлетворительный; ♦ неполный.

Insufficient conventional memory to run Windows ♦ Не хватает дискового пространства для запуска **Windows**.

Insufficient disk space (insufficient space on disk) ♦ Не хватает дискового пространства.
Смените диск или сотрите ненужные файлы, чтобы освободить место.

Insufficient disk space to edit image ♦ Для редактирования изображения недостаточно дискового пространства.

Insufficient disk space to print «...» ♦ Для печати «...» недостаточно дискового пространства.

Insufficient disk space to save file ♦ Для сохранения файла недостаточно дискового пространства.

Insufficient disk space to write ♦ Недостаточно дискового пространства для записи.

Insufficient dynamic memory to specify more directories ♦ Недостаточно динамической памяти для увеличения количества каталогов.

Insufficient memory ♦ Недостаточно памяти.
В сети NetWare — на компьютере рабочей станции в распоряжении нет памяти в достаточном объеме.

Insufficient memory for alternate font ♦ Недостаточно памяти для дополнительного шрифта.

Insufficient memory for system transfer ♦ Недостаточно памяти для передачи системных файлов.

Insufficient memory for this operation ♦ Недостаточно памяти для выполнения операции.

Insufficient memory to arrange ♦ Для сортировки недостаточно памяти.

Insufficient memory to create the copy buffer ♦ Сообщение сети **NetWare** о попытке отправки задания устройству печати, которое не имеет для него буфера достаточных размеров.

Insufficient memory to execute transient command ♦ Сообщение сети **NetWare** о попытке выполнения внешней (транзитной) команды при недостаточном объеме памяти.

Insufficient memory to invoke DOS ♦ Недостаточно памяти для вызова **DOS**.

Insufficient memory to list all files ♦ Для вызова списка всех файлов недостаточно памяти.

Insufficient memory to print file name ♦ Недостаточно места для печати файла имя файла.

Insufficient memory to run program ♦ Для запуска программы недостаточно памяти.

Insufficient. Processing cannot continue ♦ Недостаточно памяти. Работа не может быть продолжена.

Insufficient rights

Объем памяти можно несколько увеличить, уменьшив параметры команды **BUFFERS**; в файле **CONFIG.SYS** либо выгрузив из **ОП** все резидентные программы.

Insufficient rights to create the file «file_name» ♦ Для открытия файла «имя_файла» не предоставлено достаточно прав (сообщение сети **NetWare**).

Insufficient room in root directory. Erase files from (in) root and repeat CHKDSK ♦ В корневом каталоге нет места. Удалите часть файлов и снова запустите команду **CHKDSK**.

Insufficient space in DOS environment to add new search mapping ♦ В области переменных среды **DOS** рабочей станции не предоставлено дополнительной области памяти для установки пути накопителя (сообщение сети **NetWare**).

Insufficient space on backup disk to archive any of the selected files ♦ Предпринята попытка расположения резервной копии на диске без достаточного объема дисковой памяти (сообщение сети **NetWare**).

integer ♦ целое число.

integrated database ♦ интегрированная база данных.

integrated package ♦ интегрированный пакет. См. также **application program package**.

Пакет прикладных программ, ориентированный на решение комплекса взаимосвязанных задач.

integrator ♦ интегратор.

Средство объединения прикладных программ, позволяющее работать с несколькими окнами, управлять работой программ через меню, автоматически распределять память между программами.

Intel ♦ Фирма-изготовитель семейства микропроцессоров **8088**, к которой относятся и микропроцессоры **8086, 80286, 80386, 80486**.

*Все эти числа соответствуют обозначениям микропроцессора (его типа), которые различаются по своим характеристикам. Процессор **8086** представляет собой шестнадцатиразрядный процессор, процессор **80286** тоже, однако он обладает восемью дополнительными адресными линиями, благодаря которым компьютеры с процессорами **80286** в состоянии работать со значительно большей зоной памяти, чем процессор **8086** (граница в **1024** Кбайт).*

Intelligent Board ♦ интеллектуальная плата.

*Интерфейсная плата, содержащая микропроцессор, который позволяет плате самой «принимать решения» независимо от центрального процессора. Это, прежде всего, относится к управлению запросами по обработке данных, передаваемых в сети. См. также **Network Interface Board**.*

intensity ♦ яркость; ♦ интенсивность.

intensity level ♦ уровень яркости.

interaction ♦ взаимодействие.

interactive ♦ диалоговый. См. также **conversational**.

interactive environment ♦ диалоговый режим.

interactive fill ♦ интерактивная заливка.

interactive graphics

interactive graphics ♦ интерактивная графика.
interactive mode ♦ интерактивный (диалоговый) режим.
    Режим взаимодействия человека с системой обработки информации, при котором человек и система обмениваются информацией в режиме, соизмеримом с обработкой информации человеком.
interactive transparency ♦ интерактивная прозрачность.
Interagency Interim National Research and Education Network (IIN-REN) ♦ Временная Многоотраслевая Национальная Исследовательская и Образовательная Сеть США. Операционная сетевая система (развивающаяся).
intercalation ♦ вставка. См. **insertion**.
inter-character (space) ♦ межбуквенный пробел.
inter-character delay ♦ задержка между символами.
inter-character spacing ♦ расстояние между буквами.
intercolumn space ♦ средник. См. также **gutter**.
    Пробел, разделяющий колонки набора при многоколонной верстке.
intercomputer communication ♦ связь между компьютерами.
interface (device) ♦ интерфейс, стык; ♦ устройство сопряжения.
    Совокупность средств и правил, обеспечивающих взаимодействие устройств персонального компьютера и программ.
Interior Gateway Protocol (IGP) ♦ Внутренний Шлюзовой Протокол.
    *Протокол, который распределяет информацию маршрутизации по маршрутизаторам внутри автономной системы. Термин «шлюз» (**gateway**) — исторический, в настоящее время используется термин «маршрутизатор» (**router**).*
Interleave Factor ♦ коэффициент пропуска секторов.
    Коэффициент, определяющий, какое число секторов будет пропущено перед следующим чтением/записью на жесткий диск. Этот коэффициент необходимо вводить, если контроллер не является достаточно быстрым, чтобы прочитать или записать на последовательные сектора на дорожке диска.
inter line ♦ интерлиньяж, междустрочный интервал.
interlinear blank (space) ♦ интерлиньяж.
    Пробел между нижней и верхней линиями шрифта смежных строк. Оптимальная величина равна 120% от кегля шрифта.
INTERLNK ♦ внешняя команда **MS DOS** (версий **6.0** и выше).
    *Выполняет переназначение разделяемых дисков двух компьютеров, соединенных с помощью последовательных или параллельных портов и работающих в **ЛВС** под управлением программ **INTERLNK** и **INTERSVR**.*
intermediate file error during pipe ♦ ошибка в промежуточном файле во время операции конвейера.
    Проверьте, достаточно ли места на диске и разрешена ли на него запись. Повторите операцию.
Intermediate System (IS) ♦ Промежуточная Система.
    *Система, исполняющая операции сетевого уровня (согласно модели **OSI**). Это аналог маршрутизатора в **IP**.*
Intermediate System-Intermediate System (IS-IS) ♦ Промежуточная Система; ♦ протокол **OSI**, по которому промежуточные системы обмениваются информацией, необходимой для маршрутизации.

internal ♦ внутренний.
internal bridge ♦ внутренний мост.
> Программное и аппаратное обеспечение для связи однородных сетей между собой. Внутренний мост организован внутри файлового сервера и обеспечивает связь между его сетевыми интерфейсными платами и, соответственно, связь между сетями, подключаемыми через них к этому файловому серверу. См. также **bridge, external bridge**.

internal error ♦ внутренняя ошибка.
internal font ♦ встроенный шрифт.
internal interrupt ♦ внутреннее прерывание.
internal memory ♦ внутреннее (оперативное) запоминающее устройство.
Internal Network Number ♦ внутренний номер сети **IPX**.
> Логический номер сети, идентифицирующий определенный файловый сервер. Внутренний номер сети является шестнадцатиричным числом длиною от одной до восьми цифр. Для каждого файлового сервера этот номер должен быть уникальным. Введен в **NetWare 386**. См. также **internet address**.

Internal stack overflow. System halted ♦ Переполнение внутреннего стека. Система остановлена.
> Для исправления этой ситуации необходимо перезагрузить операционную систему и отредактировать команду **STACKS** в файле **CONFIG.SYS** для увеличения стекового пространства.

international C5 ♦ почтовый конверт размером **162x229 мм**.
international coordinator (IC) ♦ международный координатор.
international DL ♦ почтовый конверт размером **110x220 мм**.
International Standardization Organization (ISO) ♦ Международная Организация по Стандартизации.
International Telecommunications Union ♦ **Telecommunications Standards Sector (ITU–TSS)** ♦ Международный Союз Электросвязи ♦ Сектор Стандартов Передачи данных.
Internet ♦ сетевая ассоциация.
> Две или более сети, соединенные внешними или внутренними мостами. Пользователи сетевой ассоциации могут иметь доступ к ресурсам всех соединенных сетей. Объединение сетей, базирующихся на **IP**-протоколе.

internet address ♦ межсетевой адрес.
> В сети **NetWare** — уникальный адрес каждой сети среди нескольких взаимосвязанных сетей. Если несколько сетей связаны между собой, то в этом случае каждая сеть имеет свой уникальный адрес. Сетевые интерфейсные платы файловых серверов, сетевых мостов и шлюзов, подключенные к одной и той же сети, имеют один и тот же адрес сети. Он определяется при установке сети как адрес сети (**network address**). См. также **network address**.

Internet Architecture Board (IAB) ♦ Архитектурный совет Интернет.
> Техническая консультативная группа Интернет-Сообщества, в обязанности которой входит: 1) Наблюдение за Оперативным инженерным отрядом Ин-

тернет (**IETF**). 2) Наблюдение за процессом подготовки стандартов Интернет. 3) Публикация и сопровождение **Request for Comments (RFC)**.

Internet Assigned Numbers Authority (IANA) ♦ Группа Назначения Номеров Интернет.
Центральная регистратура для установления различных параметров протоколов Интернет, таких как порты, номера, опции, коды и типы.

Internet Control Message Protocol (ICMP) ♦ Протокол Управления Сообщениями Интернет.
ICMP ♦ расширение Протокола Интернет. Он позволяет генерировать сообщения об ошибках, проверять пакеты и выдавать информационные сообщения.

Internet Draft (I-D) ♦ Черновик Интернет.
Черновики Интернет — это рабочие документы **IETF**, его отделений и рабочих групп.

Internet Engineering Planning Group (IEPG) ♦ Инженерная Планирующая Группа Интернет.
Группа, первоначально состоявшая из обслуживающего персонала Интернет, задачей которой является координация деятельности Интернет.

Internet Engineering Steering Group (IESG) ♦ Инженерная Управляющая Группа Интернет.
IESG составлена из руководителей подразделений **IETF** и руководства **IETF**.

IETF ♦ Сокращение от **Internet Engineering Task Force** — оперативный инженерный отряд Интернет, главная организация Интернет по стандартам.

Internet Experiment Note (IEN) ♦ Экспериментальные Заметки Интернет.
Отчеты по Интернет.

Internet Monthly Report (IMR) ♦ Ежемесячный Отчет Интернет.
Цель Ежемесячных Отчетов Интернет — сообщать Исследовательской Группе Интернет о достижениях, промежуточных результатах или проблемах организаций-участников.

internet number ♦ межсетевой номер.

Internet Protocol ♦ протокол интерсети.
Стандартный протокол взаимодействия систем в **Internet**. Применяются и другие протоколы, но этот является самым важным.

Internet Protocol (IP, IPv4) ♦ Протокол Интернет.
Протокол Интернет (версия **4**), определенный в документе **RFC 791**, определяет сетевой уровень для Набора Протоколов **TCP/IP**. Это протокол коммутации пакетов.

Internet Protocol Version 6 (IPng, IPv6) ♦ Версия 6 Протокола Интернет.
IPv6 (версия 5 — потоковый протокол, используемый для специальных прикладных программ); ♦ новая версия Протокола Интернет, который является развитием своего предшественника, версии **4**. Имеется много **RFC**, определяющих различные части протокола, дополнительные протоколы и переход из **IPv4**. Ядро протокола описано в документах **RFC 1883** по **RFC 1886**. Имя **IPng** — **IP** следующего поколения — «**next generation**».

Internet Registry (IR) ♦ Регистратура Интернет.

Internet Relay

IANA *выделила полномочия на назначение сетевых адресов и идентификаторов Автономной Системы* (**Autonomous System**) *подразделению* **IR**.

Internet Relay Chat (IRC) ♦ Дружеская беседа по Интернет.
Протокол, который позволяет общаться с другими в реальном времени.

Internet Research Steering Group (IRSG) ♦ Группа Управления Исследованиями Интернет.
Управляющее подразделение **IRTF**.

Internet Research Task Force (IRTF) ♦ Исследовательский Оперативный Отдел Интернет.
IRTF — *подразделение* **IAB**, *занимающееся долговременными теоретическими исследованиями.*

Internet Society ♦ общество **Internet**.
Общество, которое управляет **Internet**. *Оно выбирает Совет по архитектуре* **internet (IAB)**, *принимающий технические решения по работе* **Internet**.

Internetwork Packet Exchange (IPX) ♦ Межсетевой Пакетный Обмен.
Протокол межсетевого обмена пакетами сообщений. При помощи **IPX** *прикладные программы, работающие на рабочих станциях* **NetWare**, *могут использовать сетевые драйверы для непосредственной связи с другими рабочими станциями, серверами или устройствами сети. Связь между разными сетями осуществляется с помощью внутреннего или внешнего моста. Пользователь сети может использовать ресурсы всех связанных сетей. См. также* **Internet Address, Bridge, Router**.

internetworking ♦ межсетевое взаимодействие.
В сети **NetWare** — *связь и взаимодействие между узлами различных вычислительных сетей. Связь между сетями осуществляется с помощью внутреннего или внешнего моста. Пользователь сети может использовать ресурсы всех связанных сетей. См. также* **internet address, bridge, router**.

Internetworking not supported. Server name ignored ♦ межсетевое взаимодействие не поддерживается (в данной версии **NetWare**). Имя сервера игнорируется.

InterNIC (Internet Network Information Center) ♦ сетевой информационный центр **Internet**.
Центр, существующий при Национальном научном фонде и реализующий различные административные услуги для **Internet**.

inter-paragraph spacing ♦ расстояние между абзацами.
Interoperability ♦ Способность к взаимодействию.
Способность программного обеспечения и аппаратных средств на машинах разных производителей осмысленно общаться.

interplace ♦ чередование.
В мультимедиа — чередование полей видеоизображения (черезстрочная развертка).

interpolation ♦ вставка. См. **insertion**.
interpreter ♦ интерпретатор.
interrupt ♦ прерывание; прекращение выполнения текущей команды.
Прекращение выполнения текущей последовательности команд для обра-

interrupt line

ботки некоторого события. Прерывание позволяет обработать возникшее событие специальной программой и вернуться к прерванной программе. См. **hardware interrupt, software interrupt**.

interrupt line ♦ канал прерывания.
Схемный канал компьютера, используемый устройствами ввода/вывода для посылки в микропроцессор сигналов прерывания. Иногда аббревиатура **IRQ** *используется для каналов аппаратных прерываний.* ♦ *Один из системных параметров, устанавливаемых на сетевой интерфейсной плате и в операционной системе сети во время конфигурирования и установки сети. См.также* **base I/O address, DMA, base memory address**.

interruptible display ♦ неподвижный экран.
Опция в **CorelDraw**, *позволяющая зафиксировать экран и не менять его после каждой операции.*

Interrupt request line (IRQ) ♦ образно говоря, это аппаратный канал, по которому устройство посылает сигналы прерываний центральному процессору. *Большинство устройств (видео-адаптер, звуковая карта, контроллер* **IDE** *и т.д.) должны иметь свое собственное значение* **IRQ** *(или даже несколько). Если два устройства занимают одно и тоже* **IRQ** *возможно появление различных конфликтов, вплоть до полной остановки работы этих устройств (это наиболее частая проблема при установке новых устройств).*

intersect ♦ пересекать(-ся); ♦ перекрещивать(-ся); ♦ делить на части.

INTERSVR ♦ внешняя команда **MS DOS** (версий **6.0** и выше).
Выполняет запуск «сервера» сети **INTERLNK**. *осуществляет загрузку в память компьютера программы, позволяющей организовать на вашем компьютере «сервер» для работы в простейшей* **ЛВС INTERLNK**.

inter word (space) ♦ межсловный пробел.

introduction ♦ введение. См. также **preamble, prolegomena**.

intruder ♦ присваивающий чужие права.
Система защиты в сети **NetWare** *предусматривает средства для обнаружения попыток входа в файловый сервер с неверным паролем, а также блокирования счета пользователя при обнаружении присвоения прав пользователя. См. также intruder* **detection**.

intruder detection ♦ обнаружение нарушителя.
Средство повышения степени защиты клиента сети в **NetWare**. *Супервизор сети может установить некоторый порог для определения случаев попыток присвоения чужих прав, т. е. попыток входа в файловый сервер с использованием чужого пароля. Этот порог определяется как число некорректных попыток входа в сервер в течение определенного времени. Если установленный предел достигается в течение заданного времени, генерируется соответствующее сообщение, указывающее об обнаружении нарушителя. См. также* **Intruder.**

Intruder detection lockout has disabled this account ♦ Предпринято больше ошибочных регистраций, чем это установлено в системе для данного пользователя.
Дальнейшие попытки регистрации некоторое время невозможны (сообщение сети **NetWare**).

invalid

invalid ♦ недопустимый; ♦ ошибочный, неверный.
invalid argument ♦ неверный аргумент (параметр).
Invalid baud rate specified ♦ Неправильная скорость обмена.
Величина скорости обмена должна быть равна одной из следующих величин: 110, 150, 300, 600, 1200, 2400, 4800, 9600.
Invalid cell or range address ♦ Неправильно указан адрес клетки или блока.
Invalid characters in file name ♦ Неправильный символ в имени файла.
Invalid characters in volume label ♦ Неправильный индекс в метке тома.
Invalid code page specified ♦ Неправильно указан код страницы.
Invalid column width ♦ Ширина колонки указана неверно.
Invalid combination of parameters ♦ Неправильная комбинация параметров.
Invalid COMMAND.COM in drive «...» ♦ Неверный файл **COMMAND.COM** на дисководе «...».
Invalid COMMAND.COM. Inserpt COMMAND.COM disk in default drive and strike any key when ready ♦ Неверный файл **COMMAND.COM**. Вставьте дискету с файлом **COMMAND.COM** в текущий дисковод и нажмите любую клавишу для продолжения.
Invalid country code ♦ Неправильный код страны.
Invalid country code or code page ♦ Неверно указан код страны или страницы.
Invalid current directory ♦ Неправильно указан текущий каталог.
Invalid date ♦ Неправильный формат представления даты или неверные разделители.
Проверьте дату, воспользовавшись в качестве разделителей символами: «-» *или* «/».
Invalid date/time ♦ Неверный формат даты/времени.
Invalid device ♦ Имя устройства (дисковода) задано неправильно.
Invalid device parameters from device driver ♦ Установлены неверные параметры устройства в драйвере устройства.
Invalid directory ♦ Неправильный каталог.
пользователя к несуществующему каталогу. ♦ *Каталог, указанный в команде* **PATH**, *не существует*.
Invalid disk change ♦ Недопустимая смена дискеты.
Вставьте обратно дискету, вынутую из дисковода, и выберите ответ **«retry»**.
Invalid disk change reading (or writing) drive «...» ♦ Недопустимая смена дискеты во время операции чтения/записи на дисководе «...».
Повторно вставьте дискету в дисковод и выберите ответ **«retry»**.
Invalid disk name ♦ Неправильное имя диска.
Invalid drive in search path ♦ Неправильное имя дисковода в указанном пути поиска.
С помощью команды **PATH** *исправьте путь поиска*.
Invalid drive or file name ♦ Неправильно указан дисковод или имя файла.
Invalid drive specification ♦ Неправильное имя дисковода.
Задайте правильное имя и не забудьте поставить двоеточие.

Invalid entry

Invalid entry, please enter «...» ♦ Неправильный ввод, пожалуйста введите «...».

Invalid entry, please press ENTER ♦ Неправильный ввод, пожалуйста, нажмите клавишу **Enter**.

Invalid environment size specified ♦ Указан неправильный размер для области системного «окружения».
*Размер области должен находиться в диапазоне от **160** до **32768** байт.*

Invalid error ♦ Неопознанная (нераспознанная) ошибка.

Invalid extent entry ♦ Неправильный ввод выделения.

Invalid file/directory entry ♦ Введенное имя файла/каталога неверно.

Invalid font ♦ Неправильное имя шрифта или неправильное использование шрифтового словаря.
Сообщение, вызванное использованием некорректного шрифта или отсутствием шрифта.

Invalid format file ♦ Неправильный формат файла; ♦ ошибка в форматной строке.
Восстановите файл с помощью резервной копии.

Invalid formula ♦ Ошибка в формуле.

Invalid height ♦ Неправильно указана высота.

Invalid keyboard code specified ♦ Код клавиатуры в спецификации указан неправильно.

Invalid local path specification ♦ Неправильное имя локального дисковода (сообщение сети **NetWare**).

Invalid margins ♦ Размеры полей указаны неправильно.

Invalid number input ♦ Ошибка при вводе числа.

Invalid number of parameters ♦ Неправильное число параметров.
В команде задано слишком много (мало) параметров.

Invalid numeric parameters ♦ Неправильные числовые параметры.
*Параметры должны быть числами от **0** до **9**.*

Invalid object module ♦ Неправильный объективный модуль.
Может быть поврежден диск. Перекомпилируйте файл и повторите попытку.

Invalid or ambiguous parameters ♦ Недействительные или повторяющиеся параметры (сообщение сети **NetWare**).

Invalid or undefined drive specification ♦ Недействительный или не определенный накопитель (сообщение сети **NetWare**).

Invalid output range ♦ Ошибка в блоке вывода.

Invalid parameter ♦ Неправильный параметр.
Пропущены или неправильно введены параметры. Проверьте параметры **«:»**, **«\»** *и т. д.*

Invalid parameter (or parameter combination) ♦ Неправильный параметр (или комбинация параметров).
Параметры не совместимы.

Invalid partition table ♦ Неправильная таблица деления диска.

Invalid path ♦ Неправильный путь.
Путь не может быть использован. Проверьте диск командой CHKDSK.
Invalid path, not directory, or directory not empty ♦ Неправильный путь, нет каталога или каталог не пустой.
Текущий и главный каталоги, а также каталог, в котором есть файлы, не могут быть удалены.
Invalid path or file name ♦ Неправильный путь или имя файла.
Invalid path (or file not found) ♦ Неправильный путь (или файл не существует).
Invalid path or parameter ♦ Неправильный путь или параметр.
Invalid profile statement on line «...» ♦ Сообщение в строке «...» ошибочно.
Invalid right specifies ♦ Предпринята попытка установления недозволенных прав (сообщение сети NetWare).
Invalid signature in COUNTRY.SYS (KEYBOARD.SYS) file ♦ Ключ в файле **COUNTRY.SYS (KEYBOARD.SYS)** указан неправильно.
Invalid STACK parameter ♦ Неправильный параметр в команде **STACK**.
Invalid sub-directory ♦ Неправильный подкаталог; ♦ ошибка в подкаталоге.
Используйте дополнительный параметр /V для получения большей информации и параметр /F для коррекции.
Invalid subdirectory entry ♦ Неверная ссылка на подкаталог.
Invalid switch (type) ♦ Неправильный ключ; ♦ неправильный параметр в командной строке.
Invalid syntax ♦ Синтаксическая ошибка (в написании команды).
Invalid syntax on DISPLAY.SYS (PRINTER.SYS) code page driver ♦ Синтаксическая ошибка кодовой страницы драйвера в файле **DISPLAY.SYS (PRINTER.SYS)**.
Invalid time ♦ Неправильное время.
Введен неправильный формат времени.
Invalid volume ♦ Неверная метка тома.
В сети NetWare — предпринята попытка применения неопределенного тома файлового сервера.
Invalid volume ID. (Format failure) ♦ Неверная метка тома **ID**. (Форматирование не производится).
Invalid working directory. Process cannot continue ♦ Неверный рабочий каталог. Выполнение команды не может быть продолжено.
inverse ♦ обратный, противоположный; ♦ инверсия.
inverted commas ♦ кавычки.
invoke ♦ вызывать, активизировать.
I/O ♦ см. **input/output**.
I/O accessing drive memory ♦ ошибка ввода/вывода при обращении к памяти на дисководе.
IP (Internet Protocol) ♦ сетевой протокол низкого уровня, использованный в **ARPANET** и других **TCP/IP** сетях (**RFC791, 950, 919, 922**).

IP address

IP address ♦ IP адрес.
> 32-битовый адрес, определенный в соответствии с Протоколом Интернет, описанным в документе **RFC 791**. Обычно представляется в точечной десятичной записи; ♦ идентификатор компьютера или устройства в сети организованной с протоколом **TCP/IP**. Формат **IP**-адреса представляет собой **32**-битовый числовой адрес, записанный с помощью четырех чисел от **0** до **255**, разделенных точками. (Например: **2.233.17.189**)

IPCP (Internet Protocol Control Protocol) [RFC1332] ♦ управляющий протокол для **Internet**.

ips (inch per second) ♦ дюйм в секунду.

IPSO (IP Security Option) ♦ рекомендации безопасности в **Internet**.

IPX (Internet Packet eXchange) ♦ пакетный обмен в **Internet**.

IRC (Internet Relay Chat) ♦ переговоры клиентов **Internet** в реальном времени.

IRM (Inherited Rights Mask) ♦ Маска Унаследованных Прав (в сети **NetWare**).

Iron-On Transter ♦ печать на металлизированной поверхности.

«...» is not a choice, please enter «...»_«...» ♦ Буква «...» неправильна. Введите букву из диапазона «...»_«...».

IRQ (Interrupt Request) ♦ сигнал прерывания.
> Сигнал, который вызывает прерывание выполнения компьютером текущей программы для выполнения какой-либо функции. После завершения выполнения этой функции система возвращается к прерванной программе. См. также **interrupt, interrupt line**.

IRTP (Internet Reliable Transaction Protocol) [RFC938] ♦ протокол **Internet**, обеспечивающий повышенную надежность выполнения операций.

Is an invalid fond file ♦ Ошибка в имени шрифтового файла.

«...» is not a valid driver ♦ Ошибка в драйвере «...».

ISDN ♦ цифровая сеть комплексного обслуживания. Сокращение от **integrated services digital network**.
> Международный стандарт связи для передачи голоса, видео и данных по цифровым телефонным линиям или обычным телефонным проводам.

ISO ♦ Международная Организация по Стандартизации. Сокращение от **International Organization for Standardization**.

ISO Development Environment (ISODE) ♦ Среда Разработки Международной Организации по Стандартизации.

ISO Latin 1 ♦ Стандартный набор символов, разработанный Международной Организацией по Стандартам (**ISO**).
> Официальное название **ISO-8859-1**. **ISO Latin-1** является надмножеством набора **ASCII** и очень похож на набор символов **ANSI**, используемый в **Windows**, хотя и не совпадает с ним.

ISOC (Internet Society) ♦ **Internet**-общество.

Isochronous ♦ изохронный; ♦ зависящий от времени.
> Это относится к процессам, когда данные должны быть доставлены в пределах некоторого интервала времени.

ISONET (International Standardization Organization network) ♦ Сеть Международной Организации по Стандартизации.

ISO/OSI Protocols ♦ протоколы **ISO/OSI**.
Протоколы взаимодействия открытых систем Международной организации по стандартизации; эта система протоколов может когда-нибудь заменить **Internet Protocol**.

isoplane ♦ плоскость.

ISS (integratedtesting workstation) ♦ рабочая станция для комплексных испытаний.

ISV ♦ сокращение от **Independent Software Vendor**, — независимый поставщик программного обеспечения; ♦ компания, производящая программное обеспечение.

italic (italic type) ♦ курсив. Начертание шрифта, характеризующееся наклоном очка букв на **15*** (обычно вправо) и в некоторой степени имитирующее рукописный шрифт.

item ♦ элемент данных; ♦ каждый, отдельный предмет (в списке); ♦ пункт.

item selector ♦ выбор позиции.

item value ♦ значение элемента данных.

itemize ♦ перечисленный (по пунктам); ♦ перечисление.

iterate ♦ выполнять итерацию; ♦ повторять; ♦ выполнять цикл.

iteration ♦ итерация, повторение.
Процесс вычислений, основанный на повторении последовательности операций, при котором на каждом шаге повторения используется результат предыдущего шага.

iteration factor ♦ глубина итерации.
Количество последовательных итераций.

iteration mode ♦ итерационный режим.
Режим периодизации решения, дополненный передачей машинных переменных из предыдущего решения в последующее.

it is now safe to turn off your computer ♦ Теперь питание компьютера можно отключить.

ITU ♦ Международный Союз по Телекоммуникациям. Сокращение от **International Telecommunication Union**.
Межправительственная организация, занимающаяся вопросами связи.

IVDLAN WG (integrated voice and data LAN working group) ♦ рабочая группа **IVD LAN**. Разрабатывает стандарт **IEEE 802.9** для ЛВС с интеграцией звука и данных.

J jabbering

jabbering ♦ затянувшаяся передача.
> Ошибочное состояние узла сети **Ethernet**, передающего пакеты **(packet)**, длина которых превышает максимально допустимую.

jacket ♦ оболочка (гибкого диска).

Jacked in ♦ поднявший флаг (где-то); ♦ некто, зарегистрировавшийся на машине или подсоединившийся к сети.

jagged (image) ♦ изображение с рваными (зазубренными) краями.
> В компьютерной графике — ступеньки (зазубрины), которые появляются в наклонных прямых и кривых линиях из-за недостаточной разрешающей способности.

jaggies ♦ ступеньки.
> В компьютерной графике — негативный эффект «ступенчатости», возникающий при увеличении растрированного изображения.

jagging ♦ неровность, ступенчатость.
> В растровой графике **(raster graphics)** — искажение линий из-за большого размера элементов растра.

jaggy ♦ ступенчатость.
> Наблюдаемая на экране ступенчатость краев символов шрифта, вызываемая масштабированием растрового шрифта **(bitmap font)**.

jam ♦ замятие (бумаги в печатающем устройстве); ♦ заедание.

jam signal ♦ сигнал о заторе.
> В сети **CSMA/CD** — сигнал, посылаемый станцией при обнаружении столкновения пакетов **(packet collision)**. По этому сигналу все узлы прекращают передачу пакетов и пытаются вновь передать их через случайный временной интервал.

jumper ♦ джампер.
> Металлическая перемычка, замыкающая электрическую цепь.

Jargonut ♦ жаргонавт.
> Человек, который создает и распространяет жаргон Интернет; ♦ тот, кто интересуется сетевым жаргоном.

Java ♦ Ориентированный на сетевое применение язык программирования.
> Изобретён фирмой **Sun Microsystems**. Специально разработан для написания программ, которые можно безопасно загрузить в компьютер по Интернет, и немедленно выполнить, не опасаясь заполучить вирус или как-то иначе повредить компьютер или файлы.

JavaBean(s) ♦ «зерна» Java; «бобы с острова Ява».

JavaScript

*Спецификация, разработанная **Sun Microsystems**, определяющая взаимодействие **Java** объектов. Объект, удовлетворяющий этой спецификации называется **JavaBean** и функционально сходен с **ActiveX** управлением. Объект этот может быть использован любым программным приложением, которое воспринимает формат **JavaBeans.***

JavaScript ♦ компактный, объектно-ориентированный язык написания сценариев (скриптов) для Интернет-приложений.

*Язык, разработанный фирмой **Netscape**, чтобы дать возможность программистам проектировать интерактивные **Web**-страницы. Хотя он содержит многие особенности и структуры языка **Java**, развитие этих языков происходило независимо. **JavaScript** может взаимодействовать с исходным текстом **HTML**, позволяя авторам наполнить их страницы динамическим содержанием.*

job ♦ задание.

job control ♦ управление заданиями.

*Способность операционной системы выполнять задание в фоновом режиме **(background processing)** без специальных команд. Пользователь может вводить другие команды, не дожидаясь окончания фонового задания.*

job load ♦ рабочая нагрузка.

Совокупность всех программ, данных и команд, вводимых в компьютер для последующего выполнения и обработки.

job processing ♦ выполнение задания.

job queue ♦ очередь заданий.

JOBNAME is not a valid PrintCon job definition ♦ предпринята попытка ввода задания для устройства печати, которое не определено утилитой printcon (сообщение сети **NetWare**).

join ♦ соединять; ♦ объединять.

JOIN ♦ внешняя команда **DOS (Novell DOS).**

*Присваивает подкаталогу обозначение дисковода. Позволяет системе воспринимать один накопитель как подкаталог другого накопителя (или его каталога) (**MS DOS** версии **3.X–5.0**, в версии **6.X** отсутствует). Файл **JOIN.EXE.***

join cells ♦ соединить графы.

joint ♦ соединение, сочленение; ♦ стык.

journal ♦ журнал.

*Файл регистрации или список транзакций **(transaction)**, происходящих в компьютере или в сети. Журнал применяется, например, для регистрации изменения содержимого базы данных или резервирования и удаления файлов. Журнал служит необходимым средством восстановления событий или данных при их потере или порче.*

joystick ♦ джойстик, штурвал.

JPEG ♦ **Joint Photographic Expert Group** ♦ Объединенная экспертная группа по фотографии; ♦ метод сохранения изображения в цифровом формате.

J JPIG

*Эта группа создала схему сжатия изображений, позволяющую уменьшить размер файла с изображением до **20** раз. Файлы, сжатые по этой схеме, обычно имеют суффикс **.jpg.***

JPIG ♦ Web-страница, которая будет грузиться вечно, потому что на ней есть ошибки с графикой, или потому что это содержит один или два действительно больших изображения.

jump ♦ переход, передача управления; ♦ переходить, выполнять переход, передавать управление.

jump footnote ♦ переход к сноске.

jumper ♦ перемычка; ♦ то, чем замыкаются специальные контакты между собой.

*Очевидно, слово происходит от того, что перемычки обычно маленькие по размеру и выпрыгивают **(jump)** из пальцев при попытке их снять (установить).*

jumper block ♦ блок переключателей.

Группа переключателей на интерфейсной плате, используемых для установки определенной конфигурации аппаратуры.

justification ♦ выключка строк, выравнивание. См. **alignment.**

justification mode ♦ режим выравнивания.

justified ♦ выровненный по краям; ♦ выравнивание. См. также **flush.**

justified alignment ♦ выключка строк. См. **justification.**

justify ♦ выравнивать; ♦ выключать строку; ♦ выравнивание.

justify toggle ♦ переключение (режимов) выравнивания.

KA9Q ♦ Популярная реализация **TCP/IP** и связанных с ним протоколов для любительских пакетных систем радиосвязи.
Kbyte ♦ Кбайт (килобайт). Единица измерения емкости памяти.
keep ♦ держать; ♦ поддерживать; ♦ сохранять; ♦ соблюдать.
keep follow ♦ держать следование.
keep frame on one page ♦ весь фрейм на одной странице.
keep together ♦ держать вместе.
keep with next ♦ вместе со следующей.
Kerberos ♦ система защиты **MIT** (Массачусетский Технологический Институт), проект **Athena**.
Основана на симметричном ключе шифровки.
Kermit ♦ Коммуникационный протокол и набор сопутствующих утилит, разработанный Колумбийским университетом.
***Kermit** может использоваться для передачи файлов или для эмуляции терминала.*
Kernel ♦ ядро; ♦ основная часть операционных систем, отвечающая за распределение ресурсов, низкоуровневую связь аппаратных средств, безопасность и многое другое.
kernel mode ♦ привилегированный режим; ♦ режим ядра; ♦ режим работы процессора, в котором разрешено выполнение всех привилегированных команд.
kerning ♦ подгонка; ♦ регулировка; ♦ кернинг. См. также **character spacing, tracking.**
Изменение межзнакового интервала (разрядка или уплотнение строк). ♦ *В компьютерной графике — уменьшение пробела между двумя соседними буквами для улучшения восприятия.*
key ♦ клавиша (клавиатуры); ♦ ключ.
key code ♦ код клавиши.
Key code already defined. Enter a different key code ♦ Данный код клавиши уже определен. Введите другой код клавиш.
См. таблицу с допустимыми значениями кодов клавиш.
key combinations ♦ комбинация клавиш.
Способ расширения возможностей клавиатуры, состоящий в том, что при одновременном нажатии двух или трех клавиш генерируются и выполняются некоторые специальные операции.
key definition line ♦ строка кодов клавиш.

K key in

key in ♦ печатать, вводить с клавиатуры.
key menu ♦ меню ключей.
> Набор возможностей (команд, операций) программы, указываемый в одной из частей экрана дисплея.

key search ♦ поиск по ключу.
key sequence file ♦ файл с клавишной последовательностью.
key sequence replay ♦ заменить клавишную последовательность.
Key sequence too long! Hit any key to continue «...» ♦ Код клавиши слишком велик! Нажмите любую клавишу для продолжения «...».
key shortcuts ♦ комбинация клавиши клавиатуры и кнопки мыши.
key sorting ♦ сортировка по ключу.
> Плата, устанавливаемая в файловом сервере. В сети **NetWare** содержит серийный номер программного продукта **NetWare**, загрузка которого в память файлового сервера возможна лишь при наличии в нем этой платы. Она обеспечивала аппаратную защиту сетевого продукта от копирования в ранних версиях **NetWare**.

KEYB ♦ внешняя команда **DOS (Novell DOS)** — драйвер клавиатуры.
> Служит для замены существующей адресной таблицы клавиатуры на альтернативную (**MS DOS** версии **3.2** и **PC DOS** версии **3.0** и более поздних). Файл **KEYB.COM**.

KEYB has not been installed ♦ установка драйвера **KEYB** не произведена.
keyboard ♦ клавиатура.
Keyboard buffer ♦ буффер клавиатуры.
> Буфер, который держит сигналы нажатий клавиши, если по некоторой причине Вы вводите с клавиатуры быстрее, чем компьютер может обработать нажатия клавиш, например, если Вы набираете команду, пока компьютер все еще обрабатывает последнюю команду, после набора буфер содержит команду пока компьютер не будет готов к ее исполнению.

keyboard input ♦ ввод с клавиатуры.
keyboard menu ♦ клавишное меню.
keycard ♦ ключевая плата.
keymap ♦ раскладка; раскладка клавиатуры; назначения клавиш.
keypad ♦ вспомогательная (специализированная) клавиатура.
> Клавиатура с небольшим набором клавиш для ввода специальных символов.

keys help ♦ справочная информация о назначении клавиш.
Keys must be within sort range ♦ Ключи должны быть внутри блока сортировки.
keystroke ♦ нажатие клавиши.
keyword ♦ ключевое слово.
> Слово или словосочетание из текста документа или запроса, которое несет в данном тексте существенную текстовую нагрузку с точки зрения информационного поиска.

kill ♦ уничтожать; ♦ удалять.
Kilobit ♦ килобит.
1,024 бит для технических целей, например — среда хранения данных. *1,000* в других случаях. Скорость передачи данных измеряется в килобитах в секунду, сокращенно **Kbps**, в данном случае «кило» понимается как *1,000* бит.
Knowbot ♦ программа, которая отыскивает в **Internet** запрошенную информацию.
Knowbot Information Service ♦ информационная служба Knowbot.
Экспериментальная система, которая помогает искать информацию о человеке, например, е го адрес электронной почты, в различных каталогах.

label

label ♦ метка; ♦ файл или запись в начале диска, содержащие служебную информацию.
LABEL ♦ команда **DOS (Novell DOS)**, служащая для создания, изменения или удаления метки дискеты или жесткого диска (**MS DOS** версии **3.1** и **PC DOS** версии **3.0** и более поздние).
Файл **LABEL.COM** *или* **LABEL.EXE**.
label included ♦ область меток.
label not found ♦ метка не найдена.
lamer ♦ ламер.
Воинствующий чайник, который не разбирается в предмете, но категорически этого не признаёт.
LAN ♦ локальная вычислительная сеть (**ЛВС**). См. **Local Area Network**.
LAN Driver ♦ драйвер **ЛВС**.
Специальная программа, которая компонуется с **ОС** *и обеспечивает связь конкретной* **ЛВС** *с определенным типом сетевой интерфейсной платы. Для сети* **NetWare** *— специальная системная программа, которая компонуется с сетевой операционной системой или* **Shell NetWare**, *чтобы обеспечить связь между* **NetWare** *и определенным типом сетевой интерфейсной платы. См. также* **device driver**.
LAN Emulation ♦ эмуляция **ЛВС**.
LAN interface board ♦ сетевая интерфейсная плата. См. **Network Interface Board**.
LAN Manager ♦ сетевая операционная система, разработанная фирмой **Microsoft**.
LAN Network Manager ♦ программное обеспечение, разработанное фирмой **IBM** для управления сетями **Token Ring**.
LAN switching ♦ коммутация **ЛВС**. См. также **MAC layer switching, matrix switching**.
landmark ♦ ориентир.
landscape (orientation) ♦ альбомный спуск.
Размещение полос, при котором корешок издания располагается по короткой стороне полосы в отличие от обычного книжного спуска, когда корешок располагается по длинной стороне полосы. При альбомном спуске издание удлинено по ширине (горизонтали).
language ♦ язык, языковый.
language guide ♦ описание языка.

LANtastic L

LANtastic ♦ одноранговая сетевая операционная система фирмы **Artisoft.**
LAPB (Link Acces Procedure Balanced) ♦ процедура сбалансированного доступа к каналу.
LAPM (Link Acces Protocol for Modems) ♦ протокол доступа к каналу для модемов.
laptop computer ♦ портативный (компактный) персональный компьютер.
large ♦ большой; ♦ обширный.
Large Model Visualization Extensions ♦ Модули масштабной визуализации для больших объектов.
laser printer ♦ лазерный принтер.
Печатающее устройство безударного действия, которое осуществляет воспроизведение символов с использованием лазерного луча, направленного на фоточувствительную поверхность. При этом образуется скрытое изображение, которое затем проявляется, переносится на бумагу и закрепляется.
last ♦ последний; ♦ прошлый; ♦ конечный.
Last backup diskette not inserted. Insert last diskette in drive «...». Strike any key when ready ♦ Не вставлена последняя дискета для сохранения резервной копии файла в дисковод «...». Вставьте дискету и нажмите любую клавишу для продолжения.
last column (row) contains data ♦ последняя колонка (строка) содержит данные.
last file not backed up ♦ последний файл на диске не сохранен.
Замените дискету (смените диск) и повторите попытку.
last search ♦ продолжить поиск.
LASTDRIVE ♦ команда **DOS (Novell DOS)**, включаемая в файл **CONFIG.SYS** и служащая для установки диапазона имен логических дисководов.
*Именами логических дисководов могут быть буквы от **A** до **X** (по умолчанию — от **A** до **E**). Формат команды:* **lastrive = n.**
LAT (Local Area Transport) ♦ транспортный протокол для терминального сервера, разработанный корпорацией **Digital.** См. также **terminal server.**
Latency ♦ задержка, время ожидания.
В общем случае, период времени, пока один компонент системы ожидает второго. Время ожидания, поэтому, является потраченным впустую временем.
layer ♦ уровень; ♦ см. также **OSI, protocol**; ♦ слой (в компьютерной графике).
layer options ♦ параметры слоя.
Команда меню палитры **layers** *(слои).*
layout ♦ макет издания; ♦ размещение, компоновка; ♦ структура; ♦ план; ♦ сетка размещения.
layout object ♦ выходной формат.
layout original ♦ оригинал-макет. См. также **camera ready copy, dummy volume.**
Издательский оригинал, каждая страница которого совпадает со страницей будущей книги по числу строк и месторасположению иллюстраций.

LBA (logical block addressing) ♦ логическая адресация блоков.
lead ♦ шпон.
lead out ♦ вгонка. См. **get in, take in**.
leader ♦ заголовок; ♦ начальный участок, начало.
leader character ♦ шрифт для заголовка.
leader spacing ♦ межсимвольный пробел.
leading ♦ интерлиньяж; ♦ направляющий (ведущий) интервал. См. также **line spacing**.
learning ♦ обучение. См. также **on-line tutorial**.
learning disk ♦ диск, содержащий обучающие программы.
leased line ♦ арендованная линия.
leave ♦ выйти, окончить.
leave search ♦ окончить поиск.
leave space ♦ оставить место.
LEC (Local Exchange Carrier) ♦ Местная Телекоммуникационная (Телефонная) Компания.
ledger ♦ программа финансового учёта.
left ♦ левый (-ая); ♦ левая сторона; ♦ слева.
left aligned ♦ выключенный по левому краю.
left alignment ♦ выравнивание влево. См. также **flush left, left justified**.
Расположение текста, при котором строки начинаются на одной линии у левого поля страницы или колонки.
left indent ♦ левосторонний отступ.
left justified ♦ выравнивание влево. См. **left alignment**.
left margin ♦ левое поле.
Расстояние между левым краем листа бумаги и первой колонкой печатаемых символов.
left scroll arrow ♦ стрелка прокрутки влево.
left window border ♦ левая граница окна.
legal ♦ юридический; ♦ допустимый. ♦ Лист бумаги размером **8 1/2x14" (215.9x355.6 мм)**.
length ♦ длина; ♦ продолжительность, длительность.
length of chord ♦ длина стягивающей хорды.
length of page ♦ длина страницы.
length of type page line ♦ формат строки набора. См. **text line size**.
lens ♦ линзы.
lens flare ♦ блик.
let me specify my own virtual memory settings ♦ параметры виртуальной памяти устанавливаются вручную.
let in heading ♦ форточка. См. **cut-in heading**.
letter ♦ буква; ♦ символ; ♦ литера; ♦ шрифт. См. также **character**; ♦ письмо. *Лист бумаги размером* **8 1/2x11" (215.9x279.4 мм)**.

letter L

letter (monarch 7 3/4) ♦ письмо (монарх **7 3/4**).
Letterhead ♦ фирменный бланк.
level ♦ уровень, степень.
lexicon ♦ словарь; ♦ популярный многооконный текстовый редактор для среды **MS DOS**.
LF (Line Feed) ♦ символ перевода строки.
li (line) ♦ интерлиньяж; ♦ интервал. См. также **leading, line space**.
  *Расстояние между строками. Один интервал содержит **12** пунктов, или **1/6** дюйма, или **4.08** мм.*
library ♦ библиотека.
ligature ♦ лигатура. См. **double letter, tied letter**.
light ♦ светлый, высвечивать.
light button ♦ световая кнопка.
  Примитивы вывода, используемые для эмулирования функциональной клавиши при помощи устройства указания.
light gun (pen) ♦ световое перо.
lighting effects ♦ эффект освещения.
Lightweight Directory Access Protocol (LDAP) ♦ Простой Протокол Доступа к Каталогу.
  *Этот протокол обеспечивает для прикладных программ доступ по чтению и записи к директории **X.500***
LIM (Lotus-Intel-Microsoft) ♦ спецификация отражаемой памяти (стандарт **EMS**), разработанная тремя перечисленными компаниями и фирмой **AST Research**.
limitcheck ♦ выход за допустимые пределы значений.
  *Сообщение об ошибке, часто возникающее при использовании **Type1**-шрифтов и работе с **PostScript**-принтерами. Может быть связано как со шрифтом, так и с программой, готовившей документ к печати.*
limitcheck error ♦ ошибка выхода за допустимые пределы значений.
  Сообщение об ошибке принтера, часто возникающее при использовании программ компьютерной графики при большом количестве сегментов изображения.
line ♦ строка; ♦ линия; ♦ черта; ♦ штрих; ♦ кусочно-линейная диаграмма.
line art ♦ штриховая графика; ♦ штрих. В компьютерной графике — черно-белая иллюстрация.
line attribute ♦ атрибут (параметр) линии.
  Тип (сплошная, прерывистая, пунктирная и т.д.), а также ширина и цвет линии.
line buffer overflow ♦ переполнение буфера строки.
line drawing ♦ рисование линий.
line driver ♦ линейный драйвер; ♦ см. также **short haul modem**.
line editor ♦ редактор строк.
  Текстовый редактор, выполняющий операции в соответствии с текстовыми командами над указанными в них строками.

L line feed

line feed ♦ перевод строки.
Перемещение бумаги в печатающем устройстве на одну строку вверх.
line folding ♦ перенос строки.
line justification ♦ выключка строк. См. **justification.**
line number ♦ номер строки.
line of code ♦ кодовая строка (строка [текста] программы).
LINE PRINT (Lp.exe) ♦ утилита **Norton Utilities**.
Выводит текстовый файл на печать в отформатированном для печати виде.
line probing ♦ тестирование линии.
line spacing ♦ интерлиньяж (интервал между строками). См. также **leading, line.**
line style ♦ тип линии (сплошная, прерывистая и пр.). См. **line attribute.**
line too long ♦ строка слишком длинна.
Длина строки превышает 253 символа.
line up icons ♦ выстроить значки.
line width ♦ ширина линии.
line art format ♦ штриховой формат.
linedraw character ♦ характер начертания линии. См. **line attribute.**
«...» lines and «...» words counted ♦ Всего «...» строк и «...» слов.
lines per page ♦ количество строк на странице.
Lines to skip «...» ♦ Количество пропущенных строк «...».
linetype ♦ тип линии. См. **line attribute, line style.**
lineup ♦ сдвиг.
lineweight ♦ толщина линии.
link ♦ компоновать, связывать; ♦ указатель, ссылка; ♦ линия (канал) связи; ♦ звено; ♦ соединение.
Link Support Layer (LSL) ♦ уровень поддержки каналов (в сети).
*Уровень реализации спецификаций открытого интерфейса канала данных в **NetWare386**. **LSL** является промежуточным уровнем между драйверами ЛС файлового сервера и протоколами связи, такими как **IPX**, **AFP** или **TCP/IP**. **LSL** обеспечивает возможность обслуживания одной сетевой интерфейсной платы несколькими стеками протоколов связи. В то же время он допускает обслуживание нескольких сетевых интерфейсных плат одним и тем же стеком протокола связи. См. также **ODI**.*
link to previous ♦ связать с предыдущим.
linked edit/list box ♦ окно/список редактирования связанных файлов (в компьютерной графике).
linked lists ♦ связанные списки.
linked object ♦ связанный объект (для **Windows**-приложений).
link-state routing ♦ маршрутизация с учетом состояния каналов. См. также **SPF**.
Liquid-Crystal Display (LCD-display) ♦ дисплей на жидких кристаллах (ЖК-дисплей).
liquid inkjet plotter ♦ струйный графопостроитель.
LISRSERV lists ♦ списки **LISTSERV**.

list L

*Почтовые списки, использующие размножители почты и действующие как группы новостей. Сообщения, отправляемые по адресу **LISTSERV**, передаются всем, кто подписан на список. Ответы возвращаются по адресу **LISTSERV**.*

list ♦ список.

list box ♦ список; ♦ поле (окно) списка.
Поле, в котором выбор значений осуществляется на основе просмотра списка перемещением вверх-вниз с помощью линейки прокрутки.

list file (NUL.MAP) ♦ создать файл карты памяти **(NUL.MAP)**.
list files of type ♦ список форматов файлов.
List is empty ♦ Список пуст.
list of abbreviations ♦ список сокращений.
list of contents ♦ оглавление, содержание. См. **contents.**
list of heading ♦ рубрикатор.
List output is not assigned to a device ♦ Не назначено устройство для печати.
list representation ♦ представление [данных] в виде списка.
list server ♦ Списковый сервер.
Автоматизированная распределённая система отправки почты. Списковый сервер управляет списками рассылки почты, добавляя или удаляя получателей из списка.

list synonyms ♦ список синонимов.
listing ♦ листинг, распечатка.
Печатный документ, формируемый транслятором и содержащий текст исходной программы и результаты трансляции.

little endian ♦ термин для указания следования байтов при запоминании в памяти компьютера.

LLC (Logical Link Control) ♦ управление логическим каналом.
load ♦ загружать [программу] в память; ♦ заполнять [базу данных].
load a search from disk ♦ загрузить условия поиска с диска.
load cell ♦ ячейка (клетка) загрузки.
load different style ♦ загрузить другой стиль.
load different width table ♦ загрузить другую таблицу ширин.
load from ♦ загрузить.
load selection ♦ загрузить область.
load setup file ♦ загрузка файла настройки.
loadable ♦ загружаемый, нерезидентный.
loadable font ♦ загружаемый шрифт.
Loadable Module Interface ♦ интерфейс загружаемых модулей.
*Набор процедур сервера, через которые модули **NLM** имеют непосредственный доступ к операционной системе **NetWare 386**. См. также **NLM**.*

loaded database ♦ заполненная база данных.
loaded text icon ♦ пиктограмма загруженного текста.
loader ♦ загрузчик.
Программа, считывающая загрузочные модули в оперативную память и, возможно, запускающая её.

L LOADFIX

LOADFIX ♦ внешняя команда **MS DOS**, которая обеспечивает загрузку программы в первые **64** Кбайта основной памяти с последующим запуском (**MS DOS** и **PC DOS** версий **5.0** и более поздних). Файл **LOADFIX.COM**.

LOADHIGH (LH) ♦ внутренняя команда **MS DOS (Novell DOS)**.
Обеспечивает загрузку резидентных программ в область старшей памяти (MS DOS и PC DOS версий 5.0 и более поздних), что позволяет увеличить объём основной памяти, доступной другим программам. Файл **LOADHIGH.COM**.

Loading «...» ♦ Загружаю «...».

loading high ♦ загрузка в верхнюю память.

lobe ♦ абонентский кабель.

local ♦ локальный.
О переменной в программе, определённой и доступной (существующей) только в текущей функции (модуле) программы; ♦ *Находящийся на компьютере или подключенный непосредственно к компьютеру, в отличие от доступного по сети.*

Local Area Network (LAN) ♦ Локальная Вычислительная Сеть (**ЛВС**). ♦ Сеть передачи данных, обслуживающая область в несколько квадратных километров или меньше.
Локальная сеть передачи данных является коммуникационной системой, поддерживающей в пределах здания или некоторой ограниченной территории (предприятие, учреждение и т.п.) один или несколько высокоскоростных каналов передачи информации. Локальная сеть является вычислительной сетью, построенной на базе локальной сети передачи данных. Обычно локальная сеть находится в частном ведении организации или предприятия. См. также **Network**.

local bus ♦ локальная шина.
Шина данных, подсоединенная непосредственно (или почти непосредственно), к микропроцессору.

local disk ♦ локальный диск.
Диск, подключенный к рабочей станции, недоступный другим станциям сети.

local memory ♦ локальная память.
Память, принадлежащая конкретной прикладной программе и недоступная другим прикладным программам.

local mode ♦ автономный режим.

Local number expected ♦ Ожидался номер локального устройства печати (сообщение сети **NetWare**).

Local printer number (1, 2 or 3) expected ♦ Не установлен номер устройства печати (сообщение сети **NetWare**).

Local printer number is invalid. It shoud be 1, 2, or 3 ♦ Задан неправильный номер сетевого устройства печати. Номер должен быть **1, 2** или **3** (сообщение сети **NetWare**).

localhost ♦ предопределённое локальное название компьютера.

LocalTalk ♦ кабельная система на основе экранированной витой пары, разработанная фирмой **Apple Computer**. См. также **STP**.

locate ♦ находить (местоположение данных); ♦ размещать, устанавливать (позицию курсора на экране дисплея).
location ♦ положение; ♦ ячейка памяти.
lock ♦ защита; ♦ запирать; ♦ внешняя команда **Novell DOS**, обеспечивающая блокировку системы для посторонних лиц.
lock application memory ♦ зарезервированная область памяти.
lock columns ♦ фиксированное положение колонок.
lock for annotation ♦ закрыть для аннотаций.
Lock violation readin (or writing) drive «...» ♦ Запрет чтения (записи) на дисководе «...».
Необходимо выбрать ответ «**retry**» — повторить или «**abort**» — завершить.
lock Workstation ♦ блокировка.
locked ♦ заблокировано.
locking ♦ блокировка.
locking or toggle key ♦ заблокированная или защищенная от переключения клавиша.
lockout ♦ блокировка.
Запрет на выполнение последующих операций до завершения выполнения текущей операции. ♦ *Механизм организации контролируемого доступа к совместно используемому ресурсу.*
log ♦ журнал.
*В сети **NetWare** — журнал работ. Специальный файл, в который записывается и в котором хранится информация о проведении определенных работ (например, информация о выполнении служебных программ). Так, при выполнении утилит архивирования создается файл **ARCHIVE.LOG**. В процессе архивирования в него записывается список копируемых файлов и каталогов, дата и время их архивирования и другая информация, которая затем может быть использована при выдаче протокола архивирования и последующего восстановления испорченных файлов или каталогов в утилитах восстановления. См. также **log report, archiving.***
log data ♦ регистрировать данные.
logged ♦ создание протокола.
*Это один из видов обычного запуска **Windows 95**, создающего файл **Bootlog.txt**, в котором перечисляются все действия, выполняемые при загрузке.*
logged record ♦ запись, включенная в набор для блокирования.
*Станция включает такую запись в список записей, которые блокируются как отдельный набор записей. См. также **Record Locking**.*
logged task manager ♦ диспетчер задач.
logging ♦ регистрация, запись (сообщения).
Logging to file «file_name» ♦ Регистрация в файле «имя_файла».
logical ♦ логический; ♦ последовательный.
Logical Block Addressing (LBA) ♦ логическая адресация блоков в **EIDE**-винчестерах.

L logical device

logical device ♦ логическое устройство.
logical dimensions ♦ логические размеры.
Logical DOS drive created, drive letters changed or added ♦ Логическое дисковое устройство создано, имена дисководов изменяются или добавляются.
logical font ♦ логический шрифт.
  Шрифт, создаваемый прикладной программой на основе одного из физических шрифтов, известных системе (предопределенных в среде).
Logical Link Control (LLC) ♦ Управление Логической Связью.
logical point ♦ логическая точка.
Logicalpage «...» mapped to physical page «...» ♦ Логическая страница «...» приведена в соответствие с физической страницей «...».
log in (login) ♦ начало сеанса; ♦ вход; ♦ входить в систему.
login/logout ♦ процедура входа/выхода. В сети **NetWare** — процедура входа/выхода через сеть, выполняемая сетевой **ОС** по команде пользователя для организации работы в сети. См. также **Session.**
login restriction ♦ ограничения входа в сеть.
  Средство усиления защиты системы в файловом сервере. Установление ограничений на вход в файловый сервер усложняет доступ к нему пользователей, не имеющих таких прав. Применяются три типа ограничений входа в сеть: ограничения на среду пользователя, включая ограничения пароля, ограничения на время входа и ограничения на станцию. См. также **account restrictions, time restrictions, station restrictions.**
login script ♦ входной сценарий (в сети); ♦ входной командный файл пользователя.
  Пакет команд, выполняемый сетевой операционной системой во время процедуры входа пользователя в сеть (во время выполнения команды **LOGIN***). Супервизор сети может создать входной командный файл системы* **(System Login Script)***, который выполняется для каждой рабочей станции, входящей в сеть. После него выполняется индивидуальный входной командный файл пользователя* **(User Login Script).**
log off (logoff) ♦ выходить; ♦ выход; ♦ конец сеанса.
log on (logon) ♦ входить; ♦ вход; ♦ начало сеанса; ♦ зарегистрироваться; ♦ войти, ввести регистрационное имя.
  Дать возможность компьютерной системе или сети опознать вас, проверить ваши полномочия на пользование компьютером.
log out (logout) ♦ выходить; ♦ выход; ♦ конец сеанса; ♦ заканчивать работу с диалоговой системой.
logo ♦ эмблема.
logoff ♦ выходить из системы; ♦ конец сеанса.
logon ♦ входить в систему; ♦ начало сеанса.
logout ♦ завершить работу; ♦ выход из системы, конец сеанса.
log record ♦ блокирующая запись.
  В сети **NetWare** *— запись, включенная в набор для блокирования. Стан-*

ция включает такую запись в список записей, которые блокируются как отдельный набор записей.

log report ♦ отчет; ♦ протокол работы системы.
*В сети **NetWare** — распечатка в определенном формате информации из журнала работ. См. также **Log**.*

long ♦ длинный (-ая).

Long Machine Type ♦ полный тип машины (в сети).
*Имя, состоящее из **6** букв и представляющее тип машины рабочей станции. Оно используется во входном командном файле системы для автоматического размещения на сетевой каталог, где находится версия **DOS**, соответствующая определенной рабочей станции.*

longer ♦ длинный, долгий.

«...» longer then «...» ♦ «...» длиннее, чем «...».

look ♦ просмотр; ♦ поиск; ♦ искать (что-либо).

lookup table ♦ справочная таблица.

loop ♦ цикл; конструкция программы, обеспечивающая циклическое повторение группы операторов;

loop body ♦ тело цикла; петля;

loop device ♦ петлевое устройство.

loopback ♦ петля (шлейф).
Процедура тестирования, при которой переданный сигнал возвращается передающему устройству.

loose lines ♦ жидкие строки.

lose ♦ терять; ♦ утрачивать.

loss ♦ потеря.

lossless compression ♦ компрессия без потерь (мультимедиа).
Компьютерный видеофильм, содержащий всю первоначальную информацию об изображении (даже его лишние фрагменты).

«...» lost clusters found in «...» chains. Convert lost chains to files? ♦
В «...» цепочках найдено «...» плохих кластеров. Преобразовать их в файлы?
*Размещаемые кластеры не являются частью файла. Если нажать клавишу **Y**, то программа **CHKDSK** создаст в корневом каталоге файлы **FILE0000.CHK**, **FILE0001.CHK** и т.д. Их надо просмотреть и, если они не содержат ценной информации, удалить. При нажатии клавиши **N** потерянные участки сразу будут добавлены к списку свободных участков на диске.*

low ♦ нижний; ♦ недостаточный; ♦ незначительный; ♦ редко.

lower case ♦ нижний регистр (о буквах); строчные буквы.

Low level format ♦ форматирование на низком уровне.
*Процесс форматирования для жестких дисков, при котором происходит разметка диска на низком уровне, поиск испорченных блоков. Этот тип форматирования производится еще производителем. (Обычному пользователю этим лучше не заниматься). Обычное форматирование (скажем под **DOS**) просматривает уже сделанную разметку и ставит в начало каждого блока «флажок», говорящий о том, что этот блок свободен.*

L Low on memory

Low on memory ♦ Недостаточно памяти.
lower ♦ нижний; ♦ понижать; ♦ опускать; ♦ снижать.
lower left corner ♦ левый нижний угол.
Lower right corner of window «...» ♦ Правый нижний угол окна номер «...».
lower window edge ♦ нижняя граница окна.
lowered ♦ подстрочный индекс.
Lowest «...»-axis value ♦ Наименьшее значение по оси «...».
lpi (lines per inch) ♦ (количество) строк на дюйм.
lpm (line per minute) ♦ (количество) строк в минуту.
lps (line per second) ♦ (количество) строк в секунду.
LPT ♦ Имя, которое часто используется операционными системами для указания принтера.

Изначально термин «LPT» имел значение line printer terminal – оконечное устройство построковой печати; сегодня он применяется для указания любого типа принтера.

LPT «...»: not redirected ♦ Устройство LPT «...»: не переназначено.
LPT «...» redirected to COM «...» ♦ Параллельный порт LPT «...» переназначен на последовательный порт COM «...».
LPT «...»: set for 80 (120, 132) ♦ На устройстве LPT «...» установлено 80 (120, 132) колонок.
LPT1 ♦ порт LPT1 на рабочей станции (в сети) или в ПК.

Это основной параллельный порт для подключения принтера на персональном компьютере. См. также parallel port.

LSA (LAN Security Architecture) ♦ архитектура безопасности ЛВС.
LSL (Link Support Layer) ♦ уровень поддержки каналов. Link Support Layer.
LU (Logical Unit) ♦ логическое устройство. См. также SNA luminosity; ♦ освещенность.
lurker ♦ человек, занимающийся тайным просмотром.
lurking ♦ тайный просмотр.

Чтение сообщений группы новостей или LISTSERV без ответа на них. Никто не знает, что вы произвели такой просмотр. ♦ Тайное участие. Пассивное участие подписчика в почтовом списке или группе новостей USENET. Такой участник только слушает обсуждения.

Lycos ♦ Компания Lycos.

Новое предприятие, сформированное в июне 1995, для производства и продажи технологий, разработанных под руководством доктора Michael Mauldin в университете Carnegie Mellon.

MAC (Media Access Control) ♦ Управление Доступом к Среде. ♦ Общий термин для описания метода доступа сетевых устройств к среде передачи. Чаще всего употребляется применительно к **ЛВС**. ♦ Подуровень канального уровня. Специфицирует методы доступа к среде, формат кадров, адресацию.

MAC address ♦ **MAC** адрес.
Аппаратный адрес устройства, подсоединенного к разделяемой среде (например, к коаксиальному кабелю).

machine-dependent ♦ машинно-зависимый.
Системный аппаратно-программный интерфейс, учитывающий особенности конкретного процессора.

machine-independent ♦ машинно-независимый.

Macintosh ♦ семейство персональных компьютеров фирмы **Apple.**
Это семейство включает в себя следующие линии:
♦ **Performa** — домашние компьютеры на базе процессора **68030**, не имеющие слотов расширения **(expansion slot)**.
♦ **LC** — компьютеры, рассчитанные на более подготовленного пользователя и обладающие такими же возможностями, что и линия **Performa**.
♦ **Quadra** — наиболее мощные компьютеры, которые можно применять в настольных издательских и сложных графических приложениях.
♦ **PowerBook** — ноутбуки **(notebook)**, обладающие довольно широкими возможностями. Самые дешевые из них — **PowerBook Duo**, не имеющие накопителя на гибком диске; их можно вставить в «доковую станцию» **Duo Dock** с образованием мощного настольного компьютера.
♦ **Power-Macintosh и Macintosh AV** — наиболее мощные компьютеры, рассчитанные на профессионалов.

MAC layer switchin ♦ коммутация на уровне **MAC**. См. также **LAN switching**.

Mac OS ♦ Официальное наименование операционной системы компьютера Macintosh. Ранние версии назывались **System x.x**, где **x.x** ♦ номер версии. Начиная с версии **Mac OS 8**, **Apple** опускает слово **System**.

Macintosh computer ♦ Популярная модель компьютера фирмы Apple Computer.

macro (command) ♦ макрокоманда, макрос; ♦ макроопределение.
Программа на процедурном языке, позволяющая выполнять серию команд или нажатий клавиш с помощью запрограммированной клавиши.

macro call ♦ вызов макрокоманды; ♦ обращение к макрокоманде.

macro recorder ♦ запись макрокоманд.

M Macroassembler

Macroassembler ♦ макроассемблер. Ассемблирующая программа (**assembler**), имеющая средство определения и вызова макрокоманд.

macroinstruction ♦ макрокоманда (сокр. **macro**).
*Символическое имя, за которым закреплена последовательность ассемблерных команд, заменяющая его появления в исходной программе (**surce program**).*
♦ *Комбинация нажатий клавиш, сохранённая как новая условная команда.*

magnifier ♦ масштаб.

mail ♦ почта.

mail box ♦ почтовый ящик.

mail bridge ♦ Почтовый мост, направляющий электронную почту между двумя и более сетями при условии, что направляемые почтовые сообщения удовлетворяют определённым административным критериям.

Mail Exchange Record (MX Record) ♦ Запись Обмена Почты.
*Тип «запись ресурса» системы **DNS**, указывающий, какой хост может обрабатывать почту для заданной области (домена).*

mail exploder ♦ Размножитель (взрыватель) почты.
Часть электронной системы доставки почты, которая доставляет сообщение по списку адресов. Разножитель почты используется для доставки почты по списку.

mail gateway ♦ Почтовый шлюз.
Машина, которая соединяет две или больше электронных системы доставки почты (включая разные системы доставки) и передаёт сообщения между ними.

mail path ♦ Почтовый маршрут.
Последовательность машинных имён, используемая, чтобы направить электронную почту от одного пользователя к другому.

mail server ♦ Почтовый сервер.
Программа, которая распределяет файлы или информацию в ответ на запросы, посланные через email.

mail merge ♦ почтовая этикетка.
Проставление почтовых реквизитов на конвертах, карточках и т.п. в системе подготовки почтовой корреспонденции.

Mail reflector ♦ размножитель почты.
Почтовый адрес, который воспринимает сообщения электронной почты, а затем передает их по неопределенному списку адресов. Такие системы очень удобны для передачи сообщений группе людей.

mailer ♦ мэйлер.
Программа, поддерживающая работу электронной почты в соответствии с какой-либо телекоммуникационной сетью.

mailin list ♦ Список рассылки почты.
*Список адресов **email**, используемый размножителем почты для доставки по группам пользователей.*

Mailmerge usin «...» ♦ Количество пропущенных строк «...».

main ♦ главный; ♦ основной.
main command menu ♦ главное командное меню.
main headin ♦ основной заголовок.
main memory ♦ основная (оперативная) память.
main menu ♦ основное меню.
main processor ♦ главный процессор.
mainframe ♦ головная, как правило, большая (в отличие от персональных и мини-компьютеров) вычислительная машина.
maintain ♦ обслуживать; ♦ эксплуатировать.
maintained ♦ сохранить.
maintenance ♦ техническое обслуживание; ♦ эксплуатация; ♦ текущий ремонт.
major ♦ главный.
Majordomo ♦ Мажордом (домашний сервер).]
Программа, обслуживающая список рассылки (называемая также администратором); заносит и удаляет адреса из списка рассылки.
Make all directories the same as the first ♦ Сделать все каталоги, как первый.
make directory ♦ создать каталог.
Make sure the printer is property configured and selected ♦ Проверьте конфигурацию и выбор принтера.
make up display ♦ верстальный дисплей.
make up editin ♦ техническое редактирование.
make up galley ♦ вгонка.
Процесс формирования полос набора изданий определенного формата.
making up ♦ вгонка. См. **make-up galley**.
MAN (Metropolitan Area Network) ♦ Городская Вычислительная Сеть (**ГВС**).
Management Information Base (MIB) ♦ База Управленческой Информации.
Доступ к базе осуществляется через протокол администрирования сети.
manchester encodin ♦ манчестерское кодирование.
manual ♦ руководство; ♦ описание; ♦ инструкция; ♦ справочник; ♦ учебник; ♦ ручной; ♦ с ручным управлением.
Manual «...» axis scalin ♦ Ручное масштабирование по оси «...».
manual feed ♦ ручная подача (бумаги).
manual text flow ♦ размещение текста вручную.
manuscript marking out ♦ техническая разметка оригинала.
Один из процессов технического редактирования (указание формата, вида набора, гарнитуры и кегля шрифта, выделений текста, отбивка и т. п.).
MAP (Manufacturing Automation Protocol) ♦ Протокол Автоматизации Производства. Технология **ЛВС**, разработанная фирмой **General Motors**.
map ♦ карта, таблица; ♦ отображать; ♦ преобразование.
map disk usage ♦ карта распределения диска.
map Network drive ♦ подключить сетевой диск.

M MAPI

MAPI (Messagin API) ♦ интерфейс **API** для создания приложений, использующих электронную почту.
Разработан фирмой Microsoft, конкурирует с интерфейсом VIM.

mappin ♦ составление карты; ♦ отображение; ♦ установление соответствия; ♦ назначение.
В сети NetWare — установление соответствия определенно го каталога и сетевого дискового указателя. Это делается с помощью командной утилиты MAP. Например, если вы назначаете каталог SYS: ACCOUNT/RECEIVE для сетевого логического устройства F:, вы будете иметь доступ к этому каталогу каждый раз, как только введете F:. См. также Search Mapping.

margin ♦ поле; ♦ край; ♦ граница.

margin guides ♦ указатели полей.

margins ♦ поля (страницы).
Незапечатанные участки вокруг полосы на каждой странице, размеры которых определяются площадью страницы и площадью полосы. Каждая страница в издании имеет четыре поля: верхнее (top margin), нижнее (bottom margin), наружное (передник) (outside margin) и внутреннее (корешковое) (inside margin).

Margins equal or exceed page length ♦ Поля превышают длину страницы.

margin wide ♦ по формату.

mark ♦ метка, маркер; ♦ отметка, отмечать; ♦ маркировать.

marked ♦ отмеченный, размеченный.

marked points graph ♦ график, помеченный точками.

marker ♦ метка, маркер; ♦ признак (начала/окончания).

marker for note ♦ знак ссылки на сноску.

Martian ♦ Мартиан.
Юмористический термин, относящийся к пакетам, которые неожиданно попадают не в ту сеть из-за неверных элементов в таблице маршрутизации. Также используется для именования пакета, который имеет полностью неверный (незарегистрированный или плохо оформленный) межсетевой адрес.

mask search ♦ маскированный поиск, поиск по маске.
Поиск данных путем сравнения их формата и значения с маской, заданной в условиях поиска.

masking ♦ маскирование; выделение разрядов, соответствующих единичным битам маски.

masquerade ♦ маскарад.
Поведение пользователя, пытающегося выдать себя за другого с целью получения его полномочий.

master ♦ ведущий; ♦ главный.

master clock ♦ главный тактовый генератор.

master data ♦ основные данные.

master disc ♦ мастер-диск, стеклянный диск, оригинал-диск.
Стеклянный диск диаметром 240 мм и толщиной 5,9 мм, содержащий в

специальном виде всю информацию, которую должен нести тиражируемый компакт-диск. Со стеклянного оригинала диска снимают матрицу, используемую для изготовления тиражируемых дисков.

master file ♦ основной файл.
master items ♦ элементы шаблона.
master page ♦ шаблонная страница.
master port ♦ главный порт.
*Порт концентратора **FDDI**, к которому подсоединяется рабочая станция **FDDI** с подключением. См. также **slave port**, **SAS**.*

Master System Drive Table ♦ Главная системная Таблица Дисковых Устройств.
*В сети **NetWare** — содержит основную информацию о сетевых жестких дисковых устройствах файлового сервера. Если конфигурация дисковых устройств файлового сервера изменяется, следует обновить информацию в этой таблице в программе установки сети **NETGEN**.*

master task ♦ основные задачи.
Master Workstation Diskette ♦ Главная Дискета Рабочей Станции.
*Дискета, на которую помещаются системные файлы **NetWare**, необходимые для начальной загрузки рабочей станции. Она обычно используется для установки в сети большого количества однотипных рабочих станций.*

match ♦ сравнивать; ♦ соответствовать, приводить в соответствие.
math mode ♦ математический режим.
match upper/lowercase ♦ с учетом строчных/прописных.
matrix ♦ матрица; двумерный массив; двумерная таблица.
matrix printer ♦ матричное печатающее устройство.
*Печатающее устройство, в котором печать осуществляется с помощью вертикальной матрицы, состоящей из игл (обычно **9** или **24**).*

matrix (physical-layer) switchin ♦ матричная коммутация (коммутация на физическом уровне).
mattin ♦ матирование; ♦ обработка краев.
Процесс затенения частей фона изображения при появлении на переднем плане какого-либо объекта.

MAU (Media Attachment Unit) ♦ Устройство Подключения к Среде. Приемопередатчик сети **Ethernet**. См. также **transceiver**.
MAU (Multiport Access Unit) ♦ многопортовое устройство доступа (концентратор **Token Ring**). Разработано фирмой **IBM**. См. также **MSAU**.
maximize ♦ развернуть (в системном меню).
maximize box ♦ увеличитель. Экранная кнопка в **Windows**, предназначенная для увеличения окна до размеров экрана.
maximum ♦ максимум.
Maximum available space for partitions is «...» cylinders ♦ Максимальное доступное пространство для разделов составляет «...» цилиндров.
Maximum number of logical DOS drives installed ♦ Установлено максимальное количество логических дисковых устройств DOS.

M Maximum number

Maximum number of printers already installed ♦ Максимальное количество принтеров уже установлено.

maximum rights mask ♦ маска максимальных прав доступа.
*В сети **NetWare** — средство защиты файлов каталога. Она присваивается каждому каталогу и определяет максимальные права, которые могут иметь пользователи при обращении к файлам определенного каталога. Эффективные права доступа пользователя определяются как логическое произведение его опекунских (**trustee**) прав доступа к файлам каталога и маски максимальных прав. В **NetWare 386** вместо нее введена «Маска унаследованных прав».*

maximum rotated height ♦ максимальная высота вращения.

maximum space width ♦ минимальный пробел.

Maximum Transmission Unit (MTU) ♦ Максимальный Блок Передачи.
Самая большая длина фрейма, который может быть послан по физической среде.

MB (MegaByte) ♦ Мбайт (Мегабайт).
*Единица объема памяти, равная **1048576** Байт (**1024** Кбайт).*

Mbone ♦ Многоадресная основная сеть.

Mbps (Megabit per second) ♦ Мбит/секунду.
Единица скорости передачи данных.

MCA ♦ высокопроизводительная шина передачи данных внутри компьютера, разработанная фирмой **IBM**.
*Используется преимущественно в файл-серверах локальных сетей и в других высокопроизводительных компьютерах. Устройства (контроллеры), разработанные для шин **ISA** и **EISA**, не совместимы с шиной **MCA**.*

MCA (Media Control Architecture) ♦ Архитектура Управления Средой.
*Спецификация системного уровня, разработанная фирмой **Apple Computer Inc**., для адресации различных устройств мультимедиа (проигрывателей видеодисков и видеолент, **CD**-проигрывателей и т. п.) в компьютерах **Macintosh**.*

MCGA (Multi Color Graphics Adapter) ♦ текстовый и графический цветной или монохромный адаптер для персональных компьютеров **IBM PS/2**.
*Разрешающая способность : цветного — **256** цветов при разрешении **320** точек **x200** строк; **2** цвета при разрешении **640** точек **x480** строк; монохромного — **64** оттенка серого при разрешении **320** точек **x200** строк.*

MCI (Media Control Interface) ♦ Интерфейс Управления Средой.
*Мультимедиа-спецификация фирм **Microsoft Corporation** и др. (опубликована в 1990 году) для управления внешними устройствами мультимедиа (такими, как дисководы **CD-ROM**, видеомагнитофона и др.).*

MCIMail ♦ электронная почта фирмы **MCI**.

.mct ♦ расширение мультимедиа-файлов.
*Музыка. Формат **MIDI**-файлов, используемый в программе **Musicator GS**.*

MD (MKDIR) ♦ внутренняя команда **MS DOS** (**Novell DOS**), служащая для создания подкаталогов.

MDA (Monochrome Display Adapter) ♦ текстовый монохромный адаптер с разрешением **720** точек х **350** строк.

MDI (Multiple Document Interface) ♦ многодокументальный интерфейс.
Стандарт на интерфейс, который позволяет окну управлять несколькими дочерними окнами.

MDRAM ♦ multibank **DRAM** ♦ один из типов памяти использующийся на видеоадаптерах.
*Архитектура **MDRAM** обеспечивает ширину шины **128** разрядов при общем объеме памяти всего **2** Мбайт. Такой подход реализован в адаптерах на базе микросхемы **ET6x00**.*

mean ♦ среднее (значение), средняя величина; ♦ способ; ♦ средство.

measure ♦ измерять; ♦ единица измерения; ♦ масштаб.

measurement ♦ измерение; ♦ размеры; ♦ система мер.

Media ♦ среда. ♦ Объект для запоминания данных.
*Сюда входят жесткие диски, гибкие диски, **CD-ROMы** и магнитные ленты. В компьютерных сетях термин **media** (среда) относится к кабелю, соединяющему рабочие станции. Есть много типов среды передачи данных, наиболее популярные ♦ скрученная пара (обычный электрический провод), коаксиальный кабель (кабель, используемый в кабельном телевидении) и оптико-волоконный кабель (кабель из стекловолокна). ♦ Форма и технология, используемые в обмене информацией. В мультимедийных презентациях, например, совмещается звук, изображение и видео, каждое из которых есть различный тип среды.*

Media Access Control (MAC) ♦ Управление Доступом к Среде.
Низшая часть канального уровня. Различен для различных физических сред.

media defect list ♦ таблица плохих блоков.

media player ♦ универсальный проигрыватель.

Media Type ♦ носитель.

median ♦ монокль.

medium ♦ носитель (данных); ♦ среднее число, средний (-яя).

medium weight italic ♦ курсив средней плотности.

Megabit ♦ мегабит. ♦ При описании среды хранения данных ♦ **1,024** килобит. ♦ При описании скорости передачи данных ♦ один миллион бит. Для сетей часто применяется понятие мегабит в секунду, сокращенно

Mbps ♦ **Megabyte** ♦ мегабайт. ♦ При описании хранения данных — **1,048,576** (**2** в 20-й степени) байтов.
*Megabyte часто сокращают до **M** или **MB**. ♦ При описании скорости передачи данных ♦ **MBps**, один миллион байт. ♦ Единица измерения количества данных, немного более миллиона байт. Для простых текстовых файлов — это много, а для файлов, содержащих цветные фотографии, мегабайт ♦ это не так много.*

MEM ♦ внешняя команда **DOS** (**Novell DOS**), предоставляющая информацию об использовании оперативной памяти (**MS DOS** версии **4.0** и **PC DOS** версии **4.0** и более поздних). Файл **MEM.EXE**.

M member list

member list ♦ список членов.
*Относится к группе пользователей сети. См. также **Group**.*

MEMMAKER ♦ внешняя команда **DOS** (начиная с **DOS 6.0**).
*Обеспечивает автоматическую оптимизацию использования оперативной памяти, занятой системными и прикладными программами, размещенными резидентно в основной и старшей памяти. Для использования этой команды необходимо наличие компьютера с процессором **80386**, **80486** или **Pentium** и расширенной (**Extenuated**) памяти. Файл **MEMMAKER.EXE**.*

MEMMAX ♦ внешняя команда **Novell DOS**, осуществляющая блокировку определенных зон памяти для прикладных программ. memory ♦ память; ♦ оперативная память; ♦ запоминающее устройство. Устройство, предназначенное для хранения данных и команд во время выполнения программы центральным процессором.

memory allocation ♦ разделение памяти.

Memory allocation error. Cannot load COMMAND, system halted ♦ Ошибка распределения памяти. Не могу загрузить командный файл, система остановлена. Операционная система частично повреждена в памяти компьютера. Перезагрузите операционную систему.

Memory allocation error. Cannot load MS DOS, system halted ♦ Ошибка распределения памяти. Не могу загрузить операционную систему, система остановлена.

memory board ♦ плата памяти.
Дополнительная плата памяти для увеличения оперативной памяти персонального компьютера.

memory capacity ♦ объем памяти.

memory control block (MCB) ♦ блок управления памятью.

memory expansion card ♦ плата расширения памяти.

memory full ♦ память заполнена.

memory management ♦ управление памятью.

memory map ♦ карта (распределения) памяти.

memory overflow ♦ память переполнена.

memory pool ♦ пул (накопитель) памяти.
*Пул динамического распределения памяти операционной системой **NetWare** по запросам различных подсистем.*

Memory too full print graph ♦ Недостаточно памяти для печати диаграммы.

memory unlocked ♦ разблокированная память.

menu ♦ меню.
Список вариантов (режимов, команд, ответов и т. п.), выводимых на экран дисплея и предлагаемых пользователю для выбора. Выбранный вариант определяет следующее действие программы.

menu bar ♦ полоса (линейка, строка) меню.
В диалоговых системах — строка окна или экрана дисплея, в которой перечислены пункты меню.

menu color ♦ цвет меню.
menu reset ♦ восстановление меню.
menu selection ♦ выбор пункта меню.
Выбор пользователем одного из вариантов (режимов) работы, предлагаемых программой, с помощью меню на экране дисплея. Выбор осуществляется перемещением курсора, выбором номера (одной из букв) варианта, вводом имени и др. способами.
Menu Utility ♦ Меню-Утилита.
*Системная служебная программа, работающая в режиме диалога и предоставляющая пользователю меню операций для его выполнения. В **NetWare** это ряд мощных утилит, которые позволяют пользователю выполнять основные служебные функции в системе.*
menu and prompt ♦ режим меню с подсказками.
menu driver ♦ управляемый в режиме меню.
menus on demand ♦ меню по требованию.
merge ♦ соединять, объединять; ♦ соединение, объединение.
merge layers ♦ выполнить сведение.
*Команда меню палитры **layers** (слои).*
mergin ♦ соединяю, объединяю.
Mergin record «...» ♦ Соединяю записи «...».
mesh network ♦ ячеистая (сотовая) сеть.
message ♦ сообщение.
message box ♦ панель (окно) сообщений.
Разновидность окна, предназначенная только для вывода сообщений.
message digest ♦ профиль сообщения. **Message Digest** (**MD-2, MD-4, MD-5**) ♦ Переработка Сообщений.
*Переработка Сообщений есть алгоритмические операции, выполняемые над текстом, которые производят уникальную сигнатуру для этого текста. **MD-2**, описанный в **RFC 1319**; **MD-4**, описанный в **RFC 1320**; и **MD-5**, описанный в **RFC 1321**, все производят 128-битную сигнатуру. Они отличаются быстродействием и крипто-аналитической защищенностью.*
message driven architecture ♦ архитектура, управляемая событиями.
Программы, работающие в среде с такой архитектурой, имеют модуль обработки событий и соответственно цикл обработки сообщений.
Message Handlin Service (MHS) ♦ Служба Обработки Сообщений (ЛВС) **Novell**.
message line ♦ строка сообщений.
message loop ♦ цикл обработки сообщений.
Цикл, выполняющий прием сообщения, его трансляцию и передачу процедуре обработки сообщений.
message packet ♦ пакет сообщения (в сети).
message queue ♦ очередь сообщений.

M message switchin

message switchin ♦ Переключение сообщений.

Message System ♦ система сообщений (в сети).
> Протокол связи, работающий над протоколом **IPX**. Он обеспечивает средство, позволяющее одному узлу сети посылать сообщения другим узлам. С помощью интерфейса прикладного программиста **API**-программы могут иметь доступ к системе сообщений. **NetWare 386** поддерживает в файловом сервере передачу сообщений всем станциям и посылку предупреждающих сообщений супервизору и менеджерам групп.

message window ♦ информационное окно; ♦ окно сообщений.

metadata ♦ метаданные; данные, являющиеся описанием других данных (например, описание структуры базы данных по отношению к самой базе).

metafile ♦ метафайл.
> Средство для запоминания графических сообщений без вывода на конкретное устройство.

Metafile Spoolin ♦ Буферизация метафайла (при печати).

metric ♦ метрика.
> Количественная информация о размерах отображаемых объектов.

Metropolitan Area Network (MAN) ♦ Общегородская Сеть.
> Сеть передачи данных, предназначенная обслуживать область размером с большой город.

mezzonit ♦ гравюра.

.MFF (MIDI file format) ♦ расширение мультимедиа-файлов, имеющих формат **MIDI**.
> Музыка. Стандартный **MIDI**-файл, совместимый с большинством **MIDI**-программ и секвенсоров.

MHS (Messagin Handlin Service) ♦ Служба Обработки Сообщений.

MHz ♦ мегагерц (**МГц**).
> Обычно обозначает тактовую частоту процессора.

MIB (Management Information Base) ♦ База Управляющей Информации. См. также **SNMP**.

MIC (Medium Interface Connector) ♦ интерфейсный соединитель со средой.

Microcom Networkin Protocol (MNP) ♦ Сетевой Протокол Microcom.
> Ряд протоколов, встроенных в большинство модемов, которые проверяют на ошибки или сжимают данные, передаваемые по телефонной линии.

microcode ♦ микропрограмма.

microfloppy disk ♦ 3,5-дюймовая дискета.

microprocessor ♦ микропроцессор.
> Процессор, составные части которого миниатюризированы и размещены в одной или нескольких интегральных схемах.

microsegmentation ♦ микросегментация. См. также **matrix switching**.

mid level network ♦ Сеть среднего уровня.
> Сети среднего уровня (региональные) образуют второй уровень иерархии Интернет.

MID

.MID (MIDI, Musical Instrument Digital Interface) ♦ расширение мультимедиа-файлов, имеющих формат **MIDI**.
*Музыка. Слегка урезанная версия стандартного **MIDI**-формата.*

middle ♦ посередине.

middleware ♦ связующее программное обеспечение. См. также **RPC**, **ORB**, **message queue**.

MIDI (Musical Instrument Digital Interface) ♦ Цифровой Интерфейс Музыкальных Инструментов.
Международный стандарт музыкальных синтезаторов и устройств.

MIDI file ♦ **MIDI**-файл.
*Стандартный формат для запоминания **MIDI**-информации. **MIDI**-файл содержит ноты, такты и обозначения инструментов для **16** каналов. В файл включена информация о состоянии клавиш (длительности и громкости) и о скорости их нажатия.*

Millisecond ♦ миллисекунда.
Одна тысячная секунды. Время доступа для привода жесткого диска измеряется в миллисекундах, обычно обозначается ms.

MIME (Multipurpose Internet Mail Extensions) [standard RFC821, 822] ♦ многоцелевое расширение возможностей почты в Internet.
Система, позволяющая передавать компьютерные файлы как электронную почту.

minifloppy disk ♦ 5,25-дюймовая дискета.

minimize ♦ свернуть (в системном меню).

minimize all Windows ♦ свернуть все.

minimize box ♦ уменьшитель.
*Экранная кнопка в **Windows**, предназначенная для преобразования окна в пиктограмму (икону).*

minimum ♦ минимум.

minimum row height ♦ минимальная высота клетки.

minimum space width ♦ минимальный пробел.

mini save ♦ мини-сохранение.

Mismatch between DOS environment and network ♦ Существует несоответствие между назначением дисков в **DOS** и оболочке **NetWare** (сообщение сети **NetWare**).

Missin command name ♦ Отсутствие имени команды (сообщение сети **NetWare**).
Предпринята попытка исполнения внешней команды, несмотря на то, что команда не указана.

Missin or invalid command interpreter file name ♦ Отсутствие имени интерпретатора команд или неверное имя интерпретатора команд (сообщение сети **NetWare**).

Missin path/file specification in the file list ♦ Отсутствие пути к файлу (сообщение сети **NetWare**).
Предпринята попытка воздействия на данные без указания маршрута (пути) их нахождения.

M MNP-5

MNP-5 ♦ для модема означает, что он удовлетворяет стандарту **MNP-5**, разработанному фирмой **Micronom**.
Этот стандарт обеспечивает, в частности, средства работы на зашумленных линиях.

MNP-7 ♦ для модема означает, что он удовлетворяет стандарту **MNP-7**, разработанному фирмой **Micronom**.
Этот стандарт обеспечивает, в частности, средства работы на зашумленных линиях и средства сжатия передаваемых данных.

Minutes between temporary save ♦ Подождите — записываю рабочую копию файла.

mirror ♦ зеркало; ♦ отражатель; ♦ отражение; ♦ зеркальное отображение.

MIRROR ♦ команда ОС, создающая и поддерживающая специальный файл отслеживания процесса удаления данных, что повышает вероятность восстановления файлов программами **UNDELETE** и **UNFORMAT** (**MS DOS** и **PC DOS** версий **5.0**). Файл **MIR-ROR.COM**.

mirror margins ♦ зеркальные поля (отступы).
Чередование отступов для четных и нечетных страниц.

mirrorin ♦ зеркальное отображение.
Поворот деталей изображения вокруг оси на 180 градусов в плоскости поверхности отображения.

misalignment ♦ рассогласование.

MISC (minimum instruction set computer) ♦ компьютер с минимальным набором инструкций.

miscalculation ♦ ошибка в вычислении.

miscellaneous ♦ разное.

mesentery ♦ неверный ввод; ♦ ошибка ввода.

mismatch ♦ несоответствие; ♦ несовпадение; ♦ неверно подбирать.

«...» mismatches _ endin compare ♦ «...» несоответствий _ сравнение окончено.

Missin comma in data record ♦ Отсутствует запятая в записи данных.

Missin operand ♦ Отсутствует операнд.

Missin or invalid configuration file ♦ Файл конфигурации отсутствует, или в нем имеется ошибка.

misspellin ♦ орфографическая ошибка.

mixed ♦ смешанная, смешанный.

MLID (Multiple Link Interface Driver) ♦ Многоканальный Интерфейсный Драйвер.
*Драйвер сетевого интерфейса **NetWare 386**. В отличие от драйвера **NetWare 286** он принимает пакеты нескольких протоколов. **MLID** не интерпретирует пакет после его приема, а просто копирует информацию идентификации из пакета в приемном блоке управления событиями **ECB** и передает **ECB** на уровень **LSL**. Когда же пакет передается в сеть, **MLID** просто копирует информацию идентификации из передающего **ECB** в пакет и отсылает его.*

MMX ♦ **Multi Media Extension** (букв. мультимедийное расширение) технология, которая была разработана с целью ускорения работы мультимедийных и коммуникационных программных приложений.
Включает в себя новые командные инструкции процессора и новые типы данных, позволяющие программам достигнуть нового, более высокого уровня производительности, используя свойство параллелизма, специфичное для большинства мультимедийных и коммуникационных алгоритмов, одновременно обеспечивая полную совместимость с существующими операционными системами и программными приложениями.

MNP (Microcom Networkin Protocol) ♦ Сетевой Протокол фирмы **Microcom**.

Mobile IPX ♦ Версия протокола **IPX**, разработанная фирмой **Novell** для применения в беспроводных **ЛВС**.

mock up ♦ оригинал-макет. См. **lay out original**.

.MOD (module) ♦ расширение мультимедиа-файлов.
Музыка. Файлы, содержащие записи звука музыкальных инструментов, а также команды для построения мелодии.

modal dialo ♦ модальная панель диалога.
Диалоговая панель, которая получает информацию о всех событиях, происходящих в системе, даже если они не являются адресатом этого события.

modal window ♦ модальное окно.
Поддерживает действия, которые необходимо обязательно завершить перед закрытием окна.

mode ♦ режим (работы); ♦ способ, метод; ♦ форма, вид.

MODE ♦ команда **DOS** (**Novell DOS**), служащая для задания конфигурации (установочных параметров) принтера, дисплея и последовательных портов. Файл **MODE.COM**.

Mode «...» code page function complete ♦ Режим «...» кодовой страницы полностью функционирует.

modeless ♦ внережимный; ♦ немодальный.

modeless dialo box ♦ немодальная панель диалога.

modeless window ♦ внережимное (немодальное) окно.
Поддерживает действия, которые можно прервать в любой момент их выполнения.

modem ♦ модем.
*Устройство, позволяющее подключить компьютер к телефонной линии и организовать связь с удаленным компьютером. Характеристиками модема являются его максимальная скорость передачи данных (в бодах, т. е. битах в секунду) и поддерживаемые им стандарты передачи данных (например, **MNP-5**).*

Moderator ♦ Регулятор.
Человек, или маленькая группа людей, который управляет списки рассылки почты и групп новостей.

modify ♦ модифицировать; ♦ изменять.

M Modify Right

Modify Right ♦ Право Модификации (в сети).
Право, которое позволяет пользователю сети переименовывать файл (каталог) и изменять его атрибуты.

modulation ♦ модуляция.

modulation speed ♦ скорость модуляции.
Физическая скорость передачи данных без учета исправления ошибок и сжатия данных. Выражается в бит/с.

modulator ♦ модулятор.
Функциональное устройство, которое осуществляет модуляцию сигнала для его передачи.

Module ♦ модуль.
В программном обеспечении модуль — это часть программы. Программа компонуется из одного и более независимо разработанных модулей. Для того, чтобы объединить модули в программу, необходимо программу обработать редактором связей. Одиночный модуль может содержать одну или несколько подпрограмм. ♦ В аппаратном обеспечении модуль — это отдельный компонент.

monitor ♦ дисплей, монитор. См. **display**.

monitor setup ♦ настройка монитора.

monitorin ♦ текущий контроль.

monochrome display ♦ монохромный дисплей.
Например, дисплей с черно-белым изображением.

monochrome display adapter ♦ см. **MDA**.

monochrome image ♦ монохромное изображение.
Одноцветное изображение информации на экране дисплея.

monoVGA ♦ адаптер дисплея, обеспечивающий разрешающую способность **640x480** точек на монохромном дисплее или монохромный дисплей с возможностями **VGA**, передающий различные цвета оттенками серого цвета (используется в портативных компьютерах).

more ♦ еще; ♦ продолжать выполнение; ♦ дальше «...»; ♦ команда **DOS** (**Novell DOS**), служащая для вывода на экран дисплея информации, занимающей ровно одну экранную страницу с последующей паузой (**MS DOS** и **PC DOS** версий **2.0** и более поздних). Файл **MORE.COM**.

More conversion? ♦ Продолжать преобразования?

More then 14 characters given in EXIT target speci fication ♦ В имени выходного файла для команды **EXIT** задано более **14** знаков (сообщение сети **NetWare**).

mosaic ♦ мозаика.

mosaic display ♦ растровый дисплей.
Дисплей, в котором каждый знак отображается множеством точечных элементов (светящихся точек), образующих растр.

MOSPF ♦ Multicast Open Shortest Path First. OSPF при множественной адресации.

mostly curves ♦ обычно кривая.
mostly lines ♦ обычно прямая.
motherboard ♦ материнская плата; ♦ системная плата.
Главная плата компьютера, содержащая основной микропроцессор, память и т.д.
motion blur ♦ размытие в движении.
Motion JPEG ♦ **JPEG (Joint Photographic Experts Group)** ♦ стандарт для хранения и компрессии цифровых образов.
Motion JPEG является расширением этого стандарта для поддержки видео. (Каждый кадр видео является «картинкой» формата JPEG)
mount ♦ устанавливать, монтировать.
*Относится к дисковому тому на файловом сервере. Установка дискового тома выполняется с помощью консольной команды **Mount**, в результате выполнения которой система выделяет ресурсы файлового сервера для работы тома, после чего пользователь сети может иметь доступ к этому тому.*
mouse ♦ мышь.
Устройство-манипулятор, позволяющее перемещать указатель (курсор) по экрану.
mouse pointer ♦ указатель мыши.
.MOV ♦ расширение мультимедиа-файлов, содержащих видеоинформацию.
*Видео. Фильмы, подготовленные с помощью программы **Quick Time** на компьютерах фирмы **Apple Macintosh**.*
move ♦ пересылать (данные); ♦ перемещение, передвижение.
MOVE ♦ внешняя команда **MS DOS** начиная с версии **6.0** и **Novell DOS**, служащая для задания перемещения файлов в указанное на диске место и переименования каталогов. Файл **MOVE.EXE**.
Move/copy from where? ♦ Откуда переместить/скопировать?
Move/copy to where? ♦ Куда переместить/скопировать?
moveable memory segment ♦ перемещаемый сегмент памяти.
moveable windows ♦ перемещаемое окно.
Moved to safe area ♦ Перемещен в безопасное место.
movin pages around ♦ листание страниц.
MPC (Multimedia PC) ♦ персональные компьютеры мультимедиа.
*Спецификация, разработанная фирмами **Tandy** и **Microsoft**, для минимальной конфигурации компьютера, работающего под управлением программного обеспечения мультимедиа.*
.MPG ♦ расширение мультимедиа-файлов, содержащих видеоинформацию.
Видео. Формат хранения видеофильмов, обладающий высоким коэффициентом сжатия. Для воспроизведения файлов требуется специальная аппаратура и программное обеспечение.
MPREG (Motion Picture Exprets Group) ♦ группа экспертов по подвижным изображениям.
*Рабочий комитет **ISO**, который создает стандарты цифровой компрессии/декомпрессии видео и аудио для использования в компьютерных си-*

M Ms

стемах. Первым результатом деятельности комитета была разработка методов адресации для дешифрации видео **CD-ROM** со скоростью **1,5** Мб/с.

Ms ♦ Сокращение от millisecond, миллисекунда ♦ одна тысячная секунды.

MS DOS ♦ операционная система фирмы **Microsoft Corp.** для персональных компьютеров, аналогичная операционной системе **PC DOS** фирмы **IBM**.

MS DOS applications ♦ прикладная программа (или приложение), требующая для своей работы только операционную систему **MS DOS**. В среде **Windows** может выполняться лишь специальным образом.

MSAU (Multi Station Access Unit) ♦ концентратор **Token Ring**. См. также **MAU**.

MSAV ♦ внешняя команда **MS DOS** начиная с версии **6.0**, обеспечивающая сканирование вашего компьютера на вирусы.

*Файл **MSAV.EXE**. Позволяет обнаружить на компьютере присутствие вирусов, уничтожить вирусы и провести лечение зараженных вирусами файлов. Позволяет обнаруживать **1234** известных к моменту ее появления вируса.*

MSBACKUP ♦ внешняя команда **MS DOS** начиная с версии **6.0**, обеспечивающая резервное копирование или восстановление одного или нескольких файлов с одного диска на другой.

*Файл **MSBACKUP.EXE**. Систематическое резервное копирование с помощью **MSBACKUP** поможет вам сохранить свои данные на случай непредвиденных обстоятельств, которые могут произойти с вашим жестким диском.*

MSCDEX ♦ внешняя команда **MS DOS** начиная с версии **6.0**, обеспечивающая работу **DOS** с дисками **CD-ROM**.

*Файл **MSCDEX.EXE**. Работа с командой **MSCDEX** возможна только в том случае, если драйвер установленного на компьютере **CD-ROM** диска подключен к **ОС** директивой **DEVICE** в файле **CONFIG.SYS**. Команда **MSCDEX** может быть вызвана на выполнение при работе в среде **Windows**.*

MSD ♦ внешняя команда **MS DOS** начиная с версии **6.0**, обеспечивающая получение подробной технической информации о вашем компьютере.

*Файл **MSD.EXE**. Введена в **DOS** как средство, позволяющее пользователю оперативно проверить конфигурацию компьютера и просмотреть размещение драйверов устройств и программ в памяти.*

MSHERC ♦ экранный драйвер **ОС**, позволяющий программам работать с монитором **Hercules** (**MS DOS** версии **5.0**). Файл **MSHERC.COM**.

MSL (Mirrored Server Link) ♦ канал для соединения зеркальных серверов. См. также **SFT**.

MSN ♦ Сокращенное название **Microsoft Network**, интерактивная служба компании **Microsoft**.

MTBF (Mean Time Between Failures) ♦ Среднее Время Между Отказами (средняя наработка на отказ).

Характеристика надежности оборудования, определяемая его производителями.

.MTS ♦ расширение мультимедиа-файлов, содержащих звуковую информацию. *Музыка. Формат **MIDI**-файлов, используемый в программе **Master Tracks Pro**.*

multi cast

multi cast ♦ групповая (многоадресная) передача.
multichannel ♦ многоканальный.
multi chapter ♦ связь глав.
multi drop ♦ многоабонентская линия. См. также **polling**.
multi user ♦ многопользовательский.
  Относится к компьютерной системе, которая поддерживает два или более одновременно работающих пользователей.
Multi User Dungeon (MUD) ♦ Многопользовательский Замок.
  Приключенческие, ролевые игры, или симуляторы, в которые играют по Интернет. Игроки взаимодействуют в реальном времени и могут изменять «Мир» в игре. Большинство подобных игр основано на протоколе **Telnet**.
multihomed host ♦ Многодомный хост.
  Главная **ЭВМ**, которая имеет больше чем одно соединение с сетью. Такой хост может посылать и получать данные по любой из веток.
multimedia ♦ мультимедиа; ♦ синтетические технологии; ♦ комплексное представление информации.
  Представление информации для персональных компьютеров в различных видах (движущееся видеоизображение, звук, неподвижные изображения, графика, текст, анимация и т. п.).
multimedia upgrade kit ♦ набор программно-аппаратных средств для создания мультимедиа-приложений.
  Аудиоплаты, устройства **CD-ROM** и программное обеспечение мультимедиа, превращающие персональный компьютер в мультимедиа-систему.
multimode ♦ многорежимный.
multimode fiber ♦ многомодовый волоконно-оптический кабель.
  Обеспечивает передачу информации на расстояние до **2** км без применения промежуточных повторителей.
multiple ♦ параллельный; ♦ коллективный; ♦ кратное число, кратный.
multiple access ♦ коллективный доступ.
multiple bar chart ♦ многоаспектная столбиковая диаграмма.
multiple document interface ♦ см. **MDI**.
Multiple Network File Server ♦ файловый сервер нескольких сетей, многосетевой файловый сервер.
  Отдельный файловый сервер с несколькими сетевыми платами, относящимися к различным сетям передачи данных. Взаимодействие этих сетей осуществляется с помощью внутреннего моста данного файлового сервера.
multiplexer (mux) ♦ мультиплексор.
  Устройство, объединяющее несколько входных информационных потоков в один выходной. См. также **FDM, STM, TDM**.
multiply ♦ увеличивать (-ся); ♦ умножать.
Multipurpose Internet Mail Extensions (MIME) ♦ стандарт для электронной почты и **Web**-документов позволяющий работать с системами мультимедиа (графика, звук и т.д.)

M Multiserver Network

Multiserver Network ♦ многосерверная сеть.
> Отдельная сеть, которая имеет два или более сервера, работающих в ней. В многосерверной сети пользователи могут иметь доступ к файлам любого файлового сервера, к которому они подключены (при наличии соответствующего права доступа к файлам).

Multisync ♦ мультисинк.
> Многочастотный монитор, впервые выпущенный фирмой **NEC**. Название стало нарицательны м для данного типа мониторов. Позволяет выводить изображения с различной разрешающей способностью. Обычно такие мониторы используются с адаптерами **SVGA**.

multitaskin ♦ многозадачность.

multitaskin options ♦ мультипрограммный (многозадачный) режим; ♦ параметры многозадачности.

multiterminal addressin ♦ многотерминальная адресация.

multithreaded ♦ многопотоковый.

multithreadin ♦ многопоточная обработка.

multi user ♦ многопользовательский.

Multi user System ♦ Многопользовательская Система.
> Система, которая позволяет нескольким пользователям совместно использовать ее системные ресурсы: ресурсы процессора, данные, внешние устройства и др. Сетевая **ОС NetWare** является многопользовательской системой.

Musical Instrument Digital Interface (MIDI) ♦ интерфейс электромузыкальных инструментов.

Must be declared in passel ♦ Должно быть описано в первом прогоне.

Must be DOS 3.1 or greater to set the machine name ♦ Должна быть ОС DOS 3.1 или выше для установки имени машины (сообщение сети NetWare). Предпринята попытка использования функций, которые впервые появились в версии **DOS 3.1**.

Must enter both /T and /N parameters ♦ Необходимо ввести параметры /T или /N.

Must specify COM1, COM2, COM3 or COM4 ♦ Необходимо указать имена последовательных портов **COM1, COM2, COM3** или **COM4**.

Must specify destination line number ♦ Должен быть указан номер адресуемой строки.

Must specify ON or OFF ♦ Необходимо указать аргумент **ON** или **OFF**.

my briefcase ♦ портфель. Автоматически синхронизирует оригиналы и копии.

NAC (Null-Attached Concentrator) ♦ автономный концентратор **FDDI**, не подключенный к распределенной магистрали.

NAK (Negative AcKnowledgement) ♦ символ неподтверждения приема, отрицательное квитирование, неподтверждение приема.
Управляющий сигнал, который сообщает, что принятый блок данных содержит ошибку. Как правило, такой сигнал вызывает повторную передачу блока.

name ♦ имя; ♦ *название.*
name already exist ♦ данное имя уже существует.
name for capture file ♦ имя принимаемого файла.
name lookup ♦ поиск по имени.
name of list device [PRN] ♦ имя устройства для печати в списке.
name of print file ♦ имя файла для печати.
name resolution ♦ разрешение (нахождение) имени. Процесс отображения имени в соответствующий адрес.
name space ♦ пространство имен.
*Различные операционные системы имеют свои собственные правила построения имен файлов и каталогов. Сетевая система **NetWare 386** поддерживает несколько пространств имен, т. е. на файловом сервере могут находиться файлы, к которым имеется доступ с рабочих станций, работающих под управлением различных операционных систем. Поддержка нескольких пространств имен означает нахождение нескольких файловых элементов в таблице каталога файлового сервера.*
named pipes ♦ именованные каналы (в сети).
named range not found is worksheet ♦ диапазон имен отсутствует в файле рабочей таблицы.
names conflict ♦ конфликт имен.
naming ♦ присваивание имени.
Nanosecond ♦ наносекунда.
*Одна миллиардная секунды. Многие компьютерные операции, такие, как скорость чипов памяти, измеряются в наносекундах. **Nanosecond** часто сокращают до ns.*
National Institute of Standards and Technology ♦ Национальный Институт Стандартов и Технологии. Правительственное учреждение США, которое обеспечивает помощь в разработке стандартов.
National Research and Education Network (NREN) ♦ Национальная Исследовательская и Образовательная Сеть.

N National Science Foundation

National Science Foundation (NSF) ♦ Национальный Научный Фонд. Американское правительственное агентство, цель которого - поддержка развития науки.

narrowband ♦ узкополосный канал. Тип канала с низкой пропускной способностью.

natural ♦ натуральный; ♦ естественный.

Natural (Screen Match) ♦ естественный (соответствующий изображению на экране монитора).

natural language ♦ естественный язык.

natural number ♦ натуральное число.

natural pen ♦ естественное перо (инструмент).

navigation ♦ навигация. Процесс перемещения между составляющими мультимедиа-систем.

Navigator ♦ штурман (навигатор).
Программа, которая помогает плавать в сложных электронных бюллетенях. Экономит средства, позволяя выполнить многие операции, например подготовку почтового сообщения без соединения (офлайн), а затем быстро соединиться (онлайн) и выполнить операций автоматически. Штурманы для Internet находятся на этапе разработки и пока не получили широкого распространения.

NC (Norton Commander) ♦ программа-оболочка, разработанная фирмой **Peter Norton Computing** (в 1992 году эта фирма влилась в **Semantec**).
*Одна из наиболее популярных программ-оболочек для работы с операционной системой **MS DOS**. В настоящее время существует версия **NC5**.*

NCC (Norton Control Center) ♦ утилита **Norton Utilities** «Управление аппаратными средствами компьютера».
*Позволяет контролировать многие аппаратные функции компьютера, включая видеорежим, цвета экрана и скорость автоповтора клавиатуры. Файл **NCC.EXE**. Программа **Norton Control Center** позволяет настраивать конфигурационные характеристики аппаратуры компьютера с помощью простой системы меню, избавляя вас от изучения команды **DOS mode**. Запустить программу **NCC** можно из главного кадра программы **Norton** из темы **Tools** пункт **Control Center**, либо из командной строки **DOS** командой **ncc**.*

NCD (Norton Change Directory) ♦ утилита **Norton Utilities** «Обслуживание древовидной структуры каталогов».
*Дает возможность перейти в любой каталог диска без указания полного пути к нему. Программа позволяет также создавать, удалять и переименовывать каталоги (реализует все функции команд **DOS MD, CD, RD**) и выдавать на экран графическое представление всей структуры каталогов диска. Файл **NCD.EXE**. Для запуска программы выберите пункт **Norton CD** из списка команд программы Norton или введите команду ncd. На экране появляется структура каталога в графической форме, где каталоги и подкаталоги соединены линиями. С помощью **NCD** вы можете менять, создавать, удалять и переименовывать каталоги.*

NCP NetWare Core Protocol ♦ протокол ядра **NetWare**. Используется сервером для предоставления сетевых услуг клиентам **NetWare**.

NCP

NCP (Service Protocols) ♦ протоколы сервиса **NCP**.
Процедуры, выполняемые операционной системой файлового сервера по приему и обслуживанию различных запросов рабочих станций сети.

NDD (Norton Disk Doctor) ♦ утилита **Norton Utilities** «Обнаружение и устранение дисковых ошибок».
*Обнаруживает и устраняет логические или физические неполадки на жестких и гибких дисках. Запустить программу **NDD** можно без каких-либо параметров и ключей. В главном меню **NDD** вы можете выбрать следующие пункты:*

-- **Diagnose Disk** _ диагностика диска.
-- **Surface Test** _ тестирование поверхности диска.
-- **Undo Change** _ отмена изменений.
-- **Options** _ параметры.
-- **Quit Disk Doctor** _ выход из программы. Опция Diagnose **Disk** _ наиболее важное средство в программе **NDD**. После выбора нужного для проверки дисковода запустите программу на выполнение. **NDD** проверяет следующие области диска:

-- **Загрузочная запись DOS**. **NDD** проверяет, не повреждена ли загрузочная запись. В блоке параметров **BIOS** проверятся байт описания носителя на его соответствие типу проверяемого диска.

-- **Таблица размещения файлов**. Таблица размещения файлов (**FAT**) _ это список адресов всех файлов и каталогов на диске, записанный в двух экземплярах. **NDD** проверяет ошибки чтения для каждой копии **FAT**. Если в одной из них фиксируется ошибка, **NDD** копирует безошибочную **FAT** на **FAT**, содержащую ошибку.

-- **Структура каталогов**. **NDD** читает каждый каталог на диске для выявления файлов с запрещенными именами и размерами, а также сцепленных файлов и ошибок в **FAT**.

-- **Структура файлов**. Проверяется так же, как и структура каталогов.

-- **Потерянные кластеры**. Такие кластеры отмечены в **FAT** как используемые, однако фактически они не используются ни одним из файлов, размещенных на диске. **NDD** преобразует потерянные кластеры в файлы и записывает их в корневой каталог.

После окончания процесса тестирования **NDD** выдаст сообщение о том, какие области диска проверены и результаты проверки.

Сообщения о результатах проверки имеют следующий вид:
-- **OK** _ Все в порядке. Ошибок не найдено.
-- **Fixed** _ Исправлено. Ошибки были устранены.
-- **Not fixed** _ Не исправлено. Ошибки были, но не устранены.
-- **Skipped** _ Пропущено. Тест не был выполнен.
-- **Canceled** _ Отменено. Тестирование было прервано и не закончено.

NDIS (Network Driver Interface Specification) ♦ Спецификация Интерфейса Сетевого Драйвера.

NDOS (NDOS.EXE) ♦ программа-оболочка нортоновского командного процессора.

NDS (NetWare Directory Services) ♦ Служба Справочника **NetWare**.

near call ♦ внутрисегментный вызов.

near end crosstalk (NEXT) ♦ Переходная помеха на ближнем конце. См. также **NeXT**, компания, разработавшая персональный компьютер с улучшенными пользовательским интерфейсом и операционной системой

near letter quality ♦ см. **NLQ-mode**.

near plane ♦ передняя плоскость.

need ♦ нуждаться.

negative ♦ негативное изображение, выворотка (в компьютерной графике).

negative numbers treated ♦ отрицательные числа рассматриваются как нули.

negative plate ♦ выворотка (в издательских системах). Оттиск с белым изображением на черном (цветном) фоне.

nest ♦ вложение.

Nested command not allowed ♦ Вставленная команда не разрешена.

nested indent ♦ вложенный отступ.

nested macros ♦ вложенные макроопределения.

nestin ♦ вставлять.

NET ♦ внешняя команда **Novell DOS**, обеспечивающая запуск программы управления сетью (взаимодействие) и выполнение команд сети (командная строка).

NetBEUI (NetBIOS Extended User Interface) ♦ транспортный протокол фирмы **IBM**.

NetBIOS (Network Basic Input/Output System) ♦ Сетевая Базовая Система Ввода/Вывода.
*Программный интерфейс, разработанный фирмой **IBM** для предоставления компьютеру доступа к ресурсам сети. В **NetWare** используется программный эмулятор **NetBIOS**, который позволяет рабочим станциям сети выполнять прикладные программы, написанные для использования в сетях персональных компьютеров фирмы **IBM**.*

Netfind ♦ Сетевой поиск.
Прототип «белых страниц»; попытка обеспечить простой каталог пользователей Интернет. Разработана в университете штата Колорадо; размещает телефон и email-информацию и грубое описание того, где человек работает соответственно имени человека.

Netiquette ♦ сетевой этикет.
*Корректная форма поведения при работе в **Internet** и **Usenet**. Этикет можно резюмировать как рекомендацию: не расходуйте впустую ресурсы компьютера и не грубите.*

NetNews ♦ служба сетевых новостей **Internet**.
Предоставляет пользователям возможность пересылать свои статьи и принимать участие в электронных конференциях по различным темам.

NetWare ♦ Сетевое обеспечение **NetWare** фирмы **Novell**.
*Сетевые продукты, созданные фирмой **Novell**. Их основой является сетевая операционная система, которая предназначается для работы на файловом*

сервере локальной сети, построенной на базе персональных компьютеров. Различают несколько уровней этих продуктов. Из них следует выделить основные сетевые продукты **NetWare 286** и **NetWare 386**. Фирма также предложила на рынок сетевой продукт **NetWare Lite**, в котором использован подход, отличающий его от основных продуктов фирмы. В ранних версиях **NetWare 286** (до версии **2.2**) фирма **Novell** поставляла продукты с разными возможностями: **ELS** (**Entry Level Solution**) **Netware**, предназначенный для небольших локальных сетей (не более **8**), **Advanced NetWare**, являющийся наиболее распространенным продуктом фирмы, и **SFT** (**System Fault Tolerance**) **NetWare**, имеющий дополнительные средства для защиты данных сети. В версии **2.2** все возможности системы **NetWare 286** нашли место в одном продукте, в котором лишь ограничивается количество пользователей. Стоимость продукта определяется в зависимости от количества пользователей в сети. В этой версии интерфейс пользователя с системой такой же, как и в **NetWare 386**, что упрощает использование в одной сети серверов с разными системами. **NetWare 386** принципиально отличается от **NetWare 286**. Он использует систему команд процессора **80386** и имеет более открытую архитектуру, что позволяет неограниченно расширять его возможности. **NetWare 386** ориентирован на применение в гетерогенных сетях с использованием различных протоколов связи и рабочих станций, работающих под управлением различных операционных систем. **NetWare 386** предлагает открытую серверную платформу, на базе которой могут создаваться мощные сетевые структуры, благодаря использованию загружаемых модулей **NetWare** и открытого интерфейса канала данных. В версии **3.11** и более поздних все эти возможности представлены в полной мере. Продукт **NetWare Lite** создан для небольших сетей с ограниченными возможностями. Ядром этого продукта не является сетевая операционная система, работающая на файловом сервере. **NetWare Lite** работает под управлением **DOS** и отличается простотой установки и его освоения.

NetWare Bridge ♦ мост **NetWare**.
Функциональный блок сети **NetWare**, обеспечивающий прозрачный обмен пакетами данных между сетями, которые используют одни и те же протоколы связи. В **NetWare** мост больше соответствует маршрутизатору, чем традиционному мосту. Он является более интеллектуальным и не только передает пакеты данных между различными кабельными системами, но также осуществляет маршрутизацию пакетов по наиболее оптимальному пути. Мост **NetWare** также соединяет кабельные системы с различной средой передачи и различной системой адресации. Различают внутренний и внешний мосты. Внутренний мост обеспечивает связь между сетевыми интерфейсными платами разных сетей внутри файлового сервера. Внешний мост формируется в специальной сетевой станции. Мост может быть совмещенным (т.е. одновременно может быть мостом и рабочей станцией) и несовмещенным, локальным и удаленным. Он может работать как в реальном, так и в защищенном режиме.

NetWare Core Protocol (NCP) ♦ Протокол Ядра **NetWare**. См. также **NSP**, NCP Service Protocols.

N NetWare Loadable

NetWare Loadable Module (NLM) ♦ Загружаемый Модуль **NetWare**.
> Программа, которую можно загрузить и выгрузить из памяти файлового сервера во время его работы. Во время загрузки модуль **NLM** компонуется с загруженной ранее в сервер операционной системой **NetWare 386**, расширяя ее возможности. К загружаемым модулям относятся дисковые драйверы с расширением имени. **DSK**, драйверы локальной сети с расширением. **LAN**, модули управления пространства имен с расширением. **NAM** и разные утилиты управления и дополнительного сервиса с расширением. **NLM**.

Netware Operatin System ♦ Сетевая Операционная Система фирмы **Novell**.
> Операционная система локальной сети на базе персональных компьютеров. Она загружается в файловый сервер и управляет всеми системными ресурсами сети. Обеспечивает передачу данных в сети и взаимодействие с другими сетями. См. также **NetWare**.

NetWare Partition ♦ сетевой раздел.
> Раздел диска файлового сервера сети, используемый системой **NetWare**. Создается во время установки сети. В случае создания совмещенного файлового сервера этот раздел доступен только сетевой операционной системе, в то время как для работы **DOS** рабочей станции создаются разделы **DOS**. См. также **Partition, Nondedicated File Server**.

NetWare Remote ♦ удаленный доступ **NetWare**.
> Сетевое программное обеспечение **NetWare** в комбинации с соответствующим оборудованием (включающим модемы) позволяет удаленным рабочим станциям связываться с локальной сетью по телефонным каналам связи в том случае, когда расстояние превышает установленную длину кабеля локальной сети. См. также **Remote Bridge, Remote Workstation**.

Netware Shell ♦ сетевое программное обеспечение **NetWare Shell** рабочей станции. См. также **NetWare**.
> **Netware Shell** фирмы **Novell** загружается в рабочую станцию и сохраняется резидентно в ее оперативной памяти. Это сетевое программное обеспечение включает управление передачей пакетов данных между рабочей станцией и другими станциями сети и собственно программу оболочки. Название программы объясняется тем, что она образует как бы оболочку вокруг **DOS**. **Shell** перехватывает запросы-команды пользователя до того, как они еще достигают **DOS** рабочей станции, и если это запросы к сети, то он переправляет их в файловый сервер. Каждая рабочая станция может иметь различный **Shell NetWare**, в зависимости от типа персонального компьютера, типа сетевой интерфейсной платы и версии **DOS**. Это позволяет различным типам рабочих станций работать в одной и той же локальной сети **NetWare**.

Netware Shell not loaded ♦ Не загружена оболочка **NetWare Shell**.
> Предпринята попытка входа в файловый сервер в ситуации, когда **NetWare**-оболочка не загружена на рабочей станции.

NETWARS ♦ внешняя команда **Novell DOS**, обеспечивающая запуск сетевой космической игры.

network ♦ сеть.

Объединение узлов, расположенных на территории, соответствующей области или большому городу; обычно определяется удобством телефонной сети между узлами. ♦ *Сеть передачи данных или вычислительная сеть, в зависимости от рассматриваемых функций сети. Сеть **NetWare** на базе персональных компьютеров состоит из одного или более файловых серверов, рабочих станций, внешних устройств и может включать различные типы сетей передачи данных (в терминологии **NetWare** — кабельных сетей). Пользователи такой сети могут совместно использовать сетевые ресурсы (диски большой емкости, печатающие устройства и др.), которые размещаются в файловых серверах. **NetWare** предоставляет многоуровневые средства защиты системы и данных пользователей.*

network address ♦ сетевой адрес.

*Сеть Netware поддерживает межсетевое взаимодействие. В самом общем случае сеть **NetWare** может состоять из нескольких взаимосвязанных сетей, каждая из которых имеет свой уникальный адрес — адрес сети (это шестнадцатеричный номер). Все станции, подключенные к одной и той же сети (включая другие файловые серверы и мосты), имеют один и тот же адрес сети. Файловый сервер сети **NetWare** поддерживает функции внутреннего моста, что позволяет подключить к нему до четырех сетевых интерфейсных плат, каждая из которых входит в свою кабельную сеть со своим уникальным адресом сети. Адрес сети назначается для каждой сетевой интерфейсной платы во время установки системы на файловом сервере. См. также **internet address, node address**.*

network architecture ♦ архитектура сети.

network bus ♦ сетевая шина. Основной сетевой кабель или линия, связывающая сетевые станции.

network card ♦ сетевая карта.

network communication ♦ передача данных в сети.

Передача пакетов данных в сети от одной станции к другой.

network console ♦ сетевая консоль.

network coordinator (NC) ♦ координатор сети.

network database ♦ сетевая база данных.

network disk ♦ сетевой диск.

Диск, размещаемый на файловом сервере и доступный рабочим станциям сети.

Network drive specification too high ♦ Спецификация сетевого накопителя оказалась слишком длинной (превышает **26** символов).

network echomail coordinator (NEC) ♦ координатор конференций в сети.

Network file full ♦ Сетевой файл полон.

*Предпринята попытка создания файла, когда имеющийся в распоряжении объем памяти недостаточен (сообщение сети **NetWare**).*

Network File System (NFS) ♦ Сетевая Файловая Система.

network front end (processor) ♦ сетевой процессор.

N Network Information

Network Information Center (NIC) ♦ Сетевой Информационный Центр.
Обеспечивает информацию, помощь и услуги пользователям сети.

Network Information Services (NIS) ♦ Сетевые Информационные Службы.
*Набор услуг, вообще обеспечиваемых **NIC**, чтобы помочь пользователям в использовании сети.*

Network Interface Board ♦ сетевая интерфейсная плата.
Устанавливается в сетевой станции. Через эту плату осуществляется обмен данными с другими станциями в сети.

network interface card (NIC) ♦ сетевая интерфейсная карта (плата).
Плата расширения, вставляемая в компьютер для подключения к сети. Большинство сетевых плат разрабатываются для конкретной сети, протокола и среды, хотя некоторые типы карт могут работать в различных сетях.

network layer ♦ сетевой уровень.

network (layer) protocol ♦ протокол сетевого уровня, сетевой протокол.

network loadable module ♦ см. **NLP**.

network management ♦ сетевое управление.

network neighborhood ♦ сетевое окружение.

network node ♦ узел сети. См. также **Network Station, Node Address**.
*Файловые серверы, сетевые мосты и шлюзы, рабочие станции являются узлами сети **NetWare**. Каждый узел имеет свой адрес, который присваивается системой динамически.*

Network News Transfer Protocol (NNTP) ♦ Сетевой Протокол Передачи Новостей.
*Протокол, определенный в **RFC 977**, для распределения, запроса, поиска и регистрации статей новостей.*

network mask ♦ Сетевая маска.

Network Operations Center (NOC) ♦ Центр Сетевых Операций.
Место, из которого контролируются сетевые или межсетевые операции. Дополнительно, этот центр обычно отслеживает и решает текущие технические проблемы.

network operating system ♦ сетевая операционная система.

network operator ♦ оператор сети.
*Пользователь сети, выполняющий функции оперативного управления сетью. Оператор выполняет текущую эксплуатационную работу в сети, управляет сетевой печатью заданий пользователей, осуществляет архивирование информации на ленточных носителях и другое. Следует различать оператора консоли файлового сервера, оператора сервера печати и оператора очереди печати. Основные оперативные функции оператор обычно выполняет с консоли файлового сервера, где в его распоряжении имеется большой выбор команд консоли и загружаемых модулей **NetWare**. Часть этих функций он может выполнять с одной из рабочих станций сети, используя меню-утилиту **FCONCOLE**. В этом случае для выполнения операторских функций он должен быть определен СУПЕРВИЗОРОМ сети как оператор консоли. Оператор сервера печати выполняет функции уп-*

равления сервером печати. Он назначается СУПЕРВИЗОРОМ сети. Свои функции управления сервером печати он выполняет, используя меню-утилиту **PCONSOLE**. Оператор может выдавать команды для принтера, менять формы печати, менять очередь, обслуживаемую сервером печати, завершать работу сервера печати и другое. Оператор очереди печати осуществляет управление очередью печати с помощью меню-утилиты **PCONSOLE**. Он может создавать, управлять и запрещать очередь печати.

Network printer number expected ♦ Номер сетевого устройства печати заранее не задан (сообщение сети **NetWare**).

network segment ♦ сегмент сети.

network station ♦ сетевая станция.

Любая рабочая станция, мост или файловый сервер, подключаемые к сети передачи данных.

network structure ♦ сетевая структура.

Network Supervisor ♦ СУПЕРВИЗОР сети.

*Особый пользователь сети, выполняющий системные и административные функции в сети. Для выполнения своих функций СУПЕРВИЗОР сети входит в файловый сервер под именем **SUPERVISOR**, получая при этом неограниченные права в нем. Он может устанавливать сеть, обеспечивает поддержку сети, выполняет ее реконфигурацию, вносит в нее дополнения, а также устанавливает новые версии системы.*

Network Time Protocol (NTP) ♦ Сетевой Протокол Времени.

Протокол, который гарантирует точное локальное хронометрирование с обращением к радио и атомным часам, размещенным на Интернет. Этот протокол способен к синхронизации часов в пределах миллисекунд в течение длительного времени.

network topology ♦ топология (конфигурация) сети.

Network User ♦ пользователь сети.

В сети NetWare имеются три типа пользователей сети: СУПЕРВИЗОР сети, оператор сети, а также рядовые пользователи сети. Каждый пользователь сети должен иметь имя пользователя и пароль для входа и работы в сети. Пользователи сети могут быть объединены в группы. Структуру пользователей сети на файловом сервере создает Супервизор сети. Оперативное же управление сетью выполняет оператор сети. Рядовые пользователи сети могут использовать только те ресурсы сети, которые предоставлены им СУПЕРВИЗОРОМ сети.

never ♦ никогда.

NeXT ♦ компьютерная компания, созданная Стивеном Джобсом, одним из основателей Apple Computer, и также название персонального компьютера или рабочей станции, которую компания разработала и предложила в 1988 году.

new ♦ новый.

new file ♦ новый файл.

new height ♦ новая высота.

new layer ♦ новый слой.
*Команда меню палитры **Layers** (слои).*

New page number «...» ♦ Новый номер страницы «...».

New password is too short ♦ Новый пароль слишком короткий (сообщение сети **NetWare**).
Предпринята попытка применения пароля, количество символов в котором не соответствует минимальному количеству символов пароля, определенному в сети.

new rotation angle ♦ новый угол наклона (поворота).

new style ♦ новый тип (стиль).

new text ♦ новый текст.

Newsgroup ♦ группа новостей.
*То же, что и форум, интерактивная дискуссионная группа. ♦ Эквивалент **Internet** электронного бюллетеня или дискуссионной группы (или форума в **CompuServe**), когда люди оставляют сообщения для чтения другими людьми.*

news reader ♦ программа чтения конференций. Или «newsreader», программа чтения конференций.
*Программа-клиент, которая позволяет читать сообщения телеконференций в **Internet** и отправлять собственные. Программа, которая помогает ориентироваться в сообщениях группы новостей.*

next ♦ следующий (-ая) [запись, страница и т.д.]. См. **following**.

next probable cluster ♦ следующий вероятный кластер.

Next record right or left, next field UP or Down, cancel RETURN ♦ Следующая запись вправо или влево, следующее поле вверх или вниз, отмена **RETURN**.

NFS (Network File System) ♦ Сетевая Файловая Система.
Система, которая позволяет вам работать с файлами удаленного хост-компьютера так, как будто вы работаете на своем компьютере.

NGM (NetWare Global MHS) ♦ Глобальная Служба Обработки Сообщений **NetWare**.

NIC (Network Interface Card/Controller) ♦ сетевой адаптер/контроллер (сетевая интерфейсная плата). Устройство, соединяющее узел с сетью.

Network Information Center ♦ сетевой информационный центр.

NIS+ (Network Information Service Plus) ♦ сетевая информационная служба.
*Служба распределенного справочника. Разработана фирмой **SUN Microsystems**.*

NIST (National Institute of Standards and Technology) ♦ Национальный Институт Стандартов и Технологий.

NLM (NetWare Loadable Module) ♦ загружаемый модуль NetWare. См. **NetWare Loadable Module**.

NLP (Network Loadable Module) ♦ сетевой загрузочный модуль.

NLQ mode (Near Letter Quality) ♦ режим качественной печати.

NLSFUNC

Режим работы матричного принтера, который обеспечивает качество печати, сравнимое с качеством печати пишущей машинки.

NLSFUNC ♦ резидентная программа **MS DOS** (**Novell DOS**), служащая для изменения кодовой таблицы и обеспечивающая поддержку запускаемых программ различными национальными алфавитами. Файл **NLSFUNC.EXE**.

no ♦ нет.

no append ♦ нет добавления.

No appended directories ♦ Не указаны каталоги [для просмотра].

No COM: ports ♦ Нет последовательных портов.

No connection found to specified server ♦ Не найдена связь с определяемым сервером (сообщение сети **NetWare**). Предпринята попытка входа в файловый сервер, с которым не установлено связи.

No connection to Server «name_server» ♦ Нет связи с сервером «имя_сервера» (сообщение сети **NetWare**). Предпринята попытка воздействия на файловый сервер «имя_сервера», с которым не установлено связи.

No connection to specified File Server ♦ Нет никакой связи с определяемым сервером (сообщение сети **NetWare**). Предпринята попытка воздействия на файловый сервер, с которым не установлено никакой связи.

No connection to specified File Server «server_name» ♦ Нет связи с определяемым сервером «имя_сервера» (сообщение сети **NetWare**). Предпринята попытка применения команды **WHOAMI** для файлового сервера «имя_сервера», с которым не установлено связи.

No default queue name can be found ♦ Не определена очередь к устройству печати (сообщение сети **NetWare**). Предпринята попытка посылки задания для устройства печати в очередь, которая еще не определена.

No default queue name can be found on server «server_name» ♦ Не определена очередь к устройству печати для файлового сервера «имя_сервера» (сообщение сети **NetWare**). Предпринята попытка посылки задания для устройства печати на файловый сервер «имя_сервера», для которого еще не определена очередь к устройству печати.

No deletion right ♦ Нет прав на удаление (сообщение сети **NetWare**). Предпринята попытка удаления файла в каталоге без наличия на это прав **DELETE**.

No differences encounted ♦ Различий не найдено.

No «dirinfo» file in this directory ♦ В этом каталоге нет файла «**dirinfo**».

No drive specified ♦ Неправильно указан дисковод.

No edit to undo ♦ Не редактировать отмену.

No entries found ♦ Нет в фонде (на диске).

No extended DOS partition to delete ♦ Не указана таблица деления **DOS** для удаления.

No extended information available for local drive ♦ Нет внешней информации, доступной для данного локального диска (сообщение сети NetWare). Предпринята попытка установки флага для файла на локальном диске, который недействителен для локального диска.

N No extended memory

No extended memory available ♦ Расширенная память недоступна.

No File Server found ♦ Не найден файловый сервер (сообщение сети **NetWare**). Предпринята попытка входа в систему файлового сервера, который не существует.

No files added (or replaced) ♦ Никаких файлов не добавлено (или не замещено).

No files found «file_name» ♦ Файл «имя_файла» не найден.

No fonts installed ♦ Шрифты не установлены.

No free file handles. Cannot start COMMAND.COM, exiting ♦ Нет свободных файлов. Невозможно стартовать **COMMAND.COM**, вынужденный выход. Не хватает открытых файлов, заданных в **CONFIG.SYS**. Увеличьте их число в команде **FILES =**.

no grid ♦ без координационной сетки (решетки).

no hard driver in system ♦ компьютер без жесткого диска.

No incorrect words found ♦ Обнаружено слово, отсутствующее в словаре.

noise ♦ шум.

No logical DOS drive to delete ♦ Не могу удалить логический дисковод **DOS**.

No logical drives defined ♦ Логические дисководы не существуют.

No mappin for search «disk_name» has been defined ♦ Диск «имя_диска» не определен (сообщение сети **NetWare**). Предпринята попытка обращения к не определенному соответствующим образом диску.

No marked files in list ♦ Файл в списке не отмечен.

No matchin record found ♦ Поисковая запись не найдена.

No more free Space on the File Server, program has to exit to System
♦ Нет свободной дисковой памяти на файловом сервере, программа завершается (сообщение сети **NetWare**). Предпринята попытка записи файлов в архив на файловый сервер, на котором отсутствует какая-либо свободная дисковая память.

No more matchin records ♦ Поисковых записей нет.

No object modules specified ♦ Не указаны объектные модули. Укажите имена необходимых объектных модулей.

No paper ♦ Нет бумаги (в принтере). Принтер не включен или в состоянии **off-line** (выключен режим «на линии»). Устраните причину ошибки и выберите ответ «retry».

No paper error writin device DEV ♦ Ошибка из-за отсутствия бумаги на устройстве **DEV**.

No path ♦ Нет маршрута, не указан путь.

No points to plot ♦ Нет точек для вывода диаграмм.

No primary DOS partition to delete ♦ Основной раздел **DOS** не существует.

No printer driver loaded. Enter Y to print or ESC to cancel ♦ Шрифты в принтер не загружены. Нажмите клавишу **Y** для печати или клавишу **ESC** для отмены печати.

No privileges

No privileges to restore files to that network directory ♦ У сетевого каталога не определены права для восстановления файлов (сообщение сети **NetWare**). Предпринята попытка восстановления архивных файлов в каталоге, для которого отсутствуют соответствующие права.

no report ♦ без отчета.

No response from given server ♦ Нет отклика от данного сервера (сообщение сети **NetWare**). Предпринята попытка воздействия на файловый сервер при межсетевом взаимодействии, на которую принимающий файловый сервер не реагирует.

No response from server «server_name» ♦ Нет отклика от данного сервера «имя_сервера» (сообщение сети **NetWare**). Предпринята попытка воздействия на файловый сервер «имя_сервера»„ на которую файловый сервер не реагирует.

No room (at edge) to display window ♦ Нет места (по краю) для вывода окна.

No room for report ♦ Нет места для отчета.

No room for system on destination disk ♦ Нет места для операционной системы на диске. Отформатируйте новый диск с параметром **/S** или скопируйте на этот диск файлы **ОС** командой **SYS**.

No room in directory for file ♦ В каталоге нет места для файлов. Освободите место или измените дисковод и повторите операцию.

No room in root directory ♦ Нет места в корневом каталоге.

No source drive specified ♦ Не указан исходный дисковод.

No space left on device ♦ Нет места на устройстве.

No space to create logical drive ♦ Нет места для создания логического дисковода.

No sub-directories exist ♦ Подкаталоги не существуют.

No such file or directory ♦ Файл или каталог не существует.

No such page ♦ Страница не существует.

No system files ♦ Нет системных файлов.

No system on default drive ♦ На стандартном дисководе нет системных файлов.

No system volumes on line ♦ Нет данного тома на линии (сообщение сети **NetWare**). Предпринята попытка обращения к тому, которого нет в наличии.

No target drive specified ♦ Не указан дисковод, на котором будут сохраняться файлы.

no text printer loaded ♦ текст в принтер не загружен.

no adjust ♦ не модифицировать.

nocurrentpoint ♦ не описана текущая точка (сообщение об ошибке, возникающее при использовании **Type1**-шрифтов на **PostScript**-принтерах). *Ошибка, очень часто возникающая при ручных экспериментах с принтером. Необходимо помнить, что при выполнении графических операций текущая точка должна быть определена. Например, нельзя начинать про-*

N Nodal Switchin

*грамму с команды **LINETO** без предварительной команды **MOVETO** (действительно, команда **LINETO** показывает, КУДА вести линию, а вопрос, ОТКУДА ее вести, остается открытым).*

Nodal Switchin System (NSS) ♦ Узловая Система Переключения. Главные узлы маршрутизации в базовой сети **NSFnet**.

node ♦ узел (сети). См. **network node**.

*Основная единица сети. Представляет собой индивидуальную телекоммуникационную систему, поддерживающую стандарты **FidoNet** и **Policy**.*

node address ♦ адрес узла.

node edit ♦ редактор узлов (свиток).

nodelist ♦ список узлов сети.

nodes ♦ узелки (в компьютерной графике).

nomogram ♦ номограмма.

Специальный график, отображающий функциональную зависимость между какими-либо величинами и предназначенный для решения определенного типа задач.

non configuration free space area ♦ неконфигурированная свободная область.

nonbreakin space ♦ неразрывный пробел.

Nondedicated ♦ совмещенный.

*Режим работы сетевой операционной системы **NetWare**, при котором в компьютере функции файлового сервера или сетевого моста совмещаются с функциями рабочей станции. Не используется в файловом сервере **NetWare 386**. См. также **Nondedicated File Server**.*

Nondedicated File Server ♦ совмещенный файловый сервер.

*Файловый сервер, работающий в режиме, при котором компьютер совмещает функции файлового сервера и рабочей станции сети одновременно. Не используется в файловом сервере **NetWare 386**.*

non DOS disk ♦ неправильный формат диска; ♦ не системный диск.

Non DOS disk error readin (or writing) drive «...» ♦ Неправильный формат диска. Ошибка при чтении (записи) на дисководе «...». Необходимо воспользоваться командой **CHKDSK** и, если это не поможет, переформатировать диск.

none ♦ ничего; ♦ нет.

None (Black Printin only) ♦ отключен (только при черно-белой печати).

nonempty ♦ не пустой.

nonformatted ♦ неформатированный.

non interlaced ♦ построчная развертка у мониторов (особенно **SVGA**).

*Обеспечивает лучшее качество изображения по сравнению с чересстрочной (**interlaced**) разверткой, в частности — отсутствие мерцания экрана используется в мониторах **SVGA**.*

Nonpositive numbers ignored ♦ Неположительные числа игнорируются.

nonprintable character ♦ непечатаемый (служебный) символ.

nonprintin guides ♦ непечатаемые указатели.

nonprintin master items ♦ непечатаемые элементы шаблона.

non programmer user ♦ пользователь — не программист.

Nonreturnable Memory ♦ Невозвращаемая Память (в сети).
> В **NetWare 386** — динамически распределяемая память. Она не возвращается в пул буферов кэширования файлов при ее освобождении, если не закрывается сервер. Однако, она возвращается в пул динамического распределения памяти, из которого она была выделена. См. также **Returnable Memory**.

nonselected ♦ невыбранный.

Non shareable attribute ♦ атрибут «Неразделяемый» (в сети).
> Один из атрибутов файла, определяющий монопольный доступ к файлу, когда в одно и то же время доступ к файлу может иметь только один пользователь. См. *file attribute*.

Non system disk or disk error. Replace and strike any key when ready ♦ Несистемный диск или ошибка на диске. Замените диск и нажмите любую клавишу.

non windows applications ♦ неоконное обращение (применение).

nonwrap mode ♦ режим без автоматического перевода строки.

normal ♦ обычный (полноцветный режим просмотра); ♦ нормальный (обычный запуск **Windows 95**).

normal view ♦ нормальный вид. Реальный масштаб представления документа на экране дисплея.

Norton (Norton.exe) ♦ программа-оболочка пакета **Norton Utilities**.
> **Norton** представляет собой оболочку, позволяющую запускать нортоновские утилиты из полноэкранного меню. Программа выводит справочные кадры для каждой из утилит, а также включает развитую систему диагностики и помощи пользователю.

Norton Cache (NCASHE2.EXE) ♦ утилита **Norton Utilities**.
> Ускоряет обращение к жесткому диску за счет создания в **ОЗУ** буфера пересылки данных. Программа **Norton Cache** создает в памяти буфер, ускоряющий операции чтения и записи на дискету в **50** раз, а на жесткий диск в **10** раз при работе с программами баз данных или языковыми компиляторами, то есть с программами, часто обращающимися к диску. Программу **Norton Cache** можно загрузить в процессе начальной установки нортоновских утилит или установить с помощью программы **Norton Utilites Configuration** (запустите *nuconfig*, выберите опцию **Startup**).

Norton Change Directory ♦ см. **NCD**.

Norton Commander ♦ см. **NC**.

Norton configuration (NUCONFIG.EXE) ♦ программа **Norton Utilities**. Позволяет настраивать нортоновские утилиты, исходя из конкретных условий их эксплуатации.

Norton Control Center ♦ см. **NCC**.

Norton disk doctor ♦ см. **NDD**.

N NORTON UTILITIES

NORTON UTILITIES ♦ см. NU.
not ♦ нет, не.
Not able to back up (or restore) file ♦ Не могу сохранить (восстановить) файл. Воспользуйтесь командой **CHKDSK** для проверки структуры диска.
Not archives. File was user by another station ♦ Нет возможности заархивировать. Файл использован другой станцией (сообщение сети **NetWare**). Предпринята попытка архивирования файла, который заблокирован запросом другого пользователя.
not a square matrix ♦ не квадратная матрица.
not available ♦ не определено.
«...» not available on drive «...» ♦ Команда (файл) «...» не доступна на дисководе «...».
Not a valid action for column selection ♦ Недопустимое деление на колонки.
Not a valid action for footnotes or annotation ♦ Недопустимое выделение сносок или аннотаций.
Not a valid data format ♦ Недопустимый формат данных.
Not a valid directory or file specification ♦ Недопустимое имя каталога или списка файлов.
Not a valid drive or directory ♦ Неправильно указан дисковод или каталог.
not a valid expression ♦ недопустимое выражение.
not a valid filename ♦ недопустимое имя файла.
not a valid font name ♦ недопустимое имя гарнитуры шрифта.
not a valid graphics file format ♦ недопустимый формат графического файла.
not a valid measurement ♦ недопустимый размер.
not a word dictionary ♦ слова нет в словаре.
Not enough memory (to print) ♦ Недостаточно памяти (для печати).
Not enough room to merge (the entire) file ♦ Нет места для соединения (ввода) файла. Необходимо уменьшить размер файла или освободить диск.
not found ♦ не найдено.
notation ♦ нотация; ♦ система обозначений; ♦ система изображения величин; ♦ принятые обозначения.
Система графических или иных условных обозначений в какой-либо области знаний.
note ♦ знак, символ; ♦ аннотация. См. **annotation**.
notebook ♦ ноутбук. Портативный персональный компьютер «блокнотного» (книжного) размера. Обычный размер: 30х21 х 3-4 см, вес 2-4 кг.
notebook control ♦ управляющий блокнот.
notes ♦ примечания.
nothin to do ♦ нет работы.

notice ♦ объявление; ♦ извещение, уведомление; ♦ предупреждение.
now ♦ теперь, сейчас.
NRZ (Non Return to Zero) ♦ кодирование без возврата к нулю.
NRZI (Non Return to Zero Inverted) ♦ кодирование без возврата к нулю с инверсией.
NSFNET ♦ большая сеть Национального научного фонда, соединенная с **Internet**.
NSI (NASA Science Internet) ♦ научная сеть Internet **NASA**.
NSP (Network Service Provider) ♦ организация, предоставляющая сетевые услуги.
NTP (Network Time Protocol) [RFC 1165] ♦ сетевой протокол службы времени.
NTSC (National Television Standards Committee) ♦ Национальный Комитет Тевизионных Стандартов.
*NTSC отвечает за видео и телевизионные стандарты в США (вне США преобладают телевизионные стандарты **PAL** и **SECAM**). Телевизионный стандарт **NTSC** определяет составной видео сигнал с частотой регенерации **60** полукадров (чередуемых) в секунду. Каждый кадр содержит **525** строк и может содержать **16** миллионов цветов.*

NTSC colors ♦ цвета **NTSC**.
NTSC format (National Television System Committee format) ♦ цветной телевизионный формат.
*Использует **525** линий разложения изображения, частоту смены полей **60** Гц, полосу пропускания канала **4** МГц, частоту строк **15,75** кГц, длительность кадра **1/30** с, частоту цветовой поднесущей **3,58** МГц.*

NU (Norton Utilities) ♦ пакет программ НОРТОН УТИЛИТЫ.
*Нортоновские утилиты представляют собой пакет программ, позволяющих восстановить данные, определить конфигурацию и производительность компьютера, повысить эффективность работы машины, защитить данные, наиболее производитель но работать с файловой системой, а также использовать нортоновский командный процессор, заменяющий стандартную программу **MS DOS – COMMAND.COM**. В настоящее время разработана версия **NU-8**.*

Краткие характеристики программ нортоновских утилит:
I. Группа Recovery (Восстановление);
Diagnostics (NDIAGS.EXE). Программа тестирования компонент компьютера.

Disk editor (DISKEDIT.EXE). Программа **Disk Editor** позволяет наблюдать и редактировать все содержимое диска. Программу можно также использовать для восстановления файлов в особо сложных случаях.

Disk tools (DISKTOOL.EXE). В пакет **Disk Tools** входит шесть утилит, которые позволяют сделать диск загружаемым, восстановить диск после действия системной команды восстановления Recover, оживить дискету и создать или восстановить диск спасения.

File Fix (FILEFIX.EXE). Программа **File Fix** устраняет повреждения файлов данных, созданных программами **Lotus 1-2-3, Symphony, dBase** и другими совместимыми пакетами.

Image (IMAGE.EXE). Программа **Image** выполняет копирование системных областей диска, что помогает восстановить содержимое диска после его случайного форматирования.

Rescue Disk (RESCUE.EXE). Программа **Rescue** создает аварийный диск восстановления.

Smartcan (SMARTCAN.EXE). Программа **Smartcan** защищает данные на указанное время от удаления.

UnErase (UNERASE.EXE). Программа **UnErase** автоматически отыскивает и восстанавливает стертые файлы. Она также предоставляет широкие возможности по ручному восстанов лению файлов.

UnFormat (UNFORMAT.EXE). Программа **UnFormat** позволяет восстановить данные на жестком диске после того, как он был случайно переформатирован командой **DOS Format**.

II. Группа Security (Защита).

Disk Monitor (DISKMON.EXE). Программа **Disk Monitor** предотвращает запись на диск несанкционированных данных, выводит букву обозначение дисковода, к которому осуществляется доступ, и паркует головки дисковода.

Diskreet (DISKREET.EXE). Программа **Diskreet** шифрует и расшифровывает индивидуальные файлы или создает диск, защищенный паролем (**NDisk**).

WipeInfo (WIPEINFO.EXE). Программа **WipeInfo** затирает содержимое диска. Области диска, затертые этой программой восстановить нельзя, даже с помощью нортоновских утилит.

III. Группа Speed (Оптимизация).

Calibrate (CALIBRAT.EXE). Программа **Calibrate** определяет фактор чередования жесткого диска и при необходимости изменяет его, выполняя форматирование низкого уровня.

Norton Cache (NCASHE2.EXE). Программа **Norton Cache** ускоряет обращение к жесткому диску.

Speed Disk (SPEEDISK.EXE). Программа **Speed Disk** анализирует расположение файлов на диске и реорганизует их так, чтобы устранить фрагментацию. Программа предоставляет несколько уровней оптимизации, от простого перемещения каталогов до полной дефрагментации всех файлов на вашем диске.

IY. Группа Tools (Инструментальные средства).

BE (BE.EXE). Программа **Batch Enhancer** расширяет возможности ваших командных файлов, предоставляя средства для очистки экрана и управления цветами и атрибутами символов изображения. С помощью **BE** можно также рисовать рамки, открывать окна, позиционировать курсор в заданном месте экрана и записывать символ в эту позицию.

Norton Configuration (NUCONFIG.EXE). Программа **Norton Configuration** позволяет настраивать нортоновские утилиты, исходя из конкретных условий их эксплуатации.

NDOS (NDOS.EXE). Оболочка нортоновского командного процессора.

NCC (NCC.EXE). Программа **Norton Control Center** позволяет контролировать многие аппаратные функции компьютера, включая видеорежим, цвета экрана и скорость автоповтора клавиатуры.

NCD (NCD.EXE). Программа **Norton Change Directory** дает возможность перейти в любой каталог диска без указания полного пути **DOS**. Программа позволяет также создавать, удалять и переименовывать каталоги и выдавать на экран графическое представление всей структуры каталогов диска.

File Find (FILEFIND.EXE). Программа **File Find** обнаруживает потерянные файлы, а также позволяет изменять атрибуты файлов.

Safe Format (SFORMAT.EXE). Программа **Safe Format** обеспечивает быстрое форматирование, являясь альтернативой команды **DOS-Format**. Использование этой программы повышает надежность сохранения данных на диске.

System Info (SYSINFO.EXE). Программа **System Information** дает детальную информацию об аппаратных и программных системах, установленных на вашем компьютере, а также вычисляет три характеристики производительности.

Dup Disk (DUPDISK.EXE). Программа **Disk Duplicator** позволяет делать многократное копирование дискет.

Directory Sort (DS.EXE). Программа **Directory Sort** упорядочивает файлы в каталогах с целью повышения удобства их наблюдения.

File Attributes (FA.EXE). Программа **File Attributes** позволяет определять и изменять атрибуты файлов.

File Date (FD.EXE). Программа **File Date** позволяет определять и изменять дату и время создания файла.

File Locate (FL.EXE). Программа **File Locate** помогает находить потерянные файлы.

File Size (FL.EXE). Программа **File Size** показывает точный размер файлов и определяет, поместится ли на диске файл или группа файлов.

Line Print (LP.EXE). Программа **Line Print** выводит текстовый файл на печать в отформатированном для печати виде.

Text Search (TS.EXE). Программа **Text Search** находит файл, содержащий указанную строку поиска.

NuBus ♦ Шина расширения для версий компьютеров **Macintosh**, начиная с **Macintosh II** и заканчивая **Performa**. Выпускаемые сейчас **Mac**-и используют шину **PCI**.

Num Lock ♦ клавиша **Num Lock**; ♦ клавиша переключения и фиксации цифровой клавиатуры.

*При нажатой клавише «**Num Lock**» (горит индикатор «**Num Lock**») работают клавиши цифрового блока в правой части клавиатуры. При выключенной клавише «**Num Lock**» (не горит индикатор «**Num Lock**») те же клавиши выполняют функции редактирования (управление курсором, **Home, End, Del, PgUp, PgDn, Ins**).*

number ♦ число; ♦ номер; ♦ цифра.

number format ♦ тип нумерации.

N Number of columns

Number of columns «...» ♦ Количество колонок «...».
Number of copies «...» ♦ Количество копий «...».
number of divisions for axis ♦ число делении для оси.
Number of items or _ (degrees to fill) ♦ Число элементов или _ (заполняемая дуга в градусах).
numberin ♦ нумерация.
numbers ♦ индекс; ♦ см. index.
numbers of rows ♦ количество строк (рядов).
numeral ♦ цифра, цифровой; ♦ числовой; ♦ запись числа; ♦ (десятичная) цифра.
numeric character ♦ цифра.
numeric keyboard ♦ цифровая клавиатура.
numeric keypad ♦ малая цифровая клавиатура.
numeric sort ♦ сортировка по номерам.
NVT (Network Virtual Terminal) ♦ сетевой виртуальный терминал.
NWCACHE ♦ внешняя команда **Novell DOS**, обеспечивающая настройку или управление промежуточной памятью (кэш) для доступа к винчестеру.
NWCDEX ♦ внешняя команда **Novell DOS**, обеспечивающая загрузку в оперативную память информации для управления дисководом для компакт-дисков.

.OBJ ♦ расширение имени файла скомпилированной объектной программы.
object ♦ объект; ♦ предмет; ♦ объективный; ♦ выходной.
 *В сети **NetWare** - сетевой элемент, который представляет интерес с точки зрения его связи с другими элементами. Объекты классифицируются по типам (пользователи, группы, файловые серверы, принтерные серверы и др.) и определяются в базе данных объектов сети файлового сервера **(Bindery).***
Object Linking and Embedding (OLE) ♦ связь и включение объектов. *Протокол, определяющий взаимоотношение объектов различных прикладных программ при их компоновке в единый документ/объект. Широко используется в **Windows** и его приложениях.*
object management group ♦ группа управления объектами.
object manager ♦ диспетчер объектов.
object oriented analysis (OOA) ♦ объектно-ориентированный анализ.
object oriented design (OOD) ♦ объектно-ориентированное программирование.
object oriented graphic ♦ векторная графика.
object oriented user interface (OOUI) ♦ объектно-ориентированный пользовательский интерфейс.
object types ♦ типы объектов.
oblique ♦ наклонный (шрифт).
occupied ♦ занимать.
occurrence ♦ наличие.
Octal ♦ Восьмеричное. Число в восьмеричной системе счисления, использующей восемь цифр (**0, 1, 2, 3, 4, 5, 6 и 7**).
 Программы часто отображают данные в восьмеричном формате, который проще для чтения и перевода в двоичный формат. Десятичный формат проще для восприятия, но преобразование из десятичного в двоичный - достаточно трудная задача.
Octet ♦ октет; ♦ **8** *битов. Это эквивалентно байту, когда байт также **8** битов. Байты бывают от **4** до **10** битов, но октеты всегда **8** битов.*
OCX (OLE custom control) ♦ **OCX** ♦ настраиваемое управление для **OLE**, программа специального назначения, которая может быть создана для использования приложениями, выполняющимися в системе **Microsoft Windows**. *OCXs обеспечивает такие функции, как обработка перемещения полосы прокрутки и изменения размеров окна.*
ODBC (Open DataBase Connectivity) ♦ интерфейс **API** для доступа к базам данных **SQL** из прикладных программ **Windows**.

odd ♦ нечетный.

odd page ♦ нечетная (правая) страница.

ODI ♦ открытый интерфейс канала данных. См. **Open Data Link Interface**.

off ♦ выключенный, отключенный.

off set from left ♦ отступ от левого края листа.

off line ♦ автономный; ♦ выключенный *(об устройстве)*; ♦ режим **«off-line»** (линия выключена).
Прием и передача информации без участия пользователя.

off line mode ♦ автономный режим.

offset ♦ сдвиг.

OIM (OSI Internet Management) ♦ OSI-управление **Internet.**

Ok (O.K.) ♦ да; ♦ хорошо; ♦ согласен. Одобрение [выполнения команды].

OK, except ♦ Да, но ...

OLE ♦ см. **object linkin and embedding.** ♦ Встраивание и связывание объектов. ♦ разработанная фирмой **Microsoft** основа для создания составных документов.

OLTP (On-line Transaction Processing) ♦ Оперативная Обработка Транзакций (в сети).

OMG (Object Management Group) ♦ Рабочая группа по управлению объектами. См. также **ORB.**

on ♦ включенный; ♦ включено.

on/off ♦ включить/выключить.

ONC+ (Open Network Computing Plus) ♦ Открытые Сетевые Вычисления.

one variable or all variables ♦ одна переменная или все переменные.

one colored ♦ одноцветный.

on line ♦ диалоговый; ♦ интерактивный; ♦ оперативный (об информации); ♦ неавтономный; ♦ подключенный (о внешнем устройстве); ♦ режим **«on line»** (на линии), онлайновый режим. *Диалоговая работа пользователя с различными удаленными информационными ресурсами.*

Online Computer Library Catalog (OCLC) ♦ Интерактивный Компьютерный Библиотечный Каталог ♦ *некоммерческая организация, предлагающая компьютерные услуги библиотекам, образовательным организациям и их пользователям.*

on line database ♦ интерактивная база данных.

on line diagnostics ♦ диалоговая тестовая система.

on line entry ♦ диалоговый ввод (данных).

on line fonts ♦ контурные шрифты.

on line help ♦ оперативная подсказка; ♦ диалоговая консультация.

on line tutorial ♦ обучающая программа; ♦ учебник. *См. также* **learning.**

on line unit ♦ подключенное устройство.

online service ♦ интерактивная служба. *Бизнес, который обеспечивает своих подписчиков широким набором услуг, связанных с разнообразными данными передаваемыми по линиям связи.*

only ♦ единственный; ♦ исключительный; ♦ только.
Only non bootable partitions exist ♦ Существуют только незагруженные разделы.
Only optimize directories ♦ Оптимизация только каталогов.
Only partitions on drive1 can be made active ♦ Только на **1**-м дисководе (винчестерский диск) могут быть активные разделы.
on screen graphics ♦ экранная графика.
Машинная графика, ориентированная на использование графических дисплеев.
opacity ♦ непрозрачность.
Способность материала закрывать объекты, лежащие на заднем плане.
opaque ♦ непрозрачный.
open ♦ открывать; ♦ открытый; ♦ доступный; ♦ включенный.
open all ♦ открыть все.
open as ♦ открыть как.
Open Data Link Interface (ODI) ♦ Открытый Интерфейс Канала Данных **ODI**. Интерфейс **NetWare 386**, обеспечивающий передачу данных независимо от среды передачи и протоколов связи и позволяющий транспортным протоколам разделять одну сетевую плату без конфликтов.
OpenGL ♦ интерфейс трехмерной графики **OpenGL** — *независимый от платформы стандарт, основанный на графической системе* **GL** *компании* **Silicon Graphics (SGI)**.
Open Shortest Path First (OSPF) ♦ Открыть Кратчайший Маршрут Первым.
Протокол маршрутизации.
open system ♦ открытая система.
open to dept ♦ открыть до уровня.
operating ♦ операционный.
operating system ♦ операционная система.
Система, управляющая работой всего программного обеспечения компьютера. ♦ *Совокупность программных средств, обеспечивающих управление аппаратными ресурсами вычислительной системы и взаимодействие программных процессов с аппаратурой, другими процессами и пользователями. См.* **NetWare Operating System, Disk Operating System.**
operation ♦ действие; ♦ операция; ♦ режим (работы).
operator ♦ оператор.
operator error ♦ ошибка оператора.
optical disk ♦ оптический диск. *Среда хранения данных, в которой данные читаются и записываются лазером. Оптический диск может хранить до* **6** *гигабайт (***6** *миллиардов байт)* ♦ *намного больше, чем магнитные носители. Есть три основных типа оптических дисков:*
- CD-ROM : Как и музыкальные компакт-диски, **CD-ROM** уже содержит записанные данные. Данные можно читать сколько угодно раз, но нельзя модифицировать (изменять, добавлять, удалять).

- **WORM**: т.е. **write - once, read - many** - пишем один раз, читаем много раз. Имея пишущий дисковод, можно записывать данные на **WORM**–диск, но только один раз. После этого **WORM**–диск это обычный **CD-ROM**.
- **стираемый**: Оптический диск, данные на котором можно стереть и записать новые, как на магнитный диск. Его часто называют **EO**-диск (**erasable optical** - стираемый оптический).

operator manual ♦ руководство оператора.
optical bypass switch ♦ блок оптического обхода.
optical character recognition ♦ оптическое распознавание символов.
optimization method ♦ метод оптимизации.
option ♦ вариант; ♦ выбор; ♦ дополнительная возможность; ♦ опция.
Дополнительное средство, указываемое в меню и предназначенное для модификации основного (стандартного) режима работы. ♦ Один из выбираемых вариантов. Например, в **NetWare** при использовании командных утилит пользователь может ввести одну из нескольких переменных, которые могут быть введены в командном формате.
option button ♦ кнопка выбора.
optional ♦ необязательный; ♦ произвольный.
optional hyphen ♦ необязательный дефис (соединительная черточка, перенос).
optional parameter ♦ необязательный параметр.
options ♦ параметры, режимы.
options for recall ♦ параметры (режимы) пересчета.
or ♦ или.
ORB (Object Request Broker) ♦ Посредник Объектных Запросов.
order ♦ порядок; ♦ упорядоченность; ♦ упорядочивать.
orientation ♦ ориентация.
origin ♦ оригинал, начало, источник. См. также **source**.
origin specifies ♦ указатель оригиналов.
original size ♦ размер оригинала.
orphan ♦ висячая строка (последняя строка на странице). См. также **false line, handing line, widow**.
orphan widow control ♦ управление висячей строкой. Программные средства, позволяющие автоматически устранять наличие висячих строк на странице.
OSCA (Open Systems Cabling Architecture) ♦ Кабельная Архитектура Открытых Систем. См. также **structured cabling system**.
OSF (Open Software Foundation) ♦ Фонд Открытого Программного Обеспечения. Занимается формированием стандартов для открытых систем.
OSI ♦ Сокращение от **Open System Interconnection** ♦ Взаимосвязь Открытых Систем. Набор протоколов, разработанных комитетами **ISO** в качестве стандарта сетевой архитектуры.
OSPF (Open Shortest Path First) ♦ открытый протокол предпочтения кратчайшего пути. См. также **SPF**.

other

other ♦ другой(-ие); ♦ иной.
other file ♦ прочие файлы.
out ♦ наружный; ♦ внешний.
out device ♦ внешнее устройство.
outdated ♦ устаревший; устарел.
outdent ♦ выступ.
outermast ♦ наружная штриховка.
outline ♦ контур, схема, план; ♦ очерчивать; ♦ краткое изложение.
outline font ♦ контурный шрифт. См. **contour (type) font.**
outline organize ♦ построение контура завершено.
outline view ♦ просмотр эскиза текста (программы, документа).
outlying ♦ периферийный.
out of band signaling ♦ управление по внешнему каналу.
Out of data ♦ Не хватает данных.
Out of dynamic memory setting up ♦ Недостаточно динамической памяти для исполнения (сообщение сети **NetWare**).
Предпринята попытка исполнения команды без предоставления для этих целей достаточного объема памяти.
Out of environment space ♦ Нет места для контекста.
Для увеличения размера необходимо запустить командный процессор **COMMAND.COM** *с параметром* **/E** *или удалить некоторые переменные с помощью команды* **SET**.
Out of memory ♦ Недостаточно памяти.
Out of paper ♦ Нет бумаги (в принтере).
Out of space on list file ♦ Нет места в списке файлов.
Удалите ненужные файлы или замените диск.
Out of space on run file ♦ Нет места для исполняемого файла.
Удалите ненужные файлы или используйте другой диск.
Out of space on VM.TMP ♦ Нет места для файла **VM.TMP** (временный файл).
Out of string space ♦ Нет места в страховой переменной.
output ♦ вывод; ♦ выходные данные, результаты; ♦ выводное устройство; ♦ выводить данные; ♦ пропускная способность; ♦ емкость.
Output and criterion range overlap ♦ Перекрытие блоков вывода и критериев.
Output and input range overlap ♦ Перекрытие блоков вывода и ввода.
Output area full ♦ Область вывода переполнена.
Output Bin ♦ выходной лоток.
output data ♦ вывод данных; ♦ выходные данные; ♦ устройство вывода.
output device (unit) ♦ устройство вывода.
output format ♦ выходной формат.
output options ♦ параметры вывода.

O output parameter

output parameter ♦ выходной параметр.
output queue ♦ очередь вывода.
Список выходных файлов, подлежащих печати.
Output range cannot be single row ♦ Выходной блок не может состоять из одной строки.
Output range not defined ♦ Не задан выходной блок.
output to ♦ по страницу.
outside ♦ наружное; ♦ снаружи.
Расположение объекта вдоль внешнего края страницы, границы текста или колонки. На нечетных страницах объекты располагаются вдоль правого поля, а на четных — вдоль левого.
outside margin ♦ наружное поле. См. **margin**.
overall ♦ полный; ♦ предельный.
overall height ♦ общая высота.
overall width ♦ полная ширина, на ширину.
overflow ♦ переполнение.
Превышение размера памяти, отведенной для данных.
overflow area ♦ область переполнения.
overhead ♦ дополнительный; ♦ верхний.
overlap ♦ перекрывать; ♦ частично перекрывать.
overlay ♦ оверлей; ♦ перекрытие; ♦ наложение; ♦ перезагрузка.
overlaying graph ♦ наложение графиков (диаграмм).
overload ♦ перегрузка; ♦ перегружать.
override ♦ отменять; ♦ замещать; ♦ игнорировать; ♦ переопределять; ♦ замещение; ♦ перезапись.
overscore ♦ надчеркивание; ♦ шрифт с надчеркиванием.
overtype ♦ заменить. См. **overtype mode**.
overtype mode ♦ режим замены.
*Режим, при котором вводимый с клавиатуры символ замещает символ, указанный курсором. Включается (выключается) обычно клавишей **Ins**.*
overwrite ♦ перезаписывать.
Записывать данные в область носителя, занятую другими данными. Последние затираются при этом. Например, в команде копирования, если имя файла, в который записывается копия файла, уже существует, то происходит перезапись в него новой информации. Прежде, чем выполнить перезапись, система обычно запрашивает подтверждение пользователя на выполнение этой операции.
overwriting ♦ перезапись.
own control ♦ управление пользователем.
Пользователь сам определяет начертание и поведение такого элемента управления.
owner ♦ владелец; применительно к файлам ♦ пользователь, имеющий на файл специально для него установленные права.
owner type ♦ тип владельца.

pack ♦ упаковывать, компоновать; ♦ *пакет*.
package ♦ пакет; совокупность программ, файлов, объединённых одним приложением.
В **Linux** ♦ *дистрибутив программы, готовый к установке;* ♦ *в* **LaTeX** ♦ *подключаемый стилевой файл, расширяющий возможности и добавляющий новые свойства.*
packet ♦ пакет.
Блок данных в сети передачи данных, имеющий строго определённую структуру, включающую заголовок и поле данных. Составляет часть сообщения. См. также ***message packet, frame.***
packet assembly ♦ формирование пакета.
packet disassembly ♦ разборка пакета.
packet interleavin ♦ чередование пакетов.
Packet InterNet Grouper ♦ программа, которая проверяет, доступен ли для вас конкретный хост-компьютер.
Packet Switch Node (PSN) ♦ Узел Коммутации Пакетов.
Специализированный компьютер, занимающийся приёмом, маршрутизацией и направлением пакетов в сети коммутации пакетов.
packet switchin ♦ коммутация пакетов.
Система, которая разделяет передаваемые данные на небольшие пакеты и передает каждый пакет независимо. Пакет адресуется отдельно и даже может проходить по маршруту, отличающемуся от маршрутов других пакетов. Принимающий компьютер производит объединение пакетов.
packet switchin network ♦ сеть коммутации пакетов.
packin ♦ уплотнение; ♦ упаковка.
Операция, которая заключается в том, что данные тем или иным способом упаковываются, в результате чего достигается экономия дискового пространства.
pad ♦ вспомогательная (специализированная) клавиатура; ♦ дополнять, заполнять.
pad character ♦ символ-заполнитель.
page (pg) ♦ страница.
page break ♦ страница разделена.
Page Description Language (PDL) ♦ язык описания страниц.
Основные языки этого типа: ***PostScript, Interpress, CCS Image.***
page dimension ♦ тип бумаги.
page fault interrupt ♦ прерывание из-за отсутствия страниц.

P page footer

page footer ♦ нижний колонтитул.
page frame ♦ страничный блок; ♦ страница.
page frame starts at ♦ страницу фрейма начать с.
page header (heading) ♦ колонтитул; ♦ заголовок (страницы).
page icon ♦ пиктограмма страницы.
page in ♦ загрузка страницы.
page inset ♦ вкладка.
page layout program ♦ программа верстки. См. также electronic **full page makeup system**.
page length ♦ длина страницы.
page length (in rows) ♦ длина страницы (в строках).
page lockin ♦ фиксация страницы.
page number ♦ колонцифра. См. также **folio**.
  Элемент аппарата издания, который представляет собой цифру (цифры), обозначающую порядковый номер страницы или колонки и помещаемую вверху или внизу полосы, редко на боковом поле страницы.
page number font ♦ шрифт для колонцифры.
page number marker ♦ маркер колонцифры.
page numberin ♦ пагинация. См. **pagination**.
page orientation ♦ ориентация страницы.
page printer ♦ постраничное печатающее устройство.
page setup ♦ установка параметров страницы.
page size ♦ размер страницы.
page view ♦ отображение страницы (на экране дисплея).
page out ♦ удаление страницы.
pages available for expanded memory ♦ страницы доступны для верхней памяти.
pagination ♦ пагинация, разбивка текста на страницы.
  Последовательная порядковая нумерация страниц (полос), колонок издания цифрами (арабскими и римскими), изредка буквами.
pagination is required ♦ затребована пагинация.
paint ♦ рисовать; ♦ красить.
paint roller ♦ кисть для закрашивания.
paint type graphic ♦ растровая графика. См. **raster graphics**.
paintbrush program ♦ программа рисования.
paintin ♦ рисование; ♦ закрашивание.
pair kernin ♦ регулировка пробела между символами.
palette ♦ палитра (цветов). См. **graphic palette**.
palmtop ♦ ладонный (карманный) компьютер.
  Персональный компьютер, величина которого не превышает размера ладони человека.
pan ♦ сдвинуть.

pan scrollin ♦ плавная прокрутка.
pane ♦ подокно, «форточка».
> *Способ разделения рабочего окна, при котором можно одновременно просматривать различные части одного и того же файла. При данном разделении окна изменения, внесённые в одном окне, автоматически дублируются в другом.*

panel on/off ♦ панель открыта/закрыта.
pannin ♦ панорамирование, горизонтальная прокрутка.
> *Последовательный перенос воспроизводимого изображения для получения визуального впечатления бокового перемещения изображения.*

paper ♦ бумага.
paper feed ♦ подача (прогон) бумаги (в печатающем устройстве на определенное число строк).
paper jam ♦ замятие бумаги.
paper out ♦ нет бумаги.
paper print guide ♦ направление подачи бумаги.
paper sheet ♦ бумажный лист.
paper size ♦ размер листа бумаги.
> *Американский стандарт **ANSI**: формат **A** — 8.5x11" (215,9x279,4 мм); формат **B** — 11x17" (279,4x432 мм). Европейский стандарт **ISO/DIN**: формат **A4** — 8.3x11.7" (210x297 мм); формат **A3** — 11.7x18.5" (297x420 мм).*

paper slew ♦ прогон бумаги (в печатающем устройстве).
paper tape ♦ бумажная лента.
paper throw ♦ прогон бумаги (в печатающем устройстве).
paragraph ♦ абзац. См. **break, clause**; ♦ параграф.
paragraph break ♦ абзацный отступ. См. **indentation**.
paragraph indent ♦ отступ/выступ абзаца.
paragraph mark ♦ выделение абзаца.
paragraph specification ♦ спецификация параграфа.
paragraph text ♦ простой текст.
paragraph typography ♦ абзац полиграфический.
paragraph width ♦ ширина абзаца.
parallel ♦ параллельный.
> *Относится к процессам, выполняющимся одновременно.*

parallel connection ♦ параллельное присоединение (сочленение).
parallel interface ♦ параллельный интерфейс.
parallel port ♦ параллельный порт.
> *Порт, обычно используемый для подключения таких устройств, как принтеры. Данные через параллельный порт передаются в устройство в виде байта, когда все восемь бит передаются одновременно и параллельно. См. также **LPT1**.*

parallel processin ♦ параллельная обработка, параллельное выполнение.
parallel search ♦ параллельный поиск.

P parameter

parameter ♦ параметр.
>Является частью команды. Команда может иметь несколько параметров, а каждый параметр может иметь несколько значений. Например, в команде вы можете определить в параметрах, какое логическое устройство, каталог или файл будете использовать. Если параметр имеет более, чем одно значение, он называется переменной (**variable**). См. также **command format, variable**.

parameter mismatch ♦ несоответствие параметров.

Parameter syntax or value error ♦ синтаксическая ошибка в параметре или значении.

parameter value not in allowed range ♦ неверные значения параметров.

parameters not compatible ♦ несовместимые параметры.

Parameters not compatible with fixed disk ♦ Параметры несовместимы с данным типом винчестерского диска.

Parameters not supported ♦ Параметры не поддерживаются.

Parameters not supported by drive ♦ Параметры на данном дисководе не поддерживаются.

parent ♦ родитель; ♦ родительская запись.

parent directory ♦ родительский каталог.
>В иерархической структуре — каталог более высокого уровня, имеющий подкаталоги. Например, каталог **C:\ACCOUNT** является родительским каталогом для подкаталога **C:\ACCOUNT\RECEIVE**. См. также **Directory Structure**.

parent windows ♦ родительское окно.
>Окно, создавшее текущее окно и управляющее им. Например, окно **Microsoft Word** является родительским для текущих окон документов.

parental rights ♦ родительские права.
>Права, которые может иметь пользователь сети в каталоге. Эти права дают ему возможность создавать подкаталоги и определять права пользователей и маску максимальных прав в них. В **NetWare 386** заменен правом Управления доступом (**Access Control Right**). См. также **Rights, Access Control Right**.

parenthesis ♦ скобки. См. **angle, bracelet, braces, bracket, curly bracket**.

parity (check) ♦ четность; ♦ контроль (четности).
>Метод проверки ошибок передачи данных, при котором к каждому передаваемому байту данных добавляется дополнитель ный бит, таким образом, чтобы сумма битов была четной или нечетной (в зависимости от метода проверки). Ошибка в одном бите данных фиксируется на стороне приемного устройства после проверки суммы бит переданного байта.

parity bit ♦ бит четности (контрольный бит).

parity error ♦ ошибка четности.

parser ♦ анализатор; синтаксический анализатор.

part ♦ часть, раздел.

partial P

partial ♦ частично.
partial column ♦ неполная колонка.
partial row ♦ неполная строка.
partition ♦ деление; ♦ разделение; ♦ раздел; ♦ разбиение. ♦ раздел.
*Часть пространства дисковой памяти, выделяемая операционной системой для хранения данных. Раздел принадлежит определенной операционной системе, так что другая система не имеет доступа к нему. Например, следует различать разделы дисковой памяти **NetWare** и **DOS**. См. также **NetWare Partition**.*
Partition selected «...» is not bootable, active partition «...» not changed ♦ Выбранный раздел «...» не является загружаемым, активный раздел «...» не изменяется.
partition table ♦ таблица деления (диска).
partity ♦ проверка.
PASC (Picture Archival Communication system) ♦ Система Архивации и Передачи Изображений.
Данная система разработана для архивации изображений в области медицины.
pass ♦ передавать.
pass through ♦ внутренний сквозной [разъем].
passive graphics ♦ пассивная графика.
passive hub ♦ пассивный сетевой расширитель.
Сетевое устройство, используемое в кабельной сети определенных сетевых топологий для подключения к ней дополнительных рабочих станций. Оно не используется для усиления передаваемых сигналов.
password ♦ пароль.
*В сети — последовательность символов, которые выдаются пользователем для получения доступа к ресурсам сети во время процедуры входа его в файловый сервер. См. также **Password Protection**.*
PASSWORD ♦ внешняя команда **NovellDOS** — задает пароли для файлов и путей доступа.
password authentification ♦ проверка пароля; ♦ аутентификация пользователя по паролю.
Password has expired ♦ Пароль исчерпан (сообщение сети **NetWare**). Счет заблокирован из-за окончания срока действия пароля.
Password has unique ♦ Пароль используется (сообщение сети **NetWare**).
Предпринята попытка выбора использованного пароля.
password protection ♦ защита с использованием пароля.
*В сети **NetWare** защита системы при помощи пароля обеспечивает доступ к файловому серверу только санкционированным пользователям, которые во время процедуры входа в сеть могут вводить свой пароль. См. также **Password**.*
paste ♦ вставлять (из буфера); ♦ склеивать; ♦ наклеивать. См. также **insert**.
Операция вставки ранее удаленного в буфер изображения или текста.

P paste into

paste into ♦ вклеить в ...
paste Layer ♦ вклеить слой.
paste board ♦ рабочая поверхность.
paste special ♦ специальная вставка.
paste up ♦ вставка.
patch ♦ заплатка; заплата; исправления к исходной программе в виде отдельного файла.
path ♦ путь (доступа). См. также **absolute pathname, pathname**.
Путь поиска каталога — полное имя каталога, включающее имя диска и цепочку имен в древовидной структуре каталога, ведущих к искомому каталогу; ♦ *маршрут. Последовательность узлов, через которые проходит передаваемое изображение.*
PATH ♦ внутренняя команда **DOS** (**NovellDOS**) для задания или отображения пути поиска выполняемых файлов (команд) **DOS** (**NovellDOS**).
*Команду, введенную пользователем в командной строке, компьютер ищет сначала в текущем (открытом) каталоге, затем в каталогах, указанных командой **PATH**. Если команда не найдена, на экран выводится сообщение: **Bad command or file name**. Необходимо проверить доступность команды и повторить ввод.*
Path «...» not found ♦ Путь «...» не найден (сообщение сети **NetWare**).
Path/file access error ♦ Ошибка доступа пути/файла.
Path list full, entry «...» ignored ♦ Список путей полон, значение «...» игнорируется (сообщение сети **NetWare**). Указано более 20 каталогов-приемников.
Path not found ♦ Путь не найден.
Path (pathname) too lon ♦ Указана слишком большая длина маршрута.
pathname ♦ имя пути. См. **absolute pathname, path**.
pattern ♦ образец, шаблон; ♦ изображение; ♦ текстура.
Набор символов, включающих и обобщающих символы «*», «?», который «описывает» некоторое множество имен файлов или каталогов, что может использоваться для исключения или включения группы каталогов или файлов в список, предоставляемый пользователю. Например, шаблон «*.*» означает «все файлы», «файлы с любыми именами». ♦ *Заготовка документа в текстовом процессоре **WORD** (деловое письмо, грамота, календарь и др.), который можно использовать для создания своего конкретного документа.*
pattern matchin ♦ сопоставление с образцом; ♦ отождествление.
pattern recognition ♦ распознавание образов.
PBX (Private Branch eXchange) ♦ офисная (учрежденческая) АТС.
PC DOS ♦ операционная система фирмы **International Business Machine Corp. (IBM)** для персональных компьютеров (совместима с операционной системой **MS DOS** фирмы **Microsoft Corp**.).
PCI ♦ Акроним от **Peripheral Component Interconnect**, стандарт локальной шины, разработанный Intel Corporation.

*Большинство современных **PC** имеют шину **PCI** в дополнение к более общей шине расширения **ISA**.*

.PCD (Photo CD) ♦ расширение мультимедиа-файлов.
*Фотографии, записанные на компакт-дисках фирмы **Kodak PhotoCD**.*

PCL (Printer Control Language) ♦ язык управления лазерных принтеров фирмы **Hewlett-Packard**.
*Для принтера **HP Laser Jet III** был разработан язык **PCL-5**, содержащий масштабируемые шрифты.*

PCM (Pulse Code Modulation) ♦ Импульсно-Кодовая Модуляция (**ИКМ**).

.PCX ♦ расширение имени файла с рисунком.
*Популярный формат для хранения пиксельной графической информации. Работа с **PCX**-файлами поддерживается большинством известных графических пакетов (например, **PaintBrush** в **Windows**).*

PD Public Domain ♦ Общая Область

PDH (Plesiochronous Digital Hierarchy) ♦ Плезиохронная Цифровая Иерархия.

PDL ♦ см. Page Description Language.

PDS (Premises Distribution System) ♦ старое название структурированной кабельной системы **SYSTIMAX** фирмы **AT&T**.

peer ♦ сетевой партнер.

peer LAN ♦ одноранговая ЛВС.

peer to peer ♦ равноправная связь.

pen based computer ♦ перьевой компьютер.
Персональный компьютер, в котором ввод данных, манипулирование ими, управление операционной системой производятся при помощи специальной ручки (компьютерного пера).

pen based notebook ♦ перьевая записная книжка.
Персональный компьютер, ориентированный на ввод с пера.

pending job ♦ повисшее задание; повисшая задача; процесс или задание, ждущие наступления события, которое не может произойти.

Pentium ♦ марка микропроцессора фирмы **Intel**. Микропроцессоры **Pentium** совместимы с серией **Intel 8086–80486**, но превосходят их по быстродействию.

PENTIUM PROCESSOR WITH MMX TECHNOLOGY ♦ процессор интеловской архитектуры.

Pentium II ♦ процессор интеловской архитектуры, своего рода кентавр **Pentium Pro** процессора и интеловской же технологии **MMX** (см. также **VIS**). Конструкция **Pentium II** процессора совмещает три новейших технологических достижения Интела.

per page ♦ на каждой странице.

percent ♦ процент.

percent file fragmentation factor ♦ процентный фактор фрагментации файлов.

P perform

perform ♦ выполнение; ♦ выполнять, исполнять.
performance ♦ выполнение, исполнение; ♦ быстродействие.
performance index ♦ коэффициент производительности.
period ♦ точка (знак препинания); ♦ период.
peripheral ♦ периферийный.
Устройство, конструктивно оформленное отдельно от основного блока компьютера. Оно имеет средства управления и связи с центральным процессором. Это и внешние диски, и принтеры, и другие устройства, подключаемые к компьютерам (в сети — к рабочим станциям и файловым серверам).
peripheral device ♦ внешнее (периферийное) устройство.
peripheral interrupt ♦ прерывание от внешнего устройства; прерывание ввода-вывода.
peripheral storage ♦ внешняя память; ♦ внешнее запоминающее устройство.
permanent connection ♦ постоянное соединение.
*Соединение с сетью **Internet** по арендованной линии. Компьютер с постоянным соединением действует в **Internet** как хост-компьютер. Такой вид соединения очень дорогой. Данное обслуживание часто называется прямым (**direct**), постоянным прямым (**permanent direct**) или выделенным (**dedicated**) обслуживанием.*
permanent pool ♦ пул распределения постоянной памяти.
*Пул динамического распределения памяти, используемой длительное время, например, для буферов кэширования каталога и буферов приема пакетов данных. См. также **Memory Pool**.*
permission ♦ права; **file perimission** — права на файл.
perpendicular line tool ♦ инструмент перпендикулярных линий в графических пакетах.
personal address book ♦ личная адресная книга.
personal computer ♦ персональный компьютер.
personal computer network ♦ сеть персональных компьютеров.
personal database ♦ личная база данных.
perspective ♦ перспектива.
perspective correction ♦ коррекция при отображении в перспективе ♦ поворот текстурных карт с целью создания более полного ощущения сходимости объектов.
Petabyte ♦ Петабайт.
*2 в 50-й степени (**1,125,899,906,842,624**) байт. Один петабайт равен **1,024** терабайт.*
PGA ♦ Сокращение от **pin grid array**, тип кристалла(микросхемы), в котором контактрые штыри размещены на дне в виде концентрических квадратов.
♦ Сокращение от **Professional Graphics Adapter**, видео-стандарт, разработанный фирмой **IBM**, поддерживающий разрешение **640x480**.
PgDn ♦ клавиша **PgDn** (Страница Вниз).
Функциональная клавиша, при нажатии на которую происходит перемещение информации на экран вниз.

PgUp P

PgUp ♦ клавиша **PgUp** (Страница Вверх).
    Функциональная клавиша, при нажатии на которую происходит перемещение информации на экран вверх.

phantom current ♦ фантомный ток.
    *Электрический сигнал с постоянным напряжением, посылаемый станцией **Token Ring**, готовой подсоединиться к кольцу.*

Photo Pro ♦ фотографическое качество (при печати).

photorealism ♦ фотореалистичность.
    Создание цифровых изображений, сравнимых по качеству с фотографиями.

PHY (PHYsical layer protocol) ♦ протокол физического уровня.

Physical ♦ Физический.
    Нечто, имеющее отношение к аппаратному обеспечению. Понятие, противоположное понятию «физический» ♦ *логический или виртуальный.*

physical layer ♦ физический уровень.

.PIC ♦ расширение имени файла, содержащего графическое изображение.

pica ♦ пайка, цицеро.
    *Одна шестая часть дюйма. Одна пайка равна **4,23** мм, или **12** пунктам, или **1/6** дюйма.*

pica face ♦ печать с плотностью **10** символов на дюйм.

pick ♦ фрагмент.

pick color ♦ выбор цвета.

pick list ♦ список выбора.

pick tool ♦ резак.

picture ♦ изображение; ♦ картинка; ♦ иллюстрация.

picture element ♦ элемент изображения; ♦ элемент (точка) растра.

picture scalin ♦ масштабирование.

pie (chart) ♦ секторная (круговая) диаграмма. **piggyback acknowledgement** ♦ вложенное подтверждение приема.

Pin ♦ Штырек (вывод), иголка.
    *В матричном принтере — устройство, которое ударяет по красящей ленте, чтобы получить точку на бумаге. Принтеры подразделяются по количеству иголок в печатающей головке. Чем больше иголок, тем выше качество печати. Матричные принтеры могут иметь от **9** до **24** иголок.* ♦ *Входящий в другую деталь вывод на соединителе (разъеме).* ♦ *Кремниевые чипы имеют набор тонких металлических ножек (штырьков) на нижней стороне для соединения с печатной платой.*

pinch ♦ дисторсия.

pine ♦ программа электронной почты; ♦ канал; абстрактный файл; особый файл, который служит для обмена информацией между различными процессами, но физически не присутствующий на диске

Pipelining ♦ Конвейерная обработка.
    Метод, используемый в архитектуре современных микропроцессоров, состоящий в том, что каждая следующая инструкция процессора начинает

выполняться еще до того, как было завершено выполнение предыдущей. То есть ♦ на конвейере могут находиться сразу несколько инструкций: каждая в своей стадии обработки. Конвейер подразделяется на несколько сегментов, каждый из которых способен обрабатывать находящуюся в нем инструкцию параллельно с прочими сегментами. Прежде конвейерная обработка была особенностью только высокопроизводительных микропроцессоров с сокращенным набором инструкций (см. **RISC**), но сейчас этот метод используется практически во всех архитектурах, включая и архитектуру процессоров, используемых в персональных компьютерах. Например, конвейерная обработка **Pentium**'(см. P**entium Processor with MMX technology, Pentium II Processor**) позволяет этому процессору обрабатывать сразу четыре инструкции одновременно. ♦ Похожий метод используется и в **DRAM**: требуемое содержимое памяти загружается в небольшую по размерам (первая стадия конвейера), но с гораздо меньшим временем доступа кэш-память **SRAM** и затем немедленно производится выборка следующей порции содержимого памяти (вторая стадия конвейера). Обычно эта техника обработки памяти совмещается с другим методом, называемым пакетным режимом (**burst mode**) передачи данных, состоящим в том, что данные передаются будучи сгруппированы в пакеты, которые также содержат и краткую информацию о том, какого типа данные передаются и куда они должны в конечном итоге прибыть. Все вместе это называется конвейерным пакетным режимом кэша (***pipeline burst cache***).

PIO (rogrammed Input/Output) ♦ Программируемый Ввод/Вывод.
Метод передачи данных между двумя устройствами, использующий процессор в качестве участка пути передачи.

pitch ♦ шаг.

pixel ♦ пиксель.
Минимальная единица изображения, цвет и/или яркость которой можно задать независимо от остального изображения.

pixel adapter ♦ пиксельный процессор (мультимедиа).

pixelate ♦ оформление.

pixmap ♦ изображение, растровое изображение, растр; см. **bitmap**

place ♦ разместить, поместить; ♦ размещение.

placeholder ♦ заполнитель.
Резервирует место для последующего размещения текста и/или графики в издании.

plain text ♦ текст; простой текст; обычный текст; плоский текст; открытый текст; не имеющий специального формата, не закодированный.

plug-and-play ♦ вставь-и-пользуйся.
Способность компьютерной системы автоматически конфигурировать платы расширения и другие устройства. Можно просто вставить устройство и использовать его, не беспокоясь об установке **DIP**-переключателей, джамперов и других элементов конфигурации.

plu compatible ♦ совместимый по разъему.
Способный заменять другое изделие(программу) без каких-либо измене-

ний. Два устройства считаются совместимыми по разъему, если любое из них можно вставить в тот же самый интерфейс. Термин иногда применяется к программным модулям, имеющим одинаковый интерфейс с прикладной программой.

plug in ♦ дополнение.
Аппаратный или программный модуль, добавляющий некоторую возможность большой системе.

Plain Paper ♦ простая бумага.

plasma panel display ♦ плазменный дисплей.
Дисплей, изображение на экране которого образуется из точечных разрядов, возникающих между электродами.

platen ♦ иллюстрация; ♦ пластина.

Platter ♦ диск, пластина.
Круглая магнитная пластина, которая составляет часть жесткого диска. Жесткий диск обычно содержит до дюжины пластин.

play macro ♦ выполнить макрокоманду.

playback ♦ воспроизвести.

Please replace original diskette in drive letter and press ENTER ♦ Пожалуйста, вставьте обратно вынутую из дисковода дискету и нажмите клавишу **Enter**.

Please select one of the followin commands ♦ Пожалуйста, выберите одну из перечисленных команд.

Please use CHKDSK instead ♦ Пожалуйста, используйте **CHKDSK** (сообщение сети **NetWare**). Предпринята попытка проверки информации в локальном диске с помощью утилиты **NetWare chkvol**.

plot ♦ график; ♦ диаграмма; ♦ план; ♦ чертеж; ♦ схема; ♦ вычерчивать график.

plot complete ♦ вычерчивание окончено.

plot drawin ♦ вывести чертеж на графопостроитель.

plot origin ♦ начало координат.

plotter ♦ графопостроитель.

Plotter not ready, correct and press any key ♦ Плоттер не готов. Исправьте и нажмите любую клавишу.

plotter step size ♦ шаг (размер шага) графопостроителя.

plottin ♦ черчение; ♦ рисование; ♦ построение [диаграммы].

plottin area ♦ площадь изображения.

plugins ♦ дополнения.

p.m. ♦ после полудня. Время между **12** и **24** часами.

PMD (Physical Layer Medium Dependent) ♦ подуровень физического уровня, зависящий от среды передачи.

PnP ♦ Сокращение от **Plug and Play** ♦ вставь и пользуйся.
Технология, разработанная **Microsoft** и **Intel**, поддерживающая установку устройств *plug-and-play*.

P PNUNPACK

PNUNPACK ♦ внешняя команда **NovellDOS** для распаковки уплотненных файлов на дискетах **NovellDOS**.
pocket ♦ карман, буфер. См. также **bin, buffer, clipboard**; ♦ карманный персональный компьютер.
point ♦ указывать; ♦ ссылаться; ♦ точка, пункт.
*Основная единица длины в типографской системе мер, используемая для определения кегля шрифтов, размера разрядки и отбивок. Один англо-американский пункт равен **0,352** мм. Отличается от узла (См. **node**) тем, что не поддерживает почтовый адрес.*
point alignment ♦ установка (выравнивание) десятичной точки (запятой).
Point and select ♦ Укажи и выбери. point **labels** ♦ метки-указатели.
Point Of Presence (POP) ♦ Точка Присутствия.
Место, где имеется оборудование передачи данных, обычно цифровые арендованные каналы и мульти-протокольные маршрутизаторы.
point size ♦ размер в пунктах. См. **point**.
point tool ♦ инструмент указателя.
pointer ♦ указатель; ♦ курсор.
pointillize ♦ пуантилизм.
pointin device ♦ устройство управления позицией курсора; ♦ устройство позиционирования курсора (мышь, световое перо).
point-to-point line ♦ двухточечная линия.
polar coordinate ♦ полярные координаты.
poll ♦ опрашивать.
polled network ♦ сеть с опросом.
pollin ♦ опрос.
Процесс приглашения подчиненной станции данных к передаче сообщений.
pollin character ♦ символ опроса.
pollin interval ♦ интервал опроса.
polyline ♦ ломаная (линия).
polymarker ♦ последовательность точек.
pop ♦ выталкивать; снимать со стека; операция выборки верхнего элемента стека с уменьшением указателя.
populated database ♦ заполненная база данных.
populatin ♦ начальная загрузка [данных в базу данных].
pop up list button ♦ кнопка вызова.
pop up menu ♦ всплывающее (выплывающее) меню.
Меню, появляющееся на экране дисплея в текущем положении курсора и исчезающее после выбора команды.
pop up program ♦ активизируемая программа.
port ♦ порт.
*Аппаратно/программные средства подключения внешнего устройства к шине ввода/вывода компьютера. Имеет средства прерывания и базовый адрес для программного обращения к нему. См. также **parallel port, serial port**.*

portability ♦ переносимость; ♦ транспортабельность.
Portable ♦ переносимый, переносной.
*Когда говорят об аппаратуре, переносный означает маленький и лёгкий. Переносный компьютер ♦ это компьютер достаточно маленький для переноски. Переносные компьютеры ♦ это «записные книжки» (**notebook**) и маленькие «записные книжки» (**subnotebook**), карманные (**hand-held, palmtop, PDA**) компьютеры. ♦ Когда говорят о программном обеспечении, переносимый (**portable**) означает, что данное программное обеспечение может выполняться на различных типах компьютеров. Переносимый и машинно-независимый означают одно и то же ♦ что программное обеспечение не зависит от конкретного типа аппаратного обеспечения.*

portable computer ♦ портативный (переносной) компьютер.
portrait (orientation) ♦ книжный спуск. См. также **tall**. Размещение полос, при котором корешок издания распола ется по длинной стороне полосы. При книжном спуске издание удлинено по высоте (вертикали).
position ♦ позиция; ♦ местоположение.
position of number ♦ позиция цифры.
Position paper in printer ♦ Установите бумагу в печатающее устройство.
positioning ♦ позиционирование.
Установка указателя на соответствующую запись в базе данных. При этом запись становится текущей.
positionin device ♦ устройство указания позиции; ♦ устройство управления курсором.
positive acknowledgement ♦ подтверждение приёма; ♦ положительное квитирование.
Управляющее сообщение (или сигнал), указывающее, что сообщение успешно принято.
POSIX (Portable Operation System Interface for Computer Environments) ♦ Интерфейс Переносимой Операционной Системы.
possible ♦ возможный, вероятный.
poster ♦ афиша.
posterize ♦ пастеризовать.
Post Office Protocol (POP) ♦ Протокол Почтового Отделения.
*Протокол, разработанный, чтобы однопользовательские **ЭВМ** могли читать электронную почту с сервера.*
Postal Telegraph and Telephone (PTT) ♦ Почтовый Телеграф и Телефон.
Поставщик телефонных услуг, обычно монополия.
postin ♦ почта.
Сообщение (статья), посланное в группу новостей, или акт посылки такого сообщения.
postmaster ♦ руководитель почты (почтмейстер).
Человек в штате хост-компьютера, который отвечает за почтовую систему. При необходимости получения информации о пользователе конкретного

хост-компьютера можно послать по электронной почте сообщение с адресом **postmaster@hostname**.

postpone ♦ отложить.

postprocessor ♦ постпроцессор.
Программа или техническое средство, предназначенное для заключительной обработки данных с целью адаптации их формы представления к требованиям потребителя.

PostScript ♦ наиболее распространенный язык описания страниц, используемый в компьютерной графике.
*Разработан фирмой **Adobe**. Лазерные принтеры высокого класса и фотонаборные устройства обычно поддерживают **PostScript**.*

POTS (plain old telephone service) ♦ Простые старые телефонные службы
Термин, иногда использующийся при обсуждении новых телефонных технологий, можно ли и, если можно, то как приспособить существующую телефонную связь для нужд цифровой связи.

.POW ♦ расширение **MIDI**-файлов, используемое программой **Power Chords**. Содержат музыку.

power ♦ питание; ♦ клавиша запуска и остановки компьютера; ♦ степень, показатель степени.

POWER ♦ внешняя команда **DOS**, начиная с версии **MS DOS 6.0** и выше.
Представляет собой специальную программу для управления питанием устройств компьютера, вывода на дисплей отчета об управлении питанием и установки уровней сохранения энергии источника питания компьютера.

powerClip Inside ♦ фигурная обрезка внутри.
Эта операция размещает один объект (содержимое) внутри другого (контейнера).

PowerPC ♦ Архитектура компьютера на **RISC**-процессоре, разработанная совместно **IBM, Apple Computer** и **Motorola Corporation**. ♦ Название ♦ Начальные буквы принятого в **IBM** наименования: **Performance Optimization With Enhanced RISC** (Оптимизация Производительности С Расширенным **RISC**).

power up ♦ включение питания.

PPP (Point-to-Point Protocol) ♦ протокол «точка-точка».
Один из методов подключения к Интернет.

pragma ♦ псевдокомментарий; указание транслятору.

preamble ♦ преамбула, введение, вступление; ♦ предисловие. См. также **introduction, prolegomena**.

predefined ♦ предопределённый; встроенный.

preferences ♦ предпочтения; ♦ установки.

preparation ♦ подготовка; ♦ составление.

prepare ♦ приготавливать, подготавливать; ♦ составлять.

Preprinted ♦ предварительно отпечатанный.

preprocessor ♦ препроцессор.
Программа, выполняющая предварительную обработку данных для другой программы.

presentable graphics ♦ сопроводительная графика.
presentation ♦ представление.
presentation layer ♦ уровень представления данных.
press ♦ нажимать клавишу.
Press any key ♦ Нажмите любую клавишу.
Press any key to begin addin (replacing) files ♦ Нажмите любую клавишу для начала добавления (замещения) файлов.
Press any key to begin copyin file ♦ Нажмите любую клавишу для начала копирования файла.
Press any key to begin formattin- «...» ♦ Нажмите любую клавишу для начала форматирования на дисководе «...».
Press any key to begin recovery of the «...» files on drive «...», press any key to continue ♦ Нажмите любую клавишу для начала восстановления «...» файлов на дисководе «...», нажмите любую клавишу для продолжения.
Press any key to continue ♦ Нажмите любую клавишу для продолжения.
Press any key to start ♦ Нажмите любую клавишу для начала работы.
Press any key when ready ♦ Нажмите любую клавишу, когда готовы (для продолжения).
Press any key when ready to start copyin files ♦ Нажмите любую клавишу для копирования файлов.
Press ENTER to continue, or ESC to exit select ♦ Нажмите клавишу **ENTER** для продолжения или клавишу **ESC** для окончания выбора.
Press RETURN to continue ♦ Нажмите клавишу **RETURN** для продолжения.
Press SPACEBAR to mark unmark file, press CTRL+SPACEBAR to mark all, or ESC to menu ♦ Нажмите клавишу **ПРОБЕЛ** для выбора/отмены выбора файлов, клавиши **Ctrl+ПРОБЕЛ** для выбора всех файлов или клавишу **ESC** для возврата в меню.
Press «...» to select from list ♦ Нажмите клавишу «...» для выбора из списка.
Pretty Good Privacy (PGP) ♦ Достаточно Хорошая Секретность.
*Программа, разработанная **Phil Zimmerman**, которая шифрует файлы и электронную почту. Может также использоваться для цифровой подписи документа или сообщения.*

preview ♦ анонс; ♦ предварительный просмотр, принтерное представление.
PREVIEW ♦ внешняя команда **NovellDOS** для отображения возможного коэффициента сжатия при использовании программы **Stacker**.
previous ♦ предыдущая (-ий); ♦ предшествующий.
Previous code page «...» ♦ Предыдущая кодовая страница «...».
previous version of MS-DOS ♦ предыдущая версия **MS-DOS**.
*Один из видов запуска доступный если в системе установлен режим двойной загрузки **MS-DOS / Windows 95**. Компьютер запускается с использованием той версии **MS-DOS**, которая была установлена на жестком диске перед инсталляцией Windows 95.*

P Previously prepared

Previously prepared code page replaced ♦ Заменить предыдущую кодовую страницу.

PRI (Primary Rate Interface) ♦ интерфейс основного доступа к сети **ISDN** со скоростью **1,544** и **2,048** Мбит/с для США и Европы соответственно.

price list ♦ прейскурант; ♦ ценник; ♦ прайс-лист.

primary ♦ основной; ♦ первичный, ♦ исходный.

primary colors ♦ основные цвета.

primary disk ♦ первичный диск.
*В системе **SFT NetWare** для организации дублирования информации образуется пара дисков, которые являются, с точки зрения пользователя, как бы одним отдельным диском. Один диск в этой паре является первичным (основным), а другой — вторичным. См. также **secondary disk, SFT**.*

Primary DOS partition already exists ♦ Основной раздел **DOS** уже существует.

Primary DOS partition created ♦ Основной раздел **DOS** создан.

Primary DOS partition deleted ♦ Основной раздел **DOS** удален.

primary key ♦ первичный ключ.

primary Network Logon ♦ способ входа в сеть.

primary partitions ♦ первичные разделы.

primary record ♦ первичная запись.

primary storage ♦ основная (оперативная) память.

primary window ♦ основное окно.
Окно на экране дисплея, в котором размещаются объекты и определяются действия, поддерживаемые программой.

primitive type ♦ простой тип (данных).

print ♦ печать; ♦ распечатка.

PRINT ♦ печатать — внешняя команда DOS (**NovellDOS**).
*Позволяет печатать текстовые файлы в фоновом режиме, т. е. одновременно с выполнением других команд DOS (NovellDOS). Файл **PRINT.COM**, в версии **MS DOS 5.0 – PRINT.EXE**.*

print a document ♦ печать документа.

print appearance ♦ расположение текста (при печати). См. **printer display**.

print area ♦ область печатания.

Print Darkness ♦ насыщенность печати.

print density ♦ плотность печати.

print destinations ♦ назначения печати.

print device ♦ устройство печати.
*В сети **NetWare** — печатающее устройство, определенное на файловом сервере с помощью сетевой меню-утилиты **PRINTDEF**. Определяется название устройства (например, **Epson FX100**), режимы работы устройства (например, **Letter Quality**) и связанные с ними функции печати. См. также **Print Mode, Print Function**.*

print drive file ♦ файл, содержащий драйвер принтера.

print frame labels

print frame labels ♦ печать меток фреймов.

print function ♦ функция печати.
*В **NetWare** — управляющая последовательность или строка управляющих символов, которая позволяет управлять характеристиками печати на принтере сети. Например, функция печати может определить плотность печати. Несколько функций печати определяют режим работы устройства печати. См. также **print device, print mode**.*

print head ♦ печатающая головка.

Print interrupted. Continue? ♦ Печать прервана. Продолжить?

print job ♦ задание печати.
*В сети **NetWare** — совокупность данных, выдаваемых пользователем на печать, и управляющей информации, определяющей, как эти данные будут печататься на принтере сети. Когда пользователь сети выполняет команду выдачи файла на печать, спулер сервера формирует из него задание печати и помещает его в определенную очередь заданий печати, из которой эти задания последовательно выбираются и выдаются на указанный принтер. См. также **print job configuration**.*

print job configuration ♦ конфигурация задания печати.
*В сети **NetWare** — характеристика, определяющая, каким образом задание выдается на печать. В ней определяется режим печати, форма, число копий и др. С помощью утилиты **PRINTCON** можно создавать специальные конфигурации заданий печати, которые затем могут быть использованы пользователями во время вывода на печать. См. также **print job**.*

print labels usin ♦ печать почтовых этикеток.

Print Manager has been disables ♦ Менеджер Печати отключен.

Print Manager is out of memory ♦ Для Менеджера Печати не хватает памяти.

print mode ♦ режим печати.
*В сети **NetWare** — группа функций, которая конфигурирует печатающее устройство для определенного задания печати. Супервизор сети с помощью меню-утилиты **PRINTDEF** определяет режимы печати, что позволяет пользователю быстро выбрать желаемую комбинацию функций печати. См. также **print function**.*

print needle ♦ печатающая игла (головки матричного принтера).

print on the screen ♦ выводить (информацию) на экран.

print options ♦ режимы печати.

print preview ♦ предварительный просмотр; ♦ принтерное представление.
Режим просмотра страниц документа на экране дисплея перед выводом на печать, при котором показывается только общее расположение элементов документа (графики) на странице, как правило, без возможности редактирования.

print queue ♦ очередь печати.
*Участок памяти, хранящий предназначенные для печати данные одной задачи во время вывода на печать данных другой. ♦ В сети **NetWare** — очередь на файловом сервере, в которую помещаются задания печати для*

P Print queue

выдачи их на сетевой принтер. На сервере может быть создано несколько очередей, которые обслуживают один или несколько принтеров. Каждая очередь имеет свое имя. СУПЕРВИЗОР сети может назначить оператора очереди, который осуществляет оперативное управление ею. Он может определить список пользователей сети, которым разрешено помещать свои задания в данную очередь. См. также **print job, print server**.

Print queue is empty ♦ Очередь печати пуста.
Print queue is full ♦ Очередь печати переполнена.
 Подождите, пока не распечатается какой-либо файл из очереди. Можно также изменить длину очереди, запустив команду **PRINT** с параметром **/q**. Максимальная длина очереди не должна превышать **32** файла.
print repaginate ♦ перепагинация (разбивка текста на страницы). См. **repaginate**.
print restore ♦ возобновлять печать.
Print Screen ♦ клавиша **PrintScreen** (Печать Экрана).
 Управляющая клавиша, при нажатии на которую происходит распечатка на принтере содержимого экрана дисплея.
print server ♦ сервер печати; ♦ станция печати.
 В сети **NetWare** — сервер, ориентированный на организацию выдачи на сетевые печатающие устройства. На файловом сервере — процесс, который берет задания печати из очереди и отправляет их на печать.
print spooler ♦ спулер печати.
 В сети **NetWare** — программа буферизации данных печати на сервере, которая управляет совместным использованием сетевых принтеров несколькими рабочими станциями сети. См. **print job**.
print stylesheet ♦ печать стилевого файла.
print suppression ♦ отмена печати.
print wheel ♦ печать с оборотом.
printed circuit board ♦ печатная плата. Иногда просто **PCB**.
 Тонкая плата, на которой размещены чипы и другие электронные компоненты. Компьютер состоит из одной и более плат, часто называемых картами или адаптерами. Имеются следующие категории плат: ♦ **motherboard** (материнская, системная плата): Основная плата, которая имеет соединители (разъемы) для подключения устройств к шине. Как правило, системная плата содержит Центральный Процессор (**CPU**), память, и основные контроллеры. ♦ **expansion board** (плата расширения): Плата, вставляемая слот расширения компьютера. Платы расширения включают платы контроллера, карты локальной сети (**LAN**), видеоадаптеры. ♦ **Daughtercard** (дочерняя карта): Плата, подсоединяемая непосредственно к другой плате. ♦ **controller board** (плата контроллера): Плата расширения специального типа, содержащая контроллер для периферийного устройства. Когда вы подсоединяете новое устройство, напр. дисковый накопитель или графический монитор, часто требуется добавить карту контроллера. ♦ **Network Interface Card** (**NIC**) Сетевая интерфейсная плата: Плата расширения, позволяющая подсоединиться к локальной сети. ♦ **video adapter** (видеоадап-

printer

тер): Плата расширения, содержащая контроллер для графического монитора. Печатные платы называют также картами.

printer ♦ принтер (печатающее устройство).

Printer «...» does not exist on server «server_name» ♦ Принтер «...» не существует в файловом сервере «имя_сервера » (сообщение сети **NetWare**).
Предпринята попытка работы с номером устройства печати «...», которого не существует в файловом сервере «имя_сервера ».

Printer «...» is not installed on server «server_name» ♦ Принтер «...» не установлен в файловом сервере «имя_сервера » (сообщение сети **NetWare**).
Предпринята попытка работы с устройством печати номер «...», который не установлен в файловом сервере «имя_сер вера».

printer commands ♦ команды принтера.

Printer Control Language ♦ см. **PCL**.

printer direct ♦ прямая печать. Режим пишущей машинки.

printer display ♦ принтерное представление.
Изображение документа на экране дисплея в том виде, в каком он будет отпечатан на бумаге.

printer driver ♦ драйвер печатающего устройства.

printer error ♦ ошибка на печатающем устройстве.
Проверьте состояние принтера: бумагу, питание, режим on-line (на линии).

Printer fault. Hit RETURN to continue, ESC to stop print ♦ Ошибка печати. Нажмите клавишу **RETURN** для продолжения или клавишу **ESC** для прекращения печати.

printer file ♦ печать в файл.
Эта команда записывает принтерную версию документа в файл на диске и дает возможность распечатать документ без использования программы, в которой производился его набор.

printer lines per inch set ♦ установить количество строк печати на дюйм.

printer mapping ♦ мэпинг печати.
В сети NetWare — соответствие очередей печати заданий определенным принтерам и назначение программы буферизации печати (спулера) для определенных очередей. Устанавливается с помощью консольных команд. См. также print job, print spooler.

printer memory ♦ память принтера.

Printer not ready ♦ Принтер не готов.

Printer not ready or out of paper. Correct and press any key ♦ Принтер не готов или без бумаги. Исправьте и нажмите любую клавишу.

Printer number and queue name conflict ♦ Номер принтера и имени очереди не существует (сообщение сети **NetWare**).
Предпринята попытка в команде для устройства печати обращения к неопределенной очереди.

P Printer number

Printer number expected with the PRINTER selectfla ♦ В команде печати print или capture не указан номер устройства печати (сообщение сети **NetWare**).

printer open ♦ принтер открыт.
printer plot a drawin ♦ вывести чертеж на печать.
printer plotter ♦ графический принтер.
printer quality ♦ качественная печать. См. также correspondence **quality printing, quality print**.
printer sheet capacity ♦ емкость печатного листа.
Число умещающихся в печатном листе печатных знаков, которое зависит от формата полосы набора, кегля и гарнитуры шрифта, интерлиньяжа.

Printer type not in GRAPHICS profile ♦ Команда **GRAPHICS** не поддерживает данный тип принтера.
Printer's default ♦ параметры принтера по умолчанию.
printin ♦ печать; ♦ печатание; ♦ распечатка.
Printin document "..." ♦ Печатается документ «...».
Printin Inks Setup ♦ Краски для печати.
printin master items ♦ печатаемые элементы шаблона.
printin media ♦ средняя печать.
printin quality ♦ качественная печать.
printin test ♦ распечатка теста.
printin type ♦ литера.
printout ♦ распечатка. Вывод данных на печатающее устройство.
priority ♦ приоритет; число приписанное процессу, в соответствии с которым определяется очередность постановки его на выполнение.
Privacy Enhanced Mail (PEM) ♦ Секретная Расширенная Почта.
Электронная почта Интернет, обеспечивающая конфиденциальность, установление подлинности и целостность сообщения, использующая различные методы шифрования.

privacy ♦ защита информации; приватность.
privacy lock ♦ замок секретности.
private ♦ приватный; закрытый; ♦ частный; закрытый; о информации, доступ к которой ограничен.
priviledge ♦ привилегии; права; указание доступности пользователю тех или иных операций.
probability ♦ вероятность.
Probable non DOS disk. Continue? ♦ Возможно, диск не в формате **DOS**. Продолжить выполнение?
Диск не отформатирован или поврежден. Если вы работаете с дискетой, попробуйте прочесть ее на другом дисководе. Если это жесткий диск, следует попытаться скопировать с него файлы, а затем переформатировать.

procedure call ♦ вызов процедуры; ♦ обращение к подпрограмме.

proceed ♦ продолжать.
Proceed with format? ♦ Форматировать еще?
process ♦ процесс (единица выполнения, которой оперирует планировщик задач). Часто соответствует программе; **child process**.
process sequence ♦ последовательность действий.
processin ♦ обработка (данных); ♦ выполнение.
Processin cannot continue ♦ Работа не может быть продолжена. Не хватает памяти для продолжения работы.
processor ♦ процессор.
Функциональная часть персонального компьютера или системы обработки информации, предназначенная для интерпретации программ.
prodigy ♦ компьютерная информационная служба.
production level video ♦ видео производственного (профессионального) уровня (мультимедиа).
profile ♦ конфигурация.
profiler ♦ профилировщик ♦ программа для определения времени выполнения каждой строчки программы или более крупных блоков.
program ♦ программа.
program background ♦ фон программы.
program checkout ♦ отладка программы.
program editor ♦ редактор текстов программы.
program error ♦ ошибка в программе.
program group ♦ программная группа.
program information ♦ информация о программе.
program input ♦ входные данные.
program item ♦ программный пункт.
program loading ♦ загружаю программу.
program manager ♦ администратор программы.
program manager group converter ♦ конвертер групп диспетчера программ.
program references ♦ ссылка на программу.
program segment prefix (PSP) ♦ префикс программного сегмента.
program settin ♦ настройка программы.
Program size exceeds capacity of link ♦ Размер программы превышает емкость редактора связей. Загружаемый модуль слишком велик. Уменьшите размер программы.
Program stayed resident. Press any key to quit word ♦ Программа остается резидентной. Нажмите любую клавишу для окончания работы.
Program terminated normally ♦ Программа завершена по нормальной процедуре.
program title ♦ заголовок программы.

Program too bi to fit in memory ♦ Программа слишком велика для того, чтобы разместиться в оперативной памяти. Объем памяти можно несколько увеличить, уменьшив параметры команды **BUFFERS=** в файле **CONFIG.SYS**.

programmer manual ♦ руководство программиста.
programmer's reference ♦ справочник программиста.
project manager ♦ администратор проектов.
prolegomena ♦ введение. См. также **introduction, preamble**.
promote ♦ повысить.
prompt ♦ приглашение; ♦ вопрос; ♦ запрос; ♦ подсказка.
Текст или изображение, выдаваемые на экран дисплея и указывающие на то, что система ожидает ввод пользователем команд и/или данных.
PROMPT ♦ внутренняя команда **DOS** (**NovellDOS**), служащая для изменения формы системного приглашения (подсказки). **prompt line** ♦ строка помощи.
prompt message ♦ сообщение в приглашении.
prompted hyphenation ♦ диалоговый перенос, перенос по запросу.
proof (proff reading; proff sheet) ♦ корректура. См. **correction**.
proof in page ♦ верстка. См. **make up galley**.
properties ♦ характеристики.
property ♦ свойство.
*В сети — элемент базы данных объектов сети, описывающий характеристики объектов сети. Свойствами являются такие элементы, как пароль, ограничения среды пользователя, остаток счета, сетевой адрес или список клиентов. См. также **object, bindery**.*
property bar ♦ свойства (панель).
property list ♦ список свойств.
proportional ♦ пропорциональный; ♦ соразмерный; ♦ пропорциональная печать.
proportional leadin ♦ пропорциональный интервал.
proporthional spacing ♦ пропорциональный пробел; ♦ пропорциональная ширина (расстояние).
proposed response ♦ предлагаемый ответ.
Prospero ♦ Распределенная файловая система, предоставляющая пользователю возможность создавать множественные представления некоторой совокупности файлов, распределённых по Интернет.
protect cell ♦ защищенная клетка.
protect from editin ♦ защита от редактирования.
protected entry ♦ защищенный ввод.
protected field ♦ защищенное поле.
protected file ♦ защищенный файл.
Protected Mode ♦ Защищенный Режим работы процессора; тип утилизации памяти, впервые появившийся в архитектуре **Intel 80286**.
Работая в защищенном режиме, процессор способен на следующие вещи:

protected mode

защита: каждая программа может помещает в строго определенную область памяти; всем прочим программам запрещено обращаться к этому участку памяти, так что удается избежать конфликта. ♦ расширенная память (см. **Extended Memory**): позволяет программам иметь доступ больше чем к 640KB памяти. -виртуальная память (см. **Virtual Memory**): расширение адресного пространства до больше чем **1GB**. ♦ многозадачность (см. **Multitasking**): позволяет микропроцессору переключаться от выполнения одной задачи к другой, так что становится возможным одновременное выполнение нескольких задач. К сожалению некоторые операционные системы (например, **DOS**) не способны к работе в защищенном режиме.

protected mode bridge ♦ мост в защищенном режиме (в сети **NetWare**).
В этом режиме мост может поддерживать до **8** Мбайт памяти, что позволяет работать одновременно более, чем двум процессам специального назначения (**VAP**). Этот режим предназначен для работы совмещенного моста. См. также **bridge, real mode bridge**.

protection ♦ защита.

protocol ♦ протокол.
♦ Набор правил, описывающих структуру данных при передаче и приеме информации. ♦ В сети **NetWare** — совокупность правил, которые регламентируют формат и процедуры обмена информацией между двумя или более устройствами или процессами. Например, протокол последовательной асинхронной передачи данных, применяемый для связи с внешними устройствами и удаленными рабочими станциями, допускает возможность изменения пользователем во время установки системы режима связи: скорости передачи в бодах, наличие контроля по паритету, метода подтверждения связи (**XON/XOFF**), число бит в символе, число стоповых бит. См. также **XON/XOFF Protocol, IPX, SPX**.

protocol analyzer ♦ анализатор протоколов.

protocol converter ♦ Преобразователь протокола.
Устройство или программа, которое преобразует служебные данные между различными протоколами, выполняющими подобные функции (например, **TCP** и **TP4**).

Protocol Data Unit (PDU) ♦ Модуль Данных Протокола. В терминологии **OSI** ♦ пакет.

protocol port ♦ порт протокола. См. также **TCP, UDP**.

protocol stack ♦ Стек протоколов.
Разбитый по уровням набор протоколов, в совокупности обеспечивающий набор сетевых функций.

protocol stack level ♦ уровень стеков протоколов. В структуре открытого интерфейса канала данных — уровень протоколов связи. **NetWare 386** поддерживает до **32** стеков протоколов. Это протоколы **IPX/SPX, TCP/IP, Apple Talk**. См. также **Open Data Link Interface**.

protocol stack/suite/hierarchy ♦ стек/пакет/иерархия протоколов.

proxy ARP ♦ Полномочный ARP.

P pseudocode

Методика, в который машина, обычно маршрутизатор, отвечает на ARP запросы, предназначенные для другой машины. «Подделывая» полномочия второй машины, маршрутизатор принимает на себя ответственность за маршрутизацию пакетов к «реальному» адресату.

pseudocode ♦ псевдокод. Код, который перед выполнением требуется транслировать.

pseudocolor ♦ псевдоокраска.

PSK (Phase Shift Keying) ♦ фазовая манипуляция (**ФМН**).

PSTN (Public Switched Telephone Network) ♦ Телефонная Коммутированная Сеть Общего Пользования.

pt ♦ п. (пункт — сокращенная форма записи). См. **point**.

PTO (Public Telecommunication Operator) [PTT] ♦ оператор общественных телекоммуникаций.

PTT (Post, Telegraph and Telephone) ♦ национальная администрация (правительственная организация), регулирующая вопросы предоставления услуг связи.

PU (Physical Unit) ♦ Физическое Устройство.

public access ♦ общий доступ (в сети).

*Доступ к каталогам сети, открытый для всех пользователей. Например, все пользователи сети должны иметь доступ к командным утилитам сети для их выполнения. Утилиты **NetWare** помещаются в каталоге **SYS:PUBLIC**, для которого установлены права общего пользования, т. е. пользователи могут искать, читать и открывать (выполнять) файлы этого каталога. См. также **Access Rights**.*

public data ♦ общие данные; ♦ общедоступная информация.

public data network ♦ сеть передачи данных общего пользования.

public database ♦ общая база данных; ♦ база данных общего пользования.

public domain software ♦ бесплатное программное обеспечение; ♦ общедоступные программы. ♦ программное обеспечение общественного домена. *Относится к любой программе, которая программе, которая не защищена авторским правом. Такие программы распространяются бесплатно и могут использоваться без каких-либо ограничений. Термин **public domain software** часто используется некорректно, когда имеется ввиду **freeware**, свободно-распространяемое программное обеспечение, которое, однако, защищено авторским правом. Программы, не имеющие владельца. Их можно применять и распространять бесплатно.*

public key system ♦ система шифрования с открытым ключом.

publication ♦ публикация; ♦ издание; ♦ книга и т. п..

publication title ♦ название. См. также **title**.

publication window ♦ окно публикации.

Окно для размещения издания при наборе.

publishin ♦ публикация (процесс издания).

pull down menu ♦ опускающееся (открывающееся) меню; ♦ выпадающее меню.

Pulse Code

Меню, вызываемое указанием его заголовка, который расположен, как правило, у верхнего края экрана дисплея. Появляется непосредственно под этим заголовком и исчезает после выбора команды.

Pulse Code Modulation (PCM) ♦ импульсно-кодовая модуляция ♦ стандартный способ цифрового кодирования звукового сигнала при помощи последовательности абсолютных значений амплитуды.

punctuation marks ♦ знаки препинания.

purge ♦ чистить [дисковую] память; ♦ удалять [ненужные файлы].

purge attribute ♦ атрибут стираемый (в сети).

*В сети **NetWare** — может быть назначен файлам или каталогам. Когда он назначается файлам, файл стирается после его удаления (т. е. полностью стирается с дисковой памяти). Когда этот атрибут назначается каталогу, все файлы, удаляемые в этом каталоге, сразу же стираются. Такие файлы уже не могут быть восстановлены.*

purge print documents ♦ очистить очередь печати.

push ♦ помещать на стек; операция над стеком, при котором указатель вершины стека увеличивается и операнд помещается на новую вершину.

push button ♦ кнопка; ♦ заключительная клавиша; ♦ кнопка без фиксации. Экранная клавиша из группы клавиш, обычно используемых при завершении диалога для подтверждения проделанных действий.

put ♦ выводить; ♦ помещать; ♦ двигать в определенном направлении.

Put a DOS disk in drive «...» ♦ Вставьте дискету с операционной системой DOS в дисковод «...».

put away ♦ сохранить (запомнить) и убрать.

Put distribution # «...» in drive «...» ♦ Вставьте дистрибутивную дискету # «...» в дисковод «...».

put in ♦ вставлять; ♦ вводить.

PVC (Permanent Virtual Circuit) ♦ Постоянный Виртуальный Канал.

Q QBasic

QBasic ♦ улучшенная среда программирования на Бейсике со средствами опретивной помощи. Поставляется в составе **MS-DOS 5.0** и выше.
QBE (Query By Example) ♦ язык запроса по образцу.
QIC ♦ см. **Quarter Inch Cartridge**.
QLLC (Qualified Logical Link Control) ♦ Процедура (Квалифицированное Управление Логическим Каналом) (в сети).
QOS (Quality of Service) ♦ Качество Обслуживания в сети.
quad (quadrate) ♦ квадрат.
*Единица длины в типографской системе мер, используемая для определения размеров полос набора. Квадрат равен **48** пунктам, или **16.87** мм.*
quad density disk ♦ дискета для записи с учетверенной плотностью.
quality knob ♦ ключ качества.
Параметр или программный ключ графической системы, определяющий режим высокого качества или повышенного быстродействия.
quality print ♦ качественная печать. См. также **correspondence quality printing, printer quality**.
quantity ♦ количество; ♦ величина; ♦ размер; ♦ параметр.
quart band clippin ♦ отсечение по четырем граням.
Способ отсечения в трехмерном пространстве по границам трехмерной отсекающей области.
Quarter Inch Cartridge (QIC) ♦ QIC-картридж.
Четвертьдюймовый картридж для стримера.
Quattro Pro ♦ гибкая программа электронной таблицы (**spreadsheet**) фирмы **Borland** для различных платформ.
В ней реализована концепция трехмерного блокнота, что упрощает связывание информаций из нескольких рабочих бланков в одном и том же файле, и имеется хорошая графика для презентаций.
query ♦ запрос.
Извлечение и предоставление информации из базы данных; набор инструкций для повторного извлечения отдельных данных.
query by example ♦ запрос по образцу. См. **QBE**.
query by form ♦ запрос по форме.
question mark ♦ вопросительный знак.
*Один из глобальных символов (**wildcard**), который обозначает один любой символ в данной позиции.*

queue ♦ очередь. ♦ Список, построенный и сопровождаемый так, что первым из него извлекается тот элемент данных, который записан в этот список первым.

В сети — структура данных для хранения списка объектов, подлежащих обработке. Объекты обрабатываются в порядке поступления запросов на их обработку. Например, очередь заданий печати на сервере. См. также **Print Queue**.

Queue «queue_name» does not exist on server «server_name» ♦ Очередь «имя_очереди» не существует на сервере «имя_сервера » (сообщение сети **NetWare**).

Предпринята попытка работы с несуществующей очередью «имя_очереди» файлового сервера «имя_сервера ».

queued ♦ в очереди.

queued printin ♦ очередь печати. См. также **print queue**.

queued telecommunication access method ♦ телекоммуникационный метод доступа с очередями.

quick ♦ быстрый.

quick compress ♦ быстрое сжатие.

quick format ♦ быстрая очистка оглавления.

quick sort ♦ быстрая сортировка.

QuickTime ♦ Формат **Apple** мультимедиа-данных. Файлы **QuickTime** могут содержать в себе текст, звук, видео.

quick view ♦ быстрый просмотр.

quire ♦ печатный лист.

quit ♦ выход, конец работы.

Правильный выход из системы выполняется для прекращения программы и передачи управления операционной системе.

quotation marks ♦ кавычки.

QWERTY ♦ стандартная клавиатура для персональных компьютеров в англоязычных странах (по символам слева в верхнем ряду клавиатуры пишущей машинки).

radial blur ♦ радиальное размытие.
radio button ♦ зависимая (альтернативная) клавиша.
  Кнопка с зависимой фиксацией; радиокнопка. Экранная кнопка, входящая в группу кнопок, из которых можно выбрать только одну.
radius ♦ радиус.
ragged (rugged) text ♦ неровный текст; ♦ текст с неровным краем.
RAID (Redundant Array of Independent Disks) ♦ Резервный набор независимых дисков
raise ♦ повышать; ♦ *выдвигать.*
raised ♦ надстрочный индекс. См. **superscript**.
RAM (Random-Access-Memory) ♦ оперативная память **(ОЗУ)**.
  Память, которая предназначена для временного хранения данных и команд программы, используемых компьютером. Обычно после сокращения **RAM** *указывается размер* **ОЗУ в МБайтах (Мб)** *или* **КБайтах (Кб)**. *Типичный размер от* **512 Кб** *до* **16 Мб**.
RAMDAC ♦ **RAM Digital-to-Analog Converter** ♦ микросхема на видеоадаптере, которая конвертирует цифровой сигнал в аналоговый, идущий непосредственно на электронно-лучевую трубку монитора.
RAM disk ♦ псевдодиск.
  Логическое устройство, обеспечивающее хранение файлов в специально выделенной области оперативной памяти.
RAMDRIVE ♦ драйвер устройств, служащий для выделения части оперативной памяти в целях использования ее в качестве сверхбыстрого электронного диска (**MS DOS** версии **3.2** и более поздних). Файл **RAMDRIVE.SYS**.
random ♦ произвольный; ♦ прямой.
random access ♦ произвольный (прямой) доступ.
random access device ♦ запоминающее устройство с произвольной выборкой; ♦ запоминающее устройство прямого доступа.
random access memory ♦ память с произвольной выборкой; ♦ память прямого доступа. См. также **RAM**.
range ♦ диапазон.
  Разность между наибольшим и наименьшим значениями, которые может принимать величина или функция.
Range error ♦ Ошибка в диапазоне.
Range name already exist ♦ Имя блока уже существует.
Range name does not exist ♦ Имя блока не существует.

range sensin ♦ определение расстояния (при обработке трехмерных изображений).
RAS (Remote Access Server) ♦ Сервер Удаленного Доступа.
raster ♦ растр.
raster font ♦ растровый шрифт.
raster graphics ♦ растровая графика. См. также **bit mapped graphics, dot graphics**.
Машинная графика с изображением, представляемым двумерным массивом точек (элементов растра), цвет и яркость каждой из которых задаются независимо.
raster plotter ♦ растровый графопостроитель.
Графопостроитель, который генерирует воспроизводимое изображение с использованием метода построчного сканирования.
raster scan ♦ растровая развертка.
raster display device ♦ растровый дисплей.
Устройство отображения, в котором воспроизводимые изображения генерируются с использованием растровой графики.
rate ♦ установить; ♦ считать; ♦ определить; ♦ коэффициент; ♦ степень; ♦ производительность.
Ray tracing ♦ трассировка луча.
Одна из техник рендеринга, использующая имитацию единственного луча света со всеми свойствами поглощения и отражения от конкретного объекта. (Естественно для корректной работы необходимо задать параметры луча ♦ интенсивность, цвет и т.д. и параметры поверхности ♦ способность поглощать и отражать свет)
RBHC/RBOC (Regional Bell Holding/Operating Company) ♦ одна из семи местных (региональных) телефонных компаний в США, образованных в результате демонополизации **AT&T**.
RBOC ♦ **Regional Bell Operatin Company** ♦ Подразделение корпорации **Bell Telephone and Telegraph**.
RD (RMDIR) ♦ внутренняя команда **MS DOS** (**NovellDOS**), служащая для удаления каталогов.
RDRAM ♦ Сокращение от **Rambus DRAM**, тип памяти (**DRAM**) разработанный **Rambus Inc**.
read ♦ читать, считывать; ♦ считывание.
read a document from disk ♦ считать файл с диска.
Read Audit Attribute ♦ атрибут «Контролируемый по чтению» (в сети).
В сети NetWare — атрибут, позволяющий контролировать обращения к файлам по чтению. См. также file attribute.
Read error «...» ♦ Ошибка чтения файла «...».
Read error in «file_name» ♦ Ошибка при чтении файла «имя_файла».
Read fault error readin drive «...» ♦ Ошибка при чтении с дисковода «...».
Следует проверить, правильно ли вставлена в дисковод дискета, и выбрать ответ «retry» (r).

R read only

read only ♦ атрибут «только для чтения».
> Атрибут файла, означающий, что над данным файлом можно производить только операцию чтения. Запись информации в файл с атрибутом «только для чтения» запрещена.

Read Only Attribute ♦ атрибут «Только для чтения» (в сети).
> Один из атрибутов файла, обеспечивающий его защиту. Если файл доступен только для чтения, пользователь не может изменить его содержимое. См. также *file attribute*.

Read Only Memory (ROM) ♦ Постоянное Запоминающее Устройство (ПЗУ).
> Память в компьютере, доступная только для чтения. Содержит программы тестирования компьютера, часть *ОС (BIOS)* и другую информацию.

read operation ♦ операция чтения.

Read Right ♦ право чтения (в сети).
> Право, позволяющее пользователю открывать и читать файлы. См. также *Rights*.

read tags ♦ читать метки.

Read The Source Code (RTSC) ♦ Читай исходный текст.
> Это сокращение используется, когда разработчик программного обеспечения задаёт вопрос относительно недокументированного кода.

Read The F*ckin Manual (RTFM) ♦ Читай это чёртово руководство.
> Это сокращение часто используется, когда кто-то задаёт простой или общий вопрос.

Read/Write Attribute ♦ атрибут «Чтение/Запись» (в сети).
> Один из атрибутов файла, позволяющий пользователю обращаться к файлу по чтению и по записи. См. также *File Attribute*.

readable ♦ удобочитаемый.

Read after write Verification ♦ проверка записи данных методом «Чтение-после-записи».
> Дополнительная возможность *NetWare* по защите данных на дисковой памяти сети. После записи данных на диск система автоматически выполняет чтение их и сравнение с оригиналом в памяти. Применяется совместно с режимом горячего исправления.

reader ♦ читающее устройство; ♦ программа чтения.

readin ♦ считываю.

Readin printer description ♦ Считываю характеристики принтера.

Readin printer information from «...» ♦ Считываю информацию для печати из «...».

Readin source file «file_name» ♦ Считываю исходный файл «имя_файла».

Readin text from «...» ♦ Считываю текст из «...».

readout ♦ вывод (во внешнюю память или на экран дисплея).

ready ♦ готов; ♦ состояние готовности.

ready signal ♦ сигнал готовности.

ready to run ♦ готовый (-ая) к выполнению.

real ♦ реальный; ♦ действительный.

real mode bridge

real mode bridge ♦ мост в реальном режиме (в сети **NetWare**).
*В этом режиме мост использует стандартные 640 Кбайт памяти, что позволяет на нем одновременно запускать не более 2 процессов специального назначения (VAP). В этом режиме может работать как несовмещенный, так и совмещенный мост. См. также **bridge, protected mode bridge**.*

real storage ♦ оперативная (основная) память.

real time compression ♦ компрессия в реальном масштабе времени.
*Способ компрессии видео- и аудиоданных по мере их поступления в компьютер. Известен также как одношаговый захват (**one step capture**).*

real time mode ♦ режим реального времени.

real time processin ♦ обработка данных в режиме реального времени.

real time video (RTV) ♦ видео реального времени (мультимедиа).

reanchor frame ♦ обновить метки.

rearrange ♦ упорядочить заново.

Reassembly ♦ Повторная сборка. **IP**-процесс, который ранее разбитый на части пакет собирает повторно, прежде чем передать его транспортному уровню.

reassign ♦ переназначить.

rebuild blends and extrudes when openin file ♦ пересоздавать перетекание и объем при чтении файла.

rebuild textures when openin file ♦ пересоздать текстуры при чтении файла.

recall ♦ вызывать повторно; ♦ повторный вызов.

recall formula durin printin ♦ поворотный пересчет при печати.

receive ♦ получить; ♦ получение.

recent ♦ недавний; ранее использованный.

recipient ♦ получатель.

recognition ♦ распознавание; ♦ опознавание.

recognize ♦ распознавать; ♦ различать.

recompose ♦ перекомпоновать.

recomposed line ♦ заборка.

recomposition ♦ заборка.

reconfiguration ♦ реконфигурация (перенастройка).

reconstruct ♦ восстанавливать (удаленные или испорченные данные).

reconstruction ♦ восстановление.

record ♦ запись.
Набор элементов данных, рассматриваемых как единое целое. Записи составляют файл. ♦ *записывать;* ♦ *помечать*

record lockin ♦ блокировка записи.
Метод, обеспечивающий возможность при работе в сети только одному пользователю (в данный момент времени) менять содержимое записи (файла).

Record Lockin ♦ блокирование записи (в сети **NetWare**).
*Возможность операционной системы сети **NetWare** предотвращать одновременный доступ нескольких пользователей к одной и той же записи в разделяемом файле с целью ее модификации. Эта возможность гарантирует целостность данных при совместном использовании файлов в сети.*

R

record macro ♦ запись макрокоманды.
record numbers ♦ номера записей.
RECOVER ♦ внешняя команда **MS DOS** (**NovellDOS**), имеющая в версии **MS DOS 5.0** расширение .**EXE**, служащая для восстановления файлов (**MS DOS** и **PC DOS** версий **2.0** и более поздних). Файл **RECOVER.COM**.
recoverable error ♦ исправимая ошибка.
recovery ♦ восстановление.
 Процесс, с помощью которого станция передачи данных разрешает конфликты или исправляет ошибки, возникающие при передаче данных.
rectangle ♦ прямоугольник.
rectangular ♦ прямоугольный.
Recursive ♦ Рекурсивно.
recursive call ♦ рекурсивное обращение.
recycle bin ♦ корзина.
red ♦ возобновить (команду).
redirect ♦ переадресация вызова.
redirection ♦ переназначение.
Redirection Area ♦ область переназначения (в сети).
 Область диска, определенная во время установки сети и предназначенная для хранения данных, во время записи которых были выявлены ошибки. Переназначение данных управляется с помощью таблицы переназначения данных из плохих блоков в блоки этой области. См. **hot fix**.
redo ♦ возвратить; ♦ повторить последнее действие; ♦ повтор (отмена Отката).
reduce font ♦ уменьшить шрифт.
reduced view ♦ уменьшенный вид.
redundancy ♦ избыточность. См. также **fault tolerance**.
reenterable ♦ реентерабельный; имеющий возможность повторного вхождения; о продпрограмме, которая может быть вызвана рекурсивно или несколькими параллельными процессами одновременно.
reference ♦ ссылка; ♦ сноска; ♦ обращение.
 Составная часть аппарата издания, содержащая указание на источник, в котором разъясняются или уточняются сведения, приводимые в основном тексте издания. По месту расположения различают ссылки: внутритекстовые, затекстовые (концевые) и подстрочные (постраничные).
reference manual ♦ справочник, справочное описание; ♦ справочное руководство.
reference mark ♦ знак ссылки.
referenition of symbol ♦ нулевое определение символа.
referential integrity ♦ ссылочная интеграция.
reflection mappin ♦ отображение отражений.
 Метод, позволяющий показать, как поверхности объектов модели отражают другие объекты этой модели.
reflector mail ♦ размножитель почты.
 Разновидность общедоступного почтового списка. Сообщения, посланные

по адресу размножителя почты, автоматически передаются в соответствии со списком адресов.

refresh ♦ регенерация. Воспроизведение изображения на экране дисплея.

regedit ♦ редактор реестра.
*Позволяет внести в реестр изменения, в результате которых повысится скорость раскрытия меню. Это очень грубый инструмент, не предоставляет никакой информации о производимых действиях. Некорректные изменения в реестре могут привести к тому, что **Windows** перестанет загружаться. Поэтому всегда следует делать резервные копии файлов **System.dat** и **User.dat** перед внесением изменений в реестр.*

regent ♦ обновить.

region ♦ регион.
Структурная единица сети. Охватывает крупный регион и объединяет несколько сетей и отдельных узлов.

Regional ♦ Региональный.

regional coordinator ♦ координатор региона.

regional echomail coordinator ♦ региональный координатор конференций.

register ♦ регистр.

Register already defined ♦ Регистр уже определен.

register capacity ♦ разрядность регистра.

registry ♦ реестр ♦ база данных **Windows 95**.
*Хранит информацию об установках пользователя, конфигурации оборудования, инсталлированных программах, соответствии приложений и типов файлов, а также другие системные сведения. Данные реестра содержатся в двух файлах: в **System.dat** и **User.dat**.*

regroupin of line arrangement ♦ переверстка. См. **reimposition, repaginate**.
Процесс повторной верстки полос с перемещением в них текста или иллюстраций.

reguest ♦ запрос.

regular ♦ прямой (шрифт)

regular expression ♦ регулярное выражение; шаблон для поиска или отбора.

reimposition ♦ переверстка. См. **regroupin of line arrangement, repaginate**.

Reinsert diskette for drive «...» ♦ Повторно вставьте дискету в дисковод «...».

relation ♦ отношение; ♦ соотношение; ♦ связь; ♦ зависимость.

relational database ♦ реляционная база данных.
База данных, реализованная в соответствии с реляционной моделью, основанной на представлении данных в виде набора отношений, каждое из которых представляет собой подмножество декартова произведения определенных множеств, и манипулировании ими с помощью операций реляционной алгебры или реляционного исчисления.

relative ♦ относительно; ♦ соответственно.

relative below anchor line ♦ свободно ниже строки с меткой.

release ♦ версия, редакция; ♦ выпускать; ♦ освобождать; ♦ отпускать.

reload ♦ перезагрузить; обновить.

relocate ♦ настраивать, перемещать; ♦ перераспределять (память).

R REM

REM ♦ конфигурационная/пакетная команда **MS DOS** (**NovellDOS**)
  Комментарии к последующему тексту.
remark ♦ комментарий, ссылка. См. **reference**.
remarks ♦ примечания.
Remote ♦ удаленный (в сети).
  *Относится к станции или устройству, находящимся на расстоянии, превышающем стандартную длину кабеля в локальной сети. Обычно удаленный объект подключается с помощью модемов по телефонному каналу связи. См. также **NetWare Remote**.*
remote administration ♦ удаленное управление.
Remote Boot ♦ удаленная начальная загрузка (в сети).
  Загрузка на рабочей станции операционной системы и системных программ с помощью специально подготовленного на файловом сервере образа файлов удаленной начальной загрузки.
Remote Bridge ♦ мост удаленной системы (в сети).
  *Мост, используемый для удаленной связи локальных сетей либо для подключения к локальной сети удаленных рабочих станций. См. также **bridge**, **Remote**.*
Remote Console ♦ удаленная консоль (в сети).
  *Сетевая консоль, организованная на рабочей станции. Она позволяет Супервизору управлять интерсетью централизованно с одной станции сети. В **NetWare 386** функции удаленной консоли осуществляются с помощью утилиты **RCONSOLE**.*
remote control ♦ удаленное управление.
remote debuggin ♦ удаленная отладка.
remote dial up bridge/router ♦ удаленный мост/маршрутизатор для коммутируемых линий.
remote host ♦ удаленный главный компьютер.
remote LAN access ♦ удаленный доступ к ЛВС. См. также **RAS, remote control, remote LAN node, remote dial-up bridge/router**.
remote LAN node ♦ удаленный узел ЛВС.
Remote LAN View ♦ пакет программ сетевого управления с графическим интерфейсом для ПК.
  *Обеспечивает управление сетевыми устройствами производства фирмы **Cabletron** и другими устройствами, использующими протокол **SNMP**.*
Remote login ♦ удаленный вход в систему. Синонимичное название **telnet**.
Remote Procedure Call (RPC) ♦ Вызов удалённой процедуры.
remote terminal ♦ удаленный терминал.
remote user ♦ удаленный пользователь.
Remote Workstation ♦ удаленная рабочая станция (в сети).
  *Рабочая станция, не являющаяся частью локальной сети и подключаемая к ней с помощью моста удаленной системы. Удаленная рабочая станция может быть отдельной, либо она может входить в состав другой локальной сети. См. также **Remote Bridge, Workstation**.*
removable hard disk ♦ сменный жесткий диск.

remove R

Тип дисковода, у которого жесткий диск заключен в пластиковый или металлический корпус, так что его можно вынимать, как дискету.

remove ♦ перемещать; ♦ удалять.
remove chapter ♦ удалить главу.
remove face ♦ удалить поверхность.
remove file ♦ удалить файл.
remove hidden lines ♦ удалять невидимые строки.
remove picture ♦ перемещать рисунок.
REN (RENAME, RENDIR) ♦ внутренняя команда **MS DOS** (**Novell DOS**), служащая для переименования файлов.
rename ♦ переименовать.
Rename across disks, segment size exceeds 64K ♦ Переименование на дисках. Размер сегмента превышает **64K**.
Rename Inhibit Attribute ♦ атрибут «Непереименуемый» (в сети).
*Атрибут, назначаемый каталогам и файлам. Он не позволяет пользователям сети переименовывать каталоги и файлы сети. См. также **attribute, file attribute**.*
render ♦ освещение.
renderin ♦ воспроизведение (изображений); ♦ визуализация.
Создание изображения по какому-либо представлению объема.
renderman interface ♦ интерфейс стандарта **RenderMan**.
Средства, позволяющие разработчику модели описать трехмерную структуру для визуализации в виде, обеспечивающем фотореалистическое изображение.
rendition table ♦ таблица соответствия, таблица преобразования.
reorder ♦ переупорядочивать.
repaginate ♦ переверстка. См. **regroupin of line arrangement, reimposition**.
repeat ♦ повторить.
repeat rate ♦ скорость повтора.
repeatability ♦ повторяемость.
repeater ♦ повторитель.
repeatin text ♦ повторяющийся текст.
replace ♦ заменять, замещать.
REPLACE ♦ внешняя команда **MS DOS** (**NovellDOS**), служащая для облегчения замены группы файлов их более поздними версиями (**MS DOS** и **PC DOS** версий **3.2** и более поздних). Файл **REPLACE.EXE**.
replace a color ♦ заменить цвет.
replace a color model or palette ♦ заменить модель цвета или палитру.
Replace and strike any key when ready ♦ Замените дискету и нажмите любую клавишу, когда готовы.
replace color ♦ заменить цвет.
Replace «...» disk with «...» disk ♦ Замените дискету «...» на дискету «...».
Replace file_name? ♦ Заменить файл «имя_файла»?
Replace highlighted text? ♦ Заменить выделенный текст?

R replace outline

replace outline pen properties ♦ заменить свойства контура.
replace text properties ♦ заменить свойства текста.
Replace the file? ♦ Заменить файл?
replace with ♦ заменить на.
replace wizard ♦ мастер замены.
replacement ♦ замена; ♦ замещение.
«...» replacement made ♦ «...» замена произведена.
Replacin «file_name» ♦ Заменяю файл «имя_файла».
replicate ♦ повторить; ♦ дублировать.
replication ♦ повторение; ♦ дублирование.
report ♦ отчет; ♦ сообщение.
repository ♦ репозиторий; хранилище; хранилище некоторых объектов, например файлов или пакетов с программами.
represent ♦ изображать; ♦ представлять.
representation ♦ представление.
representation specification ♦ описание представления.
request ♦ запрос.
Request For Comments (RFC) ♦ Просьба о Комментариях.
Ряд документов, начатый в 1969, который описывает набор протоколов Интернет и сопутствующих экспериментов.
request input mode ♦ ввод с приглашением по запросу.
Requested partition size (logical drive) exceeds the maximum available space ♦ Требуемый размер раздела (логического дисковода) превышает размер доступного пространства.
Requested screen shift out of range ♦ Требуемый сдвиг экрана находится вне возможного диапазона.
Requested stack size excesseds 64K ♦ Требуемый размер стека превышает **64K**.
require ♦ повторно ставить в очередь.
require validation by Network for Windows Access ♦ требовать для входа в **Windows** проверки пароля сетью.
required ♦ требовать, затребовать; ♦ обязательный.
Required font not loaded ♦ Требуемый шрифт не загружен.
required parameter ♦ обязательный параметр.
required space ♦ обязательный пробел.
re-read ♦ повторное считывание.
rerun ♦ перезапускать; ♦ перезапуск; повторный запуск; ♦ повторение с начала; ♦ выполнение ещё раз.
rereadin ♦ считываю повторно.
rescan ♦ повторное сканирование.
Rescue disk (RESCUE.EXE) ♦ программа создания аварийного диска из пакета **Norton Utilities**.
*Рекомендуется создать аварийный диск сразу после приобретения **Norton***

Utilities и модифицировать его всякий раз при изменении конфигурации компьютера. Аварийный диск содержит следующие компоненты: ♦ Информация ***CMOS*** (включает информацию, которая устанавливает программа начальной настройки «***Setup***». Особенно важен код «тип жесткого диска». Неправильное значение кода не позволит диску загрузиться). ♦ Информация загрузчика (это загрузочная запись ***DOS***. Работа ***DOS*** зависит от точности информации в этом секторе). ♦ Файлы запуска системы и набор программных средств, необходимых в случае аварийной загрузки и восстановления работоспособности системы. Если потеряна информация ***CMOS*** (возможно, из-за разряда батареи питания ***CMOS***) или потеряна возможность доступа к жесткому диску, и ***Norton Disk Doctor*** (программа ***NDD***) не может устранить эту ошибку, то необходимо восстановить конфигурацию компьютера с аварийного диска с помощью процедуры ***Restore*** (восстановление) программы ***Rescue Disk***.

rescue point ♦ контрольная точка.

Reseaux IP Europeens (RIPE) ♦ Сообщество Европейских сетей, которые используют набор протоколов **TCP/IP**.

reserved drive letters ♦ зарезервированные имена дисков.

reserved style ♦ запасной стиль.

reserved variable ♦ запасная переменная.

reset ♦ сброс, сбрасывать; ♦ вернуться в исходное состояние; ♦ восстановление; ♦ вновь установить.

reset button ♦ кнопка сброса; ♦ кнопка перезапуска.

resident ♦ резидентный. Постоянно находящийся в оперативной памяти.

resident fonts ♦ встроенные (резидентные) шрифты.

Resident part of «...» installed ♦ Установлена резидентная часть команды «...».

Resident portion of «...» loaded ♦ Загружена резидентная часть команды «...».

resident program ♦ резидентная программа.
Программа, которая постоянно находится в оперативной памяти системы.

resident software ♦ резидентное программное обеспечение.

Resident virus was detected in «...» ♦ Резидентный вирус обнаружен в «...».

resize ♦ изменить размер.

resolve ♦ разрешать (имена), ♦ переводить адреса Интернет из текстового представления в числовое.

resolution ♦ разрешение, разрешающая способность.
Для растровых дисплеев — число точек растра на экране. ♦ Для растровых печатающих устройств — число точек растра на единицу длины.

resource ♦ ресурс.
*Совокупность данных, включаемая в состав исполняемого модуля прикладной программы. Среда **Windows** предоставляет функции для доступа к ресурсам.*

Resource ♦ ресурс (в сети).
*Средства локальной сети (процессоры, память, внешние устройства, программы, данные и т. д.), которые предоставляются пользователям для решения их задач. ♦ В программе установки сети **NETGEN NetWare 286** этот тер-*

R resource allocation

мин может относиться к электронной плате или встроенной электронной схеме, взаимодействующей с микропроцес сором файлового сервера через канал прерывания, канал **DMA**, использует определенные базовые адреса ввода/вывода или адреса памяти (например, параллельный порт принтера). Большинство ресурсов можно конфигурировать (**Configurable Resource**), т. е. изменять номера каналов прерывания или базовые адреса, которые могут быть выбраны из определенно го диапазона. См. также **Resource Set**.

resource allocation ♦ распределение (предоставление) ресурсов.
Resource Set ♦ набор ресурсов (в сети).
   Этот термин используется в программе установки сети **NETGEN NetWare 286** при ее конфигурировании. Это набор связанных ресурсов, которому назначается определенное имя. Часто набор ресурсов состоит из одного ресурса и принимает его имя. Примером набора ресурсов является **NetWare 286**. В **File Server**, включающий несколько ресурсов, которые в программе установки сети могут быть выбраны как одно целое. См. также *Resource, Resource Set Definition*.

Resource Set Definition ♦ Определение Набора Ресурсов (в сети).
   Стандартный набор раннее определенных ресурсов файлового сервера группируется в соответствующий набор ресурсов и помещается на установочной дискете. Имеется также возможность определения дополнительных ресурсов и наборов ресурсов, которые не включены в стандартные определения. Такие определения набора ресурсов загружаются в системную память при запуске программы установки сети **NETGEN NetWare 286** и могут применяться для выбора конфигурации сервера. См. также *Resource Set*.

respond ♦ отвечать, реагировать; ♦ соответствовать.
response ♦ ответ; ♦ характеристика.
response time ♦ время ответа; ♦ время отклика.
response too lon ♦ слишком длинный ответ.
restart ♦ перезапуск; ♦ повторный запуск; ♦ возобновление.
restart at ♦ возобновлять на.
restart point ♦ точка возобновления.
restart the computer in MS-DOS mode ♦ перезагрузить компьютер в режиме эмуляции **MS-DOS**.
restoration ♦ восстановление.
restore ♦ восстанавливать.
   Приводить информационный объект в его исходное состояние. Восстанавливать программы и данные в вычислительной системе в связи с их разрушением, используя для восстановления их резервную копию.

RESTORE ♦ внешняя команда **MS DOS** (**NovellDOS**), имеющая в версии **5.0** расширение **.EXE** и служащая для восстановления файлов и структуры каталогов, если была сделана резервная копия с помощью команды **BACK-UP.COM** (**BACKUP.EXE**) (**MS DOS** и **PC DOS** версий **2.0** и более поздних). Файл **RESTORE.COM**.

restore defaults ♦ восстановить исходный вид.
Restore file sequence error ♦ Неверная последовательность файлов при восстановлении.

Restorin files from drive «...». Diskette «...» ♦ Восстановление файлов с дисковода «...». Дискета «...».

Restorin this file will destroy any current spool queues ♦ При восстановлении файла потеряно в спулере задание для устройства печати (сообщение сети **NetWare**).

Restorin this file will entirely reconfigure the system bindery information ♦ Предупреждение: в bindery (средство для управления правами пользователей) что-либо выполнено с момента последнего архивирования изменений (сообщение сети **NetWare**).

Restorin this file will replace the current database of terminal ♦ Предупреждение: с момента последнего архивирования выполнены изменения в терминальной базе данных (сообщение сети **NetWare**).

Restorin this file will replace the current extended directory info ♦ Предупреждение: с момента последнего архивирования изменены файлы описания каталогов (сообщение сети **NetWare**).

Restorin this file will replace the current set of logged messages ♦ Предупреждение: с момента последнего архивирова ния данные регистрационных системных сообщений изменены (сообщение сети **NetWare**).

Restorin this file will replace the current set of recorded systems errors ♦ Предупреждение: с момента последнего архивирования возникли новые сообщения о системных ошибках (сообщение сети **NetWare**).

Restorin this file will replace the current version of the network operation system with an older version ♦ Предупреждение: перезапись этого файла заменит текущую версию операционной системы на более старшую (сообщение сети **NetWare**).

restrict ♦ ограничивать.

restricted data ♦ защищенные данные; ♦ информация с ограниченным доступом.

restrictions ♦ ограничения.

resume ♦ резюме, подведение итогов.

Resynch failed. Files are too different ♦ Ресинхронизация (сравнение) не удалась. Файлы слишком различны.

retain format ♦ сохранить формат.

retrieval ♦ находить, искать; ♦ поиск; ♦ выборка.

retry ♦ повторение; ♦ повторное выполнение.

Returnable Memory ♦ возвращаемая память (в сети). В **NetWare 386** — динамически распределяемая память.

Возвращаемая память возвращается в пул буферов кэширования файлов после ее освобождения. Она также возвращается в пул динамического распределения памяти. См. также Nonreturnable Memory.

Reverse Address Resolution Protocol (RARP) ♦ Обратный Протокол Разрешения Адреса.

*Протокол, определенный в **RFC 903**, который обеспечивает обратные к **ARP** функции. **RARP** отображает аппаратный (**MAC**) адрес в межсетевой адрес.*

revert ♦ восстановить; ♦ возвращение.
Возврат к последнему сохраненному варианту документа. Выбор этой команды предписывает прикладной программе отказаться от всех изменений, сделанных в документе с того момента, когда было выполнено сохранение последний раз.

RFC (Requests for Comments) ♦ запросы на комментарии; ♦ официальные документы **Internet**.

RFC 822 ♦ Стандартный формат Интернет для заголовков сообщений электронной почты.

right ♦ вправо; ♦ правая (сторона).

right alignment ♦ выравнивание вправо, выключка вправо.

Rights ♦ права (в сети **NetWare**).
*Привилегии, которые предоставляются пользователям Супервизором сети и позволяют им выполнять те или иные действия с файлами в заданном сетевом каталоге (например, чтение, запись или исключение файлов). В **NetWare 286** каждому пользователю назначаются опекунские права (**Trustee Rights**) доступа к файлам в каждом каталоге, к которому он может иметь доступ. Установлено восемь типов прав доступа, предоставляемых пользователю внутри каталога. С другой стороны, для каждого каталога назначается Маска максимальных прав, она ограничивает права пользователей в этом каталоге. В результате пользователь будет иметь действительные права доступа к файлам каждого каталога. В **NetWare 386** дополнительно могут быть назначены опекунские права доступа на уровне файлов и изменился список опекунских прав. Маска максимальных прав заменена Маской унаследованных прав, назначение которой иное. Она определяет, какие права в подкаталоге пользователь может унаследовать из родительского каталога, в зависимости от этого определяются действительные права пользователя для доступа к файлам. В **NetWare 386** имеется следующий список прав: **S (Supervisory)** Супервизорные; **R (Read)** Чтение; **W (Write)** Запись; **C (Create)** Создание; **E (Erase)** Удаление; **M (Modify)** Модифицирование **F (File Scan)** Сканирование файлов; **A (Access Control)** Управление доступом. См. также **Access Rights**, **Trustee Rights**, **Maximum Rights Mask**, **Inherited Rights Mask**, **Effective Rights**.*

RIMM ♦ Модуль памяти, используемый с чипами **RDRAM**.
*Аналогичен пакету **DIMM**, но используются другие установки для ножек. Корпорация Rambus зарегистрировала термин **RIMM** как единое слово. Иногда неправильно используется как сокращение от **Rambus Inline Memory Module**.*

rin ♦ кольцо.

Ring-In and Ring-Out ♦ приемный и передающий порты. См. также **wrap**.

RIP (Routing Information Protocol) ♦ Протокол Маршрутной Информации. См. также **vector distance routing**.

ripple ♦ рябь.

RISC/CISC ♦ **Reduced Instruction Set Computer / Complex Instruction Set Computer** ♦ тип микропроцессора, понимающего лишь ограниченный набор инструкций.
*До середины 80-х годов в технологических разработках превалировала **Complex Instruction Set Computer** архитектура с очень большим набором инструкций, многие из которых оставались почти неиспользующимися. К то-*

му же это делало структуру процессора чрезвычайно сложной и неизящной.

RJ (Registered Jack) ♦ стандартный разъем.

RMDIR (RD) ♦ см. **RD**.

RMON (Remote Monitoring) ♦ удаленный мониторинг. См. также **SNMP, RFC**.

roll ♦ прокручивать; просматривать.

ROM (Read-Only-Memory) ♦ ПЗУ (Постоянное Запоминающее Устройство)
Запоминающее устройство, не способное выполнять операции записи. Информация в ПЗУ не может быть стерта или изменена. Чаще всего используется для хранения служебных программ и наборов данных. См. также **Read Only Memory**.

root ♦ корень; исходный узел древовидной структуры, от которого доступны все остальные узлы.

root file system ♦ корневая файловая система.

Root Directory ♦ корневой каталог (в сети); ♦ стоящий на первом уровне иерархии каталог; ♦ администратор; суперпользователь; ♦ пользователь системы, обладающий неограниченными правами.
Вершина дерева каталога. Это основной каталог тома. Фактически все другие сетевые каталоги являются подкаталогами корневого каталога. Он не имеет своего имени, и подразумевается, что его именем является имя тома.

RosettaNet ♦ Названа по имени древнего камня **Rosetta**, который помог расшифровать иероглифы.
*Некоммерческая организация (**www.rosettanet.org**), которая пытается разработать стандарты для транзакций цепи поставки (управление поставками) на **Internet**.*

rotate ♦ поворот; 180°; 90° CW ♦ по часовой; 90° CWW ♦ против часовой.

rotation ♦ поворот.

Round Trip Time (RTT) ♦ Время поездки туда и обратно. Мера текущей (актуальной) задержки на сети.

Route ♦ Маршрут.
Путь, который сетевая информация проходит от источника до получателя. Также, возможный путь от данного хоста до другого или получателя.

Routed ♦ Процесс маршрутизации.
*Программа, которая выполняется под **ОС UNIX** (и подобными **ОС**); занимается прокладыванием маршрутов в локальной вычислительной сети, используя протокол **RIP**.*

router ♦ маршрутизатор.
*В сети **NetWare** — программные средства файлового сервера или моста, обеспечивающие межсетевую передачу пакетов. Включает таблицы маршрутизации, информацию маршрутизации сообщений на все станции, средства доставки пакетов и др. См. также **Routing Buffer, bridge**. Система для передачи данных между двумя компьютерами или сетями, использующими один и тот же протокол.*

Routin ♦ Маршрутизация.
Процесс выбора правильного интерфейса (устройства подключения к сети) и следующего прыжка для посылаемого пакета.

Routin Buffer ♦ буфер маршрутизации пакетов (в сети).

R routin domain

Буфер, выделяемый в оперативной памяти файлового сервера или моста сети для буферизации пакетов данных, передаваемых между взаимосвязанными сетями. См. также **communication buffer, router**.

routin domain ♦ область (домен) маршрутизации.
Набор маршрутизаторов, обменивающихся информацией маршрутизации внутри административной области (домена).

Routin Information Protocol (RIP) ♦ Протокол Маршрутной Информации.
Протокол маршрутизации, использующий вектор расстояния.

row ♦ строка (таблицы, матрицы).

RPC (Remote Procedure Call) ♦ Вызов Удаленных Процедур.

RS-232C ♦ Сокращение от **recommended standard 232C** ♦ рекомендованный стандарт ♦ стандартный интерфейс, предложенный **Electronic Industries Association (EIA)** (ассоциация электронной промышленности) для соединения последовательных устройств.

RS-422 и RS-423 ♦ Стандартные интерфейсы, предложенные **Electronic Industries Association (EIA)** для соединения последовательных устройств. Стандарты **RS-422** и **RS-423** разработаны для замены старого стандарта **RS-232**. Новые стандарты поддерживают более высокие скорости обмена данными и имеют большую устойчивость к электрическим помехам. Все компьютеры **Apple Macintosh** имеют порт **RS-422**, который может применяться и для связи по протоколу **RS-232C**.

RS-485 ♦ стандарт **Electronics Industry Association (EIA)** для многоточечного соединения.
Поддерживает несколько типов соединителей (**connector**), в том числе **DB-9** и **DB-37**. **RS-485** аналогичен стандарту **RS-422**, но может поддерживать большее количество узлов на линию, т.к. использует возбудители и приемники более низкого полного сопротивления (импеданса).Широко распространенный последовательный интерфейс для подключения внешних устройств к компьютеру. См. также **interface, serial port**.

RSA ♦ метод шифрования по схеме открытого ключа, разработанный в 1977 г. в Массачусетском технологическом институте (США).

RTS (Request to Send) ♦ запрос на передачу.

rule ♦ правило; ♦ линейка.

running head ♦ колонтитул.

run ♦ выполнение; ♦ выполнить.

runt ♦ «коротышка».
Пакет, имеющий длину меньше минимально допустимого значения, например, менее 64 байт в сети **Ethernet**.

SAA (System Application Architecture) ♦ Архитектура Прикладных Систем.
SAC (Single Attachment Concentrator) ♦ концентратор сети **FDDI** с одинарным подключением.
safe ♦ безопасный; надёжный.
safe format ♦ безопасное форматирование.
Safe Format (SFORMAT.EXE) ♦ программа из пакета **Norton Utilities**. Обеспечивает быстрое форматирование. *Использование этой программы повышает надежность сохранения данных на диске.*
safe Mode ♦ режим защиты от сбоев. Запуск **Windows 95** с максимальным числом установок по умолчанию.
safe Mode command prompt only ♦ режим защиты от сбоев, только командная строка. Загрузка Windows 95 завершается выводом подсказки **c:**, графическая оболочка не запускается.
safe Mode with network support ♦ режим защиты от сбоев с поддержкой сети. Запуск Windows 95 в минимальной конфигурации с поддержкой сети.
SALVAGE can not restore files on local drive «disk_name:» ♦ Команда **SALVAGE** не может восстановить данные на локальном диске «имя_диска:» (сообщение сети **NetWare**).
salvager ♦ программа восстановления.
same ♦ тот же (такой же).
Same drive specified more than ♦ Повторно указан тот же дисковод.
Same parameter entered twice ♦ Один и тот же параметр введен дважды.
sample ♦ выборка; ♦ замер; ♦ пример, образец; ♦ замерять, производить выборку; ♦ опрашивать.
sample characters ♦ образец шрифта.
sampling ♦ дискретизация; измерение значение непрерывной величины через определённые промежутки времени.
samplin rates ♦ частоты квантования.
При записи аудио- или видеоинформации в файл компьютер выполняет ее квантование. Чем выше частота квантования, тем лучше получаемое качество и тем больше размеры результирующего файла. Частота квантования измеряется в килогерцах (кГц).
sand glass ♦ песочные часы.
Форма указателя мыши, сигнализирующая о процессе обработки информации компьютером.

sanserif (sans serif) ♦ рубленый (гротесковый) шрифт.
   Шрифт, знаки которого не имеют засечек.
SAP (Service Advertisement Protocol) ♦ протокол извещения об услугах.
   *Используется сервером **NetWare**. Основан на передаче широковещательных сообщений, содержащих информацию об услугах, предоставляемых сервером.*
SAS (Single Attachment Station) ♦ станция сети **FDDI** с ординарным подключением только через концентратор.
satellite computer ♦ вспомогательный (периферийный, дополнительный) компьютер.
saturation ♦ насыщенность (цвета).
save ♦ сохранить; ♦ записать на диск.
save a copy ♦ сохранить копию.
Save all current menu settings as program defaults? ♦ Сохранить все текущие установки меню в качестве принятых по умолчанию?
save and continue ♦ сохранить [файл] и продолжить [работу].
save area ♦ область сохранения.
   *Область памяти, в которую при необходимости, например переключении задачи (**task switching**), помещается содержимое регистров процессора.*
Save as «...» ♦ Сохранить как «...». По этой команде происходит сохранение текущего файла с возможностью изменения его имени, расширения, а также формата представления данных.
save blends and extrudes with the file ♦ сохранять перетекание и объем в файле.
Save configuration ♦ Запомнить конфигурацию (текущие режимы работы программы).
Save current changes «file_name» ♦ сохранить изменения, внесенные в файл «имя_файла».
save current image ♦ сохранить текущее изображение.
save erased file ♦ сохранить удаленный файл.
save presentation exchange (CMX) ♦ сохранять в формате **CMX**.
save results ♦ сохранять результат.
save search ♦ сохранить условия поиска.
save selection ♦ сохранить область.
save style as ♦ сохранить стиль как.
save textures with the file ♦ сохранять текстуры в файле.
save to ♦ сохранить.
Savin file «file_name» ♦ Сохраняю файл «имя_файла».
scalable font ♦ масштабируемый шрифт.
   *Шрифт, в котором описания символов хранятся в виде математических формул (обычно уравнений второго порядка). Изображения символов формируются в процессе вывода. Обеспечивает вывод без искажений символов любого размера. Наиболее распространены масштабируемые шрифты **TrueType**.*
scalable font generators ♦ генераторы шрифтов.

S

scale ♦ масштаб; ♦ масштабировать; ♦ масштабная линейка; ♦ шкала.
scale factor ♦ масштабный множитель (коэффициент).
scale for pattern ♦ масштаб шаблона.
scale height ♦ шкала ширины.
scale in increments ♦ шаг по шкале.
scale of increments ♦ шаг (масштаб) приращения.
scale width ♦ шкала высоты.
scale with image ♦ масштабирование с изображением.
scalin ♦ масштабирование; ♦ выбор масштаба.
  Увеличение или уменьшение всего либо части воспроизводимого изображения.
scan ♦ просмотр, поиск; ♦ сканирование.
scan line ♦ строка развертки.
SCANDISK ♦ универсальная утилита **MS DOS** (начиная с версии **MS DOS 6.2**) проверки дисков компьютера, служащая для обнаружения физических и логических ошибок диска. Позволяет обнаруживать ошибки и осуществлять их коррекцию.
scanner ♦ сканер; ♦ сканирующее устройство.
  Устройство для считывания (ввода) текстовой и графической информации в компьютер. Сканеры бывают настольные (обрабатывают лист бумаги целиком) и ручные (проводятся над рисунком или текстом).
scannin ♦ сканирование; ♦ просмотр.
scannin bar ♦ «эластичный» прямоугольник.
  Пиктограмма в программах рисования, позволяющая выделять фрагмент изображения и производить над ним определенные преобразования.
Scannin directory structure ♦ Просмотр дерева каталогов.
Scannin for known viruses ♦ Просмотр текущего диска на выявление известных программе вирусов.
Scannin whole current disk ♦ Просмотр всего содержимого текущего диска.
schedule ♦ расписание.
scientific notation ♦ экспоненциальный формат.
  Формат ввода или вывода действительных чисел в виде мантиссы и порядка.
scissorin ♦ отсечение.
scissors (sizes) ♦ ножницы.
  Пиктограмма в программах рисования, позволяющая производить произвольную вырезку части изображения на экране.
SCONVERT ♦ внешняя команда **Novell DOS** для преобразования информации, записанной в формате superstore, в формат **Stacker**.
score ♦ область действия.
scrambler ♦ скремблер, зашифрованный.
  *Преобразует данные, поступающие от оконечного терминального оборудования сети (**DTE**), в псевдослучайную последовательность.*
scrap ♦ буфер. См. также **bin, buffer, clipboard, pocket**.
scrap is empty ♦ буфер пуст.

S scrapbook

scrapbook ♦ книга заготовок.
scratch ♦ затирать; ♦ память.
scratch file ♦ временный файл. См. также **backup file, temporary file, work file**.
scratch file full ♦ временный файл переполнен.
scratch pad ♦ черновик.
screen ♦ экран.
screen border ♦ рамка экрана.
screen buffer ♦ экранный буфер.
Буфер памяти, содержащий символы дисплейного экрана.
screen button ♦ экранная кнопка.
В графическом пользовательском интерфейсе — изображение на экране, напоминающее физическую кнопку с надписью или пиктограммой. Экранную кнопку можно нажать (возникает визуальный эффект) с помощью мыши или клавиатуры для инициирования некоторого действия. Кнопка с выделенным контуром приводится в действие нажатием клавиши **Enter**.
screen capture ♦ захват экрана.
Передача содержимого экрана или его части в файл или на принтер.
screen dump ♦ распечатка экрана. См. также **screen hard copy**.
Получение на бумаге или пленке копии изображения экрана дисплея.
screen editor ♦ экранный редактор.
screen element ♦ экранный элемент.
*В графическом пользовательском интерфейсе — компоненты окна (***window***), например полоска заголовка (***title bar***), кнопки минимизации и максимизации и полоска скроллинга (***scroll bar***).*
screen exchange ♦ замена экрана.
screen font ♦ экранный шрифт.
В графическом пользовательском интерфейсе — шрифт, применяемый для вывода документа на экран.
screen full ♦ полный экран.
screen hard copy ♦ копия экрана. См. также **screen dump**.
screen image ♦ отображаемое изображение.
screen painter ♦ список выбора.
screen refresh ♦ восстановление изображения.
screen saver ♦ заставка.
script ♦ сценарий; ♦ документ; ♦ оригинал; ♦ рукописный шрифт.
SCRIPT ♦ внешняя команда **Novell DOS** для преобразования информации, выводимой на принтер, в формат **PostScript**.
script and preset manager ♦ диспетчер макросов и заготовок.
scroll ♦ прокручивать, перемещать; ♦ просматривать.
scroll bar ♦ полоса скроллинга; ♦ линейка прокрутки; ♦ лифт.
В диалоговых системах — область границы окна для управления прокруткой изображения, списка.
scroll box ♦ бегунок.

Scroll Lock (SL) ♦ клавиша «Включить прокрутку».
Управляющая клавиша, с помощью которой происходит установка режима скроллинга.

scrollin ♦ прокрутка; ♦ «просмотр»; ♦ перелистывание на экране.
Смещение окна по горизонтали или вертикали таким образом, что новые данные появляются в поле индикации по мере исчезновения старых.

SCSI (Small Computer System Interface) ♦ Интерфейс Малых Вычислительных Систем; ♦ интерфейс системного уровня многоцелевого использования. Промышленный стандарт для связи периферийных устройств и их контроллеров с микропроцессором. **SCSI** определяет как ппаратные, так и программные стандарты связи компьютера и периферийных устройств, что повышает степень совместимости оборудования и программного обеспечения. Позволяет подключать к одному адаптеру **ПК** до семи ведомых устройств. Использует **8**-разрядное параллельное соединение. Обеспечивает высокую скорость обмена данных. Максимальная скорость передачи – **10** Мбайт/сек. Используется для жестких дисков компьютеров, в которых требуется обеспечить высокую скорость обработки данных.

SCSI-2 ♦ вторая версия стандарта **SCSI**, обеспечивающая большую скорость обмена данных.
Используется в основном для жестких дисков компьютеров, в которых требуется обеспечить наивысшую скорость обработки данных (файл-серверы, серверы баз данных и т. д.).

SDDI (Shielded Distributed Data Interface) ♦ промышленный стандарт для реализации **FDDI** на экранированной витой паре (**STP IBM Type1**) с конвекторами типа **DB-9**.

SDEFRA ♦ внешняя команда **Novell DOS** для устранения фрагментации файлов на **Stacker**-дисках.

.SDF ♦ расширение имени текстовых файлов с фиксированным форматом записи без разделителей между полями.

SDH (Synchronous Digital Hierarchy) ♦ Синхронная Цифровая Иерархия.

SDLC (Synchronous Data Link Control) ♦ протокол управления синхронным каналом передачи данных.

SDRAM ♦ Сокращение **Synchronous DRAM**, синхронная **DRAM**, тип динамической (**DRAM**) памяти, которая может работать на значительно более высокой тактовой частоте, чем обычная память.

SDRES ♦ внешняя команда **Novell DOS** для загрузки резидентного антивирусного «сторожа».

SDSCAN ♦ внешняя команда **Novell DOS** для вызова программы антивирусной проверки файлов.

search ♦ поиск; ♦ искать.

search and replace ♦ поиск и замена.

search area ♦ область поиска.

Search Drive ♦ сетевое логическое устройство поиска каталога.
Используется для поиска программных файлов, находящихся вне текущего

S search for

каталога. Если вы запросили программный файл, который отсутствует в текущем каталоге, система автоматически просматривает каталоги по определенным вами логическим устройствам поиска. См. также **drive, Search Mapping**.

search for «...» ♦ искать «...».

Search format not found ♦ Разыскиваемое оформление не обнаружено.

Search item/disk for data ♦ Поиск данных в выбранной области или на всем диске.

Search Mappin ♦ мэпинг сетевых логических устройств поиска.
*Установление соответствия определенного сетевого каталога сетевому логическому устройству поиска. См. также **Search Drive, mapping**.*

Search text not found ♦ Разыскиваемый текст не обнаружен.

searchin «...» ♦ поиск «...».

Searchin documents «...» ♦ Поиск документов «...».

Searchin for existin- table «...» ♦ Поиск итоговой таблицы «...».

Second diskette bad or incompatible ♦ Вторая дискета испорчена или несовместима. Воспользуйтесь командой **CHKDSK** или отформатируйте дискету.

second generation hub ♦ концентратор второго поколения.
*Называется также интеллектуальным (**smart**) или управляемым.*

second point of displacement ♦ вторая точка для сдвига.

secondary ♦ вторичный;. ♦ второстепенный.

secondary disk ♦ вторичный диск.
*В системе **SFT NetWare** для организации дублирования информации образуется пара дисков, которые являются, с точки зрения пользователя, как бы одним отдельным диском. Один диск в этой паре является первичным (основным), а другой — вторичным. См. также **primary disk**.*

secondary window ♦ вторичное окно.
Окно, связанное с основным.

section ♦ сечение; ♦ раздел, параграф; ♦ часть; ♦ отрезок.

section bar ♦ линия выбора.

section cursor ♦ курсор выбора.

section mark ♦ знак параграфа.

sector ♦ сектор.
*Минимальная физическая адресуемая единица дискового запоминающего устройства (равен **512** Кбайтам). Каждая дорожка дискового устройства разделяется на несколько секторов. См. также **Track**.*

Sector not found ♦ сектор не найден (сектора нет на диске).

Sector not found error readin (or writing) drive «...» ♦ Сектор не найден, ошибка при чтении (записи) на дисководе «...». Скопируйте файлы и переформатируйте дискету.

Sector size too large in file «file_name» ♦ Размер сектора превышает допустимый в файле «имя_файла». Ошибка в программном драйвере устройства, с которого считывается файл с указанным именем.

security ♦ защита.
*В сети **NetWare** — защита системы от несанкционированного доступа.*

Security Checks

NetWare *имеет следующие уровни защиты:* ♦ *защита с использованием процедуры входа в систему по паролю;* ♦ *защита файлов/каталогов с назначением опекунских прав пользователю;* ♦ *защита файлов/каталогов с использованием их атрибутов;* ♦ *защита доступа к файловому серверу с консоли.*

Security Checks ♦ проверки системы защиты (в сети).

*Каждые полчаса сетевая операционная система **NetWare** проверяет рабочие станции, которые вошли в файловый сервер, имеют ли они право получать услуги сервера. Если выясняется, что рабочая станция не имеет такого права, сетевая операционная система начинает процесс автоматического выхода ее из сети. См. также **security**.*

Security Equivalence ♦ эквивалентность прав (в сети).

Возможность системы, позволяющая СУПЕРВИЗОРУ сети быстро и легко назначать любому пользователю сети опекунские права, эквивалентные правам другого пользователя или группы.

Security Mask ♦ Маска Защиты (в сети).

*Однобайтовое поле, связанное с каждым объектом сети и его свойствами. Оно определяет, может ли клиент иметь доступ к объектам сети и изменять их. Определены пять различных уровней защиты доступа к объектам сети, находящихся в базе данных объектов сети (**bindery**). См. также **Security, Bindery**.*

see ♦ видеть; ♦ смотреть.

see also ♦ смотри также.

seek ♦ установка (подвод) головок; ♦ поиск.

seek error ♦ ошибка установки; ♦ ошибка при поиске дорожки.

*При возникновении ошибки следует несколько раз попробовать повторить операцию (выбрать команду **retry**). Если это не помогает, то надо выбрать команду abort и попробовать прочесть дискету на другом компьютере. Если и это не помогает — используйте **Norton Utilities** для «лечения» дискеты или отформатируйте ее.*

Seek error readin (or writing) drive «...» ♦ Ошибка поиска при чтении (записи) на дисководе «...».

seek time ♦ время позиционирования или время поиска.

Время, необходимое программе или устройству, чтобы найти конкретную порцию данных.

segment ♦ сегмент.

segmentation ♦ сегментация;

Segment limit too high ♦ Количество сегментов превышает допустимое.

Уменьшите количество сегментов.

select ♦ выбирать; ♦ выделять; ♦ помечать.

SELECT ♦ внешняя команда MS DOS (версии **MS DOS 3.0-4.01**).

*Служит для форматирования и создания загрузочного диска, который содержит файлы **CONFIG.SYS** и **AUTOEXEC.BAT**, и обеспечивает требуемую настройку компьютера. Файл **SELECT.COM** (в версии **4.0** расширение **.EXE**).*

select a group to convert ♦ выберите преобразуемую группу.

select all object ♦ выбрать все объекты.

S Select any element

Select any element for all variables for pie segments ♦ Выберите любую из элементов для секторов диаграммы.

select area ♦ помеченная (выделенная) область.

select color ♦ выборочная коррекция цвета.

Select correction for unknown word and press ENTER, or press ESC to use menu ♦ Выберите тип коррекции неизвестных слов и нажмите клавишу **ENTER**, для возврата в меню нажмите клавишу **ESC**.

Select destination for copyin text ♦ Выберите место, куда будет копироваться текст.

Select destination for movin text ♦ Выберите место, куда будет пересылаться текст.

select erased ♦ выбрать удаленный файл.

select header/footer to edit ♦ выбрать верхний/нижний колонтитул для редактирования.

Select next fixed disk drive ♦ Выберите следующий дисковод с жестким диском.

select object ♦ выберите объект.

select options ♦ выбор режимов.

select polyline ♦ выбрать ломаную линию.

Select smaller image or increase available memory by closin one or more windows applications ♦ Уменьшите изображение или закройте одно или несколько окон с приложениями (программами) для увеличения доступной памяти.

Select style or press ESC to use menu ♦ Выберите стиль или нажмите **ESC** для возврата в меню.

Select the number of blank rows on the top (bottom) of each page ♦ Выберите номер пробельной строки в верхней (нижней) части каждой страницы.

Select «...» to list subdirectories ♦ Выбрать «...» для просмотра каталогов.

Select variable for pie segments ♦ Выберите переменные для секторов диаграмм.

selected emphasis ♦ выделение цветом.

Selected item: Dir area ♦ Выбрана область текущего каталога.

selected radio button ♦ активизированная радиокнопка.

selection ♦ выделение; ♦ выбор.

selection bar ♦ выбор графика.

selection cursor ♦ курсор выбора.

self test ♦ самотестирование.

semantic error ♦ семантическая (смысловая) ошибка.

semaphore ♦ семафор (в сети).

Флаг, используемый для двух целей: ♦ ограничение количества задач, использующих один и тот же ресурс в одно и то же время; ♦ ограничение числа рабочих станций, которые могут запускать определенную программу в одно и то же время.

semi automatic text flow ♦ полуавтоматическое размещение текста.
send ♦ послать.
send as text ♦ послать в виде текста.
send/receive mail ♦ пересылка/получение почты.
sender ♦ отправитель.
sentence ♦ предложение.
separate ♦ отделять; разделять.
separation ♦ разделение.
separation setup ♦ параметры цветоделения.
separation table ♦ таблицы цветоделения.
separator ♦ разделитель.
.SEQ ♦ расширение мультимедиа-файла. Музыка. Формат **MIDI**-файлов, используемый в программе **Power Tracks Pro**.
sequence ♦ последовательность; ♦ устанавливать последовательность; ♦ упорядочивать.
sequence error ♦ нарушение последовательности.
serial ♦ последовательный; ♦ порядковый; ♦ серийный. О способе передачи данных. См. также **serial port**.
serial interface ♦ последовательный интерфейс.
serial number ♦ порядковый (серийный) номер.
serial port ♦ последовательный порт.
*Порт, используемый для подключения к компьютеру через последовательный интерфейс внешних устройств (мыши, внешних модемов и т. д.) и других компьютеров. См. также **port**, **COM1**, **COM2**.*
serial search ♦ последовательный поиск.
serial transmission ♦ последовательная передача.
Serialization ♦ присвоение серийного номера (в сети **NetWare**).
*Способ защиты от копирования продукта. В ранних версиях **NetWare** плата дискового сопроцессора или ключевая плата в файловом сервере имели уникальный серийный номер и могли быть использованы только с сетевой операционной системой, которая имела тот же серийный номер. Наличие одной из этих плат в файловом сервере являлось необходимым для работы сети. В поздних версиях **NetWare** серийный номер продукта помещается в файл сетевой операционной системы во время установки сети и, в случае наличия в сети нескольких файловых серверов, система дает сообщение, чтобы на каждом файловом сервере сети был установлен свой продукт со своим уникальным серийным номером.*
series ♦ ряд, числовая последовательность; ♦ серия.
serif ♦ шрифт с засечками.
SERNO ♦ внешняя команда **Novell DOS** для отображения серийного номера **Novell DOS**.
server ♦ сервер; ♦ спецпроцессор; ♦ обслуживающее устройство.
Специализированная станция сети, которая выполняет функции сети по

запросам других станций. См. **File Server**. ♦ Узел вычислительной сети, выполняющий определенные функции по запросам других узлов и управляющий использованием раздельных ресурсов — принтеров, внешней памяти, баз данных. ♦ При организации динамического обмена данными — прикладная программа, выступающая как источник данных.

server browsin ♦ просмотр сервера.
Server Console ♦ консоль сервера. См. **network console**.
Server error in retrievin queue ID ♦ Предпринята попытка воздействия на средство bindary, которое в настоящее время еще заблокировано (сообщение сети **NetWare**).
Server is current busy ♦ Сервер занят (сообщение сети **NetWare**). Предпринята попытка работы с файловым сервером, который в настоящее время загружен другой работой.
Server «server_name» is unknown at this time ♦ Сервер «имя_сервера» неизвестен в настоящее время (сообщение сети **NetWare**). Предпринята попытка входа в сервер «имя_сервера», который не известен.
Server «server_name» has no free connection slots at the current time ♦ На сервере «имя_сервера» нет свободных разъемов в настоящее время (сообщение сети **NetWare**).
Предпринята попытка входа в файловый сервер «имя_сервера», хотя он в данный момент не может использоваться другими пользователями.
service provider ♦ сервисная компания.
Компания, которая обеспечивает соединение с Internet.
session ♦ сеанс (работы).
*Период работы пользователя в сети с момента входа в систему до выхода из нее. См. также **login/logout**.*
session layer ♦ сеансовый уровень.
set ♦ выбор; ♦ устанавливать; ♦ присваивать; ♦ задавать; ♦ набор; ♦ комплект; ♦ ряд; ♦ группа; ♦ множество.
SET ♦ внутренняя/конфигурационная команда **MS DOS** (**Novell DOS**) для установки, отображения или удаления переменных окружения среды **DOS**.
set active partition ♦ установить активный раздел.
set a tab stop at every column ♦ установить табуляцию (размер) каждой колонки.
set font properties ♦ задать шрифт.
set instruction ♦ инструкция по установке.
set page ♦ полоса. Площадь, отводимая на странице издания под набор текста и/или воспроизведения иллюстраций.
set preferences ♦ установка режимов (параметров).
set printer info ♦ установка параметров принтера.
set tint ♦ фон.
settin ♦ набор. См. type setting.
settin for «...» ♦ задать для «...».

settin will be ♦ будет сделана установка.
settings ♦ параметры.
settings file ♦ установочный файл, файл начальных установок.
settings for FilterKeys ♦ настройка режима фильтрации.
settings for new documents ♦ настройки для новых документов.
setup ♦ установка; ♦ настройка (устройства, программы). См. также **install**.
SETUP ♦ внешняя команда **MS DOS** и **Novell DOS** для инсталляции **DOS** (**Novell DOS**) в диалоговом режиме с пользователем.
setup strin ♦ строка установки.
SETVER ♦ внешняя команда **MS DOS** (**Novell DOS**).
*Программа-драйвер устройств, служащий для задания номера версии **DOS**, который затем система сообщает прикладной программе (MS DOS версий 5.0 и выше). Файл **SETVER.EXE**. Команда используется также для изменения версии **DOS** и вывода на дисплей списка команд с указанием номеров версий **DOS**, ими используемых.* ♦ *В **Novell DOS** — ввод отличающегося номера версии **DOS**, который **Novell DOS** сообщает прикладной программе.*
setwise direction ♦ горизонтальное направление (вдоль строки текста).
several ♦ несколько.
SFPS (Secure Fast Packet Switching) ♦ Защищенная Быстрая Коммутация Пакетов. См. также **LAN switching**.
SFT (System Fault Tolerance) ♦ отказоустойчивость системы. См. **System Fault Tolerance**.
SFT Netware ♦ сетевой программный продукт **SFT NetWare**.
*Программное обеспечение локальной сети **NetWare 286**, которое используют все возможности **NetWare 286**, включая средства устойчивости к ошибкам системы **SFT**, что повышает надежность функционирования локальной сети. Этот продукт выпускался фирмой **Novell** как самостоятельный продукт, вплоть до версии **V2.15**. См. также **System Fault Tolerance, NetWare**.*
shade ♦ оттенок (цвета); ♦ затенять; ♦ шрифт с тенью.
shade pattern ♦ образец (шаблон) оттенка.
shaded graphics ♦ теневая графика.
Графика, предусматривающая автоматическое построение теней на изображениях.
shaded pictures ♦ теневой рисунок; ♦ рисунок с тенью.
shades of gray ♦ оттенки серого.
shadin ♦ оттенок; ♦ обработка полутонов; ♦ затенение.
Построение теней на синтезируемых компьютером изображениях.
Shadin (Halftone) ♦ ретушь (растровых изображений).
shadow ♦ с тенью; ♦ оттененный; ♦ отражения.
shadow castin ♦ отбрасывание теней.
shape ♦ форма; ♦ очертание, конфигурация; ♦ образец; ♦ придавать форму.
share ♦ использовать совместно; ♦ доступ.
SHARE ♦ внешняя команда **MS DOS** (**Novell DOS**) для обеспечения доступа не-

S SHARE

скольких программ к файлу (разделяемый режим доступа к файлам). Контролирует процесс запирания разделяемых файлов и записей на локальных и сетевых дисках компьютера.

SHARE ♦ резидентная программа, обеспечивающая операционной системе возможность блокировки доступа к файлам на жестком диске в целях совместного использования одних и тех же файлов несколькими программами (**MS DOS** и **PC DOS** версий **3.0** и более поздних).

share name ♦ сетевое имя.

Shareable Attribute ♦ Атрибут «Разделяемый» (в сети).
Один из атрибутов файла, разрешающий совместный доступ пользователей к файлу. См. также **file attribute**.

shareable database ♦ общая база данных; ♦ база данных коллективного пользования.

Shareable Resource ♦ разделяемый ресурс; ♦ совместно используемый ресурс.
Ресурс сети, который может быть использован одновремен но несколькими прикладными программами или пользователями.

shared ♦ общее, разделяемое; **shared memory; shared library**.

shared library ♦ общая (разделяемая) библиотека.

shared memory ♦ разделяемая память.

shareware ♦ некоммерческая (условно-бесплатная) программа.
Программа, которая распространяется бесплатно, но за которую автор ожидает плату от людей, решивших постоянно пользоваться программой.

Sharin ♦ доступ; ♦ общий ресурс.

Sharin violation readin drive «...» ♦ Нарушение правила разделения файлов при чтении на дисководе «...». Нужно ответить «**retry**» (**r**) или «**abort**» (**a**).

sharp ♦ решетка, ♦ «диез», ♦ символ «#».

sharpen ♦ резкость.

sharpen more ♦ резкость+.

shear ♦ искривление.

sheet ♦ лист; ♦ карта; ♦ схема.

sheet feed ♦ подача листа.
Автоматическая подача страниц в печатающем устройстве.

shell ♦ оболочка.
Вспомогательная (сервисная) программа, служащая для облегчения работы с операционной системой. В UNIX под оболочкой понимается программа, которая воспринимает вводимые пользователем команды и преобразует их для операционной системы. В DOS оболочка — это программа, которая освобождает пользователя от командной строки, предоставляя более простой способ выполнения команд **DOS**.

SHELL и SHELB ♦ конфигурационные команды **MS DOS** (**Novell DOS**).
Указание интерпретатора команд и установка его параметров. Вместе с прилагаемыми к ним файлами данных служат для создания удобного пользовательского интерфейса, реализованного с помощью развитой системы меню, которая облегчает выполнение операций с диском и запуск прикладных программ под управлением DOS (**MS DOS** и **PC DOS** версий **4.00** и более поздних). Файлы **SHELL.EXE** и **SHELB.COM**.

shieldin ♦ экранирование.
shift ♦ сдвиг; ♦ смена регистра.
Shift ♦ управляющая клавиша **Shift**.
*Используется в комбинации с другими клавишами для достижения определенных действий (например, **Shift + PrintScreen** — комбинация клавиш, предназначенная для печати копии содержимого экрана).*
SHIFT ♦ пакетная команда **Novell DOS**.
Предоставляет возможность использовать более десяти параметров в пакетных файлах.
short ♦ короткий (-ая).
short haul modem ♦ модем для физических линий. См. также baseband **LAN**.
shortcut ♦ ярлык.
Это очень маленький файл, указывающий на гораздо больший файл или папку, расположенную в другом месте. Дает возможность дистанционно запускать программы, открывать файл или папку. ♦ клавиша быстрого доступа; быстрая клавиша; «горячая» клавиша; жаргон: Шорткат; ♦ клавиатурное сокращение; клавиатурное сочетание.
shortcut menu ♦ контекстное меню; ♦ ярлык.
*Например, в **Windows** есть ярлыки, отдалённо напоминающие символические ссылки в **Linux**.*
shortcut key ♦ «быстрые» клавиши.
Клавишные сокращения (комбинации клавиш), служащие для ускорения вызова и выполнения наиболее часто употребляемых команд. Как правило, в этих целях используется одна-три клавиши. «Быстрые» клавиши указываются в меню рядом с названием команды, которой они соответствуют.
show (showed, shown) ♦ показать, показывать.
show column guides ♦ показать границы колонок.
show hidden text ♦ показать скрытый текст.
show layout ♦ показать компоновку (размещение текста на странице).
show loose line ♦ показать «жидкие» строки.
show names ♦ источник адресов.
show screen ♦ показать экран; ♦ полный экран; ♦ во весь экран.
show side bar ♦ показать селектор.
show static files ♦ показать статические файлы.
shrink ♦ сжиматься; ♦ уменьшить размер (окна); ♦ закрыть окно; ♦ уплотнять, сдвигать.
shut down ♦ закрытие; ♦ остановка системы; ♦ завершение работы.
Процедура окончания работы системы перед ее выключением.
shut down the computer ♦ выключить компьютер.
shut down windows ♦ завершение работы с Windows.
side ♦ сторона. Верхняя или нижняя сторона диска.
side headin ♦ форточка. См. **cut in heading**.
side notes ♦ фонарик, боковик, маргиналия.
side range ♦ диапазон кеглей.

S sidebar

sidebar ♦ боковая панель; боковик.
SIG ♦ **Special Interest Group** ♦ Группа по специальным интересам.
sign ♦ знак; символ или разряд, указывающий, положительно или отрицательно число.
sign bit ♦ знаковый бит; знаковый разряд.
signal ♦ сигнал.
signature ♦ сигнатура (подпись).
*Короткий текст, передаваемый с сообщением электронной почты или группы новостей. Некоторые системы автоматически добавляют в конец сообщения текст из файла. Обычно файлы сигнатуры содержат подробную информацию для соединения: имя и адрес, телефонные номера, адрес **Internet**, идентификатор **CompuServe** и т. д.*
sign off ♦ выход из работы.
sign on ♦ предъявление пароля (при входе в диалоговую систему).
similar ♦ подобные оттенки.
SIMM ♦ модуль памяти с одинарным входом.
*Сокращение от **single in-line memory module**, маленькая печатная плата с микросхемами памяти.*
Simple Mail Transfer Protocol (SMTP) ♦ Простой Протокол Передачи Почты. Протокол, используемый, для передачи электронной почты между компьютерами.
Simple Network Management Protocol (SNMP) ♦ Простой Протокол Управления Сетью.
Стандартный протокол Интернет, разработанный, для управления узлами сети.
simple name ♦ простое имя.
simple variable ♦ простая переменная.
simple Wireframe ♦ упрощенный каркас (каркасный режим просмотра).
simplex ♦ симплексное соединение.
single ♦ одиночный; ♦ отдельный; ♦ единичный.
single cell ♦ отдельная клетка.
single density disk ♦ дискета для записи с одинарной плотностью.
single mode fiber ♦ одномодовый волоконно-оптический кабель.
*Очень тонкий волоконно-оптический кабель, позволяющий при использовании лазерных передатчиков увеличить расстояние между станциями до **10-50** км.*
single sided disk ♦ односторонняя дискета.
single steppin ♦ пошаговый режим.
Способ отладки, при котором программа выполняется под управлением отладчика и останавливается после выполнения каждой машинной команды или оператора исходного языка, позволяя проконтролировать результаты и состояние памяти.
sink ♦ приемник.
SIP ♦ Сокращение от **single in-line package**.
Тип корпуса с односторонним расположением выводов для радиодеталей, у которого соединяющие штыри выходят с одной стороны.

Systems Network Architecture (SNA) ♦ Сетевая Архитектура Систем.
*Сетевая архитектура фирмы **IBM**; используется на больших компьютерах **IBM**.*
sizable window ♦ окно с изменяемым размером.
size ♦ размер, длина; ♦ формат; ♦ величина; ♦ кегль. См. также **body size, font size, type body, type size**.
size copy ♦ макет издания. См. **layout**.
sizes are in «...» ♦ размеры заданы в «...».
sizin ♦ оценка размера.
skeletal code ♦ план программы; скелет программы; при нисходящей разработке программа, части кода которой не детализированы, а только описано их назначение.
skew ♦ перекос; ♦ скос; ♦ наклон.
skip ♦ пропуск; ♦ прогон бумаги; ♦ пропускать, игнорировать.
skip closed frames ♦ пропуск закрытых фреймов.
skip cluster ♦ пропустить кластер.
skip to next step ♦ перейти к следующему шагу.
skipjack ♦ симметричный алгоритм шифрования, предлагаемый в качестве нового стандарта в США.
SL ♦ обозначение модификации микропроцессоров с пониженным энергопотреблением, используемых преимущественно в портативных компьютерах.
slash ♦ наклонная черта вправо; ♦ символ «/»; ♦ слэш.
*Используется в качестве символа или знака операции деления. В командах **MS DOS** отделяет значения параметров (ключей). При указании пути используется «обратный слэш» (символ «\»)*
slave computer ♦ подчиненный компьютер.
slave port ♦ подчиненный порт.
sleep ♦ сон. См. **drowse**.
slew ♦ прогон бумаги (в печатающем устройстве).
slide ♦ слайд.
SLIP (Serial Line Internet Protocol) ♦ Межсетевой Протокол для Последовательного Канала.
*Протокол интерсети для последовательной линии. Способ соединения компьютера с **Internet** с помощью телефонной линии и модема. После соединения пользователю предоставляются те же услуги, что и пользователю постоянного соединения.*
Slot ♦ паз, щель, слот.
*Специальный разъем в компьютере, куда вставляется печатная плата. Слоты часто называт слотами расширения (**expansion slot**), т.к. они позволяют расширять возможности компьютера.*
slotted rin ♦ кольцевая сеть с квантированной (сегментированной) передачей.
slow ♦ медленнее.
small ♦ небольшой; ♦ маленький; ♦ малый.
small capitals ♦ капитель. Шрифт, в котором буквы по высоте равны строчным, но имеют рисунок прописных.

S small letter

small letter ♦ строчная буква.
small paper edition ♦ малоформатное издание.
*Издание, формат которого более 100х100 мм, но не превышает формата **60x90/32**.*
smart ♦ интеллектуальный.
smart button ♦ интеллектуальная кнопка.
smart (intelligent) wirin hub ♦ интеллектуальный концентратор проводных соединений. См. также **second generation hub**.
Smartcan (SMARTCAN.EXE) ♦ программа защиты файлов от удаления из пакета **Norton Utilities**.
Smartcan ♦ резидентная программа.
*Когда она активизирована, то перехватывает все команды, которые обычно удаляют файлы, и вместо удаления перемещает файлы в скрытый каталог с именем **Smartcan**.*
SMARTDRV ♦ программа-драйвер **MS DOS**, выделяющий часть оперативной памяти под кэш-память диска, что дает возможность значительно повысить скорость выполнения большинства программ, требующих частых обращений к жесткому диску (**MS DOS** версий **6.X**). Файл **SMARTDRV.SYS**.
SMDS (Switched Multimegabit Data Service) ♦ Служба Многобитовой Коммутации Данных.
smear ♦ мазок.
smear paintbrush ♦ кисть для нанесения мазков.
SMF (Standard Message Format) ♦ Формат Стандартных Сообщений.
smiley ♦ улыбающаяся рожица (эмограмма).
Изображение, составленное из символов клавиатуры и применяемое в сообщениях электронной почты и групп новостей для передачи эмоций. Например, изображение: -(означает огорчение. Обычно эмограммы нужно рассматривать боком. См. стр. 383.
smooth ♦ сгладить, сглаженный; ♦ оптимизировать.
smooth lookin ♦ фильтр-экран.
Защитный светофильтр, устанавливаемый на дисплей, служащий для поглощения ультрафиолетовых лучей, дневного света и увеличивающий четкость и контрастность изображения на экране.
smooth shadin ♦ затенение со сглаживанием.
Метод, позволяющий проводить закрашивание с переходом через ребра граней. Благодаря этому поверхность объекта выглядит гладкой.
SMP (Simple Management Protocol) ♦ Простой Протокол Управления.
SMP (Symmetric MultiProcessing) ♦ Симметричная Многопроцессорность.
SMT (Station Management) ♦ протокол управления станцией, задействованный на всех уровнях стандарта FDDI.
SMTP (Simple Mail Transfer Protocol) ♦ Простой Протокол Пересылки Почты.
smudge ♦ пятно.

SNA

SNA (Systems Network Architecture) ♦ Сетевая Архитектура Систем. См. также **host, terminal, peer to peer**.

.SN ♦ расширение мультимедиа-файла. Музыка. Формат **MIDI**-файлов, используемый программой **Cadenza**.

snail mail ♦ Почта улитки. Американское почтовое обслуживание.

snaked columns ♦ газетный формат печати.

snap to grid ♦ активизировать координатную сетку; ♦ привязка по координатной сетке.

snap to guides ♦ притяжение к указателям.

snap to rulers ♦ притяжение к отметкам линейки.

snapshot ♦ моментальный снимок.

snap to ♦ разметка; ♦ привязка (текста и иллюстраций к полосе).

SNMP (Simple Network Management Protocol) ♦ Простой Протокол Управления Сетью.

socket ♦ гнездо. Определяет оконечную точку межпрограммной связи в сетевой среде. См. также **protocol port**.

SO DIMM ♦ малая схема **DIMM**.
*Сокращение от **Small Outline DIMM**, уменьшенная версия **DIMM**, используемая в компьютерах «записная книжка» (**notebook**).*

Sockets ♦ гнезда.
*Протокол межпрограммной связи в сетевой среде, впервые введенный в **BSD UNIX**.*

Soft ♦ мягкий.
*В информатике понятие **soft** (мягкий) применяется к вещам, которые нельзя потрогать. Например, нельзя потрогать программное обеспечение.*

soft break ♦ мягкий перенос.

soft copy ♦ недокументальная копия; ♦ изображение на экране дисплея.

soft font ♦ загружаемый шрифт.

soft key ♦ программируемая клавиша.

soft page break ♦ «мягкая» граница страницы.
Граница страницы, устанавливаемая автоматически. Расположение таких границ изменяется при установке новой длины страницы или при изменении числа строк в документе.

software ♦ программное обеспечение; ♦ программы, обеспечивающие работу с компьютером.
Совокупность программ, процедур и правил, а также документации, относящихся к функционированию системы обработки данных.

software adaptation ♦ адаптация программного обеспечения.
Приспособление программных средств к условиям функционирования, не предусмотренным при разработке.

software compatible ♦ программно-совместимый.

Software Configuration ♦ программная конфигурация; ♦ программное конфигурирование (в сети).

S software error

Совокупность программных средств сети и связь их между собой. Также определяет процедуру настройки системных программ на работу в заданной аппаратной конфигурации путем установки соответствующих параметров и выбора необходимых системных программ.

software error ♦ ошибка в программном обеспечении, программная ошибка.
software interrupt ♦ программное прерывание.
software tools ♦ сервисные (вспомогательные) программы; ♦ инструментальные программные средства.
solarize ♦ соляризация.
solid ♦ сплошной (сплошное).
solid color ♦ основной цвет.
solid color only ♦ одноцветный.
solid(s) modelin ♦ объемное (трехмерное) моделирование.
solution ♦ решение.
solve ♦ решать.
solvin ♦ решение; ♦ процесс решения.
some page ♦ та же страница.
SONET (Synchronous Optical NETwork) ♦ Синхронная Оптическая Сеть.
sort ♦ сортировка; ♦ сортировать; ♦ упорядочение.
SORT ♦ команда **MS DOS** (**Novell DOS**), служащая для сортировки строк в тестовых файлах (**MS DOS** и **PC DOS** версий **2.0** и более поздних). Файл **SORT.EXE**.
sort by ♦ сортировать по.
sort key ♦ клавиша сортировки .
sound output ♦ звуковой вывод.
sound recorder ♦ фонограф.
source ♦ источник; ♦ исходный текст, исходная программа (дискета). См. также origin.
source address ♦ адрес источника (данных).
Source and target drives are the same ♦ Указан один и тот же дисковод для исходного диска и для диска, на который переносятся файлы.
source code ♦ исходная программа; ♦ программа на языке высокого уровня.
Source disk is non removable ♦ Исходный диск несъемный.
Source diskette bad or incompatible ♦ Исходная дискета испорчена или несовместима.
Source does not contain backup files ♦ На исходном диске нет резервных копий файлов.
Source drive «drive_name:» is not defined ♦ Исходный диск «имя_диска:» не определен (сообщение сети **NetWare**).
Предпринята попытка назначения существующего диска «имя_диска:» неопределенному сетевому диску.
source editor ♦ редактор текстов программы.
Source is floppy (or hard) disk ♦ Источником является дискета (или винчестерский диск).

Source path required ♦ Необходимо указать путь к исходному диску.
source routin ♦ маршрутизация из источника (исходная, изначальная маршрутизация).
space ♦ пробел; ♦ интервал, промежуток; ♦ шпация.
space above ♦ отбивка сверху.
space after ♦ интервал после.
space before ♦ интервал до.
space below ♦ отбивка снизу.
space between columns ♦ средник. См. также **intercolumn space**.
Расстояние между колонками при многоколонном наборе.
space character ♦ тип пробела.
space for bifirst ♦ пробел для буквицы.
space out of line ♦ выгонка.
space symbol ♦ пробельный символ (символ, разделяющий слова, не отображаемый в виде знака (отображаемый пустой позицией) ♦ например, символ пробела, символ табуляции, символ перевода строки).
spacin ♦ отбивка (междустрочный интервал); ♦ разрядка; ♦ промежуток; ♦ интервал; ♦ расположение вразрядку.
Увеличение или уменьшение расстояния между отдельными символами (разрядка или уплотнение) в слове или фразе.
spacin between lines ♦ расстояние между строками (интерлиньяж). См. **interlinear blank (space)**.
spacin ranges ♦ диапазон интервалов.
specifier ♦ описатель; спецификатор; см. **declarator**; ♦ спецификатор; признак; часть передаваемого сообщения, задающая некоторый признак (например, формат сообщения).
Specified directory «directory_name» does not exist ♦ Определяемый каталог не существует (сообщение сети **NetWare**).
Предпринята попытка задания несуществующего каталога «имя_каталога».
Specified drive not mapped to network ♦ Предпринята попытка применения несуществующего сетевого накопителя (сообщение сети **NetWare**).
Specified path «...» not found ♦ Путь «...» не найден (сообщение сети **NetWare**).
Specified path not locatable ♦ Путь недоступен (сообщение сети **NetWare**).
speech input ♦ речевой ввод.
Speed Disk (SPEEDISK.EXE) ♦ программа оптимизации дискового пространства из пакета **Norton Utilities**.
*Анализирует расположение файлов на диске и реорганизует их так, чтобы устранить фрагментацию. Программа предоставляет несколько уровней оптимизации, от простого перемещения каталогов до полной дефрагментации всех файлов на вашем диске. Программа **Speed Disk** повышает производительность диска, устраняя фрагментацию файлов и реорганизуя положение на диске файлов и каталогов. Перед тем, как приступить*

S spell

к реорганизации файлов на диске программой **Speed Disk**, следует принять несколько мер предосторожности: 1) Получите резервную копию жесткого диска на тот случай, если вдруг ваша система и программа **Speed Disk** окажутся несовместимыми. Такая ситуация может возникнуть из-за огромного числа возможных комбинаций и дисковых контроллеров. ♦ Не выключайте компьютер, пока выполняется программа **Speed Disk**. Клавиша **ESC** прекращает работу **Speed Disk** в безопасной для диска точке. ♦ Не забудьте выключить все резидентные программы, которые могли бы обратиться к диску в процессе выполнения **Speed Disk**. ♦ Перед запуском **Speed Disk** следует запустить команду **DOS chkdsk** для удаления потерянных кластеров, а также **NDD**, чтобы найти и отметить дефектные кластеры. Программу **Speed Disk** можно выбрать в главном меню оболочки **Norton** или запустить из командной строки **DOS** командой **speedisk**.

spell ♦ правописание.
spellchecker ♦ модуль проверки правописания; см. **spell**.
spelling ♦ проверка правописания; см. **spellchecker**.
spelling checker ♦ модуль проверки правописания или поиска опечаток; корректор; см. **spellchecker**.
SPF (Shortest Path First) ♦ Предпочтение Кратчайшего Пути. См. также **link-state routing, vector distance routing, OSPF**.
spherize ♦ сферизация.
splash ♦ заставка (программы).
spool settings ♦ очередь.
spooler ♦ система буферизации входных и выходных потоков.
spoolin ♦ буферизация данных; ♦ спулинг.
*В многозадачных операционных системах — способ организации ввода/вывода на медленных печатающих устройствах, при котором выходные данные задач запоминаются в буферном файле и выводятся из него внешним устройством автономно, независимо от решаемых задач. См. также **print spooler**.*

spreadsheet ♦ электронная таблица; интерактивная система обработки данных, представляющая собой прямоугольную таблицу, ячейки которой могут содержать числа или формулы.
sprintmail ♦ система электронной почты, используемая в сети **Sprintnet**.
*В то время, когда сеть **Sprintnet** называлась **Telenet**, ее почта называлась **Telemail**.*
Sprintnet ♦ сеть, принадлежащая фирме **SPRINT**. Ранее называлась **Telenet**.
sprite ♦ спрайт; совокупность элементов изображения, которая может перемещаться по экрану как единое целое, независимо от остального изображения.
SPX (Sequenced Packet Exchange) ♦ Упорядоченный Обмен Пакетами; ♦ последовательный обмен пакетами.
*Протокол связи станций или прикладных программ в сети. Для доставки сообщения **SPX** использует протокол **IPX**, но обеспечивает гарантированную доставку сообщений и поддерживает порядок прохождения сообщений в потоке пакетов. См. также **IPX**.*

SQE

SQE (T) [Signal Quality Error (Test)] ♦ Тестирование Качества Сигнала.
SQL (Structured Query Language) ♦ Язык Структурированных Запросов. Разработан фирмой IBM для работы с базами данных.
squeeze ♦ уплотнять; сдвигать; перераспределять динамически распределяемую память (обычно на диске) таким образом, чтобы свободное пространство занимало непрерывный участок; см. **defragmentation**.
SST (Spread Spectrum Transmission) ♦ передача с разнесением сигнала по спектру (спектральная модуляция).
STA (Spannin Tree Algorithm) ♦ Алгоритм Основного Дерева. Применяется в мостах для исключения зацикливания пакетов в сети.
stack ♦ стек; структура данных, в которой можно добавлять и удалять элементы, при этом доступен только последний элемент.
Стек реализуется в виде списка или массива с двумя указателями.
stackable hub ♦ стековый (наращиваемый) концентратор.
Автономный (немодульный) концентратор, не имеющий объединительной платы.
STACKER ♦ внешняя команда **Novell DOS** для настройки и контроля уплотненного с помощью программы **Stacker** диска.
STACKS ♦ конфигурационная команда **MS DOS** (**Novell DOS**) для поддержки динамических стеков управления прерываниями.
standard ♦ стандартная (панель). ♦ стандарт.
*Определение или формат, который был одобрен признанной организацией стандартов или принят промышленностью как стандарт **de facto**. Существуют стандарты на языки программирования, операционные системы, форматы данных, протоколы связи, электрические интерфейсы.*
Standardized Generalized Markup Language (SGML) ♦ Стандартный Обобщенный Язык Разметки.
Международный эталон для определения системно, аппаратно-независимых методов представления текста в электронной форме.
Staple ♦ сортировка копий.
stand alone ♦ автономный.
Отдельное, самодостаточное устройство, которому для работы не нужны другие устройства.
star ♦ звезда. Топология сети, в которой соединения между узлами устанавливаются только через концентратор.
start menu programs ♦ настройка меню.
STARTNET ♦ внешняя команда **Novell DOS** для запуска сетевого обеспечения **Personal NetWare**.
static routin ♦ статическая маршрутизация.
Station ♦ станция. См. **network station**.
Station Address ♦ адрес станции (в сети).
*Уникальный номер, назначаемый каждой станции в сети. Он может быть определен либо в десятичном, либо в шестнадцатеричном формате. Также имеет название адрес узла. См. **node address**.*

S   Station Number

Station Number ♦ номер станции (в сети).
station restrictions ♦ ограничения на станции (в сети).
   Относятся к ограничениям на вход в файловый сервер для определенного пользователя. СУПЕРВИЗОР системы может определить список рабочих станций, с которых определенный пользователь может войти в файловый сервер сети. Если этот список пустой, то данный пользователь может входить в сеть с любой станции. См. **login restrictions**.
Status Fla ♦ флаг состояния (в сети **NetWare**).
   В системе защиты **NetWare** этот флажок определяет, является ли заданное свойство объекта сети элементом или набором элементов, а также определяет время жизни объекта или свойства.
STD ♦ Подмножество документов **RFC**, определяющих стандарты Интернет.
step-by-step confirmation ♦ пошаговое подтверждение или интерактивный старт.
   Запуск **Windows 95** с запросами подтверждения выполнения каждой строки файлов **Config.sys** и **Autoexec.bat** (или загрузка конфигурации по умолчанию, если эти файлы отсутствуют). Обрабатывается Реестр и загружаются все драйверы **Windows**.
stickyKeys ♦ залипание клавиш.
   Позволяет вводить любые комбинации клавиш путем последовательного нажатия одиночных клавиш, которые **Windows** будет интерпретировать, как одновременно нажатые клавиши. Такой ввод применим для клавиш **ALT**, **CTRL**, и **SHIFT**.
STM (Statistical Multiplexing) ♦ Статическое Мультиплексирование (уплотнение). См. также **multiplexer**.
Stop Bit ♦ стоповый бит; ♦ разряд «стоп».
   Управляющий бит, используемый для указания конца группы битов данных, передаваемых по асинхронному каналу.
store-and-forward ♦ передача данных с промежуточным накоплением.
storage ♦ запоминающее устройство; ♦ память.
   Функциональная часть любой вычислительной системы, предназначенная для приема, хранения и выдачи данных. Термин «внешняя память» часто используется применительно к таким устройствам, как гибкие и жесткие диски, магнитная лента и другие устройства.
STP (Shielded Twisted Pair) ♦ Экранированная Витая Пара.
stream oriented ♦ Потоковый.
   Тип транспортного обслуживания, при котором можно посылать данные непрерывным потоком.
streamin tape backup ♦ резервное копирование на ленту стримера.
   Метод резервного копирования, при котором данные копируются на кассету магнитной ленты как поток данных, имеющий свой заголовок. Данные копируются последовательно и точно также последовательно должны восстанавливаться.
STREAMS ♦ сетевая среда потоков данных **STREAMS**.
   NetWare STREAMS является общим интерфейсом между **NetWare 386** и транспортными протоколами (**IPX/SPX, TCP/IP, OSI**), обеспечивающими

передачу данных и передачу запросов к **NetWare**. Следует загружать **STREAMS**, если вы используе те прикладные программы, требующие обращения к интерфейсу библиотеки **C (CLIB)**.

StreetTalk ♦ служба глобального справочника сетевой операционной системы **Vines** фирмы **Banyan**.
Наличие этой службы является главным достоинством Vines.

stroke ♦ обвести.

structured cablin system ♦ структурированная кабельная система (сеть).

Structure of Management Information (SMI) ♦ Структура Управляющей Информации.
Правила, определяющие объекты, к которым можно обращаться через протокол управления сетью.

stub ♦ заглушка (в программе).

stub network ♦ «Окурок». Сеть низшего уровня.
Сеть низшего уровня занимается только доставкой пакетов к и от локальных хостов.

style ♦ стиль.

style sheet ♦ стиль оформления; таблица стилей ♦ перечень правил использования стилей (документ с принципами оформления); **font style** начертание шрифта.

stylize ♦ стилизация.

subdirectory ♦ подкаталог. См. также **directory**.

submit ♦ запустить; операция инициации выполнения процесса; ♦ отослать.

Subnet ♦ Подсеть.
Часть сети (которая может быть физически независимым сетевым сегментом), использующая сетевой адрес совместно с другой частью сети; они различаются номером подсети.

subnet address ♦ Адрес подсети. Подсетевая часть **IP** адреса.

subnet mask ♦ Маска подсети.

subnet number ♦ Номер подсети.

subscriber loop ♦ абонентская линия.

SUBST ♦ внешняя команда **MS DOS** (**Novell DOS**) для замены имени каталога на логическое имя диска.

Superscalar ♦ суперскалярный.
Относится к архитектуре микропроцессора, которая дает возможность процессору выполнять за один тактовый цикл больше, чем одну машинную команду.

Superscalar Architecture ♦ термин, используемый для обозначения архитектуры микропроцессора, функционально позволяющей совершать выполнение сразу нескольких инструкций за один такт (машинный цикл).

supervisor ♦ главный администратор; ♦ Супервизор сети.
*Супервизор сети — это пользователь сети, выполняющий системные и административные функции в сети. В системе **NETWARE** пользователь с именем **SUPERVISOR** автоматически формируется в файловом сервере при установке сети. Это имя является постоянным и не может быть исклю-*

S Supervisory Right

чено или переименовано кем-либо. Пользователь сети **SUPERVISOR** имеет все права во всех томах и каталогах файлового сервера, и эти права не могут быть отменены. Другие пользователи или группы могут получать эквивалентные права пользователя **SUPERVISOR**. Как правило, СУПЕРВИЗОР сети входит в файловый сервер под именем **SUPERVISOR** и имеет полные права в нем. См. также **Network Supervisor, Network User**.

Supervisory Right ♦ Право СУПЕРВИЗОРА (в сети).
Привилегии, дающие пользователю все права в определенном каталоге или файле.

superscript ♦ верхний индекс (например, степень числа).

Support ♦ поддержка, поддерживать; ♦ Поддерживающий; ♦ имеющий указанную возможность.
Например, текстовый процессор, который поддерживает графику ♦ имеющий графическую компоненту. Слово поддерживать имеет, однако, самый разный смысл. Оно может означать, что текстовый процессор позволяет создавать графические иллюстрации, что вы можете вставлять графику, созданную другой program, или что-то совсем другое. Или другой пример ♦ операционная система, которая поддерживает несколько пользователей ♦ это такая операционная система, которая позволяет нескольким пользователям выполнять программы одновременно. ♦ Поддержка, сокращение от customer support (клиентская поддержка), помощь, которую продавец предлагает клиентам. Такая поддержка может измениться достаточно широко, от ничего вообще до горячей оперативной телефонной линии по вызову специалиста на дом.

suspend ♦ (при)остановить; перевести задание (задачу, компьютер) в состояние ожидания.

SVC (Switched Virtual Circuit) ♦ коммутируемый виртуальный канал.

SVGA (Super VGA) ♦ адаптеры дисплеев, обеспечивающие как возможности адаптера **VGA**, так и работу в графическом режиме с разрешением **800x600** точек, а обычно **1024x768** точек.
*Сокращение от **Super VGA**, набор графических стандартов, разработанных для получения большего разрешения, чем **VGA**.*

S-Video ♦ тип видеосигнала «Супер-Видео».
*Высококачественный видеоформат, используемый в системах **Hi-8** и **S-VHS**, известен также как **Y-C** видео.*

swap ♦ подкачивать; ♦ менять местами; ♦ файл подкачки, область диска (раздел, файл), служащий для организации на нём виртуальной памяти.

swap area ♦ область подкачки.

swapping ♦ подкачка; перемещение страниц или сегментов виртуальной памяти или образов задач между оперативной и внешней памятью.

SWITCH ♦ конфигурационная/пакетная команда **MS DOS** (**Novell DOS**), обеспечивающая ветвление; ♦ переключатель, ключ.
В сетях — устройство, которое фильтрует пакеты и перенаправляет их между сегментами локальной сети. Переключатель работает на канальном уровне передачи данных (уровень **2**) ссылочной модели **OSI** (**OSI**

Reference Model) и потому поддерживает все протоколы. Локальная сеть, использующая переключатели для соединения сегментов, называется переключательной сетью (**switched LAN**) или, при использовании **Ethernet**, переключательной **Ethernet**-сетью (**switched Ethernet LAN**). ♦ Рычажок или кнопка. Переключатели на задрей стороне принтера и на плате расширения называются **DIP**-переключателями. Переключатель, имеющий только две позиции, называется тумблером (**toggle**). ♦ Другое название для опции (**option**) или параметра (**parameter**) ♦ символ, добавляемый к команде для изменения поведения команды.

Switch Block ♦ блок переключателей.
Набор переключателей, установленных вместе как отдельный блок. Обычно сетевые интерфейсные платы используют такой блок переключателей для установки системных адресов (адрес станции, базовый адрес ввода/вывода, базовый адрес памяти).

Switched Multimegabit Data Service (SMDS) ♦ Служба Мультимегабитной Коммутируемой передачи Данных.

switchin backbone ♦ коммутирующая магистраль.

SXGA ♦ Сокращение от **Super Extended Graphics Array**, спецификация дисплея с разрешением **1280x1024** или, приблизительно, **1.3** миллиона пикселей.

symbolic link ♦ символьная ссылка; то же что и **soft link**.

Synchronous ♦ синхронный.
Случающийся в правильные интервалы времени.

Synchronous Digital Hierarchy (SDH) ♦ Синхронная Цифровая Иерархия. Европейский стандарт для быстродействующей передачи данных по волоконно-оптическим средам. Скорости передачи от **155.52** Мбит/сек. до **2.50** бит/сек.

Synchronous Optical NETwork (SONET) ♦ Синхронная Оптическая Сеть.

synchronous transmission ♦ синхронная передача.
Метод передачи по линии связи сигналов с использованием синхронизации от тактового генератора как на стороне передатчика, так и на стороне приемника. При синхронной передаче для события, имеющего место в настоящий момент, не требуется знать, завершено ли предшествующее событие.

syntax error ♦ синтаксическая ошибка; последовательность символов, нарушающая синтаксические правила данного языка.

SYS ♦ внешняя команда **MS DOS** (**Novell DOS**) для переноса файлов ОС и интерпретатора команд на магнитный диск. После выполнения команды **SYS** дискету можно использовать в качестве загрузочной.

system ♦ система; **operating system** (**OS**); ♦ операционная система (**ОС**); **real-time system** — система реального времени (**ОС**, в которой гарантируется выполнение операции за определенное время); ♦ **file system** — файловая система ♦ Способ организации файлов на машинном носителе; ♦ вычислительная система; **ЭВМ 2**. — системный; относящийся к операционной системе или к системному программированию.

system attribute ♦ атрибут «Системный».
*Атрибут, назначаемый системным файлам или каталогам. См. также **attribute, file attribute**.*

System Console ♦ Системная Консоль (в сети). См. network console.

System Fault Tolerance (SFT) ♦ устойчивость к ошибкам системы.
Средства системы, которые позволяют сохранить ее работоспособность после сбоя, отказа или выхода из строя части оборудования сети. В такой системе производится дублирование данных на нескольких устройствах дисковой памяти таким образом, что, если возникает ошибка в одном из устройств, данные будут читаться с другого устройства. Имеется несколько программно-аппаратных уровней средств сети, обеспечивающих устойчивость к ошибкам системы, и каждый уровень избыточности снижает возможность потери данных.

System Info (SYSINFO.EXE) ♦ программа из пакета **Norton Utilities** «ИНФОРМАЦИЯ О СИСТЕМЕ».
*Программа **System Information** дает детальную информацию об аппаратных и программных системах, установленных на вашем компьютере, а также вычисляет три характеристики производительности.*

System Hard Disk ♦ Системный Жесткий Диск (в сети).
*Жесткий диск, который инициализируется первым при установке **NetWare** на файловом сервере. Системный жесткий диск содержит том **SYS**:, на котором находятся системные файлы **NetWare**. См. также **Volume**.*

System Login Script ♦ входной командный файл системы.
*В сети **NetWare** — командный файл системы, который определяет операции, выполняемые для всех пользователей, когда они входят в сеть (т. е., выполняют команду **LOGIN**). После его выполнения в сети может выполняться индивидуальный командный файл пользователя (**Login Script**). Входной командный файл системы создается СУПЕРВИЗОРОМ сети. См. также **Login Script**.*

Systems Network Architecture (SNA) ♦ Сетевая Архитектура Систем. Сетевая архитектура фирмы **IBM**; используется на больших компьютерах **IBM**.

system policy editor ♦ редактор системных правил.

System Security ♦ защита системы.
*Программно-аппаратные средства, защищающие систему и ее компоненты от несанкционируемого доступа. См. также **security**.*

SYSTIMAX ♦ структурированная кабельная система фирмы **AT&T** на основе неэкранированной витой пары и волоконно-оптического кабеля, разработанная фирмой **AT&T** для передачи данных и речи. См. также **structured cablin system**.

T1 ♦ Термин для цифровой несущей, используемой для передачи цифрового сигнала формата **DS-1** со скоростью **1.544** Мбит в секунду.

T3 ♦ Термин для цифровой несущей, используемой для передачи цифрового сигнала формата **DS-3** со скоростью **44.746** Мбит в секунду.

tab ♦ символ (метка) табуляции; ♦ клавиша табуляции **Tab**.

Tab expansion size expected with the TAB flag ♦ Предпринята попытка работы с функцией **TAB** без задания необходимого количества параметров (сообщение сети **NetWare**).

tab show as ♦ вид табуляции.

tab size ♦ размер (шаг) табуляции.

Tab size expected ♦ Предпринята попытка работы с функцией **tab** без задания необходимого количества пробелов (числа) (сообщение сети **NetWare**).

tab stop ♦ установка табулятора; ♦ *шаг табуляции*.

tab toggle ♦ переключатель табуляции.

table ♦ таблица.

Форма организации материала в тексте издания, при которой систематически представленные группы взаимосвязанных данных располагаются по колонкам-графам и строкам таким образом, что каждый отдельный показатель входит в состав и графы, и строки; ♦ *Способ формализованного представления данных в виде двумерного массива. См. также* **spreadsheet...**

Table already exist. Enter Y to replace, N to append, or Esc to cancel ♦ Таблица существует. Нажмите клавиши: **Y** — для замены, **N** — для присоединения или **Esc** — для отмены.

table code ♦ табличный код.

table look up ♦ табличное преобразование; ♦ табличный поиск, поиск в таблице.

table of contents ♦ оглавление. См. **contents**.

tablet ♦ [графический] планшет.

Специальная плоская поверхность с механизмом для указания положений на поверхности отображения, обычно используемая в качестве устройства локализации.

tabulation ♦ табуляция; ♦ табулирование; ♦ составление таблиц.

tabulator settin ♦ установка позиции табуляции.

ta ♦ метка; ♦ этикетка, бирка; ♦ дескриптор.

ta field ♦ поле признака.

T Ta Image File Format

Ta Image File Format ♦ см. TIFF.

taggin ♦ отметка, тэгирование.
*Применяемый во многих оболочках **DOS** способ отмечать файлы в листинге каталога. После этого файлы целой группой можно копировать, удалять и т.д.*

take (took, taken) ♦ брать.

take in ♦ вгонка См. **get in, lead out**.

talk ♦ разговор.
*Протокол, который позволяет двум людям на удаленных компьютерах общаться в реальном масштабе времени. Программа, позволяющая двум или более пользователям **UNIX** одного или нескольких хост-компьютеров (**host, 2**) оперативно обмениваться сообщениями с клавиатуры. Примеры программ разговора: **talk, ntalk**, и **YTalk**.*

talkin computer ♦ говорящий компьютер.
*Компьютер, имеющий синтезатор речи (**speech synthesizer**) для речевой реакции на команды пользователя.*

tall ♦ вертикальная [ориентация листа бумаги]. См. **portrait orientation**.

tangent ♦ касательная.

Tape ♦ лента.
Покрытая магнитным материалом пластиковая полоса, на которой можно записывать данные. Ленты для компьютеров аналогичны лентам, используемым для записи музыки.

tape backup unit ♦ устройство архивирования на ленте.
Обычно это внешнее ленточное устройство большой емкости, используемое для резервного копирования файлов с жестких дисков.

TAPI (Telephony Application Programmin Interface) ♦ интерфейс **API**, позволяющий интегрировать в приложения для **ПК** обращения к услугам телефонной связи: от простого набора номера до блокировки звонков, переадресации вызовов и конференц-связи. Разработан корпорацией **Microsoft**. Входит в состав операционных систем **Windows 95** (**Chicago**) и **Windows NT 3.5** (**Daytona**).

tar files ♦ упакованные файлы.
*Файлы, упакованные с помощью программы ленточного архивирования **Tape ARchiver** системы **UNIX**. Обычно имена таких файлов оканчиваются на **.tar**.*

target ♦ адресат; ♦ выходной, объективный; ♦ целевой.

Target disk cannot be used for backup ♦ Адресный (принимающий) диск не может быть использован для сохранения резервных копий файлов. Воспользуйтесь командой **CHKDSK** или переформатируйте диск.

Target diskette bad or incompatible ♦ Адресная (принимающая) дискета испорчена или несовместима.

Target diskette is write protected ♦ Адресная (принимающая) дискета защищена от записи.

Target diskette may

Target diskette may be unusable ♦ Адресная (принимающая) дискета не работоспособна.
*Воспользуйтесь командой **CHKDSK** или программой **NDD** или переформатируйте дискету (винчестерский диск).*
Target is full ♦ Адресная (принимающая) дискета переполнена.
Target is within move range ♦ Адрес внутри перемещаемого диапазона.
Targeted EXIT commands are not supported on this machine ♦ Предпринята попытка запуска прикладной программы с помощью функции **exit** с рабочей станции, причем либо отсутствует эта программа, либо она не может быть выполнена на этом компьютере (сообщение сети **NetWare**).
task ♦ задача.
task manager ♦ диспетчер задач.
task queue ♦ очередь задач.
taskbar options ♦ параметры панели задач.
taskbar properties ♦ свойства панели задач.
TASKMGR ♦ внешняя команда **Novell DOS**, обеспечивающая быстрый переход от одной прикладной программы к другой (**Task Switchin** или **Multitaskin** — многозадачный режим).
TCM (Trellis Coded Modulation) ♦ решетчатое кодирование. См. также **Viterbi decoding**.
TCNS (Thomas Conrad Networkin Solution) ♦ технология быстрой ЛВС, разработанная фирмой **Thomas Conrad**.
Обеспечивает скорость передачи 100 Мбит/с.
TCP (Transmission Control Protocol) ♦ Протокол Управления Передачей.
TCP/IP (Transmission Control Protocol/Internet Protocol) ♦ протокольный набор, разработанный агенством **ARPA** министерства обороны США и являющийся стандартом «де-факто».
*Входит как составная часть в операционную систему **UNIX**, однако может использоваться практически в любой среде.*
TCU (Trunk Coupling Unit) ♦ устройство связи с магистралью. См. также **drop cable**.
TCP/IP Protocol Suite ♦ Набор Протоколов **TCP/IP**. Протокол Управления Передачи над протоколом Интернет.
*Это краткое наименование набора транспортных и прикладных протоколов, которые выполняются над протоколами **IP**.*
TDM (Time Division Multiplexing) ♦ временное мультиплексирова ние (уплотнение). См. также **multiplexer, bit (byte) interleaving/multiplexing**.
technical information ♦ техническая информация.
technical reference ♦ техническое описание.
telecommunication ♦ дистанционная связь; ♦ дистанционная передача данных.
telecommunications network ♦ сеть связи; ♦ сеть передачи данных.
TELENET ♦ Это то, что теперь является SprintNet. Не путать с протоколом или прикладной программой Telnet.

teleprocessin ♦ телеобработка.
teletex ♦ телетекс.
Интерактивная информационная сеть, предназначенная для обработки и передачи информации широкому кругу пользователей.
teletext ♦ телетекст.
Система передачи текстов и простейших графических образов на телевизионные приемники по телевизионным каналам.
telex server ♦ станция телексной связи.
teller work station ♦ банковский терминал.
telnet ♦ программа, которая предоставляет пользователям сети **Internet** возможность входить в компьютеры, отличающиеся от их хост-компьютеров, часто даже на другой стороне земного шара. Этот термин используется также как глагол. ♦ стандартный протокол Интернет для удаленного терминала.
template ♦ шаблон; ♦ трафарет.
temporal ♦ временный.
temporary ♦ временный; ♦ рабочий.
Temporary backup «...» Please wait! ♦ Записываю временную копию. Подождите, пожалуйста!
temporary disk ♦ рабочий диск.
temporary file ♦ временный (рабочий) файл; ♦ файл, имеющий расширение .TMP. См. также **backup file, scratch file, work file**.
Terabyte ♦ терабайт. ♦ 2 в 40-й степени (1,099,511,627,776) байт. Это приблизительно 1 миллиард байт. ♦ 10 в 12-й степени (1,000,000,000,000). Это ровно один миллиард.
terminal ♦ терминал; ♦ абонентский пункт.
Комплекс технических и программных средств, предназначенный для связи удаленного пользователя с компьютером или другим абонентским пунктом посредством линий связи.
Terminal Access Controller (TAC) ♦ Контроллер Доступа Терминала. Устройство, которое ранее использовалось для подсоединения терминалов к Интернет; обычно с использованием модема.
terminal emulator ♦ эмулятор терминала. ♦ Программа, которая позволяет компьютеру эмулировать терминал. Рабочая станция при этом выступает как терминал удалённого хоста.
terminal server ♦ терминальный сервер (сервер терминалов).
*Позволяет подключить к сети несколько асинхронных устройств: терминалы, **ПК**, периферийное оборудование.*
terminal support network ♦ сеть поддержки терминалов.
terminate ♦ завершать(-ся); ♦ прекращать(-ся).
terminate and stay resident ♦ завершить и стать резидентной. См. также **TSR**.
Terminate batch job? ♦ Завершить выполнение пакетного файла?
*При нажатии клавиши **Y** выполнение пакетного файла будет окончено, оставшиеся команды из пакетного файла будут проигнорированы. При нажатии клавиши **N** выполнение пакетного файла будет продолжено со следующей команды.*

terminating register ♦ оконечное сопротивление; ♦ терминатор; ♦ заземляющее сопротивление на конце линии или кабеля для предотвращения отражения сигнала; ♦ электрическая схема, подключаемая к концу шины с целью подавления нежелательных отражений сигнала.
termination ♦ окончание; ♦ завершение, прекращение.
terminator ♦ терминатор (оконечная нагрузка). См. **terminating register**.
terrain renderin ♦ воспроизведение земной поверхности.
tessellation ♦ мозаичное представление изображений.
text ♦ текст.
text abbreviations (text abridgement, text cut) ♦ сокращения в тексте.
text area ♦ область текста.
text block ♦ блок текста.
text boundaries ♦ границы текста.
text box ♦ рамка текста.
Поле в диалоговой панели, служащее для ввода текстовой информации с клавиатуры либо при помощи кнопки изменения параметров, расположенной около окна.
text edit[or] ♦ редактор текстов.
text file ♦ текстовый файл.
text formattin ♦ оформление (форматирование) текста.
Преобразование текста в вид, в котором он должен печататься: формирование абзацев, центрирование заголовков, выравнивание полей, разбивка на страницы и т.д.
text icon ♦ пиктограмма текста.
text line size ♦ формат строки набора. См. также **length of type page line**.
Длина строки набора, выраженная в квадратах, символах и т.д..
text mergin ♦ объединение текстов.
text mode ♦ текстовый режим.
text only ♦ только текст.
text origination ♦ ввод текста с клавиатуры. См. также **cold type, electronic typesetting, type in, typesetting**.
text page format ♦ формат полосы набора.
Размеры (ширина и высота) полосы набора, выраженные в квадратах или других единицах измерения.
text/picture combine ♦ объединение текста и иллюстраций.
text placeholder ♦ заполнитель текста.
Секция текста в шаблоне, резервирующая место для последующего размещения текста в издании.
text processin ♦ обработка текста; ♦ подготовка текста.
text revision ♦ редактирование текста.
text rotation ♦ поворот текста.
Text Search (TS.EXE) ♦ программа из пакета **Norton Utilities**.
*Программа **Text Search** находит файл, содержащий указанную строку поиска.*

T text splitting

text splitting ♦ разделение текста.
Разбиение текста с целью переноса его части на другую строку или страницу. Устанавливается пользователем или осуществляется автоматически.

text strin ♦ текстовая строка.

text to search for ♦ текст для поиска.

text transfer ♦ пересылка текста.

text wrap ♦ заверстывание текста вокруг иллюстраций.

text-book ♦ учебник.

text-retrieval system ♦ документальная информационная система.

texture fill ♦ текстурный фон.

texture mappin ♦ текстурное отображение. Процесс нанесения плоского растрового изображения на трехмерную поверхность.
Обычно используется для повышения степени реалистичности объекта.

text wide ♦ по тексту.

TFT (Thin Film Transistor) ♦ тонкопленочный транзистор.

TFT (Trivial FTP) ♦ тривиальный **FTP**.
*Версия протокола передачи файлов (**FTP**), функции которой ограничены только копированием файлов.*

.TGA ♦ расширение мультимедиа-файлов; ♦ фотографии.
*Данный формат используется в серии высококачественных продуктов фирмы **Targa**.*

That is not valid local drive ♦ Предпринята попытка воздействия на накопитель, который не является локальным (сообщение сети **NetWare**). См. также **FTP**

The 32bit OS Center ♦ Имеется архив **32**-битных программ, статьи, советы, дискуссия.

The bindary file on the server «server_name» is locked ♦ Bindary-файл заблокирован из-за обслуживающих работ в сервере «имя_сервера» (сообщение сети **NetWare**).

The bindary of server «server_name» is locked ♦ Bindary-файл заблокирован из-за обслуживающих работ в сервере «имя_сервера» (сообщение сети **NetWare**).

The command line contained illegal characters ♦ Задан недозволенный символ в командной строке (сообщение сети **NetWare**).

The connection information on destination server could not be obtained ♦ Из-за ошибки памяти компьютера на рабочем месте разрушена таблица накопителя оболочки (сообщение сети **NetWare**).

The current active keyboard table is «...» with code page «...». The current active CON code page is «...» ♦ текущая активная кодовая таблица «...» на кодовой странице «...». Текущий активный **CON**-код страницы «...».

The destination server

The destination server «server_name» is unknown at this time ♦ Указан неизвестный на данный момент сервер «имя_сервера» (сообщение сети **NetWare**).

The destination server is busy ♦ Указанный сервер занят (сообщение сети **NetWare**). Рабочее задание отправлено серверу, который в данное время занят.

The destination server must use Advanced NetWare V2.1 or above ♦ Указанный сервер использует версию **NetWare 2.1** или выше (сообщение сети **NetWare**).
*Предпринята попытка работы с новой версией утилиты командной строки с установленной устаревшей версией **NetWare**.*

The drive «...» does not exist ♦ Дисковод «...» не существует.

The extended DOS partition contains logical DOS drives. Do you want to display logical drive information? ♦ Расширенный раздел **ДОС** разделен на логические дисководы **ДОС**. Выводить информацию по ним?

The file «file_name» already exist. Do you wish to write over the old file? ♦ Файл «имя_файла» уже существует. Вы хотите записать копируемый файл вместо существующего?

The file «file_name» not found ♦ Файл «имя_файла» не найден (сообщение сети **NetWare**).

The file server bindary is currently locked ♦ **Bindary**-файл заблокирован из-за обслуживающих работ в сервере (сообщение сети **NetWare**).

The file to be printed cannot be found ♦ Файл для печати не найден.

The following file is marked read-only «file_name». Do you still wish to delete? ♦ Удаляемый файл «имя_файла» имеет атрибут **read only** (только для чтения). Вы настаиваете на его удалении?

The given base drive is not defined ♦ Данный диск не определен (сообщение сети **NetWare**). Предпринята попытка обращения к диску, не являющемуся сетевым.

The ID number of the specified queue could not be obtained ♦ Предпринята попытка передачи задания для печати в очередь к устройству печати, хотя средство **bindary** заблокировано (сообщение сети **NetWare**).

The last file was not restored ♦ Последний файл не восстановлен. Воспользуйтесь командой **CHKDSK**.

The limit of 16 search mappings has already reached ♦ Предпринята попытка для определения более чем **16** путей поиска (сообщение сети **NetWare**).

The limit of 8 server connections has been reached ♦ Предпринята попытка подключения к компьютеру более чем **8** файловых серверов (сообщение сети **NetWare**).

The login function has been disabled ♦ Функция входа в систему временно деактивирована супервизором вычислительной сети (сообщение сети **NetWare**).

T The maximum levels

The maximum levels of directories has been reached ♦ Предпринята попытка распечатки с помощью **listdir** более чем **50** разрешенных каталогов (сообщение сети **NetWare**).

The new password has been used previously ♦ Новый пароль уже был использован (сообщение сети **NetWare**). Предпринята попытка определения снова ранее уже применявшегося пароля.

The new password is too short ♦ Новый пароль слишком короткий (сообщение сети **NetWare**). Предпринята попытка определения пароля более короткого, чем допустимо.

The only bootable partition on drive 1 is already marked active ♦ Только загружаемый раздел на первом винчестерском диске может быть активным.

The Open Group ♦ Международный консорциум компьютерных и программных изготовителей.

The print queue «queue_name» can not be found ♦ Очередь печати «имя_очереди» не найдена (сообщение сети **NetWare**).
Предпринята попытка использования очереди «имя_очереди», хотя она не существует.

The server in the filespec does not match the specified server fla-«...» ♦ Предпринята попытка присвоения в спецификации файла нестандартного обозначения файлового сервера «...» (сообщение сети **NetWare**).

The source drive is not defined ♦ Исходный накопитель не определен (сообщение сети **NetWare**). Предпринята попытка применения не существующего накопителя.

The source server «server_name» is unknown at this time ♦ Предпринята попытка воздействия на файловый сервер «имя_сервера», хотя он не известен в сети (сообщение сети **NetWare**).

The specified form name could not be found ♦ Предпринята попытка использования не существующего имени формата (сообщение сети **NetWare**).

The specified print definition could not be found ♦ Предпринята попытка работы с не существующим описанием устройства печати (сообщение сети **NetWare**).

The specified queues not matched ♦ Предпринята попытка задания в команде для устройства печати очереди и устройства печати, которые друг другу не назначены (сообщение сети **NetWare**).

The specified user account on server «server_name» has expired or has been disabled by the Supervisor ♦ Предпринята попытка входа в файловый сервер «имя_сервера», хотя время пользователя уже истекло или вход в Супервизор не состоялся (сообщение сети **NetWare**).

The specified user's account balance on server «server_name» has draped below the minimum ♦ Предпринята попытка входа в файловый сервер «имя_сервера», хотя отведенное пользователю время израсходовано (сообщение сети **NetWare**).

The specified volume not found ♦ Выбранный том не найден (сообщение сети **NetWare**). Предпринята попытка указания несуществующего тома.

The Supervisor has disabled the login function on server «server_name» ♦ Предпринята попытка регистрации на файловом сервере «имя_сервера», несмотря на запрет доступа Супервизором (сообщение сети **NetWare**).

The Supervisor has limited the number of active concurrent connections ♦ Предпринята попытка входа в файловый сервер, хотя Супервизор имеет ограниченное количество активных входов и все они задействованы (сообщение сети **NetWare**).

The Supervisor has limited the number of active connections you may have ♦ Предпринята попытка входа в файловый сервер одновременно с большего количества компьютерных рабочих мест, чем это разрешено Супервизором (сообщение сети **NetWare**).

The Supervisor has limited the stations that are allowed ♦ Предпринята попытка одновременной регистрации пользовательских счетов в количестве большем, чем это разрешено Супервизором (сообщение сети **NetWare**).

The Supervisor has limited the stations that you are allowed to login on ♦ Предпринята попытка входа в сервер с запрещенной Супервизором рабочей станции (сообщение сети **NetWare**).

The Supervisor has limited the times that the specified account can be accessed ♦ Предпринята попытка работы в системе в неразрешенное время (сообщение сети **NetWare**).

The Supervisor has limited the times that you can login to this server ♦ Предпринята попытка входа в файловый сервер в неразрешенное время (сообщение сети **NetWare**).

The Supervisor has the bindary locked to server «server_name» ♦ Предпринята попытка воздействия на средства bindary файлового сервера «имя_сервера», хотя супервизор этот запрос заблокировал (сообщение сети **NetWare**).

The Supervisor has the directory system locked ♦ Предпринята попытка воздействия на системный каталог, хотя он заблокирован супервизором (сообщение сети **NetWare**).

The system bindary file has been locked ♦ Предпринята попытка воздействия на bindary-файл, который заблокирован (сообщение сети **NetWare**).

The target drive must be a network drive ♦ Предпринята попытка воздействия на локальный диск, хотя диском-приемником должен быть сетевой диск (сообщение сети **NetWare**).

The target server requires NetWare 2.1 or later in odder to ♦ Предпринята попытка применения утилиты командной строки к версии **NetWare** ниже, чем версия **2.1**, хотя эту утилиту можно применять с **NetWare** версии **2.1** и выше (сообщение сети **NetWare**).

T The text inserted

The text inserted above the first footnote on are printed ♦ Вставить текст сверху первой сноски при печати.

There are no unassigned drive slots to use for a search mapping ♦ Предпринята попытка определения пути поиска накопителя, несмотря на то, что использованы все назначения (макс. **26**) (сообщение сети **NetWare**).

There is no accounting balance for specified user account on server «server_name» ♦ Предпринята попытка воздействия на файловый сервер «имя_сервера», хотя кредитные лимиты исчерпаны (сообщение сети **NetWare**).

There was not enough memory to hold the PrintDef escape sequences ♦ Недостаточно памяти для загрузки **escape**-последовательности (сообщение сети **NetWare**).
Предпринята попытка работы с escape-последовательностью, не содержащейся в printdef.

There was/were «...» errors detected ♦ Обнаружена ошибка/ошибки номер «...».

thermal printer ♦ устройство термопечати.

thesaurus ♦ тезаурус. Автоматизированный словарь, предназначенный для поиска слов по их смысловому содержанию.

thickness ♦ толщина.

thin space ♦ тонкий пробел.

thin-film transistor ♦ тонкопленочный транзистор.

third generation hub ♦ концентратор третьего поколения.

Third-party Disk ♦ дисковое устройство, производимое другой фирмой (в сети **NetWare**). Устройство, не производимое фирмой **Novell**. Для подключения к файловому серверу сети используется собственная интерфейсная плата фирмы-изготовителя.

This disk is not bootable ♦ Диск не является загрузочным.

This feature is only supported under DOS 2.0 or greater ♦ Предпринята попытка работы на устаревшей версии **DOS** (ниже версии **2.4**), причем функцию можно применять в версиях **DOS 2.0** и выше (сообщение сети **NetWare**).

This utility can run only on Advanced NetWare 2.1 or greater ♦ Предпринята попытка работы на устаревшей версии **NetWare** (ниже версии **2.1**), хотя данную утилиту можно применять в версиях **NetWare 2.1** и выше (сообщение сети **NetWare**).

This utility requires Advanced NetWare ♦ Эта утилита требует **Advanced NetWare** (сообщение сети **NetWare**). Предпринята попытка работы с утилитой, которая предполагает наличие **Advanced NetWare**.

This utility works only with Advanced NetWare ♦ Эта утилита работает только с **Advanced NetWare** (сообщение сети **NetWare**).
*Предпринята попытка работы с утилитой, которая предполагает наличие **Advanced NetWare**.*

This version

This version of LISTDIR will not run on this obsolete version of NetWare ♦ Предпринята попытка работы с помощью функции **listdir** на устаревшей версии **NetWare** (сообщение сети **NetWare**).

threaded ♦ связанный [текст]. Связывание позволяет редактировать текст без потери информации.

threat ♦ угроза.
Действие, направленное на преодоление системы защиты данных.

threshin ♦ перезагрузка.

threshold ♦ изогелия.

through page «...» ♦ по страницу «...»; ♦ до страницы «...».

throughput ♦ пропускная способность.
Эффективная скорость канала передачи данных.

throw up ♦ выделение текста. См. **accentuation**.

throw off ♦ выключка строк. См. **justification**.

thumbnail ♦ маленькая страница; уменьшенное представление; миниатюрный вид; миниатюра

tick ♦ деление; ♦ маркировка [осей].

tick mark ♦ отметка; ♦ маркировка.

tick spacin ♦ цена деления.

tied letter ♦ лигатура. См. **double letter, ligature**.

.TIF ♦ расширение мультимедиа-файлов; ♦ формат графических файлов с теговой организацией (формат **TIFF**). См. **TIFF**.
*Графика. Формат файлов, используемый для обмена графической информацией между различными типами компьютеров и программного обеспечения. **TIFF**-формат получил популярность благодаря пакету **Aldus Page Maker** и используется многими сканерами.*

TIFF (Tagged Image File Format) ♦ формат файла, разработанный как стандарт для растровой графики, в том числе сканированных изображений.
*Формат представления цветных и черно-белых пиксельных графических изображений, который является квазистандар том пиксельной графики. Данные в этом формате представляют цвет изображения **24** разрядами, а черно-белое изображение — **256** градациями серого цвета.*

tight line ♦ слившиеся строки.

tighter ♦ плотно.

tile ♦ часть; ♦ фрагмент.

tiles ♦ разбиение.

tilin ♦ управление окнами.

time ♦ время. См. также **clock**.

TIME ♦ внутренняя команда **MS DOS** (**Novell DOS**) для отображения и изменения системного времени.

time format ♦ формат [представления] времени.

Time to Live (TTL) ♦ Время Жизни.
*Поле в заголовке **IP**, которое указывает, как долго этот пакет должен существовать, прежде чем его можно уничтожить.*

T time restriction

time restriction ♦ ограничение на время входа в сеть.
Супервизор системы может ограничить время (часы, дни), в течение которого определенный пользователь может входить в сеть. Для каждого клиента могут быть определены периоды его доступа к серверу в любой день недели с получасовой дискретностью по времени. Пользователи могут работать в сети только в течение разрешенного для них периода времени. См. также **login restrictions**.

time based ♦ динамический (-ие).

time critical ♦ срочные.

time division multiple access ♦ коллективный доступ с временным уплотнением.

time-lo-file ♦ журнал.

TIMEOUT ♦ конфигурационная команда **Novell DOS** для установки времени ожидания при использовании команд «**?**» и **SWITCH**, ♦ ошибка времени ожидания.

time slices ♦ промежутки времени.

tint ♦ оттенок [цвета].

title ♦ название; ♦ заголовок; ♦ заглавие; ♦ титульный лист. См. также **publication title**.

title bar ♦ строка заголовка [в окне]. Часть окна или его границы, содержащая описание окна и командные позиции.

title cleared ♦ название (заголовок) отменено.

title list ♦ список названий.

title page ♦ титульный лист.

TLI (Transport Level Interface) ♦ Интерфейс Транспортного Уровня.

TN3270 ♦ Вариант программы Telnet, которая позволяет присоединяться к большим **IBM** и использовать их, как будто Вы имеете терминал **3270** или подобный.

to column ♦ к колонке (столбцу).

To? Enter graph number ♦ Куда? Введите номер диаграммы.

to point ♦ до точки.

to range ♦ в диапазон.

To remove infected files, use the /d option ♦ Для удаления зараженного файла ввести ключ **/d**.

to row ♦ к строке.

together ♦ вместе.

toggle ♦ переключать; ♦ ключ.

togglekeys ♦ озвучивание переключения.
*Генерирует звук (высокий или низкий) при нажатии клавиш **CAPS LOCK**, **NUM LOCK** и **SCROLL LOCK**. Высокий тон — переключатель включен, низкий — выключен.*

token ♦ маркер.
Применяется для управления процессом передачи данных.

token bus ♦ маркерная шина.
token passin ♦ передача маркера (эстафетная передача).
Метод управления доступом, при котором маркер, передаваемый от узла к узлу, предоставляет право на передачу данных.
token rin ♦ маркерное кольцо (эстафетное).
*Система, применяемая для создания небольших локальных сетей. Такие сети можно соединять с **Internet**.*
token rin network ♦ маркерная сеть.
*Компьютерная сеть, в которой все компьютеры соединены кольцом. По кольцу циркулирует маркер (**token**);♦ специального вида битовый пакет. Компьютер, собирающийся передать сообщение, захватывает маркер, вставляет свое сообщение, и отправляет маркер далее по кольцу.*
Token Rin (с заглавной буквы) ♦ протокол локальной сети, разработанный компанией **IBM**. Спецификация протокола **IBM Token Rin** принята в качестве стандарта комитетом **IEEE** под названием **IEEE 802.5**.
tone ♦ оттенок [цвета].
tone art ♦ полутоновая иллюстрация.
toner ♦ тонер. Емкость в лазерном принтере, содержащая красящий порошок.
toner low ♦ недостаточно тонера (порошка).
Toner saver ♦ режим экономии тонера.
too ♦ слишком.
tool ♦ инструмент; **tool bar; tools**.
Too many bytes per track on hard drive ♦ Слишком много байт на треке на жестком диске.
Too many drive entries ♦ Слишком много входов. Для команды **FASTOREN** можно указывать не более **4** логических дисководов.
Too many extent entries ♦ Указано слишком много пространств.
Too many file/directory entries ♦ Слишком много файлов/каталогов.
Too many files ♦ Количество файлов превышает допустимое [значение].
Too many files open ♦ Открыто слишком много файлов (сообщение операционной системы).
Too many groups ♦ Слишком много групп (сообщение операционной системы). Всего может быть **10** групп, включая **DGROUP**.
Too many libraries specified ♦ Указано слишком много библиотек (сообщение операционной системы).
Всего может быть включено восемь библиотек.
Too many macro variables ♦ Слишком много макропеременных (сообщение операционной системы).
Too many name entries ♦ Слишком много входов для имен.
*Максимальное число имен **999**.*
Too many open files ♦ Слишком много открытых файлов (сообщение операционной системы).
*Увеличьте количество одновременно открываемых файлов в команде **FILES=** в файле **CONFIG.SYS**.*

T Too many overlays

Too many overlays ♦ Слишком много оверлеев (сообщение операционной системы).
*Всего может быть не более **64** оверлеев.*

Too many parameters on command line ♦ Слишком много параметров в командной строке (сообщение сети **NetWare**).
Предпринята попытка работы с командой, имеющей слишком много параметров.

Too many points ♦ Слишком много точек.

Too many public symbols ♦ Слишком много общедоступных символов (сообщение операционной системы).
*Всего может быть не более **1024** символов.*

Too many segments ♦ Слишком много сегментов (сообщение операционной системы).
*Всего может быть **247** сегментов.*

Too many stations are already attached to server «server_name» using the specified user account ♦ Предпринята попытка присоединения к серверу «имя_сервера» слишком большого числа пользователей, использующих определенный пользовательский счет (сообщение сети **NetWare**).

toolbar ♦ панель (полоса) инструментов.

toolbox ♦ панель (набор) инструментов; ♦ графика.
Пиктограмма в программах рисования, которая содержит команды, выполненные в виде отдельных пиктограмм.

toolkit ♦ инструментальный пакет.

tools ♦ вспомогательные программы; ♦ библиотечные программы; ♦ инструментальные программные средства; ♦ средства обработки; ♦ сервисные программы.

tools and utilities guide ♦ руководство пользователя по утилитам.

top ♦ верхнее; ♦ верх.

top a form ♦ начало страницы.

Top level process aborted, cannot continue ♦ Ошибка процесса, продолжение невозможно.

top margin ♦ верхнее поле.
Расстояние между верхним краем листа бумаги и первой строкой печатаемых символов.

top of form ♦ начало страницы.

top down ♦ нисходящий; ♦ сверху вниз.

topology ♦ топология (в сети).
Схема физических соединений и взаимное расположение компонентов сети передачи данных. Используются три основные топологии сетей передачи данных: звезда, кольцо и шинная топология. Топология звезды отличается тем, что рабочие станции связываются непосредственно с файловым сервером и не связаны друг с другом. В кольцевой топологии файловый сервер и рабочие станции связываются в кольцо, и сообщение от

рабочей станции, прежде чем достигнуть файлового сервера, может проходить через несколько других рабочих станций. В шинной топологии все станции сети подключаются к общей шине.

total ♦ итог.

«...» total allocation units on disk ♦ Всего «...» кластеров на диске.

«...» total bytes memory ♦ всего «...» байт памяти.

Total disk space is «...» cylinders (Mbyte). Maximum space available for partition is «...» cylinders (Mbyte) ♦ Общее дисковое пространство _ «...» цилиндров (Мбайт).
Максимальный объем, доступный для раздела _ «...» цилиндров (Мбайт).

Total extended partition space is «...» Mbytes ♦ Общий объем расширенного раздела «...» Мбайт.

TOUCH ♦ внутренняя команда **Novell DOS** для изменения времени и даты записи файла.

touch screen ♦ сенсорный экран.
Дисплей, позволяющий пользователю взаимодействовать с системой обработки данных путем прикосновения к экрану.

tower ♦ «башенный» (вертикальный) системный блок компьютера.

TPI ♦ дорожек на дюйм. Сокращение от **tracks per inch** ♦ дорожек на дюйм, плотность размещения дорожек на диске.

trace ♦ трассировать; ♦ трассировка; вывод (распечатка) выполняемых команд и изменений переменных с целью выявления ошибок в логике программы.

trace contour ♦ оконтуривание.

Traceroute ♦ Программа, доступная на многих системах, который прослеживает путь, который проходит пакет до адресата.

tracin ♦ трассировка.

track ♦ дорожка [диска]; ♦ тракт.
Область магнитного диска, содержимое которой может быть прочитано одной головкой записи-чтения без ее переключения за один полный оборот диска; ♦ *Адресуемая часть накопителя на дисковом запоминающем устройстве. См. также **sector**;* ♦ *трек (в мультимедиа);* ♦ *Дорожка носителя, на которой выполняется запись данных или с которой воспроизводится ее содержимое;* ♦ *Структурная единица информации компакт-диска, представленной в виде **8**-разрядных символов (байтов), организованных в блоки (секторы) по **2352** байта в каждом.*

Track 0 bad _ disk unusable ♦ «Нулевая» дорожка испорчена, дискету использовать нельзя.

trackball ♦ управляющий шарик. См. **control ball**.
Манипулятор в виде шарика на подставке, используется для замены мыши, чаще в портативных компьютерах.

trackin ♦ трассировка, слежение. См. **character spacing**.
Перемещение графического курсора по экрану дисплея.

trackin symbol ♦ символ трассировки; ♦ графический курсор.

traffic ♦ трафик. Поток данных, передаваемых по сети.

Trans European Research and Education Networkin Association (TERENA) ♦ Все-Европейская Образовательная и Исследовательская Сетевая Ассоциация.

transaction ♦ обработка запроса; ♦ запись файла изменений; ♦ входное сообщение; ♦ транзакция (групповая операция).

В диалоговых системах — прием порции данных (сообщения, запроса) от пользователя, ее обработка и выдача ответного сообщения; ♦ *В базах данных — выполнение элементарной целостной операции над данными, в течение которой база данных находится в неустойчивом состоянии.* См. также **Transaction Trackin System**.

Transaction Backout System ♦ отмена транзакции (в сети). См. также

Transaction Trackin System, Transaction, Transaction Backout Volume. В системе TTS (Transaction Trackin System) ♦ транзакция должна быть полностью завершена либо полностью отвергнута в случае системной ошибки.

В последнем случае система сама восстанавливает информацию, соответствующую началу выполнения транзакции.

Transaction Backout Volume ♦ том отмены транзакции. См. также **Transaction Tracking System, transaction, Transaction Backout, System**.

*В системе **TTS** (Transaction Tracking System) — том, где сохраняется информация, которую следует восстановить в случае возникновения ошибки во время выполнения транзакции.*

Transaction Trackin System (TTS) ♦ Система Управления Транзакциями; ♦ система отслеживания транзакций. См. также **transaction, Transaction Backout, System**.

Система, которая защищает базы данных от потери информации, если возникнет ошибка машины в середине выполнения транзакции. Каждое изменение информации в базе данных рассматривается как одна транзакция, которая должна либо быть успешно завершена, либо полностью абортирована. Если возникает ошибка в середине выполнения транзакции, то эта транзакция прерывается и база данных возвращается к своему последнему состоянию.

Transactional Attribute ♦ Атрибут «Транзактный» (в сети). Атрибут файла, для защиты которого используется система отслеживания транзакций **TTS**. См. также **File Attribute**.

Transactional attribute not supported on server «server_name» ♦ Предпринята попытка работы с одним из имеющихся атрибутов транзакций, которые действительны только для версий с **TTS** (сообщение сети **NetWare**).

transceiver ♦ приемопередатчик.

Устройство, преобразующее цифровую информацию в сигнал и передающее его в кабельную сеть либо принимающее его из сети. В кабельных сетях с шинной топологией — устройство, через которое станция сети подключается к основной кабельной шине.

transducer ♦ преобразователь.
transfer ♦ пересылка; ♦ передача [данных]; ♦ перенос.
Перемещение данных в основной памяти из одной ее области в другую.
transfer error ♦ ошибка перемещения.
transformation ♦ преобразование, трансформация; ♦ превращение.
transient ♦ переходный; ♦ изменяемый; ♦ переменный; ♦ нерезидентный.
transient command ♦ нерезидентная команда; ♦ транзитная команда.
Transient commands are not supported under DOS 1.X ♦ Предпринята попытка работы с несуществующей внешней командой на рабочей станции в устаревшей среде **DOS** версии **1.X**, в которой эту команду невозможно выполнить (сообщение сети **NetWare**).
transient routine ♦ нерезидентная программа.
transit network ♦ Транзитная сеть.
Транзитная сеть транслирует пакеты между сетями в дополнение к трафику собственных хостов. Она должна иметь подключения как минимум к двум другим сетям.
translate ♦ сдвигать, перемещать; ♦ пересылать; ♦ транслировать; ♦ переводить; ♦ преобразовывать.
translation ♦ сдвиг; ♦ перевод; ♦ пересылка; ♦ трансляция; ♦ конвертирование.
Преобразование программы, представленной на одном из языков программирования, в эквивалентную программу на другом языке.
translatin ♦ транслирую; ♦ переношу.
translator ♦ транслятор.
Программа или техническое средство, выполняющее трансляцию программы.
transmission ♦ передача [данных по линии связи].
transmit ♦ передавать.
Послать сигналы от одной станции к другой по системе связи (коаксиальный кабель, витая пара, оптоволоконный кабель и др.).
transparency ♦ прозрачность; ♦ прозрачная (пленка для печати на принтере).
transparency mappin ♦ отображение прозрачности.
Метод визуализации, который позволяет делать объекты прозрачными, полупрозрачными или непрозрачными (матовыми).
transparent ♦ прозрачный.
О промежуточных средствах взаимодействия, применение которых «незаметно» пользователю или программе.
transparent bridge ♦ прозрачный мост.
*Применяется для соединения сетей **Internet**. См. также **bridge**.*
transparent printin ♦ прозрачная печать.
transport layer ♦ транспортный уровень.
transputer ♦ транспьютер.
Сверхбольшая интегральная схема, содержащая микропроцессор, средства межпроцессорной связи, собственную оперативную память и средства доступа к внешней памяти.

trap ♦ треппинг.
tree ♦ дерево.
TREE ♦ внешняя команда **MS DOS** (**Novell DOS**), служащая для изображения дерева каталогов на диске (**MS DOS** и **PC DOS** версий **3.0** и более поздних).
tree search ♦ поиск по дереву.
triple ♦ утраивать; ♦ тройной; ♦ умножать на три.
Trojan Horse ♦ Троянский Конь.
Компьютерная программа, которая несет внутри себя средства, позволяющие создателю программы иметь доступ к системе, исполняющей программу.
troubleshootin ♦ внезапное повреждение; ♦ устранение ошибок.
trouncin ♦ транкинг.
Способ динамического предоставления малого числа радиоканалов большому числу пользователей.
true ♦ истинный; ♦ физический; реальный; **true color** реальный цвет; ♦ истина; логическое выражение.
True Type ♦ язык описания страниц для компьютерной полиграфии.
Подмножество языка для лазерных принтеров TrueImage, относящееся к шрифтовым технологиям. Разработан в качестве конкурента для языка PostScript.
TrueDoc ♦ технология, позволяющая сохранять шрифты вместе с рисунком, дает возможность переносить изображения с одного компьютера на другой, не заботясь о преобразовании текстовых строк в кривые линии.
TrueImage ♦ язык для лазерных принтеров, разработанный совместно фирмами **Apple** и **Microsoft**.
trump box ♦ бегунок; ♦ маркер прокрутки (перемещения) на линейке скроллинга.
truncate ♦ усекать; ♦ отбрасывать; ♦ округлять; ♦ прерывать.
truncated ♦ ограничен, усечен.
truncation ♦ усечение, отбрасывание; ♦ [досрочное] завершение процесса вычисления.
trunk ♦ магистральный кабель. См. также **wrap**.
trusted ♦ доверенный (аттестованный, надежный).
trustee ♦ опекун, ♦ доверенное лицо (в сети).
Пользователь сети, который имеет права для работы в определенном сетевом каталоге. См. также Trustee Rights, Trustee Type.
Trustee Rights ♦ Опекунские Права (в сети).
Права, предоставляемые пользователю сети в том или ином сетевом каталоге. См. также rights.
Trustee Type ♦ Тип Опекуна (в сети).
Опекуном может быть пользователь сети или группа пользователей, которые имеют опекунские права для работы в определенном сетевом каталоге. См. также trustee.

trybefore you buy software ♦ некоммерческая программа «попробуй потом купи».

TSAPI (Telephony Services Application Programming Interface) ♦ интерфейс **API**, позволяющий обращаться из приложений для **ПК** к услугам телефонной связи.

*Разработан корпорацией **Novell** в сотрудничестве с **AT&T**.*

TSR (Terminate and Stay Resident) ♦ функция создания резидентной программы. Термин **TSR** используется и как синоним резидентной программы.

TSS (Telecommunications Standardization Sector) ♦ Сектор Международного Союза по Электросвязи **ITU** (**International Telecommunications Union**) по стандартизации электросвязи.

TTR (Transparent Translation Register) ♦ Регистр Преобразования Адресов.

TTS (Transaction trackin system) ♦ система управления транзакциями; ♦ система отслеживания транзакций. См. **Transaction Tracking System**.

Tunnellin ♦ Формирование пакета протокола **A** внутри протокола **B**; таким образом протокол **A** использует протокол **B** в качестве канального уровня. *Используется для передачи данных между административными доменами, которые используют протокол, не поддерживаемый межсетевым соединением этих доменов.*

Turbo FAT (Turbo-File Allocation Table) ♦ Таблица размещения файлов Turbo-FAT.

*Таблица **FAT**, создаваемая системой для больших файлов для ускорения доступа к ним. **Turbo-FAT** собирает в одной таблице только индексы для блоков дисковой памяти одного файла, и поэтому при обращении к нему нет необходимости сканировать входы полной таблицы **FAT**, где собраны вперемежку указатели для многих файлов. См. также **FAT** (**File Allocation Table**).*

turbo link ♦ быстрая связь.

turn ♦ оборот; ♦ поворот; ♦ поворачивать(-ся); ♦ вращать(-ся).

turn off ♦ выключать.

turn on ♦ включать.

turnaround char ♦ запускающий символ.

tutorial ♦ учебник; ♦ введение; ♦ средство обучения.

twin ♦ двойной; ♦ сдвоенный.

twinaxial cable ♦ биоксиальный кабель.

Имеет две центральные проводящие жилы, окружённые экранирующей оболочкой.

twirl ♦ скручивание.

twisted pair ♦ витая пара.

*Скрученная пара медных проводов. Самый распространённый тип кабеля для подключения телефонов, компьютеров и терминалов к офисной цифровой телефонной станции (**PBX**), поддерживающей скорость передачи данных до **64** Кбит/с. См. также **STP**, **UTP**;* ♦ Среда для передачи сигналов, в которой используются скрученные между собой два электрических проводника.

two headed arrow ♦ двунаправленный курсор.
two phase commit ♦ двухфазная фиксация (исполнение транзакций).
.TXT ♦ расширение имени текстового файла.
type ♦ тип [данных]; ♦ вводить, набирать; ♦ выводить; ♦ печатать; ♦ литера; ♦ шрифт.
TYPE ♦ внутренняя команда **MS DOS** (**Novell DOS**) для просмотра содержимого файлов.
Обеспечивает отображение содержимого файла на экране дисплея.
type body ♦ кегль. См. **body size, font size, size, type size**.
type design ♦ разработка шрифта.
type face ♦ гарнитура; ♦ начертание шрифта; ♦ шрифт. См. **face, font, font name**.
type mismatch ♦ несоответствие типов.
type of disk ♦ тип диска.
type of file ♦ тип файла.
type out ♦ выводить на печать; ♦ печатать.
type page ♦ полоса. См. **set page**.
type page size ♦ формат полосы набора. См. **text page format**.
type page structure ♦ композиция полосы набора.
type set quality ♦ полиграфическое качество.
type setter ♦ наборное устройство.
type size ♦ кегль (кегель) шрифта, размер шрифта. См. также **font size, type body**.
Расстояние между верхней и нижней гранями литеры, т. е. высота шрифтового очка с заплечиками.
type specification ♦ спецификация шрифта.
type in ♦ вводить, набирать [с помощью клавиатуры]. См. также **cold type, electronic typesetting, text origination, typesetting**.
typeover ♦ надпечатка.
typesettin (type setting) ♦ набор. См. также **cold type, electronic typesetting, text origination, type in**.
Процесс набора текстового, формульного, табличного и другого материала.
typewriter keyboard ♦ клавиатура типа клавиатуры пишущей машинки.
typo ♦ пунктуация; опечатка.
typography ♦ оформление (книги, фразы, слова); ♦ книгопечатание.

UAE ♦ см. **Unrecoverable Application Error**.
UART (Universal Asynchronous Receiver/Transmitter) ♦ Универсальный Асинхронный Приемопередатчик.
UDP (User Datagram Protocol) ♦ Протокол Пользовательских Дейтаграмм. См. также **datagram**.
Протокол, применяемый в коммуникации сети Internet.
UIMS (User Interface Management System) ♦ Система Управления Пользовательским Интерфейсом.
ultimate ♦ *крайний;* ♦ *последний;* ♦ *окончательный;* ♦ *предельный.*
ultimate user ♦ конечный пользователь.
Ultra ATA ♦ предназначенный стать новым стандартом, высокоскоростной интерфейс дисков жесткого привода (см. **HDD**), разработка которого была анонсирована в ноябре 1996 года, и в которой участие свое засвидетельствовали такие компании, как **Acer, Compaq Computer Corp., Dell Computer Corp., Digital Equipment Corp.** и **Hewlett-Packard Co.** ♦ *самые крупные в мире производители* **ПК**.
Ultra Direct Memory Access 33Mb/s Prot col ♦ специальный протокол для **Ultra ATA** и **IDE** интерфейсов жестких дисков (см. **HDD**), основанный на принципе прямого доступа к памяти и позволяющий достигать скорость передачи данных в пакетном режиме в два раза превышающую обычную: **33** Mbytes в секунду.
UMA ♦ см. **Upper Memory Area**.
UMB (Upper Memory Block) ♦ блоки верхней памяти; ♦ **UMB**-память.
umount ♦ размонтировать; отключить
un group ♦ разгруппировать.
Unable to access drive «...» ♦ Доступ к дисководу «...» запрещен.
Unable to add «... = ...» to DOS environment ♦ Предпринята безуспешная попытка (из-за недостаточного места в области переменных среды **DOS**) работы с командой set (сообщение сети **NetWare**).
Unable to attach to server «server_name» ♦ Предпринята безуспешная попытка присоединения к серверу «имя_сервера» (сообщение сети **NetWare**).
Unable to complete login procedure. Please try again ♦ Предпринята неудачная попытка регистрации в сети. Необходимо повторить еще раз попытку (сообщение сети **NetWare**).
Unable to continue with attach ♦ Функция **login** заблокирована, когда вы

U unable to copy

пытаетесь присоединиться к другому файл-серверу с помощью команды **attach** (сообщение сети **NetWare**).

unable to copy ♦ копирование невозможно.

Unable to copy files on the server ♦ В настоящее время файлы не могут быть скопированы на сервер (сообщение сети **NetWare**).

Unable to create capture file in specified directory ♦ В названном каталоге capture-файлы не могут быть расположены — неверный каталог (сообщение сети **NetWare**).

Unable to create directory ♦ Невозможно создать каталог.
Имя каталога уже существует или диск переполнен.

Unable to create KEYB table in resident memory ♦ Невозможно создать таблицу **KEYB** в резидентной памяти.

Unable to delete the file after printin ♦ После процесса вывода на печать файл не может быть удален командой nprint (сообщение сети **NetWare**).

Unable to get drive mappin ♦ С текущим назначением накопителей работать невозможно (сообщение сети **NetWare**).

Unable to get mappin for drive «drive_name:» ♦ С текущим назначением диска «имя_диска :» работать невозможно (сообщение сети **NetWare**).

Unable to get the server extended information ♦ Взаимодействие в интерсети невозможно, потому что программные средства не могут обрабатывать дополнительную информацию в старых версиях **NetWare** (сообщение сети **NetWare**).

Unable to erase ♦ Не могу удалить. Возможно, диск защищен по записи или файл имеет атрибут **read only** (только для чтения).

Unable to find directory «directory_name» ♦ В названном каталоге работать невозможно (сообщение сети **NetWare**).

Unable to format diskette ♦ Форматирование дискеты невозможно.

Unable to locate specified drive ♦ Работа с текущим дисководом невозможна, так как он не определен как локальный или сетевой (сообщение сети **NetWare**).

Unable to perform refresh operation ♦ Не могу возобновить выполнение операции.

Unable to read drive «...» ♦ Не могу считать с дисковода «...».

Unable to re-create directory «directory_name» ♦ Повторное восстановление каталога «имя_каталога» (после архивирования) не представляется возможным (сообщение сети **NetWare**).

Unable to shift screen ♦ Сдвиг экрана невозможен.

Unable to set any network drive mappings ♦ Установка пути поиска накопителя невозможна из-за отсутствия требуемой памяти на сервере (сообщение сети **NetWare**).

Unable to set comspec in master environment ♦ Команду comspec при регистрации выполнить невозможно из-за отсутствия места в области пе-

Unable to write

ременных среды **DOS** либо наличия синтаксической ошибки (сообщение сети **NetWare**).

Unable to write boot ♦ Не могу записать модуль первичной загрузки. Первый трек использовать невозможно. Отформатируйте другой диск.

unallowable ♦ запрещенный, недопустимый.

unassign ♦ отменить присвоение.

unattented ♦ работающий без оператора (о системе); происходящее без ведома оператора.

unauthorized ♦ несанкционированный.

unavailability ♦ неготовность.

unavailable ♦ запрещенный, недопустимый.

unavailable emphasis ♦ мягкое выделение.
  Данный тип выделения используется и в меню, и в диалоговых панелях для полей выбора, которые недоступны в текущий момент. Обычно мягкое выделение осуществляется серым цветом.

unbalanced line ♦ несбалансированная линия. Линия связи, в которой для передачи сигнала используется один провод.

unbalanced quotes or parentheses ♦ неуравновешенная часть слова или вводное слово.

unbundled attribute ♦ конкретный атрибут.

UNC (Universal Namin Conventions) ♦ соглашение об универсальных именах.

uncurve ♦ удалить кривую.

undefined line number ♦ неопределенный номер строки.

undefined user function ♦ неопределенная функция пользователя.

undelete ♦ восстанавливать [удаленные данные].

UNDELETE ♦ внешняя команда **MS DOS** (**Novell DOS**), которая служит для восстановления файлов, удаленных командой **DEL** (**MS DOS** и **PC DOS** версий **5.0** и выше).

undent ♦ выступ, смещение влево См. также **handing indent**.
  Смещение начала строки влево по отношению к остальному тексту.

underflow ♦ потеря значимости; отрицательное переполнение; ситуация, когда результат арифметической операции меньше минимально представимого числа.

underline ♦ подчеркивание; ♦ шрифт с подчеркиванием.

underscore ♦ базовая линия.

underscore character ♦ символ подчеркивания.

undertitle ♦ подзаголовок. См. **subtitle**.

undo ♦ отменить; ♦ откат, отмена; ♦ удалить сделанное, восстановить.
  Действие, отменяющее выполнение предыдущей команды (нескольких команд) и восстанавливающее состояние работы до применения этих команд.

U undo minimize all

undo minimize all ♦ отменить свертывание.
undo/redo ♦ отменить/повторить.
unerase ♦ восстановление удаленных (потерянных) файлов.
UnErase (UNERASE.EXE) ♦ программа восстановления удаленных файлов из пакета **Norton Utilities**.

*Программа **UnErase** ищет и восстанавливает удаленные файлы и директории. Если стертый файл короткий и вы после удаления не записывали на диск файлов большего объема, чем удаленный файл, то восстановление файла не будет затруднительно. В случае, когда файл сильно фрагментирован или же часть его была затерта другим файлом, шансов на восстановление меньше. При запуске программы **UnErase** в исходном информационном кадре видна информация о всех удаленных файлах диска, но первые символы в именах файлов заменены на знак «?». Это означает, что **UnErase** не знает, каким был первый знак в имени файла, и в дальнейшем при восстановлении вам придется его указать. Если вы используете утилиту **Erase Protect**, в исходном окне будет указано полное имя файла. Кроме имени файла на экране — информация о размере файла, дате и времени его создания и прогноз относительно процесса его восстановления:*

- **Excellent** — превосходные.
- **Good** — хорошие.
- **Average** — средние.
- **Poor** — слабые.

*Для получения более подробной информации о файле выберите команду **Info**. На экране появится кадр с полной информацией, а также данные об общем числе кластеров в файле, номер начального кластера, прогноз об восстановлении, а также короткая информация о текущем состоянии файла.*

unerase menu ♦ меню восстановления файлов.
Unexpected DOS error «...» ♦ Произошла ошибка **DOS** «...».
Unexpected end-of-file on library ♦ Неожиданная метка конца файла в библиотеке.
Unexpected end-of-file on VM.TMP ♦ Неожиданная метка конца файла **VM.TMP**. Диск, содержащий файл **VM.TMP**, поврежден.
Unexpected end of macro ♦ Неожиданное окончание макрокоманды.
UNFORMAT ♦ внешняя команда **MS DOS** (**Novell DOS**), служащая для восстановления структуры каталогов жесткого диска или дискеты при случайном их переформатировании или некорректном восстановлении данных командой **RECOVER** (**MS DOS** и **PC DOS** версий **5.0** и выше).
UnFormat (UNFORMAT.EXE) ♦ программа из пакета **Norton Utilities**.

*Программа **UnFormat** позволяет восстановить данные на жестком диске после того, как он был случайно переформатирован командой **Format** операционной системы **MS DOS**.*

unformatted ♦ неформатированный.

Unicast ♦ связь между единственным отправителем и единственным приемником в сети.

Uniform Resource Locators (URL) ♦ Единообразный Определитель Ресурса ♦ компактное (большую часть времени сеанса) строковое представление ресурса, доступного в Интернет.

uniform scalin ♦ однородное масштабирование.
Масштабирование с равными коэффициентами по горизонтали и вертикали.

UNINSTALL ♦ внешняя команда **Novell DOS** для восстановления исходной операционной системы; ♦ удалить из системы; разустановить.

Uninterruptible Power Supply (UPS) ♦ бесперебойное питание. См. **UPS**.

union ♦ объединение; операция над множествами, при которой образуется новое множество, содержащее все элементы двух исходных множеств.

unipolar codin ♦ однополярное кодирование.

unique name ♦ уникальное имя; ♦ уникальный ключ.

unit ♦ единица; ♦ единица измерения; ♦ устройство; ♦ элемент.

unit address ♦ адрес устройства.

unit cell or distance between rows ♦ расстояние между рядами (строками).

unit of measure ♦ единица измерения.

units ♦ система измерения.

Universal Time Coordinated (UTC) ♦ Универсальное Координированное Время. Это — среднее время по Гринвичу.

UNIX ♦ операционная система для компьютеров.
*Большинство подключенных к **Internet** хост-компьютерам работают с **UNIX**.*

UNIX-to-UNIX CoPy (UUCP) ♦ Первоначально это была программа, выполнявшаяся под **ОС UNIX**, позволяющая одной **UNIX**-системе посылать файлы другой **UNIX**-системе по телефонной линии.
*Сегодня термин используется больше к большой международной сети, которая использует протокол **UUCP** для передачи новостей и электронной почты.*

Unknown attribute encountered in command line ♦ В команде использован недействительный параметр или флаг (сообщение сети **NetWare**).

Unknown error «...» during attach ♦ Локализована ошибка, которую система не могла однозначно идентифицировать. Номер ошибки представлен в виде числа «...» (сообщение сети **NetWare**).

Unknown file server ♦ Обращение к несуществующему файловому серверу (сообщение сети **NetWare**).

unknown key ♦ неизвестная клавиша. Значение клавиши не определено.

Unknown login script command ♦ Неизвестная команда при регистрации (сообщение сети **NetWare**).
Использована неправильная команда при регистрации.

U Unknown option

Unknown option encountered in command line ♦ Неизвестный параметр в командной строке (сообщение сети **NetWare**). В команде применен недействительный параметр.

Unknown volume ♦ Неизвестный том (сообщение сети **NetWare**).
Задан несуществующий том.

unlikely ♦ маловероятно.

unlimate user ♦ конечный пользователь; см. end user.

unlimited ♦ неограниченно.

unlink ♦ отсоединять.

unmount ♦ размонтирование (диска) ♦ отключение указанного диска из дерева файловой системы.

unload ♦ снимать; ♦ разгружать; ♦ извлекать; ♦ выгружать.

unloaded ♦ незагруженный.
Программа или данные не считаны в оперативную память.

unlock ♦ отпирать; ♦ разблокировать.

unmovable block ♦ неперемещаемые блоки.

unpack ♦ распаковывать.

unprintable character ♦ непечатаемый символ.

unprintable error ♦ ошибка, которая не выводится на печать.

unprintable region ♦ область, которая не выводится на печать.

unprotected ♦ снять защиту.

Unrecognizable conditional operator; use «IS», «IS NOT», etc. Remainder of login script ignored ♦ В операторе **IF loging** сценария задано невыполнимое условие (сообщение сети NetWare).

Unrecognizable file specification ♦ Использовано имя файла, которое в системе недопустимо (сообщение сети **NetWare**).

Unrecognizable identifier or text string in WRITE command ♦ В команде **write** применен неопределенный идентификатор (сообщение сети **NetWare**).

Unrecognizable include file specification ♦ В команде **include** применен недопустимый параметр (сообщение сети **NetWare**).

User «user_name» not found ♦ Пользователь «имя_пользователя» системе неизвестен (сообщение сети **NetWare**).

User «server_name»/«user_name» not found ♦ Указанный пользователь «имя_пользователя» неизвестен файловому серверу «имя_сервера» (сообщение сети **NetWare**).

User or group «name» not found ♦ Заданный пользователь или группа пользователей с именем «имя» неизвестны (сообщение сети **NetWare**).

Unrecognized command in CONFIG.SYS ♦ Неопознанная команда в файле **CONFIG.SYS**.

unrecognized printer ♦ неопознанное печатающее устройство.

unrecognized printer port ♦ неопознанный порт принтера.

unrecognized switch ♦ неопознанный ключ.

Unrecoved externals: LIST ♦ Не найдены внешние переменные: **LIST** (список).

Unrecoverable Application Error (UAE) ♦ Неисправимая ошибка прикладной программы (сообщение **Windows**).

unrecoverable error ♦ неисправимая ошибка, фатальная ошибка.
Ошибка, последствия которой не могут быть устранены.

Unrecoverable error in directory. Convert directory to file? ♦ Неисправимая ошибка в каталоге. Преобразовать каталог в файл?
*Попробуйте ответить **N** и запустить программу **DT**. Если же ответить **Y**, то затем обязательно следует ответить **Y** на вопрос «**Convert lost chains to files? (Y/N)**», чтобы файлы, находящиеся в данном каталоге и его подкаталогах, были преобразованы в файлы **file...chk** в корневом каталоге диска.*

Unrecoverable format error on target. Target diskette unusable ♦ Неисправимая ошибка форматирования. Дискета неработоспособна.

Unrecoverable read (or write) error on drive «...», side «...», track «...» ♦ Неисправимая ошибка чтения (записи) на дисководе «...», стороне «...», треке «...».
*Если сообщение относится к скопированному диску, попробуйте скопировать его еще раз. Если же сообщение относится к исходному диску, попробуйте скопировать с него файлы командой **COPY**.*

Unrecoverable read (or write) error on source track «...», side «...» ♦ Неисправимая ошибка чтения (записи) исходного трека «...», сторона «...».

Unrecoverable verify error on target track «...», side «...» ♦ Неисправимая ошибка на принимающем диске при сверке копии. Дорожка «...», сторона «...».
Попробуйте еще раз. Если ошибка повторится, замените диск.

Unrecoverable write error on target track «...», side «...» ♦ Неисправимая ошибка при записи на диск. Дорожка «...», сторона «...».
Попробуйте выполнить копирование на другой диск.

unremovable ♦ неудаляемый; ♦ неперемещаемый.

UNSECURE ♦ внешняя команда **Novell DOS**, которая обеспечивает отключение защиты ОС, если, например, вследствие отказа утрачивается доступ к винчестеру.

unselect ♦ отмена выбора (выделения).

unsharp mask ♦ контурная резкость.

unsigned integer ♦ целое число без знака.

unsorted ♦ отмена сортировки.

unspecified ♦ формат не указан.

unsquashin ♦ развертывание (сжатого файла).

unsqueeze ♦ распаковывать.

UNSTACK ♦ внешняя команда **Novell DOS** для отказа от сжатия диска программой **Stacker** и восстановления всей информации в несжатом виде.

U unstuffed file

unstuffed file ♦ разархивированный (распакованный) файл.

unsupported ♦ неподдерживаемое; unsupported feature неподдерживаемое средство; средство или свойство программы, не поддерживаемое разработчиком (официально не заявлена поддержка).

unsupported feature ♦ неподдерживаемое средство.

Unsupported file format ♦ Формат файла не поддерживается.

until «...» ♦ только «...».

untitled ♦ без названия.

unused block ♦ неиспользованный (свободный) блок.

unzip ♦ распаковывать; разжимать.

up ♦ вверх.

update ♦ изменять, модифицировать; ♦ корректировать, ♦ обновлять; ♦ исправленная (новая) версия.

update counters ♦ обновить счетчики.

update ta list ♦ обновить список дескрипторов.

up from page ♦ нижнее поле. Отступ от нижнего края страницы (листа, бумаги) до последней строки текста.

up from page button ♦ вверх от нижнего края страницы.

upgradable ♦ расширяемый; допускающий подключение дополнительных компонентов для увеличения эффективности.

upgrade ♦ обновление, модернизация.

upload ♦ загружать; ♦ пересылать; ♦ загрузка вверх.
Процесс передачи информации от одного компьютера в другой. Вы загружаете вверх файл из своего компьютера в другой.

upper ♦ верхний.

upper case ♦ верхний регистр; ♦ прописная верхнего регистра; ♦ прописная (заглавная) буква.

upper left «...» ♦ смещение по оси «...».

upper memory ♦ верхняя память.

Upper Memory Area (UMA) ♦ верхняя память; ♦ резервная память; ♦ область старших адресов **DOS**.
*Область памяти всех использующих **DOS** компьютеров **IBM PC** от **640** Кбайтов до **1** Мбайта.*

upper memory blocks ♦ см. UMB.

upper right corner ♦ правый верхний угол.

upper window edge ♦ верхняя граница окна.

UPS (Uninterruptable Power Supply) ♦ Источник Бесперебойного Питания.
*В сети **NetWare** — аппаратно-программные средства, позволяющие подавать питание от резервного источника питания на файловый сервер в случае временного пропадания питания от электрической сети. См. также **wait time**.*

UPS Monitorin ♦ контролирование бесперебойного питания.

uptime

Осуществляется с помощью специальных электронных схем и программных средств.

uptime ♦ время работы системы с момента последней перезагрузки.

upward compatibility ♦ совместимость снизу вверх.

usability ♦ удобство, простота пользования; ♦ применимость.

usage ♦ употребление; ♦ применение; ♦ использование.

USB ♦ Сокращение от **Universal Serial Bus** ♦ универсальная последовательная шина, новый стандарт внешней шины, поддерживающий скорость передачи данных 12 Mbps (**12 миллионов бит в секунду**).

*К единственному порту **USB** можно подсоединять до **127** периферийных устройств, таких как мыши, модемы, клавиатуры. **USB** также поддерживает **Plug-and-Play** и горячую вставку.*

use ♦ использовать; ♦ применять; ♦ употреблять.

Use arrow keys to edit, any other character to start fresh ♦ Используйте клавиши управления курсором для редактирования, любую другую клавишу для того, чтобы начать сначала.

use bitmap compression ♦ использовать сжатие растровых изображений.

use current thumbnail ♦ использовать текущий эскиз.

used block ♦ использованный (занятый) блок.

use graphic object compression ♦ использовать сжатие графических объектов.

Use LEFT and RIGHT cursor keys to position the hyphen ♦ Укажите с помощью клавиш влево и вправо место переноса.

Use PgUp or PgDn to scroll through document ♦ Нажать клавишу **PgUp** или **PgDn** для перемещения по документу.

USENET (Users Network) ♦ пользовательская сеть. ♦ Совокупность тысяч сгруппированных по темам групп, оснащённых компьютерами, обменивающихся новостями.

*Большая сеть, соединенная с **Internet**.*

user ♦ пользователь.

*Человек, использующий вычислительную систему, сеть. См. также **user account, group**.*

user abort ♦ прервано пользователем.

User Account ♦ счет пользователя; ♦ среда пользователя.

*Среда операционной системы **NetWare**, которая содержит всю информацию о пользователе сети, определенные ограничения, связанные с входом данного пользователя в сеть, что является частью системы защиты сети, информацию учета использования пользователем ресурсов сети и категории управления его работой в сети. См. также **User Name, account restrictions, accounting**.*

User Datagram Protocol (UDP) ♦ Протокол Пользовательских Дейтаграмм.

user break ♦ прерывание пользователем.

user defined ♦ определяемый пользователем.

U user friendly interface

user friendly interface ♦ дружественный интерфейс.
user guide ♦ руководство пользователя.
User Interface Management System ♦ см. **UIMS**.
user key code ♦ виртуальный код клавиши.
   *В **Windows** — код, действующий при нажатии на клавишу в пределах приложения или прикладной программы.*
user manager ♦ диспетчер пользователей.
user manual (guide) ♦ руководство пользователя.
user menu ♦ меню пользователя.
User Name ♦ имя пользователя (в сети).
   *Каждый пользователь в файловом сервере имеет свое имя, длина которого может включать до **47** символов. Имя пользователя является именем входа пользователя в сеть. Он должен ввести его во время процедуры входа в сеть **LOGIN**. См. также **User Account, login/logout, password**.*
User Profile ♦ описание пользователя.
   *В процессе процедуры входа пользователя в сеть строится описание ставшего активным пользователя на основе собранной о нем информации. См. также **bindery**.*
user selected default ♦ стандартный выбор.
user supported software ♦ программы, оплачиваемые пользователем.
user defined strin ♦ свободная нумерация; ♦ нумерация, задаваемая пользователем.
utility ♦ сервисная (служебная) программа; ♦ утилита.
utility disk ♦ дополнительный диск для данных.
UTP (Unshielded Twisted Pair) ♦ неэкранированная витая пара. См. также **twisted pair**.
UUCP (UNIX-to-UNIX Copy Program) ♦ протокол обмена файлами в сети машин **UNIX**.
   *Основная прикладная служба на базе протокола **UUCP** — электронная почта. Обычно использует коммутируемые телефонные каналы.*
UUCP network ♦ сеть компьютеров с системой **UNIX**, соединенная с **Internet**.
Uudecode ♦ декодирование.
   *Программа преобразования закодированного **ASCII**-файла в его оригинальный формат.*
Uuencode ♦ кодирование.
   *Программа преобразования любого компьютерного файла (звука, электронной таблицы, документа текстового процессора и др.) в **ASCII**-файл для передачи его как текстового сообщения.*
UUNET ♦ сервисная компания, соединенная с сетью **Internet**.
UXGA ♦ Сокращение от **Ultra Extended Graphics Array**, спецификация дисплея с разрешением **1600x1200** или, приблизительно, **1.9** миллионов пикселей.

V22, V22bis ♦ стандарты низкоскоростной (**1200** и **2400** бод соответственно) передачи данных через модем по обычным (коммутируемым) телефонным линиям.

V32, V32bis ♦ стандарты высокоскоростной (**9600** и **14400** бод соответственно) передачи данных через модем по обычным (коммутируемым) телефонным линиям. Для таких модемов желательно наличие встроенных средств коррекции ошибок (**V42** или **V42bis**).

V42 или V42bis ♦ стандарты коррекции ошибок (**V42**) и коррекции ошибок и сжатия данных (**V42bis**) при передаче данных через модем, позволяют обеспечить устойчивую работу на сильно зашумленных линиях.

valid ♦ допустимый, правильный.

Valid option for DOS «VERIFY» command are ON and OFF only ♦ Во входном сценарии команда **DOS «VERIFY»** использована со словами, отличающимися от **ON** или **OFF** (сообщение сети **NetWare**).

Valid options for BREAK command are ON and OFF only ♦ Во входном сценарии в команде **BREAK** указано слово, отличающееся от **ON** или **OFF** (сообщение сети **NetWare**).

Valid options for DOS «BREAK» command are ON and OFF only ♦ Во входном сценарии для команды **DOS «BREAK»** задано слово, отличающееся от **ON** или **OFF** (сообщение сети **NetWare**).

value ♦ значение; ♦ величина.

value parameter ♦ значение параметра.

Value Added Process (VAP) ♦ дополнительный специальный процесс в сети. *Прикладной процесс, работающий «на вершине» сетевой операционной системы. Эти процессы таким образом увязываются с сетевой операционной системой, что продукты, представленные ими (серверы печати, архивные серверы или серверы баз данных) могут одновременно работать в сети, не конфликтуя между собой. См. также **Value-Added Server**. В сети **NetWare** прикладная программа, работающая в среде сетевой операционной системы **NetWare 2.X**. В отличие от **NLM** не может динамически загружаться и выгружаться.*

Value Added Server ♦ дополнительный специализированный сервер в сети. *Отдельный, специализированный сервер, работающий в несовмещенном режиме и предоставляющий определенные сетевые услуги пользователям сети (например, сервер печати, архивный сервер или сервер баз данных). См. также **Value-Added Process** (**VAP**).*

VANS (Value Added Network Services) ♦ сеть с дополнительными услугами.

V

variable ♦ переменная [величина].

*В сети **NetWare** — параметр в командной утилите, имеющий больше одного значения, одно из которых может быть выбрано для этой команды. Например, чтобы копировать файл в каталог сети, вы должны выбрать какой файл копировать и в какой каталог. Так как имеется несколько имен файлов и каталогов, которые могут быть выбраны, то имя файла и имя каталога в команде копирования являются переменными. См. **command format**.*

variable point representation ♦ естественное представление.

Позиционное представление чисел, при котором местоположение точки основания явно выражено специальным символом, расположенным в соответствующем месте.

variable text ♦ переменный текст; ♦ текст в буфере.

variable value ♦ значение переменой; ♦ переменное значение.

variant ♦ вариант.

variation ♦ вариации.

vary ♦ менять(-ся); ♦ изменять(-ся).

varyin text ♦ изменения в тексте.

VBScript ♦ связанный с **ActiveX** управлением скриптовый язык, позволяющий программистам встраивать в **HTML** документы интерактивные элементы.

V-C Super VHS ♦ синоним **S-video**. См. **S-video**.

VCPI (Virtual Control Program Interface) ♦ Виртуальный Программный Управляющий Интерфейс.

*Стандарт, разработанный фирмами **Quarterdeck** и **Phar Lap Software** для одновременного запуска нескольких программ и управления режимом виртуальных процессоров на микропроцес соре **80386**. **VCPI**-совместимые прграммы могут работать в защищенном режиме под управлением **DOS**, не вступая в конфликты с другими программами системы.*

VDISK.SYS ♦ драйвер устройств **ОС**, служащий для организации виртуального диска в оперативной памяти (**PC DOS** версии **3.0** и более поздних).

vector distance routin ♦ маршрутизация на основе длины векторов.

vector fonts ♦ векторные (контурные) шрифты.

vector graphics ♦ векторная графика.

Графика с представлением изображения в виде совокупности отрезков прямых [векторов].

vendor independent ♦ не зависящее от производителя.

Аппаратное или программное обеспечение, способное взаимодействовать с продуктами других производителей.

VER ♦ внутренняя команда **MS DOS** (**Novell DOS**) для отображения версии **DOS**.

variable ♦ переменная; программый объект, обладающий именем и значением, которое может быть изменено и получено программой; **random variable** ♦ случайная переменная; **local variable** ♦ локальная переменная, существующая только в пределах определенного блока кода программы (например, функции или процедуры).

verification ♦ верификация; ♦ контроль, проверка.
Установление подлинности, проверка истинности. В программировании — доказательство правильности программ.
verifier ♦ верификатор; ♦ программа верификации (контроля).
verify ♦ верифицировать; ♦ контролировать, проверять.
VERIFY ♦ внутренняя команда **MS DOS** (**Novell DOS**) для включения /выключения проверки записи файлов.
verify is off (or on) ♦ режим проверки записи не установлен (установлен).
Veronica (Very Easy Rodent Oriented Net wide Index to Computerized Archives) ♦ простой сетевой указатель для компьютерных архивов; ♦ Утилита **Gopher**, которая просматривает **Gopher**-станции на предмет поиска ключевых слов из заданного пользователем списка; ♦ Очень полезная программа для поиска информации в **Gopher**-пространстве.
version ♦ версия [программного продукта].
version control ♦ управление версиями.
version number ♦ номер версии.
vertex ♦ ромб.
vertical ♦ вертикальный(-ая); по вертикали.
vertical form size ♦ вертикальный размер листа; ♦ длина листа.
vertical menu ♦ вертикальное меню.
Меню, пункты которого расположены вертикально — один под другим. На экране дисплея такое меню перекрывает выведенную информацию.
vertical ruler ♦ вертикальная линейка.
vertical scroll ♦ перемещение по вертикали; ♦ вертикальное перемещение.
vertical spacin ♦ интерлиньяж; ♦ междустрочный интервал. См. **interlinear blank space**.
very long ♦ очень длинный.
very short ♦ очень короткий.
VESA (Video Electronics Standards Association) ♦ Ассоциация Стандартов для Видеоэлектроники; ♦ название ассоциации инженеров по видеоэлектронике.
*Эта ассоциация разработала стандарт локальной видеошины (**VESA, VL-bus**), значительно ускоряющей вывод информации на дисплей, а также стандарт видеоадаптеров **SuperVGA**.*
VGA (Video Graphics Array) ♦ стандарт видеоадаптера (видеодисплея).
*Текстовый и графический цветной адаптер с разрешающей способностью **640** точек **x 480** строк (**16** цветов) или монохромный текстовый адаптер с разрешением **720** точек **x 400** строк. Видеодисплеи, обеспечивающие соответствующее разрешение, также часто называют **VGA**.*
Video ♦ видео; ♦ относящийся к записыванию, управлению и отображению движущихся изображений; ♦ относящийся к отображению картинок и текста на мониторе компьютера.

V Video blaster

Например, **video adapter** (видеоадаптер); ♦ устройство, посылающее сигналы на устройство отображения; ♦ видеозапись, сделанная видеозаписывающим устройством (видеокамерой, например).

Video blaster ♦ видеоплата.
: Устройство, выполненное на одной стандартной плате персонального компьютера, предназначенное для сопряжения с видеоустройствами подвижных изображений.

video display adapter ♦ видеоадаптер.
videodisk ♦ видеодиск, оптический диск.
video standards ♦ видео стандарты
videotex ♦ видеотекс; интерактивная видеография.
view ♦ просмотр; ♦ представление; ♦ вид, видимое изображение; ♦ проекция; ♦ отображение.
view draft ♦ показать черновик.
view field codes ♦ показать коды полей.
view pagination ♦ просмотр пагинации.
view point ♦ точка наблюдения.
view preferences ♦ показать не выводимые на печать символы.
view volume ♦ отображаемый объем (в трехмерной графике).
viewer ♦ средство просмотра [содержимого файлов и т. д.];
viewin ♦ просмотр; ♦ визуализация; ♦ визуальное отображение.
viewing/previewin ♦ просмотр/представление.
viewin transformation ♦ преобразование для просмотра.
VIEWMAX ♦ внешняя команда **Novell DOS** — графическая оболочка пользователя **Novell DOS**.
viewport ♦ область просмотра; ♦ окно экрана.
VIM (Vendor Independent Messaging) ♦ интерфейс **API** для создания приложений, использующих электронную почту.
Vines ♦ сетевая операционная система фирмы **BANYAN** для сетей масштаба предприятий. См. также **StreetTalk**.
violation ♦ нарушение.
Virtual ♦ виртуальный. Не реальный.
virtual circuit/connection ♦ виртуальный канал (соединение, цепь).
Virtual Console Utility ♦ утилита виртуальной консоли (в сети **NetWare**).
: Утилита, позволяющая выполнять функции консоли файлового сервера на рабочей станции. Примером такой утилиты является меню-утилита **FCONSOLE**. Выполнять операторские функции с помощью этой утилиты может лишь пользователь, имеющий права оператора сети.

virtual control program interface ♦ см. **VCPI**.
virtual disk ♦ виртуальный диск.
: Логический подраздел физического пакета дисков, имеющий свой собственный виртуальный адрес.

virtual image ♦ виртуальное изображение.

Visual Instruction Set ♦ технология компании **SUN**, следствием своим имеющая набор специальных графических инструкций, которые позволяют **UltraSPARC**-овскому процессору ускорить поток графических данных благодаря суперскалярному дизайну (см. **Superscalar Architecture**) и модернизированным структурам обращения к памяти, так что в результате этот процессор оказывается способен выполнять до **4**-х (!) инструкций за один такт, даже при наличии условного ветвления алгоритма и промахов при обращении к памяти.

virtual LAN ♦ виртуальная ЛВС. См. также **LAN Emulation**.

virtual machine manager ♦ диспетчер виртуальной машины.

Virtual Memory ♦ виртуальная память; ♦ специфическое расширение оперативной памяти, использующее свободное место на жестком диске. Процессор при этом продолжает воспринимать виртуальную память как обычную оперативную.

virtual memory manager ♦ диспетчер виртуальной памяти.

Virtual Mode ♦ виртуальный режим работы процессора (первое появление этой особенности архитектуры произошло в **Intel386**) с неполным набором виртуальных регистров, в котором запись/чтение в реальные регистры процессора происходит опосредовано через участки памяти.

virtual storage allocation ♦ распределение виртуальной памяти.

Virus ♦ вирус.
Программа, которая использует разнообразные приемы дублирования самой себя и распространения между компьютерами. Вирусы варьируются от простой чепухи до серьезных проблем, могущих нанести огромный ущерб; ♦ *Программа, которая копирует себя на компьютерных системах, присоединяясь к другой программе, которая выполняется достаточно часто, например command.com.*

visibility ♦ видимость.

visible ♦ видимый.

vision ♦ зрение; ♦ зрительное восприятие.

visual map of found clusters ♦ визуальная карта найденных кластеров.

visual page ♦ отображаемая страница.

Visual PC ♦ часть совместного проекта по объединению стандартов, получившего название **Fahrenheit**.

Viterbi decodin ♦ декодирование по Витерби.
Нелинейный метод коррекции (с решающей обратной связью) амплитудно-частотных искажений.

Vivid ♦ яркий (усиление цветности при печати).

VL bus ♦ См. **VESA**.

VMT (Virtual Method Table) ♦ Таблица Виртуальных Методов.

VM.TMP has been created. Do not change diskette in drive «...» ♦ Создан временный файл VM.TMP. Не меняйте дискету на дисководе «...».

V VOC

.VOC (Creative Voice) ♦ расширение мультимедиа-файлов («производительный голос»).
Формат, используемый звуковыми платами Sound Blaster при записи звука.

VOL ♦ внутренняя команда **MS DOS** (**Novell DOS**) для отображения имени носителя данных.

volume ♦ том.
Носитель данных внешнего запоминающего устройства, обрабатываемый как единое целое (например, дискета); ♦ *Сетевой диск или часть дискового пространства сети, представляемые системой как единое целое в структуре дисковой памяти файлового сервера. Том является самым верхним уровнем в иерархической структуре каталога сети. Жесткий диск делится Супервизором сети на один или больше томов. Каждый том делится на каталоги.*

Volume in drive «...» has no label ♦ Нет метки тома в дисководе «...».

Volume in drive «...» is DOS NN. Volume serial number is nnnn-nnnn ♦ Метка тома диска «...» _ **DOS NN**. Серийный номер _ **nnnn-nnnn**.

Volume in drive «...» is «file_name» ♦ Метка тома в дисководе «...» _ файл «имя_файла».

Volume in drive «...» is nnnnnnnn. Type a volume label of up to 11 characters or press ENTER for no volume label update ♦ Метка дисковода «...» _ **nnnnnnnn**. Метка не должна иметь более **11** символов. Нажмите клавишу **ENTER** для изменения метки.

volume label ♦ метка тома.

Volume label (11 characters, Enter for none)? ♦ Ввести метку тома (не более **11** символов)?

«Volume_name» specified volume not found ♦ Не найден том «имя_тома» (сообщение сети **NetWare**). Предпринята попытка обращения к отсутствующему тому «имя_тома».

volume renderin ♦ объемное воспроизведение.

Volume serial number in drive «...» is nnnn-nnnn ♦ Серийный номер метки дисковода «...» _ **nnnn-nnnn**.

Volume serial number is nnnn-nnnn ♦ Серийный номер метки _ **nnnn-nnnn**.

Volume «volume_name» not mounted ♦ Обращение к тому «имя_тома», который не содержится в списке томов, установленных в вычислительной сети (сообщение сети **NetWare**).

VRAM ♦ видеопамять.
Память, предназначенная для хранения изображения на экране компьютера. Ее размер ограничивает максимальное доступное разрешение и количество цветов на экране.

VT100 ♦ название терминала фирмы **DEC**. *Этот терминал является тем стандартом, который эмулирует (дублирует) терминалы многих других фирм.*

WAIS (Wide Area Information Server) ♦ глобальный информационный сервер.
 Система, которая может отыскать в базах данных сети **Internet** необходимую информацию.
wait ♦ ожидание, ожидать.
wait for each page ♦ пауза на каждой странице.
 При распечатке текста после каждой страницы происходит остановка печатающего устройства.
wait state ♦ состояние ожидания.
 Период времени, когда процессор ничего не делает, он просто ждет. Состояние ожидания применяется для синхронизации схем или устройств, которые работают с различными скоростями. Например, состояние ожидания дает снижение скорости процессора при обращении к медленной оперативной памяти.
wait time ♦ время ожидания (в сети **NetWare**).
 В системе бесперебойного питания **(UPS)** сети _ время ожидания, выраженное в секундах. Определяет период времени, которое **UPS** ждет до выдачи файловому серверу сигнала о прекращении подачи нормального электропитания, после чего файловый сервер выдает пользователям сети сообщение, что они должны выйти из сети. См. также **UPS**.
wait to echo ♦ ждать эхо.
waitin list ♦ очередь.
waitin process ♦ ждущий процесс.
walk ♦ обход.
WAN (Wide Area Network) ♦ распределенная (территориальная, глобальная) сеть. См. **Wide Area Network**.
Warez ♦ термин, используемый «пиратами», чтобы описать программное обеспечение, с которого была удалена защита от копирования и оно сделано доступным на Интернет для загрузки. Люди, которые создают **warez**-сайты, иногда называют их «**warez sitez**».
warm boot (restart) ♦ перезапуск из памяти; ♦ «теплая» загрузка системы.
 Перезапуск системы, не требующий ее выключения и очистки оперативной памяти; ♦ Загрузка операционной системы в оперативную память персонального компьютера без выключения питания путем одновременного нажатия клавиш **Ctrl, Alt, Del**.
warning ♦ предупреждающее сообщение, предупреждение.

W Warning

Warning, all data on non removable disk drive «...» will be lost! Proceed with format? ♦ Внимание: все данные на жестком диске «...» будут удалены! Выполнять форматирование?
Если Вы передумали форматировать жесткий диск, нажмите клавиши N и Enter. Для форматирования следует нажать клавиши Y и Enter.

Warning: backup file is ready only ♦ Внимание: рабочий файл предназначен только для чтения.

warnin bip ♦ предупреждающий сигнал.

WARNING: Can not read include file «file_name» ♦ Предупреждение: система не может распознать файл, заданный в команде **include** (сообщение сети **NetWare**).

WARNING: Can not read login script file ♦ Предупреждение: файл входного сценария не может быть обработан — по всей видимости, он уже открыт для редактирования другим пользователем (сообщение сети **NetWare**).

Warning! Data in extended DOS partition could be destroyed. Do you wish to continue? ♦ Внимание! Данные в расширенном разделе DOS будут удалены. Продолжать выполнение?

Warning! Data in logical DOS drives will be lost. What drive do you which to delete ♦ Внимание! Данные, содержащиеся на логическом дисководе DOS будут потеряны. Укажите выбранный для удаления дисковод.

Warning! Data in primary DOS partition will be lost. Do you wish to continue? ♦ Внимание! Данные, содержащиеся в основном разделе DOS, будут потеряны. Продолжить?

Warning! Data in the primary DOS partition could be destroyed. Do you wish to continue? ♦ Внимание! Данные в основном разделе DOS будут удалены. Продолжать выполнение?

warnin diagnostics ♦ предупреждающее сообщение; ♦ предупреждение.

Warnin _ directory full! ♦ Внимание _ каталог заполнен!

Warning! Diskette is out of sequence. Replace diskette or continue if o'key. Strike any key when ready ♦ Внимание! Вставленная дискета не соответствует правильной последовательности. Замените дискету или продолжайте выполнение. Нажмите любую клавишу для продолжения.

WARNING: Due to a serious error in the execution of this program, further initialization can not be performed ♦ Предупреждение: В программе фатальная ошибка, которая вызвала прекращение работы (сообщение сети **NetWare**).

WARNING: Due to a serious error in your login-script ♦ Предупреждение: Фатальная ошибка во входном сценарии (возможно, прекращена регистрация в сети) (сообщение сети **NetWare**).

Warning! File «file_name» is a hidden (or read-only) file. Replace the file? ♦ Внимание! Указанный файл «имя_файла» имеет атрибут скрытый или (только для чтения). Заменить файл?

Warning

Warning! File «file_name» is a read-only. Replace the file? ♦ Внимание! Указанный файл «имя_файла» предназначен только для чтения. Заменить файл?

Warning! File «file_name» was changed after is was backed up. Replace the file? ♦ Внимание! Указанный файл «имя_файла» был изменен после последнего сохранения. Заменить файл?

WARNING: File NET$BIND.SYS or NET$BVAL.SYS not found! ♦ Предупреждение: Не найден один из двух bindary-файлов: net$bind.sys или net$bval.sys (сообщение сети **NetWare**).

Warning! Files in the target drive. Backup (or root) directory will be erased ♦ Внимание! Файлы на адресном диске. Рабочий (или корневой) каталог будет удален.

Warning! Files in the target drive will be erased ♦ Внимание! Файлы на адресной дискете будут удалены.

Warning! No files were found to back up ♦ Внимание! Не найдены файлы для восстановления.

Warning! Read error in .EXE file ♦ Внимание! Ошибка чтения .**EXE** файла.

Warning! The image you are about to paste will replace the image you are editing; do you want to continue? ♦ Внимание! Изображение, которое вы собираетесь ввести из клипборда, заменит редактируемое; вы хотите продолжить? (сообщение **Windows**).

Warning! The partition marked active is not bootable ♦ Внимание! Активный раздел не является загружаемым.

WARNING: The search mappin will be deleted ♦ Предупреждение: Разыскиваемый накопитель больше недействителен (сообщение сети **NetWare**).

Warning: Unable to create file needed to save changes; changes you are going to make will not be saved ♦ Внимание: нельзя создать файл для записи сделанных изменений; изменения не будут сохранены.

warpin ♦ трансформация изображения.

watches ♦ таймер.

.WAV (Waveform) ♦ расширение мультимедиа-файлов («в форме волны»). *Основной формат **Windows** для хранения звуковых данных.*

wave ♦ волна.

web ♦ Веб.

web browser ♦ веб-браузер.

web page ♦ веб-страница.

web site ♦ веб-узел; веб-сайт.

WebCrawler ♦ Поисковая машина **WWW**.
*Цель Проекта **WebCrawler** — предоставить высококачественное, быстрое и общедоступное средство поиска в Интернет.*

weight ♦ полиграфическая насыщенность; жирность (**gnomedict**).

weight of type ♦ насыщенность шрифта.

W Weitek

Weitek ♦ марка математического сопроцессора.
*Сопроцессоры **Weitek** не совместимы с сопроцессорами фирмы **Intel**, т. е. требуют специального программного обеспечения, зато они в несколько десятков раз быстрее.*

well known ♦ стандартный.

WFW (Windows for Workgroups) ♦ одноранговая сетевая операционная система, разработанная фирмой **Microsoft** на основе **Windows**.

what ♦ вопросительный знак; ♦ символ «?».

what if ♦ предложение в электронной почте.

What You See Is What You Get ♦ «Что видишь [на экране], то и получишь [на бумаге, в распечатке]». См. **WYSIWYG**.

when not at column top ♦ когда не вверху колонки.

where to search ♦ где искать.

while ♦ время; ♦ во время [чтения].

white pages ♦ белые страницы. ♦ Списки пользователей Internet.
Интернет поддерживает несколько баз данных, которые содержат основную информацию о пользователях, такую, как адреса электронной почты, телефоны и почтовые адреса. Эти базы данных можно просматривать для получения информации о конкретных личностях. Т.к. эти базы построены по принципу телефонного справочника, их часто называют «белые страницы» (американский сленг).

whitespace ♦ пробельное пространство.

white space character ♦ разделитель в тексте.

whitin out ♦ отбивка. См. **spacing**.

WHOIS (Internet program database for user address finding) ♦ База данных сети Internet для нахождения адресов пользователей; ♦ кто это.
Программа Internet, которая позволяет пользователям сделать запрос к базе данных, содержащей сведения о людях и других объектах Интернет, типа областей, сетей и хостов.

whole ♦ весь; ♦ целый; ♦ полный.

whole word ♦ отдельное слово; ♦ целое слово.

wide ♦ горизонтальная.

Wide Area Information Servers (WAIS) ♦ Всеобщая Информационная Служба.
Распространенная информационная служба, которая предлагает простой естественный язык общения, индексированный быстрый поиск и обратную связь, т.е. механизм, который позволяет результаты начальных поисков использовать в последующих попытках поиска.

Wide Area Network (WAN) ♦ территориальная сеть.
*Сеть передачи данных, охватывающая значительное географическое пространство (регион, страну, несколько стран). См. также **Local Area Network (LAN)**.*

Wide Area Network Interface Module (WNIM) ♦ интерфейсный модуль территориальной сети. См. также **WNIM**.

widget ♦ элемент управления; элемент **GUI**; элемент графического интерфейса с пользователем.
widow ♦ висячая строка. См. также **false line, headin line, orphan**.
widow and orphan control ♦ контроль висячих строк.
width ♦ ширина (размер).
width of line ♦ ширина строки.
width of page ♦ ширина страницы.
wildcard ♦ подстановочный символ; ♦ шаблон.
wildcard character ♦ символ обобщения.
Обычно это символы «*» и «?», которые могут появляться в имени каталога или файла, обобщая несколько имен, имеющих что-либо общее.
winchester ♦ винчестерский (жесткий) диск. См. **winchester disk**.
winchester disk ♦ винчестерский диск.
Дисковое запоминающее устройство, в котором носитель данных с головками помещен в герметичный кожух. Наиболее распространенный тип жесткого диска.
wind ♦ ветер.
window ♦ окно.
Часть экрана дисплея, с которой программа работает как с отдельным экраном.
window arrange all ♦ показать все окна.
window border ♦ рамка окна.
window close ♦ закрыть окно.
window information ♦ информация окна.
window move ♦ двигать окно.
window number ♦ номер окна.
window options ♦ режимы окна.
window/orphan control ♦ управление висячей строкой.
window procedure ♦ оконная процедура.
*Процедура, обслуживающая определенное окно и обрабатывающая сообщения, посылаемые этому окну. Оконная процедура вызывается ядром **Windows**.*
window shade handles ♦ держатели.
Горизонтальные линии с петлями вверху и внизу помеченного блока текста.
window split ♦ разделение окна.
window split footnote ♦ открыть окно для сносок.
windowin ♦ организация окон; ♦ управление окнами; ♦ отсечение.
windowin system ♦ система управления окнами.
window oriented ♦ ориентированный на работу с окнами.
windows applications ♦ оконное обращение (применение).
Windows for pen computing (Pen Windows) ♦ операционная система

W Windows logon

фирмы **Microsoft Corp**. для компьютеров, ориентированных на ввод с помощью «пера».

Windows logon ♦ обычный вход в **Windows**.

Windows NT ♦ операционная система фирмы **Microsoft** для персональных компьютеров.

Windows NT Explorer ♦ проводник **Windows NT**.

Windows NT Security ♦ безопасность **Windows NT**.

window sizin icons ♦ пиктограмма (икона) масштабирования окна.

WINS (Windows Internet Namin Service) ♦ Служба Интернет-имён системы **Windows**.

WinSock (Windows Sockets) ♦ интерфейс **API** для создания приложений **Windows**, обращающихся к транспортным услугам **TCP/IP**.

WipeInfo (Wipeinfo.exe) ♦ «Уничтожение файлов» (программа из пакета **Norton Utilities**).

*Программа **WipeInfo** затирает содержимое диска. Программа полностью уничтожает стертые файльные. После работы **Wi-peInfo** файлы нельзя восстановить даже с помощью нортоновских утилит.*

wire frame representation ♦ каркасное представление; ♦ представление в виде проволочного каркаса.

wireframe ♦ каркас (каркасный режим просмотра).

wireless LAN ♦ беспроводная ЛВС.

Локальная сеть, использующая в качестве среды передачи инфракрасное излучение или радиоволны.

wirin closet ♦ технологический (аппаратный) шкаф или специальная комната, в которой устанавливается коммутационное оборудование, обслуживающее этаж здания. **with** «...» ♦ [заменить] на «...»; ♦ [вместе] с «...».

wizard ♦ мастер.

.WMF (Windows Metafile Format) ♦ расширение мультимедиа файлов (формат метафайлов **Windows**).

*Графика. Формат, широко используемый прикладными программами в среде **Windows**.*

WNIM (Wide Area Network Interface) ♦ интерфейсный модуль территориальной сети.

*Интерфейсная плата, устанавливаемая на станции **Module** локальной сети для асинхронной связи с удаленными рабочими станциями и удаленными локальными сетями. Позволяет подключать несколько асинхронных линий. См. также **Local Area Network (LAN)**.*

word ♦ слово.

*Логическая единица информации, обычно длинной в **16** или **32** бита, в зависимости от аппаратной реализации системы.*

word boundary ♦ граница слова.

word count ♦ подсчет слов.

Word disk full. Unable to backup file ♦ Диск полон. Невозможно создать рабочую копию файла.

word processing

word processing ♦ подготовка текстов.
word processor ♦ система подготовки текстов.
word wrap ♦ переход на новую строку.
Автоматический перенос слова, не помещающегося в текущей строке, на следующую строку.
word wrap around ♦ переход на новую строку.
work book ♦ рабочая книга (в электронных таблицах); ♦ рабочий блокнот.
work file ♦ рабочий (временный) файл. См. также **backup file, scratch file, temporary file**.
work offline ♦ приостановить печать.
work page ♦ рабочая страница.
workbench ♦ инструментальные средства.
workgroup ♦ рабочая группа.
workgroup hub ♦ концентратор для рабочей группы.
Workgroup Manager ♦ Менеджер рабочей группы (в сети). См. также **SUPERVISOR, group**.
Пользователь, имеющий права, позволяющие ему: ♦ создавать группу пользователей; ♦ наделять их определенными правами; ♦ управлять доступом пользователей к определенным ресурсам сети.
workin directory ♦ текущий каталог.
Workin Group (WG) ♦ Рабочая Группа.
*Рабочая группа, внутри **IETF**, является группой людей, работающих над достижением некоторой цели. Этой целью может быть создание Информационного документа, создание спецификаций протокола или решение проблем в Интернет.*
worksheet ♦ рабочая таблица. ♦ Электронная таблица с конкретными формулами и формами отчетов.
Workstation ♦ рабочая станция (в сети).
*Станция сети, непосредственно предназначенная для решения задач пользователя. В сети **NetWare** это персональный компьютер. См. также **station, file server, workstation number**.*
Workstation Number ♦ номер рабочей станции (в сети). См. **connection number, workstation**.
worm ♦ червяк.
Компьютерная программа, которая копирует себя и самораспространяется. Черви, в противоположность вирусам, как предполагается, порождаются в сетевых средах.
.WP ♦ расширение текстового файла программы **Word Perfect**.
wrap ♦ обвертывать; ♦ обтекать.
Завёрстывание текста вокруг иллюстраций.
wraparound ♦ обтекание [изображения]; ♦ переворот.
write ♦ писать; ♦ записывать на диск.
Write Audit Attribute ♦ атрибут «Контролируемый по записи» (в сети NetWare).

W Write fault error

*Атрибут файла, позволяющий контролировать все обращения к этому файлу по записи. Непосредственно связан с системой **Audit Trail System**. См. также **file attribute**.*

Write fault error writin drive «...» ♦ Ошибка при записи на дисковод «...».
Следует проверить, правильно ли вставлена дискета в дисковод, и выбрать ответ «retry» (r).

Write item to disk ♦ Скопировать выбранную область на другой диск или на другое место данного диска.

write operation ♦ операция записи; ♦ запись.

write protect ♦ защита от записи.

Write protect error writin drive «...» ♦ Ошибка защиты записи на дисководе «...».

write protected disk ♦ диск, защищенный от записи.

Write Right ♦ право записи (в сети **NetWare**).
*Право пользователя, разрешающее ему записывать в файл. См. также **Rights**.*

write river ♦ коридор. См. **river**.

write setup file ♦ запись файла настройки.

write enable ta ♦ наклейка разрешения записи на дискете.

write protect ta ♦ наклейка защиты записи на дискете.
*Полоска липкой ленты, которой заклеивается вырез защиты записи на дискете **5.25**«для запрещения всех операций, кроме чтения данных. На дискетах **3.25**» для этой цели служит открытое окошко защиты по записи.*

write-protectin ♦ с защитой от записи.

writer ♦ программа, выполняющая операции записи; ♦ автор; ♦ записывающее устройство.

writing text ♦ записываю текст.

.WRK ♦ расширение мультимедиа-файлов.
*Музыка. Формат **MIDI**-файлов, используемый в программе **Cakewalk Pro**.*

.WS ♦ расширение имени текстового файла программы **Word Star**.

WWW (World Wide Web) ♦ «Всемирная паутина» (сеть).
*Прикладная служба сети **Internet** для поиска документов в различных базах данных, основанная на гипертекстовой логике. Распределенная поисковая информационная система.*

WYSIWY ♦ **What You See is What You Get** ♦ Что Вы Видите То Вы и Получаете.
Пользовательский интерфейс прикладой программы. Результаты работы видны непосредственно на экране, не надо для просмотра запускать отдельную программу.

X ♦ имя для основанных на протоколе **TCP/IP** ориентированных на работу в сети оконных систем.
Наиболее разработанная оконная система ♦ *X11, компонент проекта* ***Athena*** *Массачусетского технологического института**(MIT)**.*

x2 ♦ Протокол для асинхронной связи со скоростью **56000** бит в секунду.

X.25 ♦ Спецификация интерфейса передачи данных, разработанная для описания, как данные проходят по сетям передачи данных.
*Одобренный **CCITT** и **ISO** набор протоколов определяет **1**, **2** и **3** уровни семиуровневой модели **OSI**.*

X.400 ♦ Стандарт **CCITT** и **ISO** для электронной почты.
Широко используется в Европе и Канаде.

X.500 ♦ Стандарт **CCITT** и **ISO** для услуг электронного каталога.

XCOPY ♦ внешняя команда **MS DOS** (**Novell DOS**).
Программа ОС, служащая для копирования целых каталогов и их подкаталогов с сохранением структуры.

XDEL ♦ внешняя команда **Novell DOS** — расширенная программа удаления с дополнительными возможностями для удаления файлов и деревьев каталогов.

XDIR ♦ внешняя команда **Novell DOS** — расширенная программа отображения содержимого подкаталога.

XDR (eXternal Data Representation) ♦ внешнее представление данных.

Xenix ♦ **UNIX**-подобная однопользовательская операционная система фирмы **Microsoft** для персональных компьютеров.

Xerox Network System (XNS) ♦ Сетевая Система Ксерокс

XFN (X/Open Federated Naming) ♦ объединенный (федеративный) сервис именования.

XGA ♦ Сокращение от **extended graphics array** ♦ расширенный графический массив, графический стандарт высокого разрешения введенный фирмой **IBM** в 1990г.

XML ♦ **eXtensible Markup Language** ♦ Расширяемый Язык Ссылок.

Xmodem ♦ Протокол асинхронной связи, применяемый во многих коммуникационных программах (**communications program**).
*Данные передаются блоками по **128** байт, каждому блоку присваивается порядковый номер для контроля ошибок и повторных передач. Кроме того, в каждый блок добавляется байт, содержащий сумму (без переносов) байт данного блока.*

XMS (eXtended Memory Specification) ♦ спецификация расширенной памяти.

X

XNS

*С помощью этого стандарта прикладная программа может использовать **360** Кбайт расширенной памяти.*

XNS (Xerox Network System) ♦ сетевая архитектура фирмы **Xerox**.

XON/XOFF Protocol ♦ протокол **XON/XOFF**.

*Асинхронный протокол связи между микропроцессором компьютера и внешним устройством. См. также **protocol**.*

X-ON/X-OFF (Transmitter On/Transmitter Off) ♦ метод управления потоком данных, основанный на обмене управляющими символами.

X/Open ♦ независимая международная организация, созданная производителями компьютерного и сетевого оборудования в 1984 г.

Осуществляет тестирование и сертификацию стандартов для открытых систем. Разрабатывает спецификации на базе международных стандартов.

XP (X/Open Portability Guide) ♦ документ, содержащий стандарты, сертифицированные компанией **X/Open**.

XRemote ♦ редко применяемый тип наборного (телефонного) прямого соединения.

X-series ♦ стандарты серии X.

*Интерфейсы и протоколы комитета **ITU-T**, определяющие методы передачи цифровых данных. **X.21** — физический интерфейс между терминалом и аппаратурой передача данных (**DCE**); заменяет прежние рекомендации **V.24 и V.25**. **X.25** — интерфейс между оконечным оборудованием данных (**DTE**) и аппаратурой передачи данных (**DCE**) для рабочих станций, действующих в режиме коммутации пакетов в сети передачи данных общего назначения; реализует три уровня протокола — физический, канальный и сетевой. **X.75** — структура сообщений для обмена данными по международным каналам между шлюзами сетей **X.25**. **X.121** — международная система адресации в сетях **X.25**. **X.400** — международный стандарт для систем передачи сообщений, определяющий способы электронного обмена текстами, графикой и факсами; основное назначение — поддержка взаимодействия между различными системами электронной почты. **X.500** — служба распределенного иерархического справочни ка, предоставляющего централизованную информацию о всех именованных объектах сети (ресурсах, приложениях и пользователях).*

X-Window ♦ протокол, широко используемый в среде **UNIX** для многооконного отображения графики и текста на растровых дисплеях рабочих станций. *Действует на базе протокола надежной доставки пакетов **TCP**.*

.XWR ♦ расширение имени текстового файла программы **Xerox Writer**.

X-Y graph ♦ график типа **X-Y**.

Графическое представление последовательности пар чисел, при котором первое число интерпретируется как абсцисса, а второе — как ордината точек графика.

X-Y plotter ♦ двухкоординатный плоттер (графопостроитель).

Плоттер, который формирует изображение из отдельных точек, определяемых их прямоугольными координатами.

Yahoo! ♦ Yahoo! есть иерархическое предметно-ориентированное руководство для **WWW** и Интернет. Yahoo! ведёт список узлов и подразделяет узлы по соответствующим предметным категориям.

yank ♦ копировать текст в буфер.

Yellow Book ♦ желтая книга. Стандарт **ISO**, описывающий способ кодировки данных на **CD-ROM**.
*Стандарт «Желтая книга» содержит спецификации **CD-XA**.*

Yellow Pages (YP) ♦ Желтые Страницы.
*Исторический (то есть, больше не используемый) сервис, используемый администраторами **ОС UNIX**, для управления распределенными базами данных.*

yield ♦ коэффициент выхода годных микросхем.

yieldin ♦ уступка управления.
Возврат приложением управления операционной системе.

Ymodem ♦ усовершенствованная версия протокола **Xmodem** асинхронной связи, в которой введены следующие улучшения: данные передаются блоками по **1024** байта, допускается передача нескольких файлов в одном пакете, для контроля правильности передачи применяется циклический избыточный контроль (**Cyclic Redundancy Check**), передача прерывается при наличии в строке двух символов **CAN** (cel).

yoke ♦ катушки отклонения.
*Элемент электронно-лучевой трубки (**CRT**), отклоняющий электронный луч для воздействия на определенную зону экрана.*

Yottabyte ♦ йотабайт. **2** в **80**-й степени байт, что приблизительно есть **10** в **24**-й степени (**1,000,000,000,000,000,000,000,000**) байт. Йотабайт равен **1,024** дзетабайт.

You are deleting «...» selected files? ♦ Вы хотите удалить «...» выбранных файлов?

You can run one Clipboard at time ♦ Одновременно может быть запущен только один буфер (клипборд) (сообщение **Windows**).

You trued to copy more then one file to a «file_name» ♦ Вы пытаетесь скопировать несколько файлов в один файл «имя_файла». Это недопустимо.

YUV color system ♦ система кодирования цвета.
Учитывает то обстоятельство, что в естественных изображениях цветность соседних точек отличается значительно меньше, чем яркость.

Z zap

Z ♦ Стандартный суффикс для упакованного файла в **ОС UNIX**. Маленькое **«z»** используется для указания на **GNU**-сжатие. Но для того, чтобы избежать недоразумений, в последнем случае обычно применяется суффикс **«.gz»**.
zap ♦ затирать; ♦ *стирать*.
zap a row ♦ стереть строку.
zapping ♦ разрушение (пережигание) перемычек в микросхеме **PROM**.
zapt dingbat font ♦ пиктографический шрифт.
zero ♦ нуль; ♦ *нулевой*.
zero as blank ♦ нуль как пробел.
Zettabyte ♦ дзетабайт. **2** в **70**-й степени байт, что приблизительно есть **10** в **21**-й степени **(1,000,000,000,000,000,000,000)** байт. *Дзетабайт равен* **1,024** *экзабайт*.
zigzag ♦ зигзаг.
zig-zag fold (Z-fold) paper ♦ фальцованная бумага.
zine, ezine ♦ Сокращение от **«electronic magazine»** ♦ электронный журнал. *Используются также варианты* **«E-zine»** *и* **«e-Zine»**.
Zip ♦ Наиболее популярная схема сжатия файлов на персональных компьютерах.
Zip drive ♦ маленький, переносной дисковод, используемый, прежде всего для резервного копирования и архивирования файлов.
zip file ♦ zip-файл; сжатый файл, имеющий уменьшенный по сравнению с оригинальным размер.
Zmodem ♦ Асинхронный протокол связи.
Обеспечивает более высокую скорость передачи данных и лучшую проверку на ошибки чем протокол ***Xmodem***.
zone ♦ зона. ♦ Структурная единица сети, охватывающая наиболее крупные географические территории; ♦ Логическая группа сетевых устройств.
Zone Coordinator (ZC) ♦ Координатор Зоны.
Zone Echomail Coordinator (ZEC) ♦ Зональный Координатор Зоны.
Zone Mail Hour (ZMH) ♦ Почтовый Час Зоны.
zoom ♦ увеличивать; ♦ распахивать; ♦ изменять масштаб изображения.
zoom in (zoom input) ♦ раскрыть, распахнуть; ♦ увеличить масштаб изображения.
zoom out (zoom output) ♦ сжать, закрыть; ♦ уменьшить масштаб изображения.
zoom to fit ♦ уместить; ♦ к размеру окна.
zoom-and-pan ♦ лупа.
Пиктограмма в программах рисования, позволяющая производить редактирование изображения на экране дисплея по одной точке (пикселю).
zooming ♦ трансфокация; ♦ наплыв; ♦ масштабирование.
Постепенное изменение масштаба изображения с целью создания зрительного ощущения движения всей визуализируемой группы или ее части к наблюдателю или от наблюдателя.

SMILEY

:-) ♦ улыбка (хорошее настроение, удача...);
:-(♦ грусть (плохое настроение, неудача...);
;-) ♦ подмигивание (намёк, ты подловил, обхитрил, флирт...);
:-P ♦ показывание языка (не скажу, флирт...);
:'(♦ плачь (неудача, плохое настроение, катастрофа...);
:-* ♦ застенчивость и женский поцелуй (но первое больше);
:-[♦ «ты чего это? обалдел?»;
O:-) ♦ «чист как ангел»;
:-X ♦ молчать (заткнись, пора тебе уняться...);
:- ♦ «мне это не нравится» («дело пахнет керосином», «неудачная шутка»);
>:o ♦ крик негативной окраски («обалдел?!!!»);
:-D ♦ рогот (ржачник, «захожусь от смеха»);
:-$ ♦ удивление, вопрос;
=-O ♦ крайнее удивление, поражение от фразы;
8-) ♦ крутость, наварочденность;
:-! ♦ «какая гадость»;
]:-> ♦ «дьявол во плоти»;
@}->-- ♦ «эта розочка Вам, мадам»;
@= ♦ бомба.

Справочное издание

**Новый англо-русский словарь-справочник
пользователя ПК**

Составители *А. О. Гавриленко, О. А. Гавриленко*
Корректор *Н. Н. Щуревич*

ООО «Бином-Пресс» 141077, Московская обл., г. Королев,
ул. 50 лет ВЛКСМ, д. 4-г

Подписано в печать 31.01.2006. Формат 60х88/16.
Печать офсетная. Объем 24 печ.л. Тираж 5000 экз. Заказ № 5.58.